DEIXEM QUE LEIAM

Geneviève Patte

DEIXEM QUE LEIAM

Tradução de Leny Werneck

Copyright © 2012 Geneviève Patte

Escrito originalmente com o título:
Laissez-les Lire! Les Enfants et Les Bibliothèques

Direitos desta edição reservados à
EDITORA ROCCO LTDA.
Av. Presidente Wilson, 231 – 8º andar
20030-021 – Rio de Janeiro – RJ
Tel.: (21) 3525-2000 – Fax: (21) 3525-2001
rocco@rocco.com.br
www.rocco.com.br

Printed in Brazil/Impresso no Brasil

preparação de originais
ALEXANDRE ARBEX
MARIA ÂNGELA VILLELA

CIP-Brasil. Catalogação na fonte.
Sindicato Nacional dos Editores de Livros, RJ.

P344d Patte, Geneviève
     Deixem que leiam / Geneviève Patte; tradução de Leny
Werneck. – Rio de Janeiro: Rocco, 2012.
     14x21 cm

     Tradução de: Laissez-les lire! Les enfants et les
bibliothèques.
     ISBN 978-85-325-2756-1

     1. Bibliotecas – Criança – França. 2. Crianças – Livros
e leitura – França. 3. Incentivo à leitura. I. Título.

12-1276
                                          CDD–027.625
                                          CDU–027.625

Sumário

Apresentação de *Daniel Goldin* 7
Introdução 11
1. Um itinerário 15
2. O coração inteligente 56
3. A biblioteca num bairro difícil 75
4. Escolher os livros, uma tarefa difícil 86
5. As propostas da biblioteca 93
6. *Small is beautiful* 103
7. As crianças tornam-se grandes leitoras apenas pelo prazer! 116
8. No mundo dos livros ilustrados, a entrada na literatura 129
9. Romances e relatos, clássicos de ontem e de hoje 149
10. Conhecer e escolher livros informativos 186
11. Para uma releitura crítica 209
12. A biblioteca como uma segunda casa 221
13. Encontrar suas referências. A ajuda ao leitor 244
14. A biblioteca da família 256
15. A palavra viva na biblioteca 271
16. Oficinas na biblioteca 285
17. Na era digital, a biblioteca 294
18. A biblioteca e a escola 309
19. Um lugar acolhedor e uma equipe determinada 320
    Conclusão 329
    Bibliografia 331

Apresentação

Conheci Geneviève Patte em Bogotá durante um seminário organizado por Maria Elvira Charria no Cerlal. Eu deveria viajar no dia em que o seminário ia começar, mas decidi adiar minha partida. Esse encontro foi determinante em minha maneira de compreender o modo extremamente simples e também complexo de como se articulam saberes e qualidades do bibliotecário, por um lado, e condições de infraestrutura e organização, por outro, para que uma biblioteca seja um verdadeiro potencializador da vida intelectual, afetiva e social de uma comunidade.

Quando a conheci, Geneviève já gozava de muito prestígio no meio da promoção da leitura na América Latina. Durante os três dias em que a escutei falar, compreendi por quê. Numa primeira instância, seu discurso não parecia seguir uma estrutura determinada. Em suas cativantes divagações, ele se detinha tanto na história das bibliotecas públicas, quanto nos argumentos dos contos clássicos ou contemporâneos. Ou ainda em descrever a organização diária e os projetos da legendária biblioteca de Clamart, que ela havia fundado na periferia de Paris, ou sobre as páginas dos livros informativos.

Geneviève podia passar vinte minutos falando sobre uma ilustração. Recordo particularmente sua maneira de analisar o olhar de certos personagens em algumas páginas de Lobel e Sendak, um detalhe aparentemente trivial, mas no qual raramente se detêm os semiólogos em seus elaborados discursos sobre os livros de imagens. Ela ia e vinha, encadeando ideias, observações, casos e citações, como num fluxo de livre associação. No entanto, todas as suas palavras estavam finamente trançadas e pareciam insistir em uma, digamos assim, *mensagem*.

Foi sem dúvida essa flexibilidade de pensamento em torno de uns tantos princípios básicos o que mais me impressionou. Arrisco-me a resumi-los em algumas linhas. Em primeiro lugar, o respeito ao leitor, sua intimidade, seus desejos, conhecimentos e perguntas. Em segundo, o profundo conhecimento das obras e do acervo disponível, que não precisa ser muito extenso, conquanto seja bem selecionado e frequentemente revisado. Sobre essas duas premissas fundamentais parecia sustentar-se o trabalho do bibliotecário mais ou menos discreto, mas sempre atento, como um agente potencializador do outro.

Spinoza disse que todos nós desejamos perseverar em nosso próprio ser. O bibliotecário (como o autêntico educador) busca que os outros se perseverem em si mesmos e, no fundo, só se realiza em seu trabalho quando ajuda o leitor a estabelecer uma relação pessoal... com ele mesmo, com o conhecimento, com a informação e com outros leitores.

Num tempo em que imperam o ruído e a superabundância da informação, em que a anomia é uma ameaça mesmo nos ambientes privados, como os lares, e em que não há espaços que privilegiem a escuta atenta que começa pelo respeito às perguntas e demandas do outro, a missão da biblioteca pública não pode ser menos revolucionária e transformadora.

Contrariamente ao que aparentemente se diz hoje, Geneviève não fala de hábitos de leitura nem reconhece fatalismos. Ler é o resultado da vontade de conhecer. É produto da curiosidade intelectual e do desejo de escutar relatos e brincar com a linguagem. Se os jovens adultos não leem, não é porque não teriam lido na infância, e sim porque desde cedo lhes foi negado o desejo de aprender, a capacidade de formular perguntas, de se espantar e indagar.

O bibliotecário expressa o respeito pelo outro ao valorizar suas perguntas e processar as respostas (ou melhor, suas próprias respostas) num vasto e inextricável oceano de informação. Valorizar as perguntas e inquietudes, suscitar outras, animá-lo a encontrar as próprias respostas e guiá-lo num universo imenso e emaranhado têm assim um valor muito mais determinante do que inculcar o hábito da leitura.

Logo entendi que a enorme acolhida que era dada ao pensamento de Patte na América Latina se devia a que, salvo esses dois princípios, tudo se devia armar de maneira particular de acordo com o contexto. Isso parecia facilitar as coisas, mas na realidade punha a escuta, como cada um fará hoje com seus leitores, em uma situação ao mesmo tempo estimulante e desconcertante: ninguém pode substituir o outro nem livrá-lo da responsabilidade de construir seu próprio caminho, em seu próprio lugar, para sua gente.

Ao final desses três intensos dias, Geneviève e eu fomos juntos para o aeroporto. No caminho, perguntei-lhe qual era, no momento, a sua questão vital. Depois de pensar alguns segundos, me respondeu que o que mais a inquietava era a transmissão. Como pode alguém transmitir aquilo que sabe? Estava próxima da aposentadoria, havia alcançado muitas coisas, mas, diante de sua próxima partida, sentia a ameaça dos poderes burocráticos que tudo querem formatar e fixar em manuais. Assustava-a deixar à deriva uma instituição que tanto tempo havia levado para construir e, ao mesmo tempo, queria que aquilo que ela havia descoberto e construído tivesse repercussão em outras latitudes. Este livro e a história deste livro são um reflexo desses sentimentos.

Se minha memória não me engana, ele foi publicado em espanhol em outras ocasiões. Em cada uma delas, era sempre outro livro, mas mantendo o mesmo título. Como uma pessoa ligada ao livro, Geneviève fatalmente padece da fé nos poderes dele e quer deixar por escrito tudo o que sabe ter valor para os outros, mesmo reconhecendo que o livro é um instrumento imperfeito que só se realiza quando encontra o leitor que, apropriando-se dele, é capaz de reconstruí-lo e reinventá-lo. Os bons livros transmitem, além de ideias, uma respiração, uma melodia silenciosa que avança no outro e o acompanha em suas aprendizagens e descobertas.

Muitos (senão a totalidade) dos países de nosso continente entraram na chamada modernidade, sob o signo do atraso e atravessados por uma urgência em superá-lo. Justamente pela urgência em deixarmos de estar em via de... e nos tornarmos por fim desenvolvidos, é frequente que esqueçamos o essencial e prestemos inútil atenção ao superficial, que é também, claramente, o mensurável. Há que chegar depressa e aos saltos aos padrões internacionais, sempre tão distantes.

Tomo o caso do México que em menos de quatro décadas passou de 350 bibliotecas públicas a uma rede de mais de 7.200, geralmente abastecidas com coleções idênticas, ou quase, desde o dia em que se formaram e não só não se renovam como tampouco se depuram: como se desfazer de livros que são parte do patrimônio da nação? Os acervos estão determinados centralmente, por uma comissão que não conhece os usuários, suas necessidades e seus interesses.

Se a biblioteca não muda, se os acervos não se reciclam e não se apresentam em formas variadas, se os bibliotecários não têm o incentivo para conhecê-los, porque outros decidem por eles, e se o público não pode ver refletidos seus interesses na determinação dos acervos, é difícil que a multiplicação dos recintos altere a economia do saber, mobilize os conhecimentos ou contribua para uma cultura mais democrática.

Este livro não dirá a ninguém o que fazer. Quando muito, afirmará alguns princípios não negociáveis e convidará o leitor a desenvolver o próprio caminho em um mundo em mudança no qual, no entanto, subsistem necessidades fundamentais.

DANIEL GOLDIN
México, D.F. em 5 de maio de 2008

Introdução

Este livro não é um manual. Ele se limita a apresentar experiências simples e acessíveis a todos, histórias que vivi em meus percursos na França e em outras partes do mundo. A substância de todos esses relatos exprime uma mesma preocupação com a qualidade, tanto na recomendação das obras mencionadas quanto nas relações que elas são capazes de suscitar nos leitores. Outro traço comum: todas essas experiências se desenrolaram em locais onde a leitura não é, a princípio, algo comum, locais onde as pessoas vivem sob um contexto de frustração ou de indiferença, onde a vida é difícil e as pessoas são, com frequência, vítimas de alguma forma de exclusão.

Meu itinerário de bibliotecária começou com uma equipe pequena, mas de convicções firmes, em uma cidade da periferia parisiense – Clamart –, onde criamos uma biblioteca para crianças chamada *La Joie par les Livres* [Alegria pelos livros]. Imediatamente, como se diz de uma boa liga metálica, a biblioteca tomou corpo. Caiu como uma luva no contexto daquela comunidade, pode-se dizer. Elos fortes entre crianças e adultos se constituíram em torno da leitura. Clamart revelou a numerosos profissionais de leitura e educação como essa instituição – a biblioteca – podia tornar-se, em qualquer parte, um lugar cheio de vida para as crianças, como a leitura encontrava aí um espaço de escolha e liberdade, como a vida do bairro chegaria a transformar-se em virtude disso.

A reputação da biblioteca ultrapassou fronteiras. Aqui e alhures, jamais deixamos de estreitar contato com outras culturas que, à sua maneira, propõem experiências diversas e abrem novos caminhos que podemos, a qualquer momento, retomar. Vividas nos quatro cantos do mundo, essas abordagens, na sua simplicidade e na sua familiaridade, têm qualquer coisa de universal. Quanto mais próximos nos tornamos das pessoas, mais compartilhamos com elas o que é universal.

A leitura, para ser plenamente desfrutada, não pode prescindir da intimidade e da confiança. A biblioteca privilegia o que é pequeno, livre e informal – e também o que é surpreendente. O contato face a face, o pequeno grupo. Tudo depende da qualidade do encontro. *Small is beautiful*. Os pequenos sabem bem disso. Aquilo de que mais gostam é estar perto, bem perto, da pessoa que conta ou divide com eles a leitura de uma história. Assistimos, então, ao seu maravilhamento. E podemos viver o mesmo com os maiores quando dispomos de tempo para nos entreter com eles sobre aquilo que os emociona.

A criança tem necessidade de nós, de nossa presença interessada e discreta. O pequeno alegra-se ao descobrir que aquele que o acompanha está atento à sua vida de criança, a essas pequenas coisas que têm tanta importância para ele e que apenas os melhores artistas sabem contar. Escolhemos colocar no caminho de cada um deles obras de real qualidade e dedicamos nosso tempo a isso. Não estamos preocupados com números. Tudo que se passa na biblioteca é da ordem do humano.

Encontramos pesquisadores animados por um senso de justiça que nos ajudaram a compreender como essa mediação imprescindível pode ser vivida, de modo eficaz, tanto junto a bebês como junto a esses jovens que abandonaram a leitura. O que conta, de fato, não é somente a relação estabelecida com as belas narrativas que eles descobrem, mas também com as pessoas que vivem essas emoções com eles. É o que permite viver melhor, viver mais intensamente a infância, e, para nós, adultos, é o que nos faz entrar em harmonia com eles e, assim, transmitir-lhes qualquer coisa que amamos.

Small is beautiful. Um pequeno menor permite a escuta, a partilha, a espontaneidade, a intimidade. No seio de pequenos grupos informais, onde a criança, em contato mais estreito com outras, se sente mais confiante, ela não tem qualquer medo de se exprimir. Ela se sente reconhecida em seus gostos e em suas reações.

Small is beautiful: porque, desse modo, temos mais liberdade para atrair aqueles que não vêm facilmente à biblioteca. Os pequenos encontros podem ter lugar em toda parte, nos locais mais surpreendentes, nas ruas, nos bairros sensíveis, ao pé de edifícios ou nas salas de espera dos hospitais, mas também nas menores bibliotecas ou nas grandes midiatecas. A leitura pode revestir faces de toda sorte.

Small is beautiful: porque essa regra incita os bibliotecários a estreitar contato com toda pessoa interessada pela infância, a criar laços para avançar juntos e a defender a causa das crianças. Hoje é necessário que a biblioteca reconheça o que nasce e se desenvolve ao redor dela, que ela suscite e encoraje esse florescimento de iniciativas. Mas o que faz as crianças lerem? Não busquemos aí receitas que fizessem deslanchar de maneira imediata e automática o gosto de ler. Ele surge por caminhos diversos, muitas vezes inesperados. O que a biblioteca pode oferecer são encontros. Encontros com livros apaixonantes, comoventes, divertidos, esses livros tão bons que seria uma pena não topar com eles no caminho. Bons demais para deixar passar, dizem os ingleses. A biblioteca conhece esses livros – ela os ama, já os leu muitas vezes junto às crianças, e sabe o quanto elas os apreciam e como frequentemente voltam a eles. Muitos desses livros, por sua qualidade, podem comover também os pais e assim encontrar um lugar na cultura da família.

Na era dos números, a pequena biblioteca se afirma cada vez mais como um elo de convivência. É uma necessidade. Por quê? A internet oferece tudo, em todos os domínios, antes mesmo que a gente tenha consciência dos próprios interesses. A ditadura do dado, diz-se. Como, então, fazer emergir suas próprias questões? Como nos situarmos em meio à superabundância de informações que nos chegam de toda parte? Como não nos contentarmos com um mero zapear desenfreado? Para responder a isso, a biblioteca abre as portas às pessoas que têm desejo de compartilhar com as crianças as paixões que ocupam suas vidas. As crianças têm necessidade dessa gente entusiasmada e generosa, de artistas, artesãos e cientistas. Não há exclusividades. Toda pessoa pode ter algo que queira transmitir de sua cultura, de seu país. Também os jovens da cidade se comprazem de dar indicações sobre videogame, mangás e filmes. Há nisso tudo uma forma de solidariedade. Que riqueza poder receber a visita de todas essas pessoas para, eventualmente, montar um projeto juntos! Como não se sentir emocionado por suas iniciativas? Elas se deslocam pessoalmente para transmitir às crianças, a essas crianças desse bairro, qualquer coisa que dá sentido à vida delas. O desejo de conhecimento envolve uma dimensão de simpatia. Somos tocados pela atenção manifestada por aqueles que sabem tratar com consideração as questões das crianças. Eis o que nos dá confiança para avançar. A internet, nesse caso, ganha o sentido mais completo. Vamos até ela porque temos necessidade de interrogar, de ir adiante em uma pesquisa. Sentimo-nos fortes nas trocas com os outros. A biblioteca, para que siga existindo hoje, é chamada a se transformar. Com a era dos números, todas as fronteiras e clivagens desaparecem! A biblioteca não pode ser um lugar confinado. Ela está em toda parte, lá onde, em torno de um adulto que desperta as curiosidades e as inteligências, as crianças vivem belas relações com o livro. A biblioteca se abre a todas as gerações, ela se torna parte da família. Mas a infância tem, aí, um lugar especial. Sempre com o livro. Todas as artes, assim como a internet, devem estar presentes. O que permanece sendo essencial é a mediação humana que os bibliotecários e colaboradores da biblioteca podem oferecer. É assim que a criança pode sair das trilhas estreitas e repisadas para ousar a aventura da leitura.

1. Um itinerário

Foi por acaso que, num fim de tarde de inverno, ao passar pela rua Boutebrie em Paris, fiz uma parada perto das janelas de *L'Heure Joyeuse*.[1] Escurecia. Pelos vidros iluminados da biblioteca, descobri de repente um espetáculo pouco habitual: crianças de todas as idades, aparentemente entregues a si mesmas, se dedicavam a diversas atividades na maior seriedade. Elas davam a impressão de estar em casa. Via-se que estavam interessadas. Algumas estavam debruçadas sobre a gaveta de um fichário. Outras, mergulhadas nos livros, pareciam isoladas, pela leitura, do vai e vem do ambiente. Outras ainda percorriam as estantes ou olhavam, juntas, um livro de imagens. Uma criança mais velha lia uma história para as menores que se apertavam em torno dela. Eu mal tinha reparado na presença de duas pessoas adultas que, uma e outra, conversavam com as crianças.

No dia seguinte, voltei à *L'Heure Joyeuse* para visitar a biblioteca. Eu estava maravilhada. Minha decisão havia sido tomada: eu seria bibliotecária para crianças. Jamais me arrependi. Em toda a minha vida, nunca deixei de aprender, na França e outros lugares, no subúrbio parisiense de Clamart e no estrangeiro, aqui e lá, pela experiência de pioneiros cujo trabalho tive oportunidade de acompanhar de diversas maneiras. Foi à biblioteca *La Joie par les Livres*, criada em Clamart, que consagrei o essencial de minha vida profissional.

A relação entre adultos e crianças parecia estabelecer-se de igual para igual, num clima de respeito e de confiança mútuos. Fiquei interessada por esse ambiente raro.

Em seguida, a experiência confirmou minha intuição inicial. Nunca deixei de apreciar a flexibilidade e a riqueza dessa instituição. A or-

---

[1] *L'Heure Joyeuse* [A Hora Feliz] é uma das primeiras bibliotecas francesas verdadeiramente para crianças. Ela foi por muito tempo a mais famosa.

ganização da biblioteca, essencialmente não diretiva, permite criar uma relação sempre nova entre adultos e crianças, marcada por uma escuta atenta delas e enriquecida pela possibilidade que lhes é dada de recorrer sempre ao mundo dos livros – e da mídia – onde cada uma pode encontrar aquilo que lhe convém: o livro certo no momento certo para a pessoa certa, segundo a fórmula tradicional dos bibliotecários anglo-saxões.

Estas são as características – flexibilidade de organização, consideração atenta da criança, acesso ao mundo múltiplo e variado da informação sob todas as formas – que permitem às bibliotecas adaptarem-se a situações muito diversas, segundo os países, as épocas, os públicos. É a mesma instituição que se encontra em Manchester, na Inglaterra, desde 1861; ou nas grandes metrópoles norte-americanas na virada do século passado; ou na Noruega, em 1900; ou em Paris, na rua Boutebrie, no coração do Quartier Latin nos anos 1920; ou em Varsóvia ou Bucareste nos anos 1930; ou ainda nos grandes conjuntos de subúrbios, como em Clamart, no meio dos anos 1960 e agora em toda parte no mundo. Em torno de um mesmo princípio de organização, definido pela natureza mesma do ato da leitura, as variações se fazem segundo os lugares, as pessoas, os contextos culturais, sociais e econômicos.

Hoje, pelo mundo afora, nascem e crescem iniciativas notáveis, amiúde desconhecidas. Nascidas às vezes em cantos esquecidos do planeta e com recursos limitados, não cessam de clarear meu caminho e de me abrir novas vias, suscitando minha reflexão, invocando minha liberdade e me levando ao essencial.

L'Heure Joyeuse

O que eu notava em L'Heure Joyeuse era a grande atenção dada à escolha de livros e às demandas individuais das crianças. "Todo respeito é devido à criança", lembrava Paul Hazard, grande admirador daquela biblioteca.[2] Jamais um livro era colocado à disposição das crianças sem ser lido antes por, pelo menos, um bibliotecário, que

---

[2] HAZARD, Paul. *Les livres, les enfants et les hommes*. Paris: Hatier, 1967.

tomava o cuidado de verificar rigorosamente a exatidão das informações, quando se tratava de um documentário, e a qualidade literária e humana da linguagem, em se tratando de um romance. As exposições preparadas com as crianças davam a elas a oportunidade de explorar um tema novo, de aprofundar uma questão que as interessasse, de aprender a pesquisar informações e de comunicar suas descobertas.

Quando um adulto ajudava a criança numa pesquisa pessoal, testemunhava em sua atitude uma profunda preocupação com a verdade: reconhecimento atento da demanda real e uma pesquisa escrupulosa. Esse acompanhamento discreto não era nunca imposto. Se ela assim o quisesse, ensinava-se à criança verificar, de livro em livro, de documento em documento, a exatidão das informações encontradas, a precisar o contexto que permitia situá-las e melhor compreendê-las. Esse procedimento se fazia com o mesmo grau de exigência que se poderia esperar de um pesquisador. O mesmo respeito pela verdade – psicológica, literária e humana – era praticado na escolha e nos aconselhamentos de leitura.

Dos melhores livros, havia vários exemplares nas estantes. As crianças podiam folheá-los livremente, escolhê-los e tomar emprestado gratuitamente. Tudo isso nos parece evidente hoje, mas não era assim em 1924, nas bibliotecas francesas. Para não desencorajar as crianças nas pesquisas e curiosidades, no desejo de ler, um volume de cada um desses títulos selecionados ficava permanentemente à disposição delas nas estantes da biblioteca, onde era seguro encontrá-los, mesmo que todos os demais exemplares tivessem sido emprestados.

A coleção de livros era tão rica e variada quanto, de fato, poderia ser. Havia, ao lado dos livros de edição corrente, uma coleção preciosa de livros antigos, pertencentes ao patrimônio e sempre vivos. Uma coleção de livros em língua estrangeira permitia a uns alargar suas fronteiras, a outros reencontrar a própria língua e a todos admirar imagens e relatos literários vindos de longe.

Desde a criação de *L'Heure Joyeuse*, e à semelhança do que sempre se fazia nas bibliotecas anglo-saxônicas, os bibliotecários deram grande importância às histórias contadas. A tradicional "Hora do Conto" representava um momento privilegiado na vida da biblioteca. Escolhidas com cuidado e longamente preparadas, as histórias eram contadas em registros diferentes, de acordo com a personalidade dos contadores.

A leitura em voz alta de belos textos tinha também o seu lugar e se cercava de preparativos igualmente minuciosos.

L'Heure Joyeuse abria as portas aos adultos, estagiários em formação que quisessem conviver com as crianças. Ela enriquecia sua vida cotidiana com a diversidade dessas contribuições. Entretanto, instalada num simples pátio coberto de escola, a biblioteca era testemunha de uma grande riqueza de vida. Adultos e crianças, visitantes de passagem ou leitores fiéis, todos se recordam da atmosfera especial daquele lugar.

Enquanto que, em toda parte, nas outras instituições educativas, as crianças eram "classificadas" por idade e sexo, *L'Heure Joyeuse* propunha, desde 1924, como suas precedentes estrangeiras, a mistura estimulante de meninos e meninas de todas as idades. Isso chegou a assustar certo diretor que sugeriu que uma pequena barreira atravessasse a sala, separando leitores e leitoras! Propor semelhante coisa era desconhecer a importância das trocas num lugar de leitura, trocas que se tornam mais ricas à medida que cada um faz seu caminho por leituras livremente escolhidas, segundo seus interesses.

Diferentemente das bibliotecas públicas para crianças em geral, *L'Heure Joyeuse* e a biblioteca de *La Joie par les Livres*, em Clamart, não estão ligadas a uma biblioteca para adultos. Isso se explica pela sua missão particular: fazer ser reconhecida a especificidade de uma biblioteca para crianças. Habitualmente, seção para crianças e seção para adultos se encontram num mesmo prédio, permitindo assim que se estabeleça uma utilização familial da biblioteca e suscitando encontros agradáveis entre gerações. Não há, no Brasil ou na França, instituições culturais que proponham esse convívio tão rico em que pessoas de diferentes idades estejam lado a lado e se misturem naturalmente num espaço onde cada uma procura livremente aquilo que lhe convém. Tudo isso ajuda a biblioteca para crianças a não se fechar em si mesma e a não fechar a criança na infância. Permite ainda aos adolescentes viver mais facilmente a passagem das leituras da infância às leituras da idade adulta.

Escritores cujas obras se tornaram clássicas, como Charles Vildrac ou Colette Vivier, editores pioneiros como Michel Bourrelier ou Paul Faucher, criador dos livros ilustrados do Père Castor, os especialistas em literatura infantil e os raros cronistas de rádio ou da imprensa escrita se encontravam lá com toda naturalidade. Para esses autores e editores era uma chance única de conhecer leitores que podiam, naquele ambiente, descobrir suas obras em toda liberdade.

L'Heure Joyeuse fora criada em 1924 pelo Comitê do Livro das Bibliotecas Infantis: a influência americana era ali evidente, como pude constatar quando, alguns anos mais tarde, fui bibliotecária bolsista na biblioteca pública de Nova York.

Na biblioteca pública de Nova York

Quando entrei pela primeira vez na sala das crianças da grande biblioteca da rua 42 em Nova York, não me senti estrangeira. Encontrei a mesma atmosfera especial que reinava na pequena biblioteca da rua Boutebrie, no coração do Quartier Latin de Paris. O mobiliário de estilo colonial não era o único elemento a sublinhar esse parentesco. Havia aquela mesma qualidade de relação, o mesmo cuidado em oferecer o melhor às crianças ou, numa só palavra, em dar às crianças o mesmo reconhecimento.

Essa atitude, que pude observar ao longo do estágio (1961-1963), se manifestava fortemente nas soluções encontradas para um fenômeno bem americano: a importância da imigração. Nas bibliotecas das grandes cidades norte-americanas, uma atenção particular é sempre dada às diferentes minorias. Muitos imigrantes me confirmaram: a biblioteca tinha sido o primeiro lugar onde eles se sentiram à vontade, aceitos e reconhecidos em suas diferenças. Ela é, para esses recém-chegados, a instituição que lhes permite encontrar as fontes de sua própria cultura e habituar-se, cada um no seu ritmo, à realidade – à língua, à cultura – do país onde deverão viver.

As bibliotecas dos países de forte imigração manifestam um cuidado semelhante de integrar imigrados à nova terra sem privá-los das culturas de origem nem se privarem, como instituições culturais, de acolher em seus espaços essa riqueza. A biblioteca se torna um lugar onde cada um pode, se desejar, transmitir ativamente e fazer viver a sua cultura.

O reconhecimento de outras culturas também se manifesta na "Hora do Conto". Ruth Sawyer, famosa contadora americana, contava histórias a grupos poloneses ou húngaros e lhes pedia, em troca, que contassem contos tradicionais de seus países, que, em seguida, ela acrescentava ao próprio repertório. Assim, essas tradições continuavam a viver e a se transmitir em solo americano.³ Que intuição genial foi a de introduzir na biblioteca, ao lado da cultura transmitida pelos livros, a dos contos, essa cultura oral de que agora se redescobre cientificamente a necessidade. Sabe-se a importância atribuída hoje por psicolinguistas e pedopsiquiatras à linguagem das narrativas orais, que permite a tantos o acesso, desde a mais tenra idade, a uma autêntica vida cultural.⁴

Não basta desenvolver coleções originais voltadas para pessoas de língua ou cultura estrangeira, é importante ajudar esses diferentes públicos a se sentir em casa na biblioteca e isso só é possível com a participação de funcionários abertos a essas culturas, capazes de atuar com toda a discrição necessária e com respeito às suas expectativas. Sabe-se, de fato, como, com as melhores intenções do mundo e com o cuidado em reconhecer suas identidades, certos educadores, professores ou bibliotecários correm o risco de limitar as crianças vindas de fora a conhecer apenas a cultura de seus países de origem. "Queríamos facilitar a integração de uma comunidade minoritária e descobrimos, vinte anos depois, que a confinamos num gueto do qual ela não conseguia mais sair",⁵ reconhece Amin Maalouf. Isso significaria, além do mais, esquecer a forte necessidade de integração da criança. Seria esquecer também a abertura proposta pela diversidade de livros e de encontros que a biblioteca livremente sugere. É tudo uma questão de discernimento, sensibilidade e medida.

Nos países nórdicos, nos Estados Unidos e no Canadá, as bibliotecas públicas se beneficiam de um notável senso de organização, tanto em escala nacional quanto regional e local. Nesse plano, é plenamente

---

³ SAWYER, Ruth. *The way of the storyteller*. Australia: Penguin Books, 1997.

⁴ Cf. a ação notável da associação ACCES, Actions Culturelles Contre les Exclusions et les Ségrégations [Ações Culturais contra a Exclusão e a Segregação].

⁵ MAALOUF, Amin. *Les Identités meurtrières*. Paris: Le Livre de Poche, 2001; PETIT, Michèle. *Lecturas: del espacio intime al espacio publico*. México: Fondo de cultura economica, 2001; ler também PATTE, Geneviève. *La bibliothèque et la diversité des cultures*, e PETIT, Michèle. *L'appropriation de la culture*, in *Congresso da cultura no século XXI*, Xunta de Galicia: 2001.

reconhecida a importância dos atores de base, bibliotecários que animam cotidianamente a biblioteca e estão em relação permanente com as crianças. Nessa escala local, a biblioteca se apoia judiciosamente na centralização liberadora de certas tarefas técnicas, o que deixa espaço para a participação pessoal, de todos e de cada um, numa reflexão e num trabalho compartilhado. Existe assim uma organização eficiente, baseada na confiança. Esse apelo à responsabilidade dos bibliotecários da base suscita neles um desejo de competência e aprofundamento e, assim, uma preocupação autêntica com a formação. A participação responsável em tarefas coletivas no centro da rede da biblioteca pública de Nova York me havia impressionado muito quando tive a oportunidade de trabalhar ali: o processo de análise e escolha de livros envolvia o trabalho de todos os bibliotecários e cada um era convidado a se engajar pessoalmente, de acordo com suas competências, seus interesses e suas curiosidades, reportando-se, se necessário, à opinião de verdadeiros experts.[6] Adotamos esse princípio por ocasião da criação da biblioteca para crianças de Clamart, associando os bibliotecários próximos às crianças ao estudo crítico dos livros, inclusive no plano nacional. E, mais tarde, nos anos 1980, continuamos a nos orientar por ele, estimulando a instalação de uma rede de leitura crítica na África francófona e depois acompanhando na América Latina as iniciativas construídas sobre um princípio semelhante: trata-se sempre de reconhecer a importância dos bibliotecários de base na escolha de livros e na reflexão sobre a leitura.

De modo geral, a animação das seções para crianças das bibliotecas de Nova York, assim como conheci no começo dos anos 1960, tinha certo aspecto de espetáculo digno de se contemplar. Nesse sentido, era bem diferente da vida comunitária da qual cada um participava e que eu tanto havia apreciado durante o estágio. Em Paris, e mais tarde em Clamart, a participação responsável e entusiasmada dos jovens leitores, assim como a de bibliotecários e estagiários conferiam a esses lugares uma qualidade excepcional.

Talvez devido à diversidade de tradições religiosas e culturais de uma cidade tão cosmopolita como Nova York, as bibliotecas sempre

---

[6] É algo semelhante ao que a biblioteca para crianças tende a desenvolver quando, por sua própria iniciativa, apela ao *savoir-faire* dos habitantes do seu bairro, jovens ou adultos.

reservaram um importante lugar às tradições e aos ritmos das festas. Hoje, em nossas sociedades miscigenadas, é sem dúvida igualmente necessário tornar conhecidas, num espírito de abertura e de reconhecimento mútuo, as diferentes tradições presentes e ajudar a encontrar-lhes seu sentido. E também dar à biblioteca a atmosfera de uma casa, um lugar de descoberta onde se tem o prazer do encontro.

Nos países anglo-saxões, a biblioteca é uma instituição bem ancorada na vida cotidiana, o que ela tende a ser, cada vez mais, num país como a França, onde o desenvolvimento é muito mais recente. As pessoas procuram a bibioteca para resolver questões de todo tipo. Lembro de crianças que frequentavam as bibliotecas de Nova York por causa de suas necessidades escolares, aturdidas com as mudanças que ocorriam então em toda parte no mundo e hoje nos são conhecidas. Outras traziam questões que brotavam diretamente de sua vida concreta. Foi assim com um menino que chegou depois da hora, perdendo o fôlego, e para quem tive de abrir a porta porque ele tinha um assunto "urgente" a tratar. Dizia que sua hamster ia parir e que ele precisava encontrar um livro para saber o que fazer nessa situação: a biblioteca era, para ele, um recurso normal.

Quando voltei à França e recebi a proposta de assumir a *Joie par les livres*, criada para dar um sopro novo aos serviços de leitura para crianças, encontrei ali a chance de tentar, com toda liberdade e com uma equipe motivada, empreender uma experiência nova, que se beneficiasse das diversas conquistas de *L'Heure Joyeuse* e das bibliotecas americanas. Diversas sim, mas valorizadas de acordo com o respeito à criança, à exigência de qualidade, à consciência de que ela vive um período decisivo durante o qual deve encontrar os livros bons demais para deixar passar: livros ou histórias que podem representar um papel essencial no desenvolvimento da personalidade, da vida psíquica e afetiva, intelectual e social.

Para a equipe fundadora da *Joie par les Livres*, a implantação da biblioteca de Clamart, no coração de um bairro operário de uma cidade de subúrbio parisiense, era uma chance. Tínhamos vontade de enraizar a biblioteca na vida do bairro, abrindo-a também, largamente, ao mundo. "A cidade-dormitório", esse novo tipo de habitat que, desde então, não parou de se desenvolver em todo mundo em torno de grandes centros urbanos, sofria, na verdade, de certo isolamento. A abertura internacional nos pareceu desde sempre necessária, tanto para as crianças e suas famílias, quanto para nossa própria reflexão. Já tínhamos assimilado experiências positivas vividas nos países do Norte. Aprendemos muito com certas experiências nascidas nos países do Sul. Umas e outras ajudaram nossas práticas e pensamentos.

Além disso, eis um ponto essencial, estruturas inovadoras são sustentadas por uma reflexão permanente e compartilhada. Elas atraem o olhar de personalidades preocupadas em lutar contra a marginalização e a precariedade, tanto na França quanto no estrangeiro: militantes pela justiça social, homens e mulheres de cultura, pesquisadores em diferentes disciplinas, todos nos ajudam permanentemente a ter uma consciência clara sobre o que está em jogo na leitura em seu aspecto propriamente cultural, a inventar livremente novas práticas e a nos abrir a novas colaborações.

O renascer das bibliotecas para crianças

É a uma mulher, Anne Gruner Schlumberger, que devemos o belo destino dessa biblioteca e sua difusão na França e no mundo. Ela percorreu o mundo inteiro. Nos Estados Unidos, onde viveu por muito tempo, é admirável o lugar que ainda hoje as bibliotecas públicas ocupam na vida das crianças e das famílias. Na França, apesar de notáveis iniciativas surgidas quarenta anos antes, praticamente não existiam então bibliotecas para crianças. Anne Schlumberger desejava apoiar o desenvolvimento delas no país. Ela queria suscitar um movimento em favor das bibliotecas infantis na França, construindo, dando vida e visibilidade a uma biblioteca suscetível de se tornar referência nesse domínio, de chamar a atenção dos poderes públicos e dos bibliotecários, de revelar ao grande público a riqueza de uma instituição desse tipo. Ela decidiu então criar uma biblioteca exemplar para crianças. Durante muitos anos, encarregou-se do financiamento total do projeto.

Anne Gruner Schlumberger me perguntou se eu queria associarme ao projeto e assumir a direção. Interessei-me.

Pergunto-me o que terá sido mais importante na época: que tivéssemos uma coragem a toda prova ou uma incrível ingenuidade para nos lançarmos nessa aventura? O que Anne Schlumberger nos ofereceu era, na verdade, único: a liberdade de inovar e a ocasião de aplicar o que eu tanto apreciara na biblioteca pública de Nova York e se acrescentava a tudo mais que eu tinha descoberto com grande arrebatamento em *L'Heure Joyeuse* de Paris.

Lise Vuilleumier Encrevé, Christine Chatain e eu éramos três jovens bibliotecárias e aderimos de pronto e com entusiasmo às orientações definidas pela fundadora. Estávamos ligadas por uma convicção comum. Anne Schlumberger confiava em nós. E nos deixava livres para inventar. Assim, a história da biblioteca de Clamart – e a da JPL – podia começar.

Um acontecimento no coração de um conjunto popular

Apesar das reticências expressadas aqui e lá, a abertura da biblioteca em outubro de 1965 foi um evento forte para o grande público.

O que existia então de extraordinário nessa biblioteca? Primeiro, a arquitetura. Pela primeira vez, construiu-se uma biblioteca para crianças na França. O conceito arquitetural repousava sobre uma análise precisa do modo de apropriação dos espaços por crianças de todas as idades que viveriam lado a lado e circulariam com toda liberdade. A arquitetura é simples e bela, ainda que audaciosa. Hoje, o prédio é classificado como monumento histórico. As crianças do bairro se mostram sensíveis à sua beleza. Elas nos dizem: "Como é bonito, e é para nós!"

Implantar essa bela biblioteca no coração de um bairro HLM[7] de subúrbio, eis o que causava mais surpresa então.[8] Além do mais, é vizinha de um bairro de trânsito que acolhia famílias em grande dificuldade econômica. O conjunto será mais tarde declarado Zona de

---

[7] Em francês, Habitation à Loyer Modere; em tradução literal, Habitação de Aluguel Moderado: trata-se de um programa público de aluguel social pelo qual o Estado subsidia o pagamento de aluguéis de até determinado valor para as classes populares.

[8] O VI Plano (1971-1975), levando em conta a experiência de Clamart, insiste sobre "a importância da ação (das bibliotecas) junto às crianças (e) aos habitantes de grandes conjuntos (Cf.: POULIN, Martine (org.). *Histoire des bibliothèques françaises*, vol. 4, op. cit., p.346.

Educação Prioritária (ZEP).⁹ Essa implantação torna a experiência particularmente interessante e necessária. Naquela época, esses novos territórios (que ganham cada vez mais importância) eram em geral esquecidos pelas instituições culturais e pelos planos de desenvolvimento. Na metade dos anos 1960, não existiam ainda, que eu saiba, bibliotecas nos conjuntos HLM. Assinalava-se somente a experiência de Sarcelles, cidade emblemática: lá uma dupla de carteiros oferecia benevolamente um serviço de biblioteca no seu apartamento. As crianças encontravam ali uma boa acolhida.

A vida que se desenvolve na biblioteca surpreende os numerosos visitantes. É certo que, naquela época, na França, ignorava-se com frequência ainda qual seria o princípio básico das bibliotecas públicas para crianças, assim como elas existiam havia décadas no norte da Europa e nos países anglo-saxões. Na verdade, o que era praticado em *L'Heure Joyeuse* encontra em Clamart uma possibilidade de se desenvolver, de se tornar conhecido e de ser reconhecido. No entanto, há mais que isso. Certas da confiança de que desfrutam nesse espaço, as crianças assumem espontaneamente algumas responsabilidades. Algumas pedem para ser "bibliotecárias-auxiliares", para participar, entre outras coisas, das tarefas do serviço de empréstimo. Elas sugerem a aquisição de livros e a organização de programas. Às vezes, são elas que acolhem e guiam os visitantes, os novos inscritos. Para imprimir seus textos, elas dispõem de uma impressora como as das escolas Freinet.¹⁰ Sob a orientação de um artista, um atelier lhes é aberto. Nesse lugar de leitura, a palavra viva tem sua importância. O audiovisual também encontra o seu lugar.

Tudo isso surpreende nossos visitantes, assim como as crianças, que descobrem aqui um modo original de estar juntas, baseado na confiança recíproca; um lugar onde elas podem fazer a aprendizagem da liberdade, da autonomia e do encontro com o outro, seja adulto ou

---

⁹ As Zonas de Educação Prioritárias são, no sistema educacional francês, aquelas onde se situam estabelecimentos escolares dotados de meios suplementares e de uma maior autonomia para fazer face às dificuldades locais de ordem escolar e social. Foram criadas em 1981.

¹⁰ As escolas Freinet inspiram-se na pedagogia desenvolvida por Célestin Freinet (1896-1966), cujos princípios dão relevo à livre capacidade de expressão das crianças e ao aprendizado pela experiência e valorizam a dimensão social do saber e o espírito cooperativo na produção do conhecimento. Diversas escolas brasileiras adotam nomeadamente essa linha pedagógica.

criança. Antigos leitores nos dizem que, aos seus olhos, a biblioteca transformou profundamente a vida do bairro.

O mundo se oferece às crianças

No decorrer das primeiras décadas da biblioteca, muitos visitantes manifestaram um vivo interesse pelos acervos de documentos que circulam entre as crianças. Eles descobrem, nessa consulta, a espantosa diversidade de gostos e interesses das crianças. Mas a biblioteca não se limita à edição francófona. Ela oferece também uma bela e única coleção de livros ilustrados estrangeiros em versão original.

Anne Gruner Schlumberger, mulher artista, de fato teve ideia de franquear a biblioteca ao melhor da produção internacional, para a maior felicidade das crianças do bairro, assim como para revelar as obras-primas do mundo inteiro aos criadores e editores. A primeira tarefa que me foi confiada foi a de formar esse acervo. Na França, no começo dos anos 1960, a produção corrente de livros ilustrados é ainda bastante banal, à exceção de alguns pequenos editores e diretores de coleções notáveis, como Laurent Tisne, Robert Delpire, Maurice Cocagnac para *Le Cerf* e Paul Foucher para *Le Père Castor*. Nos Estados Unidos, em contrapartida, era a idade de ouro dos livros para crianças, os de Sendak, Lobel, Ungerer, Charlip, Lionni. Em outras regiões do mundo, Munar, Anno Mitsumasa, Trnka e muitos outros revelavam maneiras novas de se comunicar com as crianças.

Naquela época, esses livros ainda não tinham sido traduzidos, mas nós recebíamos a tradução em inglês, ou o resumo, o fio condutor, e podíamos assim acompanhar as crianças em suas descobertas. "A senhora lê para mim um livro estrangeiro?" Ao vê-las escolher certos livros de imagem e voltar a eles várias vezes e incansavelmente, descobrimos verdadeiras maravilhas e decidimos torná-los largamente conhecidos.

Esse acervo tão original de livros ilustrados e o testemunho das crianças atraíam visitantes. Editores, artistas, pais e educadores de todo tipo vinham vê-los. Como alguns de seus colegas, o fundador da editora infantojuvenil École des Loisirs, Jean Fabre, vinha nos consultar. Às vezes, vinha apenas pedir nossa opinião sobre projetos novos, mas desejava conhecer sobretudo os livros ilustrados particularmente queridos pelas crianças. Recebíamos todos aqueles que, na época, estavam se lançando no mundo da edição de livros, como a equipe fundadora de Bayard Presse Jeune ou, mais tarde, o responsável pela editora Circonflexe, que decidiu traduzir certo número daquelas obras-primas. Diretores de coleções de romances nos interrogavam então: "*O troll Mumin*, nascido nas terras nevadas e rudes da Finlândia, poderia, com as suas aventuras, comover as crianças que vivem na 'doce França'?" A biblioteca seria, à sua maneira, um tipo de observatório vivo? Certamente sim, mesmo quando fica limitada a ser um simples espaço de encontro entre as crianças e os livros, como tive a ocasião de experimentar em certos países do Hemisfério Sul. O essencial é mesmo a atenção dada às crianças. Quando sou levada a acompanhar projetos de serviços de leitura nos países do Sul, onde muitas vezes a edição não é de boa qualidade, proponho alguns desses títulos ilustrados aos meus interlocutores e às crianças que eles orientam. Esses livros, ainda que nascidos e editados em outras terras, representam belas experiências para as crianças do mundo inteiro, qualquer que seja a cultura. É um modo de revelar a aptidão das crianças em provar aquilo que é novo, original e sai dos caminhos já conhecidos. Como constatei muitas vezes, isso suscita a curiosidade de artistas que descobrem o quanto é interessante falar às crianças. Os editores locais podem então se sentir estimulados a enriquecer seus livros. O desempenho do nosso programa africano Takam Tikou, assim como os projetos que acompanhei na América Latina confirmam esse parecer.

É grande o número dos bibliotecários estrangeiros que buscam Clamart para realizar estágios. Nos primeiros anos, eles vinham principalmente dos países do Norte, onde as bibliotecas públicas são muito desenvolvidas. Alguns decidiam trabalhar um ano inteiro, às vezes mais. Por que manifestavam tanto interesse pela nossa biblioteca? Eles costumam dizer que gostam das ideias, das convicções e do entusiasmo que mantêm nossa pequena equipe unida e permite propor um serviço de qualidade. Apreciam o espaço dado à relação individual com as crianças, a importância dada à qualidade dos conteúdos e aos encontros, o lugar dado às oficinas e aos acervos, à arte e à expressão artística, e as responsabilidades assumidas pelos jovens leitores no interior da casa-biblioteca. Eles apreciam a acolhida dada às iniciativas e sugestões das crianças assim como a flexibilidade da organização administrativa da instituição, que lhes parece reduzida ao estritamente necessário, deixando grande espaço ao que é o coração do nosso ofício. Gostam da liberdade de que desfrutamos e que nos ajuda a nos adaptar com leveza às realidades e necessidades da biblioteca. Ela deu início e ajudou a desenvolver um amplo movimento nacional, e tudo isso interessava vivamente nossos colegas estrangeiros. Eles consideravam a pequena biblioteca uma instituição pioneira para o nosso tempo. Mas toda biblioteca não deveria ser pioneira? Quer dizer, considerar as realidades que cercam as crianças e as famílias hoje para inventar e propor novas formas de encontros, sabendo basear-se na experiência daqueles que fizeram a história de nossa instituição e podem hoje ainda ser muito fecundos? Os programas não podem ser ditados autoritariamente a partir do alto. Eles são pensados na altura das pessoas, do meio ambiente e do terreno, com apoio em uma reflexão exigente, se possível compartilhada.

Bibliotecários se encontram

Nunca quisemos nos fechar no status de uma biblioteca-piloto que, do alto de sua competência, ditaria à profissão como ela deve ser. Sempre nos pareceu importante avançar juntos em torno de tarefas ao mesmo tempo concretas e essenciais, que convidam à reflexão. A biblioteca, assim, lança um largo apelo à profissão, convidando todas as boas vontades a se encontrar em torno da análise e da escolha dos livros.

Pouco a pouco, tudo toma o seu lugar: a riqueza desse trabalho de análise crítica nos incita a divulgá-lo. Nascia assim a publicação que iria se tornar *La Revue des Livres pour Enfants* [A revista de livros para crianças], viva até hoje.

Para criar e avançar, partimos do que se vive no cotidiano com as crianças, essa bela relação das crianças com os livros e com o mundo. É o essencial – mas essa abordagem também reconhece, encoraja e apoia a experiência dos agentes, especialistas do terreno, e valoriza a reflexão bem fundamentada. A essa altura, um movimento amplo pode enraizar-se e se desenvolver, com a condição de que seja sempre sustentado pelo pensamento, esse pensamento que aflora e se constrói em favor de confrontações exigentes.

Então, desde a abertura da biblioteca, o movimento foi lançado: os bibliotecários para crianças dispõem, com Clamart, de um polo de encontros e discussões onde são debatidas e pensadas todas as questões que emanam das práticas, como, por exemplo, a escolha do lugar e da ocasião adequados das ações de incentivo, as relações com a escola, o espaço do audiovisual e da escrita etc. É um "verdadeiro laboratório onde são exploradas as múltiplas estratégias de acesso à leitura."[11] Durante quase 30 anos praticamente todos os bibliotecários franceses interessados pela leitura das crianças vêm a Clamart completar sua formação. Muitos outros vêm também do estrangeiro, para ver e conhecer o que aqui se faz.

Uma das perguntas que podem ser feitas hoje é a seguinte: as bibliotecas para crianças, na França, atingiram, afinal, sua *velocidade de cruzeiro*? A leitura e a vida presentes nelas podem ainda propor experiências novas, jubilosas, tanto para as crianças quanto para os profissionais da leitura que somos? "Façam uma surpresa para nós", nos dizem as crianças. "Obrigado a vocês, crianças, por nos surpreenderem sempre", respondem os adultos que somos e que recusam a rotina, a repetição e os automatismos. É a qualidade e a diversidade dos livros e outros documentos do acervo e a possibilidade de troca com as crianças que despertam, nelas e em nós, a surpresa e o entusiasmo. O mesmo acontece a todas pessoas que convidamos a vir à biblioteca para conhecer e escutar as crianças. Tudo é vivido na simplicidade e na confiança. Longe de nós, na verdade, a ideia de propor animações demasiado sofisticadas que muitas vezes afastam e intimidam mais que aproximam e encorajam as crianças. Para nós, é uma grande felicidade assistir ao despertar da sensibilidade delas, da sua inteligência diante do mundo. Cada dia é novo porque cada criança é única e sua leitura nos revela a sua singularidade.

Como sempre, é pela tomada em consideração das margens, daqueles que nossas sociedades deixam injustamente à parte, que uma instituição pode progredir, mover-se e se liberar da rotina e dos dogmatismos que impedem a reflexão e o pensamento. Para atrair esses grupos relegados, é preciso, com efeito, saber despojar-se dos hábitos e transcender as paredes. Para conhecê-los, é preciso dedicar tempo

---

[11] MARINET, Anne. Sob a direção de Martine Poulain. *L'histoire des bibliothèques françaises*. Paris: Éditions du cercle de la librairie, 1992.

à escuta, ao diálogo e reconhecer a existência do outro, em sua singularidade e riqueza, e suscitar, nele e em si mesmo, desejo de ir sempre mais adiante no conhecimento.

O que parecia importante na história de Clamart em seus começos me guiou em todos os projetos que fui levada a acompanhar e apoiar, notadamente nos países do Sul que solicitam minha orientação. Existe, primeiro, a preocupação de estar lá onde a vida é particularmente difícil, onde vivem famílias esquecidas das instituições de cultura e de lazer, onde a leitura não é coisa comum. Preocupação aliada à de fazer sempre proposições de leitura, relacionadas a certas condições como a liberdade, a simplicidade e mesmo a intimidade das relações com o livro. Isso é dar a real importância à mediação. É tornar conhecido dos grandes públicos o fruto dessas experiências.

No mundo inteiro, a militância

A abertura para o mundo sempre me pareceu necessária, tanto para as crianças e suas famílias como também para nossa própria reflexão. Já evoquei trocas com bibliotecários escandinavos e norte-americanos no curso de suas longas permanências em Clamart. Aprendi muito, também, com certas experiências nascidas nos países do Sul.

Pessoalmente, penso que vivi uma grande virada na minha vida profissional ao participar de certo encontro internacional que fui encarregada de organizar (IFLA/Unesco). Pela primeira vez, foi proposto um seminário de uma semana sobre os serviços de leitura para crianças nos países em desenvolvimento. Foi em 1981, em Leipzig.[12] Lá, se fez ouvir a palavra autêntica daqueles que trabalham no meio de comunidades em dificuldade. Aprendi muito com as iniciativas nascidas de convicções fortes e de reflexões rigorosas. Nascidas em regiões remotas, essas experiências, entretanto, me ajudaram consideravelmente na minha prática e reflexão de bibliotecária na França e em outros lugares. Para mim, algumas entre elas apresentam um caráter verdadeiramente pioneiro.

---

[12] PATTE, Geneviève; HANNESDOTTIR, Sigrun. *Les enfants, les jeunes et les bibliothèques dans les pays en dévéloppement*. Paris: Saur, 1984.

Todos os participantes e todos os expositores convidados a esse seminário vinham de países em desenvolvimento. Foi, na época, uma novidade. Habitualmente, os oradores, nesses encontros internacionais, vêm de países industrializados, onde as bibliotecas foram desenvolvidas há muito tempo, e eles ditam, de certo modo, uma maneira de fazer. Em Leipzig, aqueles que, por seu pensamento e sua experiência, marcaram profundamente o encontro foram os que testemunharam uma verdadeira e sólida prática de terreno. A preocupação essencial era buscar uma aproximação ativa junto às populações que, por diferentes razões, não são tocadas ou consideradas pela ação das instituições. Em lugar de seguir modelos caídos de paraquedas sobre suas cabeças e considerados depressa demais como universalmente válidos, eles se aproximam das pessoas, consideram as realidades do seu meio, suas condições de vida, suas culturas e suas expectativas. Eles as escutam, trocam ideias e dialogam com elas, solicitam a sua participação. Tudo isso supõe sair de rotinas e hábitos. Demanda o engajamento pessoal dos bibliotecários.

Apaixonados pela justiça, esses bibliotecários são militantes. A leitura não deveria ser acessível a todos? Leitores convictos, eles sabem que ela pode ser abertura e fator de liberação, que oferece o distanciamento necessário a um melhor controle da vida. Recusando toda manipulação ideológica, esses bibliotecários manifestam um infinito respeito pelas pessoas e sua liberdade. São habitados pelo desejo de compartilhar o melhor. Eles põem seus corações em suas iniciativas, a indispensável mediação humana entre as pessoas e as obras.

As práticas deles alimentam uma reflexão em movimento perpétuo. Somboon Sigkamanan, que ensina biblioteconomia numa universidade de Bangcoc, propõe experiências de terreno inéditas aos estudantes, a quem aconselha: não se prenda à teoria, deixe que a teoria se prenda a você. Essa concepção é uma prova de sabedoria e uma fonte de eficiência.

Essas ações muitas vezes são realizadas com meios muito modestos e com uma grande exigência de qualidade e de inteligência. O sentimento de urgência incita a começar o trabalho sem ficar esperando pela promessa de fundos hipotéticos. A ciência da biblioteconomia pode esperar. As crianças, não. Além do mais, o formato pequeno permite que se possa infiltrar em toda parte. As propostas não são intimidantes e cada um pode sentir-se convidado a tomar parte do processo. *Small is beautiful.*

Ao longo desses encontros, vozes novas se exprimem e me alegro que sejam ouvidas pelos responsáveis de redes de bibliotecas nos seus países ou pelos encarregados de formação e responsáveis por escolas de bibliotecários, porque essas abordagens devem fazer parte de toda a rede de bibliotecas.

Fui surpreendida pela diversidade de ações reveladas durante esse seminário, porque essas, em lugar de serem ditadas por um modelo uniforme, foram inspiradas por realidades locais, pela vida das pessoas a quem se destinavam. É um verdadeiro caleidoscópio de iniciativas e realizações. São essas pequenas bibliotecas portáteis que se instalam nos mercados, nas feiras livres ou em outros locais de encontro. Há ainda as bibliotecas a domicílio, abertas por mães de família, hábeis contadoras que convidam as crianças da vizinhança para o prazer de escutar histórias e descobrir livros ilustrados. Há também os estudantes bibliotecários que, como os homens livres do livro *Fahrenheit 451*, de Ray Bradbury, percorrem as regiões rurais da Tailândia, contando as mais belas histórias e apresentando os mais belos livros ilustrados a quem não tem acesso a bibliotecas.

Essas pequenas realizações podem, facilmente, produzir o efeito de uma mancha de óleo. Elas se apoiam, de fato, mais sobre convicções do que sobre recursos financeiros. O importante é manter o contato, o que permite avançar juntos e sempre refletir sobre as ações. Mas é importante também encontrar um lugar junto às bibliotecas públicas.

Quando esses programas nascem fora da biblioteca-instituição, como essa pode integrá-los? Como lhes dar a solidez necessária, como fazê-los reconhecidos pela biblioteca que se destina a todos e dispõe de acervos mais amplos? Essas são perguntas verdadeiras que se impõem. Os militantes só desejam essa integração. As experiências os deixam imaginar o potencial formidável de uma instituição como as bibliotecas, quando elas sabem tornar-se acolhedoras, quando buscam a qualidade dos acervos e das relações. Eles esperam muito delas. Ninguém duvida tampouco de que essas ações permitem abrir largamente a biblioteca a novos públicos, novas estratégias e novas experiências.

Penso em uma biblioteca que me foi dado acompanhar na Venezuela, num desses bairros pobres que costumam circundar os centros das metrópoles sul-americanas. Um militante social que se tornou bibliotecário conta como sua biblioteca nasceu. Ele a criou com o que tinha nas mãos: dois livros para duas crianças. Depois, com o tempo, outras crianças foram chegando e então, pouco a pouco, ele foi comprando outros livros. Ela é, agora, uma biblioteca de verdade e, graças à sua iniciativa, outros serviços de leitura foram criados, com o mesmo espírito. Sua ação foi, de fato, reconhecida pela rede nacional de bibliotecas, que lhe deu os meios para se desenvolver, pedindo-lhe, em contrapartida, que estimulasse a criação de bibliotecas semelhantes em outros bairros empobrecidos. A Biblioteca Nacional da Venezuela o recrutou. Não é preciso dizer que esse bibliotecário de um novo gênero aprendeu os rudimentos do ofício. Assim nascem novos lugares de leitura, novos espaços de encontros.

O importante são os laços. Todos têm necessidade de conhecer e reconhecer o outro para caminhar juntos, para o benefício de todos, sem exclusividade. É a atenção levada às margens que, na verdade, faz avançar a instituição em seu todo. É importante estudar, ao longo dos anos, a evolução dessas novas ações. Elas são muitas vezes frágeis. Há necessidade de ser permanentemente repensadas.

A força dessas iniciativas que se desenvolvem em campo reside na reflexão exigente que as orienta e permite estendê-las e difundi-las. O baixo custo e a dimensão modesta facilitam a adoção dessas abordagens em contextos muito variados, inclusive nos países industrializados, como eu mesma pude constatar na experiência em Clamart.

Se o trabalho em Clamart tem alguma credibilidade no mundo, é porque somos nós mesmos os seus atores. Em nosso território, temos a responsabilidade de manter uma biblioteca numa área em que a leitura não é uma coisa familiar. Existe assim um constante vaivém entre as experiências que desenvolvemos em casa e as que descobrimos e acompanhamos no estrangeiro. Podemos refletir e trocar. Assim nasceu nossa iniciativa de biblioteca a céu aberto.[13]

De que se tratava? Ao longo do ano, num quarteirão decadente de Clamart, propúnhamos o melhor de nossos serviços, as mais belas obras, os livros mais emocionantes. Eram oferecidos empréstimos de livros e sessões de leitura às crianças, como na biblioteca. Tudo isso se fazia

---

[13] Inspiramo-nos também nas bibliotecas de rua desenvolvidas por ATD Quart-Monde Science et Service, ONG internacional criada em 1957 por Joseph Wresinski para lutar contra a grande pobreza e a exclusão social.

em espaços abertos, onde as crianças brincavam, em lugares de passagem para os moradores, sob o seu olhar interessado e surpreendido. É importante, de fato, agir à vista de todos. Para muitos, a leitura aparecia então como coisa nova, prazerosa. Ela oferecia, com naturalidade, prazer às crianças, o que agradava os pais. Adotávamos a estratégia de ir de porta em porta, quando o mau tempo não nos permitia ficar na rua. Assim, encontrávamos os pais. Todas as quartas-feiras, fosse qual fosse o tempo, a biblioteca estava lá, por mais de vinte anos. Tudo isso terminou quando aquele quarteirão, por razões de insalubridade, foi demolido.

A "biblioteca a céu aberto" instala-se na quarta-feira pela manhã, à mesma hora e no mesmo lugar, perto dos bancos de areia. Lá, sobre uma mureta, colocamos dois cestos de padaria, e, dentro deles, em vez de croissants e brioches, trazemos cinco dezenas de livros, os mais belos, os mais amados. Como os habitantes dessa área são, em sua grande maioria, de origem estrangeira, colocamos também magníficos álbuns de fotos dos países de onde eles vêm, livros caros que eles não poderiam adquirir, mas que temos o prazer de lhes emprestar. As famílias veem nisso a expressão de nossa confiança.

Para nós, está fora de questão chegar atrasado a esse compromisso hebdomadário: assim que nos veem, as crianças deixam as brincadeiras de lado, e a biblioteca se vai organizando muito naturalmente. Algumas delas levam muito tempo para escolher o que querem, outras se isolam para ler, outras ainda pedem a uma maior ou a um bibliotecário que leia para elas uma obra. Contamos histórias, trocamos impressões sobre os livros: aquilo de que gostamos e de que não gostamos, aquilo que nos fez rir, chorar ou apenas nos deu um pouco de medo. Tudo é natural e livre: é em torno dos livros e das histórias que as relações se estabelecem.

Aqui, encontramo-nos em torno do essencial: o prazer da comunicação, da troca, da palavra, da leitura da história contada e ouvida; em suma, um verdadeiro encontro. As crianças se juntam a essa cena de rua como espectadores curiosos, elas se amontoam em torno de uma história, lançam um olhar sobre um livro e depois saem, caso acabem preferindo retornar aos jogos. Os adolescentes, os irmãos mais velhos sobre as motocicletas, passam uma vez, passam outra vez, espiam, param, às vezes se juntam a nós e não hesitam mesmo em nos ajudar: mostram aos mais novos os livros ilustrados.

Os pais observam, do alto das janelas, o que se passa lá embaixo. Eles veem os filhos esperar pela nossa chegada e saltar-nos ao pescoço assim que chegamos. E eles que pensavam que os filhos estavam condenados ao fracasso! "Então, nossos filhos se interessam por livros!" É um olhar novo que se coloca sobre eles e sem dúvida sobre a própria leitura. Além disso, emprestamos os livros.

É importante o empréstimo a domicílio, essa espécie de ponte lançada entre o que a criança vive conosco e o que ela terá certamente vontade de compartilhar com a família. Não há nenhuma formalidade administrativa. Nós anotamos rapidamente o nome de quem pega o livro emprestado. Sempre o entregamos em confiança e jamais nos decepcionamos. No começo, havia uma mocinha cigana que, ao meiodia, no momento de partir, comprometia-se a nos ajudar a juntar os livros.

A regularidade é uma regra de ouro que fixamos para nós mesmos. Como fazer quando neva ou chove? Para essas ocasiões, havíamos escolhido, a título excepcional, a visita de porta em porta, uma prática corrente nessas localidades. É uma regra tradicional de hospitalidade nos países do Sul, e nós fomos sempre acolhidos calorosamente. Os pais sabem que nossa empreitada é profundamente desinteressada. Nós emprestamos aquilo que amamos. No início, era preciso algum tempo para que a família reencontrasse os livros emprestados que ficavam perdidos no apartamento. Agora, os livros nos esperam já preparados sobre a mesa. A conversação se estabelece muito naturalmente com os pais. Certo número entre eles se põe a ler regularmente a seus filhos ou a folhear os livros com eles. Todos sabem que são esperados na Pequena Biblioteca Redonda. Muito rapidamente, começamos a ver essas mesmas crianças chegar à biblioteca, já despojadas de toda timidez e agressividade. Elas se sentem conhecidas e reconhecidas.

Vivemos essa experiência feliz toda manhã de quarta-feira, sem exceção, durante vinte anos, até 2001. Em seguida, essa área residencial foi destruída, por ser considerada insalubre. Enquanto atuamos ali, jamais nós fomos alvo de má vontade ou agressividade. As crianças e suas famílias sempre respeitaram seus compromissos em relação ao empréstimo dos livros, por exemplo. Assim como nós, que mantivemos a regularidade e nunca faltamos à nossa fidelidade.

Seria uma pena limitar à rua essas empreitadas simples, familiares ou mesmo íntimas. Em toda parte, nas pequenas bibliotecas ou nas grandes midiatecas, elas encontram uma justificativa perfeita; elas são, diria mais, rigorosamente necessárias. Para florescer, a leitura precisa de simplicidade, confiança e intimidade. Tornei essa modesta experiência largamente conhecida nos países do Sul, assim como o pensamento em que ela se fundamentava. Modesta pelo formato e pelos meios materiais necessários para se desenvolver, ela é rica na medida em que leva o movimento às famílias e permite aos bibliotecários desenvolver o conceito mesmo do seu papel de mediadores. Atualmente adotadas em vários projetos na América Latina e na Europa Oriental, essas ações tinham para mim um sentido cada vez mais claro, graças às pessoas que tive a sorte de encontrar no meu caminho. Suas ações, experiências e reflexões me inspiravam e me ajudavam a avançar. Esses homens e essas mulheres, cheios de convicções, esperam muito da biblioteca. Eles a idealizam. O olhar deles nos ajuda a tomar uma consciência maior do caráter excepcional da nossa instituição. Essa deve estar à altura dessa imagem positiva e das expectativas que suscitam. Como pensá-la em profundidade, como torná-la melhor e mais conhecida, é a esse tipo de questionamento que eles nos convidam.

Joseph Wresinski, fundador de ATD Quart Monde Science et Service, já havia entreaberto o caminho, desde os anos 1950. Por ocasião da inauguração da biblioteca, ele veio a Clamart e se disse emocionado com o fato de que, num bairro onde a vida era difícil, tivesse sido instalado um equipamento cultural de tal qualidade, de tal beleza. Uma colaboração imediatamente se estabeleceu entre nós. J. Wresinski pediu-nos que o apresentássemos ao que havia de melhor em matéria de edição e que ajudássemos as bibliotecas públicas a acolher as populações que vivem situações de exclusão. Pude descobrir assim certas ações originais suscetíveis de ser reconhecidas pela nossa profissão. Em particular, as bibliotecas de rua e o método das observações escrupulosamente anotadas para alimentar continuamente a reflexão. Apreciei particularmente o rigor quase científico de ATD Quart Monde Science et Service, rigor muitas vezes ausente das iniciativas humanitárias.[14]

ATD Quart Monde leva bibliotecas de rua a bairros em grande dificuldade e favelas. É uma inspiração para nós. Como membros desse movimento, havíamos adotado, ao longo de todo o ano, uma grande

---

[14] Ver o capítulo 2: "O coração inteligente".

regularidade em nossa "biblioteca a céu aberto" e suas visitas hebdomadárias. Situamo-nos, entretanto, de maneira diferente, porque somos uma biblioteca de bairro. Nossa biblioteca de rua é, de certa forma, uma antena dela. O que propomos regularmente "a céu aberto" é, para nós, um serviço normal. Ele permite a esse público em dificuldade, a quem damos toda nossa atenção, integrar-se, de maneira digna e responsável, à biblioteca pública do bairro, que pode tornar-se, para as crianças, sua segunda casa, seu ponto de parada. Esse elo é vital.

Na África e na América Latina

Entre as experiências mais marcantes, aquelas que pude acompanhar nos países do Sul são talvez as mais significativas. Elas estão na origem de mudanças qualitativas e amplos desenvolvimentos que admiramos.

Assim, penso, por exemplo, na experiência que tive a possibilidade de iniciar na África.[15] Ela levou o nome de Takam Tikou, o que significa em wolof: "está muito bom, quero mais". Sim, a leitura pode ser uma verdadeira guloseima para as crianças, e o objetivo desse programa era que assim fosse. Trata-se realmente da alegria de ler.

Nos anos 1980, fui convidada a promover um estágio em Bamako para bibliotecários do Mali. Visitei então algumas bibliotecas públicas e me surpreendi ao constatar que, nas melhores entre elas, os livros ficavam comportadamente alinhados nas estantes. Ao que parecia, eles não eram emprestados. No entanto, as dotações do Ministério da Cooperação eram investidas com zelo. Elas dispunham de livros escolhidos com cuidado pelos responsáveis de *La Revue des Livres pour Enfants* de *La Joie par les livres*. Os bibliotecários e professores a quem essas obras se destinavam recebiam-nas e, com cuidado, as colocavam nas prateleiras.

De volta a Paris, propus um projeto ao serviço competente do ministério, que o aceitou com entusiasmo e o apoiou totalmente. Tratava-se de mobilizar os bibliotecários africanos em torno da escolha dos livros. Mas como isso poderia ser feito, já que, onde estavam, não

---

[15] Ela foi em seguida levada adiante por Marie Laurentin e Viviana Quinones, com o apoio de Régine Fontaine, do Ministère de La Cooperation.

podiam ter conhecimento da amplitude das produções editoriais francesa e africana? Cerca de cinquenta obras representativas do melhor da edição seriam encaminhadas, várias vezes por ano, a 90 bibliotecas na África francófona. Para cada uma dessas obras seria solicitado aos responsáveis enviar à JPL seus comentários críticos assim como as reações das crianças que, elas também, seriam convidadas a se expressar. Todos foram mobilizados. As observações recolhidas no terreno permitiram ajustar constantemente a composição dos lotes de livros. Essas análises alimentaram a rubrica *Réseau critique* (Rede crítica) da revista *Takam Tikou*, criada em 1989 por *La Joie par les livres*. A revista circulou na África francófona e na França. Outra rubrica propunha seleções bibliográficas de livros editados na África, no mundo árabe e no Caribe. Ela os tornava mais conhecidos. Assim, nascia uma revista anual e, para coordenar e sustentar esse trabalho, um serviço especial de documentação foi posto em funcionamento em *La Joie par les livres*.[16]

Esse projeto, em seus princípios, vai ao encontro daquele que nasceu na França, em Clamart, na metade dos anos 1960, quando mobilizamos bibliotecários de todos os cantos da França em torno da escolha de livros. As análises críticas, confiadas aos bibliotecários de campo, haviam suscitado um vasto movimento sustentado por ações de formação e de publicação. Toda essa mobilização, na França, reverteu em favor das bibliotecas, dos leitores e da edição. Foi o mesmo processo que ocorreu na África.

De fato, está-se desenvolvendo uma edição africana de qualidade. Atualmente dispõe dos meios para se tornar conhecida e reconhecida. Hoje em dia, grandes artistas africanos enriquecem os livros para crianças. Na França, acompanha-se com admiração a produção africana; ignorada por tanto tempo, ela agora encontra seu lugar em nossas bibliotecas. Reconhecida na Feira Internacional do livro para crianças, em Bolonha, a África foi a convidada de honra, em 1999. Organizada com o apoio do setor África da JPL, uma mostra de livros foi inaugurada por Alpha Konaré, então presidente do Mali.

Mas em que esse trabalho em rede mudou o trabalho de base, no campo? Nas bibliotecas, a mudança é radical. Os bibliotecários nos

---

[16] Esse serviço tem por objeto atualmente a edição no Caribe e nos países árabes. Por outro lado, *Takam Tikou* interrompeu a rubrica *Réseau critique*.

dizem. Eles descobrem um novo ofício que nada tem a ver com o de simples distribuidores. Eles leem muito, se aproximam das crianças, profundamente interessados pela maneira como elas se apropriam dos livros. As crianças também mergulham nas leituras com entusiasmo pela felicidade de comunicar suas impressões. Agora, tudo está em movimento nas bibliotecas. Penso nas palavras dessa jovem do Mali que nos escreveu: "A biblioteca alargou os nossos caminhos mais do que a estrada que liga nosso vilarejo a Gao, a cidade vizinha."

Há também essa carta comovente de um bibliotecário congolês, membro da rede Takam Tikou, que escreveu no fim dos anos 1990, em pleno conflito: "Eu deploro o desaparecimento de três membros do Clube de leitura, um deles foi friamente assassinado e outros dois morreram em virtude de uma doença, desassistidos de tratamentos, com a situação acentuada pela subnutrição e as condições de vida na floresta (...). É a desolação total, a grande miséria.

"Presentemente há como que uma calmaria, que nos suscita esperança (...). Esperança de reconstruir nossas bibliotecas. Muitos pequenos do Clube de leitura da biblioteca regional encontraram refúgio em Brazzaville e me perguntam se não seria possível consultar livros. (...) As crianças parecem já ter esquecido todas as misérias que sofreram (...). A preocupação delas agora é voltar a mergulhar nos livros. Aliás, elas desejam que façamos uma foto para a JPL (...). Veio delas a ideia de se ocuparem com o desenho enquanto esperam encontrar outra coisa. Nós estamos prontos para fazer outra coisa, mas será sempre sob a tutela da biblioteca regional."[17]

❖

Minha aventura latino-americana começou no Brasil, no meio dos anos 1970. Jean Rose, diretor das Alianças Francesas nesse imenso país, convidou-me para, do Norte ao Sul, de Belém a Porto Alegre, dar cursos e conferências sobre o meu conceito do ofício de bibliotecário, sobre a leitura das crianças e a escolha dos livros em sua intenção. Desde então, tive seguidos contatos com esse continente tão atraente onde permanentemente tenho a ocasião de aprender.

---

[17] Ver PATTE, Geneviève. "Les bibliothèques pour enfants dans les pays en développement." *La Revue des Livres pour Enfants*, Paris, nº 191, fev. 2000.

Com algumas exceções, as bibliotecas públicas que eu descobria, nessa época, não eram nada dinâmicas. As estantes estavam cheias de obras que pareciam dormir ali. No melhor dos casos, alguns alunos copiavam artigos de enciclopédias para trabalhos de escola. A profissão, na verdade, era mal reconhecida: o catálogo e as tarefas tradicionais pareciam constituir o essencial do trabalho.

Anos mais tarde, tive a ocasião de encontrar nesses países as mais belas iniciativas que conheço, graças a pessoas sensíveis à urgência e à necessidade das transformações a serem operadas e convencidas do papel excepcional que podiam desempenhar, em certas condições, a biblioteca e a leitura. Tudo foi iniciado e desenvolvido no entusiasmo das descobertas e dos encontros. Penso, por exemplo, num jovem índio da Colômbia que desceu de sua longínqua montanha para seguir em Bogotá um estágio de vários dias que eu coordenava. Ele tinha decidido ser bibliotecário. Tinha um mantra: "A biblioteca é mágica. É um milagre."

Essas pessoas se lançam no trabalho sem esperar meios financeiros importantes ou diretivas vindas do alto. Suas realizações, em geral de aparência modesta, muitas vezes nascidas à margem das bibliotecas tradicionais, dão prova de uma notável criatividade. Elas testemunham também a confiança depositada nas crianças e em seus parceiros próximos que, sejam quem forem, se dispõem a experimentar encontros sensíveis com textos literários e a produzir relatos de qualidade.

Mas para agir assim foi preciso vencer obstáculos: lembro-me de um dos diretores da Aliança Francesa, no Nordeste do Brasil, que me reprovou cordialmente por vir falar de leituras, histórias e bibliotecas para crianças em regiões de extrema pobreza. Não haveria algo mais urgente? Não seria uma provocação quase indecente de minha parte? Era subestimar a força de abertura e liberação que podem representar as ações culturais e, em particular, a leitura e os relatos. Era esquecer que elas respondem a uma necessidade vital, precisamente lá onde a vida se torna desumana.

Outro obstáculo de bom tamanho a superar: em razão das alternâncias frequentes de dirigentes políticos no poder, existe, entre eles, a tentação de privilegiar exclusivamente as realizações prestigiosas e muito dispendiosas, em detrimento de pequenas estruturas suburbanas e rurais adaptadas à diversidade dos públicos, reais e potenciais.

Existem, entretanto, iniciativas notáveis. Na Venezuela, a instituição "Banco del libro", criado pela diretora da Biblioteca Nacional, é um modelo no gênero. Ela foi para mim, de diversas maneiras, fonte de inspiração ao mesmo tempo pela inteligência de suas ações locais e nacionais como também por sua abertura para o mundo. Numa época em que praticamente em todo mundo os pais não tinham quase direito de entrar nas bibliotecas para crianças, admirei a preocupação das bibliotecas populares do subúrbio de Caracas em associar as famílias às suas ações.

Assim, em lugar de ficar na porta, as mães são convidadas a vir com os filhos escutar histórias e olhar os livros. E mais, de acordo os saberes e as habilidades, os pais participam de um modo ou de outro da vida e da riqueza da biblioteca. O cuidado desses bibliotecários, "militantes da leitura", é sempre tecer os elos, levantar o peso dos determinismos, dar a palavra a essa "maioria silenciosa", que são os excluídos e os pobres. A biblioteca torna-se, então, um mundo à parte e um lugar respeitado. Nesses espaços de grande violência, a biblioteca e o bibliotecário são preservados, protegidos pela população porque são portadores de esperança.

Na América Latina, fui um pouco "caixeiro-viajante", levando a conhecer experiências vividas com entusiasmo, colhidas aqui e ali e sempre acompanhadas por exigentes reflexões. Contei também a história de Clamart, assinalando, particularmente, as ações que poderiam ser realizadas em qualquer lugar, em qualquer contexto econômico e social. Insisti sobre aquilo que é enriquecedor, sobretudo a simplicidade dos encontros, a qualidade dos livros, a observação e a reflexão.

Bibliotecas a céu aberto

A biblioteca a céu aberto mobilizou os espíritos, em toda parte. Nela, havia uma nova imagem da biblioteca, plena de energia e à mão de todos, suscetível de ocupar qualquer espaço.

Essa prática corresponde à diretriz que sempre nos guiou: apresentar, da maneira mais simples possível, a realidade da leitura, assim como ela pode ser vivida concretamente no cotidiano. Aquilo que propomos no interior da biblioteca nada tem a ver com ações estritamente midiáticas. O que fazemos pode ser feito em qualquer lugar da mesma maneira, entre paredes ou do lado de fora, nas pequenas livrarias como nas grandes midiatecas. Trata-se de uma maneira de ser e estar com as crianças no meio dos livros.

Essas experiências simples e as profundas reflexões que suscitaram, inspiraram, no ano 2000, o grupo de criadores de um trabalho muito original a que tive o privilégio de estar associada de perto durante os quatro anos de seu lançamento. Ele deu origem a espaços de leitura de uma grande variedade que se desenvolveram simultaneamente, em rede, por vários países.

A iniciativa desse projeto se deve a Maria Elvira Charria, da Colômbia, diretora do importante programa de leitura do CERLALC.[18] Para efetivá-lo, ela recebeu o apoio, no México, do Ministério da Cultura Conaculta e da Embaixada de França. No começo, nove países desse continente participaram da empreitada.

Considerando as dificuldades das bibliotecas públicas e a deficiência das seções para crianças e jovens, os iniciadores desse projeto decidiram fazer um apelo a pessoas dispostas a tentar novas práticas para atingir prioritariamente as populações que em geral não têm acesso à leitura e à cultura escrita. Tratava-se de criar e desenvolver pequenas unidades de leitura particularmente vivas, à imagem das bibliotecas a céu aberto, como nós conhecemos. Esses espaços, que o ministério denomina "Salas de Leitura",[19] se instalaram por toda parte e, frequentemente, em lugares pouco usuais: na rua, em salas de espera de hospitais, em centros de lazer, nos jardins públicos ou nas residências de pessoas que faziam parte da rede e abriam suas casas à visita dos leitores. Havia em toda parte uma preocupação de tocar as crianças e seus pais, assim como aqueles que estão ligados a elas pelo exercício de suas profissões.

O título dado à rede, *Leamos de la mano de Papa y Mama* [Ler pelas mãos de papai e mamãe], exprime com clareza o desejo de associar famílias a esses momentos de trocas com as crianças. A leitura se torna, assim, um assunto de família.

Um dos elementos essenciais do projeto é a manutenção regular de observações escritas sobre as experiências de leitura compartilha-

---

[18] Centro Regional para el Fomento del Libro en America Latina y Caribe.

[19] A direção geral de publicações, departamento do Ministério da Cultura do México, desenvolveu, de fato, um programa denominado "Salas de Leitura" cujo objetivo é chegar até as populações que não são alcançadas pelas bibliotecas públicas.

das e as ponderações que elas podem ensejar. É dada grande importância aos detalhes. Eles dão o que pensar. Esses preciosos "diários de campo" circulam pelo país, via internet. O fato de colocar por escrito essas observações minuciosas se inspira em práticas iniciadas por René Diatkine[20] e a associação ACCES. Por essa razão, durante os quatro anos de lançamento, pedi a alguns bibliotecários em contato com esse movimento que me acompanhassem nessas missões.

Ao longo do ano, então, graças ao correio eletrônico, os membros da rede puderam trocar as observações, ideias, interrogações e reflexões. A simplicidade com que essas relações se estabeleceram foi fundamental. É sabido como as mais belas inovações correm o risco de serem fragilizadas e se perderem em razão do isolamento de seus atores. Atualmente, é possível acompanhar passo a passo a evolução dessas iniciativas e formar entre os participantes uma rede de ajuda mútua.

Nessas bibliotecas improvisadas são propostas algumas obras-primas da edição para crianças. É um princípio. Elas merecem ser conhecidas por todos. É só sentar no meio dos livros e das crianças, como em família, com a mesma simplicidade, o mesmo jeito natural. Basta começar a ler para uma criança que as outras se aproximam, se desejarem. Pais e adolescentes passam por perto e muitas vezes também leem para as crianças. Vivem assim muitas coisas felizes, juntos.

Estamos longe dessas bibliotecas bem disseminadas onde as prateleiras estão cheias de livros velhos, inadaptados, aborrecidos, séries de livros compradas por atacado, porque é barato, mas muitas vezes de grande mediocridade. Os bibliotecários, guardiões do lugar, ficam a distância e se contentam em fiscalizar as crianças e garantir o empréstimo. Um trabalho bastante tedioso, afinal. E o tédio é contagioso, tanto quanto pode ser o entusiasmo.

Essa é, de fato, uma das características dessas novas práticas. Elas engendram, junto aos mediadores, assim como entre as crianças e suas famílias, um verdadeiro entusiasmo. Todos gostam de divulgar em toda parte que a leitura é uma festa. Admiro esses jovens militantes da leitura que se obrigam voluntariamente a um exigente trabalho de obser-

---

[20] Psiquiatra e psicanalista francês (1918-1998). Sua obra deu grande impulso ao progresso da psiquiatria da criança.

vação e de redação e que não hesitam em viajar para participar das frequentes reuniões de comparação.

As universidades se interessaram por essas novas abordagens, sobre as atitudes das crianças face à leitura, sobre a recepção literária e o julgamento dado aos livros. Elas se dispuseram a colaborar com os membros da rede para ampliar com eles, a partir da prática, os princípios teóricos e facilitar assim a sua circulação.

É importante tornar conhecido e mostrar esse trabalho. Ao final de cada seminário anual, organizamos encontros abertos ao grande público – pais, professores, educadores e bibliotecários –, para compartilhar com eles as maravilhas que havíamos descoberto, assim como as audaciosas ações de promoção da leitura que concebemos. Por outro lado, os poderes públicos se interessam por nosso trabalho e confiam nele cada vez mais. Assim, o Ministério mexicano da Educação convidou a associação *Leamos de la mano de Papa y Mama* a participar ativamente da escolha de livros para todas as escolas de ensino fundamental do país. Essa foi uma ajuda formidável para muitos pequenos editores de qualidade, que, assim, ganharam reconhecimento. Essa parceria é, sobretudo para a vida escolar, um avanço seguro. Os membros da rede adquiriram, com efeito, uma verdadeira competência para escolher livros. Os livros ilustrados que eles nos fizeram conhecer, ao longo de nossas missões, pertencem ao que há de melhor da produção mundial. É também um estímulo para os artistas e editores locais buscarem novas vias de criação.

Foi dado um impulso. Esse trabalho em rede continua sob denominações diferentes, de acordo com os países, as regiões e as afinidades. O entusiasmo que ele suscitou não vai se extinguir. Olga, diretora de bibliotecas públicas no Panamá, faz da leitura uma eterna festa. Graziela, responsável por uma biblioteca de Bogotá muito ativa mas infelizmente suprimida, continua o trabalho de sensibilização no fundo da floresta amazônica, onde atualmente trabalha em contato com bibliotecas de rara qualidade. Lá, crianças encantadas descobrem com emoção livros ilustrados e obras notáveis, como aqueles que apresentávamos aos membros da rede por ocasião de nossas missões. Em 2010, quando se procura dar vida nova às bibliotecas das escolas de ensino fundamental, certos aspectos desse trabalho em rede servem de inspiração.

Na Armênia, em 2002, sob esse mesmo princípio, um projeto parecido, *La joie de lire* [A alegria de ler], teve lugar em cinco cidades do país. Ele foi animado essencialmente por estudantes entusiasmados a quem demos os meios de conhecer a fina flor da edição para crianças. Conscienciosamente, eles anotavam por escrito as observações. Algumas trocas foram estabelecidas, na ocasião, com a rede latino-americana. Assim, em torno de livros de que as crianças gostam muito, alguns laços foram tecidos entre o Alto Carabaque, região montanhosa próxima do Azerbaijão, e Guanajuato, pequena cidade mexicana. Esse projeto nasceu no curso do programa latino-americano. Começa-se a sonhar com uma rede que cobrirá a terra inteira. Com internet, isso deveria ser possível, o que daria matéria a diversos estudos.

❖

Florescentes em toda parte no mundo, essas iniciativas são portadoras de esperança. A história sempre viva me parece mais necessária que nunca, tanto nos países pobres quanto nos países ricos: privilegiam a dimensão humana, a intimidade, a confiança e tudo aquilo que permite a participação de cada um na vida da "casa". Esses bibliotecários engajados recusam confinar em um gueto essas pessoas que já sofrem diferentes formas de segregação. E eles se aplicam em desenvolver parcerias e a criar laços com todos os tipos de instituição.

Essas estruturas inovadoras, sustentadas por uma reflexão permanente e amplamente compartilhada, atraem o olhar de personalidades preocupadas em lutar contra a marginalização e a precariedade, tanto na França como no estrangeiro. Elas nos ajudam a manter uma consciência clara dos elementos da leitura em seu aspecto propriamente cultural, a inventar com liberdade novas práticas e a nos abrir em grande escala a novas colaborações.

Por levar em conta as margens e aqueles a quem nossas sociedades deixam de lado, a biblioteca de que precisamos é perpetuamente estimulada a mudar os hábitos e transcender as paredes para se aproximar de todos, sem exclusividade. No momento em que a burocracia e o automatismo parecem prestes a dominar as instituições públicas em todo o mundo, os bibliotecários nos chamam ao essencial de nossa tarefa de mediadores de leitura para quem a atenção às pessoas deve vir em primeiro lugar.

Hoje, a Pequena Biblioteca Redonda

E como vai a biblioteca para crianças de Clamart? Com felicidade e entusiasmo, ela vive, hoje, na Cité de La Plaine, um retorno às fontes. Sua água é fresca e clara, e isso já é bom. Ela jorra e irriga de vida um solo que, ao longo dos anos, mudou muito. Primeiro, na sua superfície. Como em muitas ZEPs, não existe mais a coabitação de diferentes categorias sociais. Há fraturas de naturezas diferentes, tanto sociais quanto culturais, numéricas e mesmo familiares. As populações empobreceram muito. Majoritariamente constituídas de migrantes, tendem, por vezes, a se fecharem em si mesmas. As classes médias, essas, preferiram outras plagas e partiram. Tudo isso tem consequências sobre o nível escolar. As taxas de desemprego também são em especial elevadas aqui. Como muitos bairros de subúrbio, esse também sofre de certo isolamento e de uma reputação pouco elogiosa. As nuvens se acumulam e ameaçam encobrir o horizonte.

Mas essa terra árida tem sede e está pronta para acolher a chuva. É isso o que incita a biblioteca a seguir atuando. O seu status associativo[21] lhe permite todas as liberdades para experimentar, inovar e se adaptar a um mundo em plena mutação. Essa é a verdadeira missão.

Após uma ameaça de fechamento definitivo, a biblioteca de Clamart está recuperando suas cores. O Ministério francês da Cultura atribuiu-lhe formalmente novas missões,[22] como a de lutar contra as fraturas sociais e contribuir para a pesquisa de modelos novos para a biblioteca para crianças, hoje.[23] O reconhecimento dela no plano nacional e internacional lhe dá, de fato, meios para entrar em contato com bibliotecas e outras instituições que compartilham preocupações seme-

---

[21] A biblioteca se beneficia de apoios financeiros da Municipalidade de Clamart, do Ministério da Cultura e do mecenato.

[22] No decorrer do colóquio em fevereiro de 2007 no Institut d'Études Politiques, o diretor do Livro e da Leitura, Benoit Yvert, evocou a primeira missão da nova política do livro, assim definida pelo Ministério francês da Cultura: a luta contra a segmentação social em matéria de leitura pública. Duas bibliotecas públicas foram expressamente chamadas por seu ministério para experimentar novas táticas de ação: a Bibliothèque Publique d'Information (BPI), do Centro Pompidou, e a Biblioteca de Clamart.

[23] Trata-se de serviços de leitura para crianças que majoritariamente fazem parte integrante de bibliotecas públicas abertas para todas as idades.

lhantes, na França e no estrangeiro. O diretor do livro e da leitura me pede para apoiar essa retomada, com o meu aconselhamento.

A biblioteca se chama agora *Pequena Biblioteca Redonda*.[24] Os serviços que ela iniciou no decorrer dos anos 1960 estão integrados, desde 2008, à Biblioteca Nacional da França sob o nome de *Centre National de La Litterature de Jeunesse La Joie par les livres*[25] [Centro nacional da literatura de juventude "a alegria pelos livros"]. Missão cumprida: a perenidade e o pleno desenvolvimento desses serviços estão assim garantidos.

O novo nome da biblioteca é significativo. A Pequena Biblioteca Redonda é um programa. Redonda como o mundo, como a roda que viaja, como o redondo da espiral que se eleva, como o círculo daqueles que gostam de se encontrar. Pequena porque *small is beautiful*, porque a leitura não é assunto de massas e de multidão, porque ela é mais bem vivida na intimidade e na confiança da relação, em pequenos grupos informais ou face a face, e porque essa abordagem é desejável e possível em toda parte.

Hoje, é preciso inventar sem parar, sem negar as belas heranças daqueles que nos antecederam, heranças que tomam um novo sentido em resposta aos desafios do nosso tempo. A biblioteca não pode sobreviver sem considerar as grandes mutações do mundo que nos cerca, suas riquezas e suas misérias. Mundo no qual nossas crianças vão crescer.

Livre em seus movimentos, como toda biblioteca, a Pequena Biblioteca Redonda pode encontrar lugar em qualquer lugar. Ela sai de casa. Vai por todos os caminhos. Para aqui e ali para proporcionar alguns momentos de leitura. Instala-se na proximidade das escolas, dos mercados nos espaços públicos, junto aos prédios, onde quer que haja tempo: nas salas de espera, nas creches, nos postos de saúde, nos centros de lazer. O que ela oferece, em todo ano, são encontros. Encontros com livros cuidadosamente escolhidos e encontros com as pessoas, que se aproximam espontaneamente do bibliotecário e de seus cestos de livros.

---

[24] La Petite Bibliothèque Ronde. Ver: www.lapetitebibliothequeronde.com; www.enfance-lecture.com; www.petitebiblioronde.com.

[25] O Centre National de La littérature de jeunesse *La Joie par les livres* é um serviço do departamento Littérature et Art "especializado na recuperação e promoção de uma literatura de qualidade".

Cada leitor, se quiser, pode também se distanciar para ler o livro de sua escolha. Ele tem o seu tempo. Adultos param e, se têm vontade, se juntam ao grupo. A biblioteca nos caminhos faz da Pequena Biblioteca Redonda uma casa aberta, acolhedora e convidativa, onde se pode ficar, conversar, conviver, acolher.

Espaço para os pais, espaço para a família

Vocês que passam por ali, pouco importa sua idade, podem juntar-se a essas crianças que se deixam ficar em torno dos livros. Vocês podem parar um pouco para, assim como elas, apreciar esses momentos. Vocês têm também o seu lugar na biblioteca. No nosso bairro onde a vida é tão difícil e cujos moradores vivem diferentes formas de solidão e isolamento, a biblioteca se abre a todas as gerações. Ela se torna a biblioteca da família. Ela fica aberta no domingo, precisamente para que as pessoas possam vir juntas. As crianças pequenas são responsáveis por essa transformação que hoje toca a todas as idades da infância. Algumas décadas atrás, elas tomaram os pais pelas mãos e os trouxeram para esse espaço, onde eles, por sua vez, encontraram plena e discretamente um lugar para si. Os filhos cresceram. Muitos desses pais, entretanto, não deixaram a biblioteca. Nesse lugar pequeno, as pessoas de origem modesta adquirem confiança em si mesmas. Adiante, se quiserem, elas poderão abordar as grandes midiatecas e as outras instituições culturais. Elas apreciam essa maneira de viver livremente na presença das crianças, fora de casa e das obrigações familiares. Isso ajuda a evitar que fraturas dolorosas se abram no interior da família. É o que ocorre, por exemplo, quando a criança se beneficia de um ambiente enriquecedor que ela aprecia e a faz progredir enquanto o pai e a mãe, por diversas razões, se sentem mantidos à distância dessas oportunidades. Os adultos desse bairro encontram ali, na biblioteca, um lugar que os recebe, e ficam felizes. Ao lado de contadores profissionais, eles são convidados a vir contar histórias de suas tradições, relatos de vida ou histórias de que gostam. As crianças descobrem assim que seus pais têm qualquer coisa a dizer, que são escutados e que sua história pessoal ou familiar, suas experiências e suas culturas são dignas de interesse.

A biblioteca se torna então um espaço incontornável no coração do bairro, um lugar de palavras e encontros. Mas o primeiro lugar é da criança, seja nos acervos, nas múltiplas propostas ou nas oficinas oferecidas. Desde pequena, a criança vive ali belas experiências, e sabemos o quanto esses primeiros encontros com o livro são importantes. Mas onde ficam os meninos e meninas de 7 a 12 anos, essa idade feita de abertura e de curiosidade? A Pequena Biblioteca Redonda dá toda importância a essa etapa da vida, situada entre a primeira infância e a pré-adolescência. E o que dizer dessas histórias e desses relatos, dessa literatura maravilhosamente infantil que faz as crianças viverem experiências literárias incomparáveis? Isabelle Jan,[26] desde os anos 1970, já se preocupava com o assunto. A literatura propriamente infantil não é uma literatura menor. Ela lembrava que "o indivíduo que pela primeira vez lê *Babar* vive uma experiência tão absorvente e única quanto a de quem lê pela primeira vez *Os irmãos Karamazov*. O importante na literatura infantil não é tanto que ela seja ou não literatura, mas que seja infantil. É esse caráter específico que a torna interessante e que lhe confere a sua dignidade." A pequena biblioteca redonda considera tudo isso em suas escolhas. A literatura que ela propõe se inscreve numa dupla linhagem, a dos clássicos sempre novos para as crianças e a das obras contemporâneas que falam a língua de hoje. Pela beleza e originalidade, essas obras propriamente infantis podem tocar profundamente leitores de qualquer idade.

Mas como ter acesso às obras de qualidade, quando se fracassou gravemente nas aprendizagens de leitura? Essa é uma questão que nos é colocada no dia a dia. Conhecemos essas crianças e esses pré-adolescentes que penosamente "se desligam" desse aprendizado, às vezes com violência. Em nossos bairros de subúrbio eles não são raros. Como dialogar com eles? O que lhes propor?

Com as crianças que abandonam a leitura

Inspirada por Serge Boimare, pesquisador psicoterapeuta, a Pequena Biblioteca Redonda anima, há alguns anos, oficinas que se revelam muito positivas. Serge Boimare desenvolve experiências no ambiente escolar

---

[26] Ver: JAN, Isabelle. *La littérature enfantine*. Paris: Éditions de l'Atelier,1989.

na França e no estrangeiro. Elas são possíveis em bibliotecas? Diferentemente da escola, as crianças só vão à biblioteca quando querem. Uma oficina desse formato, que demanda uma assiduidade regular, é viável? Nós tentamos a experiência. Algumas dessas crianças em grande dificuldade decidem então vir regularmente, todas as semanas, para uma oficina desse tipo. Elas são convidadas pelos mestres. É importante que essas sessões ocorram na biblioteca, que propõe um ambiente em especial rico em documentos e encontros. No decorrer dessas sessões, essas crianças e esses pré-adolescentes são expostos a verdadeiras obras literárias que lhes são lidas em voz alta. Assim eles descobrem Jack London, os irmãos Grimm, Julio Verne, Selma Lagelof. Eles escutam relatos tirados da *Ilíada*, da Bíblia, relatos sobre a criação do mundo, tanto dos antigos gregos quanto dos índios hopi norte-americanos de hoje. Esses textos abordam as origens, a morte, os medos muito antigos. O aspecto técnico da aprendizagem da leitura, que há anos bloqueia esses jovens, vai sendo, assim, atenuado, diminuído pelo sentido dessas mensagens. Terminada a leitura, convidados pela bibliotecária que anima a oficina, eles falam uns com os outros sobre os heróis dessas histórias. Assim, aprendem aos poucos a discutir e a se escutar. Ao longo das semanas, os progressos se manifestam. A biblioteca, o livro e o relato tornam-se espaços de encontro em que a troca de palavras torna-se possível. Em seguida, eles escrevem sobre suas impressões ou fazem um desenho segundo a sua inspiração. Eles guardam assim um traço desses momentos. Essas crianças, consideradas em situação de fracasso escolar, dizem após algumas semanas de oficinas: "Agora, gostamos dos livros." Elas também aprenderam a gostar do que é belo e grande, engraçado, fino e sutil. Como os textos são escolhidos? A resposta do adulto responsável pela oficina é clara: "Proponho textos de que gosto, que me tocam pessoalmente." Existe ali uma verdadeira obra de transmissão. Adultos e crianças estão interessados, juntos. Entre eles existe troca e reciprocidade.

Tudo isso ajuda as crianças a se darem tempo para se deixar penetrar por esses textos. Se vão tornar-se leitores entusiastas, não sabemos. Pelo menos, guardarão uma lembrança feliz desses encontros. Essas sessões são objeto de observações escritas muito precisas. A Pequena Biblioteca Redonda se propõe, de fato, divulgar largamente experiências fecundas como essa e refletir sobre elas com outros bibliotecários, mesmo se alcançam um número muito limitado de crianças.

Por meio dessas experiências, as crianças em dificuldade ficam em condições de apreciar o que a biblioteca oferece a todos: as obras que falam à sua sensibilidade, a companhia de um adulto atento que desperta sua atenção e transmite sua curiosidade, a companhia de gente de sua idade e a possibilidade de trocar suas impressões, e a oportunidade de se expressar por diversas maneiras, notadamente dentro das oficinas.

A biblioteca aberta a todas as artes

Estar exposto a toda forma de saber, de um *savoir-faire*, de expressões e criações artísticas, distrações e jogos: é bem isso o que a biblioteca propõe. Não é também o que propõe a internet? O mundo digital é imenso. Ele nos faz entrar em contato com todos os domínios do conhecimento e sob todas as formas. Podemos ver filmes e vídeos, escutar todas as músicas do mundo, ou simplesmente jogar. Todos os assuntos são abordados. Encontra-se ali o melhor e o pior. Essa formidável abundância convida a biblioteca a uma grande aventura. Eis por que se afirma hoje como a casa de todas as artes, todos os saberes, todas as expressões culturais e, mesmo, de todos os lazeres. Quanto mais ela escolhe os meios de trabalho, aconselha e cria laços com pessoas e documentos, mais orienta e responde às curiosidades de quem a procura. Ela tenta responder às múltiplas curiosidades despertadas furtivamente pela internet. E a Pequena Biblioteca Redonda também tem sido levada a repensar a organização de suas obras a fim de corresponder às novas iniciativas das crianças. Ela se inspira para isso nas práticas de livrarias particularmente eficientes e nas estratégias adotadas por bibliotecas inovadoras nesse campo.[27]

As escolhas de documentos são, pela força das coisas, limitadas e por isso feitas com grande cuidado. O livro guarda sempre, lá, um lugar privilegiado. No turbilhão da informação em todos os sentidos, ele oferece espaço e tempo para o aprofundamento, a abertura e a partilha. Sempre ao alcance da mão, ele permite ao leitor que se volte àquilo

---

[27] A biblioteca de Ballancourt (Essonne), sob a direção de Marie Girod, experimenta há vários anos as novas classificações de obras, notadamente no domínio científico. Seu trabalho inspirou os criadores da Midiateca para crianças de La Villette.

que mais o tocou, e o leva além de uma emoção passageira. Ele está, por isso, presente em todos os programas da biblioteca. Como encontrar aquilo que será marcante para nós? Como tomar consciência de nossos interesses pessoais? Como fazer emergir nossas próprias questões? É assim que podemos fazer bom uso dessa abundância de informações. A todas essas perguntas, a biblioteca responde propondo encontros e oficinas. Essa é uma longa tradição para a Pequena Biblioteca Redonda. Mas tudo isso se reveste de uma importância particular hoje. É preciso ter tempo para se posicionar nesse contexto e encontrar pessoas ricas em saberes e em *savoir-faire*, habitadas por entusiasmos e desejosas de compartilhar o que dá sentido à sua vida, para fazerem trocas com as crianças. É isso que nos move e é isso que importa. A emoção é o principal. Ela põe em movimento e convida a ir mais longe. É o que oferecem os verdadeiros encontros. Eles fazem nascer desejos e perguntas.

A biblioteca privilegia a vinda e a permanência de artistas. Sua linguagem vai ao encontro da linguagem da criança. Um responde ao outro naturalmente num diálogo em que cada um dá e recebe com generosidade. É por isso que eles têm tanto prazer em se encontrar. Sensíveis e preocupados em compartilhar com as crianças, esses artistas sabem escutá-las e se enriquecem com essas trocas encantadoras. Longe de fornecer às crianças um ensinamento sobre sua arte, eles simplesmente trabalham com elas.

Nas oficinas, fala-se e conta-se muito. Uma grande fotógrafa, Caroline Halley des Fontaines, que percorreu o mundo, depositou as bagagens dela na Pequena Biblioteca Redonda por várias semanas para coordenar uma oficina de fotografia e organizar com as crianças uma exposição que reuniu suas próprias obras e suas criações pessoais e coletivas. Ela naturalmente deve ter contado muitas histórias durante essas sessões de trabalho. Foi assim também com a artista ilustradora Teryl Euvremer, amiga da biblioteca, que, durante semanas, fez viver com as crianças a ideia de grande e pequeno, criou com elas no espaço da biblioteca uma galeria dos minúsculos e dos gigantes da literatura e dos contos populares. Há também essa figurinista da Ópera de Paris que, interessada pelo programa "contos e costumes", veio contar às crianças como imagina, escolhe as cores, os materiais e as formas, como desenha os trajes e, numa palavra, como vive o seu ofício. Gostamos de trazer para cá pessoas apaixonadas, pessoas que amam o seu ofício e que dizem como chegaram lá.

Nesse universo obscurecido pelas dificuldades crescentes da vida, pelas perspectivas de um futuro pouco otimista, é bom encontrar pessoas animadas por projetos ao mesmo tempo entusiasmantes e possíveis. Preparamos nossos espíritos para esses encontros. Assim, para a vinda da fotógrafa, os bibliotecários propuseram às crianças vários tipos de livros, documentos e jogos de sombra e luz. Juntos, montaram um espetáculo de sombras chinesas.

Na Pequena Biblioteca Redonda, ninguém se espanta ao encontrar crianças com câmeras na mão. Elas filmam os acontecimentos que se desenvolvem ali, certas sessões de oficinas, a acolhida a visitantes e estagiários e as pequenas festas que promovemos. É a casa delas. É bom poder voltar a esses bons momentos e guardar seus traços. Essas atividades envolvem o trabalho na montagem, na oficina multimídia, antes de poder levar o vídeo para o portal da biblioteca. Há também crianças "enviadas especiais", que são convidadas a dar suas impressões sobre os livros, os espetáculos, os portais e softwares ou jogos que elas captaram na internet e que podem interessar à comunidade. Todos podem ser repórteres ou enviados especiais, se desejarem. Assim se desenha uma vida comum particularmente preciosa hoje, quando o consumo, o "zapeamento" e o individualismo parecem ser a regra de nossas sociedades. Aqui, as crianças se declaram membros da biblioteca. Ela é como uma segunda casa.

Muitos bairros do subúrbio, como o nosso, sofrem de isolamento e de pobreza. São os grandes esquecidos das instituições culturais. Mas, com os programas e encontros, a biblioteca enriquece a vida de todo o bairro. Ela tem como ponto de honra convidar artistas, viajantes e cientistas da melhor qualidade. Por isso, estabeleceu, por exemplo, uma ligação com a Orchestre des Siècles e a Cité de La musique ou, mais simplesmente, com pequenos conjuntos mais próximos. Ela organiza assim oficinas musicais na biblioteca, seguidas da ida a concertos em Paris, à Salle Pleyel. Não é raro escutar a música ressoar na biblioteca. São as crianças que tocam. É um encantamento. A Pequena Biblioteca Redonda distingue-se no bairro como um espaço aberto a todos os ventos da criação e do conhecimento.

Ela está em todos os caminhos. Encontra seu lugar nos caminhos digitais percorridos pelas crianças e pelos adultos. O portal da biblioteca se abre largamente a eles.[28] Eles descobrem ali o movimento do que é vivido na biblioteca, como esse Salão de Ensaio da Poesia, onde, sobre os passos de Paul Fort ou de Jacques Roubaud, uns e outros ensaiam as palavras, os ritmos e as rimas. *Mas o que faz a polícia?* é sobre as diferentes escritas e caligrafias, e conduz os leitores a decifrar códigos secretos e enigmas. Há também os jogos da net na biblioteca. Descobrem-se ali as preferências de cada um. Aprofundam-se no portal os temas da atualidade sobre os quais todo mundo fala. As cinzas do vulcão islandês trazem também, com elas, livros e vídeos sobre o assunto. Pelos vídeos, descobrem-se grandes artistas como Maurice Sendak ou Elzbita, alguns deles entrevistados pela biblioteca, como Svjetlan Junakovic e o seu *O grande livro dos retratos de animais*.[29] Temos acesso aos manuscritos autênticos de *Alice no país das maravilhas*, colocados à disposição pela Biblioteca Britânica. Pode-se mesmo ver e ouvir Barack Obama ler *Onde vivem os monstros*,[30] no meio de crianças no jardim da Casa Branca. Vive-se a leitura nas bibliotecas chinesas de arquitetura revolucionária ou ao lado da mula-biblioteca que avança na floresta amazônica em meio a crianças absorvidas pela leitura de obras-primas universais bem conhecidas das crianças de Clamart.

O portal www.enfance-lecture.com abre-se a todos que se interessam pela leitura das crianças. A biblioteca se afirma progressivamente como observatório permanente de práticas de leitura. Desde a reabertura, realiza sistematicamente um importante trabalho de observação escrita. Ela se enriqueceu com parcerias estabelecidas com movimentos como o ACCES, criado por René Diatkine em torno de experiências de leitura de crianças pequenas, ou ainda de pesquisadores como Serge Boimare. Ela está em contato com bibliotecas do mundo inteiro para a troca de experiências e reflexão. O que importa é podermos, todos juntos, pensar a biblioteca de hoje.

❖

---

[28] Consultar www.lapetitebibliothequeronde.com; www.enfance-lecture.com; www.petitebiblironde.com.

[29] JUNAKOVIC, Svjetlan. *O grande livro dos retratos de animais*. Tradução de Marcos Bagno. Curitiba: Editora Positivo, 2010.

[30] O livro, lançado originalmente em 1963, com texto e ilustração de Maurice Sendak, foi publicado no Brasil em 2009 pela editora Cosac Naify, com tradução de Heloisa Jahn.

Em seu propósito mesmo, a biblioteca oferece um ambiente cultural único e profundamente humano. Ao encorajar cada um a seguir o próprio caminho, ela favorece a emergência de identidades na singularidade, propondo um espaço onde a expressão das diferenças é possível, desejável e estimulada. É um lugar onde se pode aprender a construir de forma concreta relações com o outro. Ela privilegia o que aproxima e reaproxima, por meio da acolhida, dos encontros, do "estar-junto", não apenas para misturar as pessoas, mas para tentar estabelecer entre elas um entendimento recíproco.

Nesse mundo em que se "tecniciza" cada vez mais, a biblioteca acentua a comunicação humana, os contatos e as relações interpessoais em torno da necessidade de conhecer, conhecer-se e pensar. Ela pode, nesse sentido, ter um papel fundamental. Dominique Wolton, teórico da comunicação, gosta de evocar: "É impossível pensar um sistema de comunicação sem relacioná-lo a duas outras características culturais e sociais. Nesse sentido, o investimento capital para as novas tecnologias é socializá-las e não tentar, por meio delas, 'tecnicizar' o homem ou a sociedade."[31]

Diversidade, encontro, complementaridade, comunicação, relações interpessoais: são muitas as palavras que caracterizam a cultura da biblioteca e da leitura, que é o eixo central. É o que lhe permite ajustar permanentemente, ao mundo no qual ela evolui, as suas riquezas, as suas carências e os seus desvios. Eis por que é preciso pensar e repensar continuamente a biblioteca para crianças naquilo que constitui os fundamentos humanos, culturais e sociais.

---

[31] WOLTON, Dominique. *Internet, e depois? Uma teoria crítica das novas mídias.* Porto Alegre: Sulina, 2003.

2. O coração inteligente

Entre aqueles que enriqueceram profundamente minha vida profissional, muitos não são bibliotecários. São pessoas que veem a partir de outros horizontes. São pesquisadores, pensadores engajados, militantes que têm em comum uma profunda preocupação de justiça: recusam a ideia de que importantes populações estejam afastadas do mundo da escrita, naquilo que este tem de melhor a oferecer. Eles conferem à biblioteca um desempenho acima de tudo positivo, desde que esta não se limite a um simples papel de distribuição de documentos. Eles compartilham a mesma confiança: os encontros que a biblioteca propõe podem contribuir para transformar as vidas mais difíceis, abrindo, pela leitura, novas dimensões. Estão convencidos de que a leitura, na sua diversidade, sua profundidade e seu prazer, pode aliviar o peso de certos determinismos que esmagam essas vidas. A leitura permite-lhes viver melhor, pela tomada de consciência de si, pelo conhecimento do outro, pela expressão única que ela suscita, pelo imaginário que ela alimenta livremente.

Meus encontros com René Diatkine, Sarah Hirschman e Serge Boimaire me marcaram profundamente. Encontrávamo-nos sempre em torno de questões fundamentais de mediação cultural que estão no centro mesmo de nossos ofícios. Leitores convictos, eles abrem novas fronteiras, nos levam a caminhos que penetram num mundo literário de excelência, mundo que eles sabem tornar acessível a todos. Eles têm confiança nas pessoas, quaisquer que sejam a idade, a cultura e as condições de vida.

As reflexões e as experiências conduzidas durante muitas décadas por esses três pesquisadores engajados nos confortam na nossa missão e nos estimulam a avançar. Elas nos inspiraram muito em nosso trabalho em Clamart, assim como nos projetos que pude acompanhar nos países do Sul.

Com René Diatkine, traços de caminhos atravessados

René Diatkine gostava de evocar a importância dos encontros autênticos. Eles fazem a riqueza da vida. Podem orientar ou reorientar um destino. Meu encontro com ele foi determinante. Existe um "antes" e um "depois de Diatkine", não apenas para Clamart como também para outras bibliotecas na França e, hoje, no estrangeiro. Nos projetos que sou levada a acompanhar, em diferentes regiões do mundo, não deixo de evocá-lo. Ele, com sua reflexão, enriqueceu nossas práticas. E sugeriu novas. Apurou o nosso olhar. Nossas motivações se cruzaram em torno da mesma preocupação: criar, em toda parte, condições favoráveis ao acesso de todos à leitura, privilegiando aqueles que habitualmente se encontram afastados do mundo da escrita.

Foi em 1979, por ocasião de um importante colóquio sobre a leitura e as condições de sua aprendizagem, que nos encontramos. Diatkine logo propôs que juntássemos nossas ações e reflexões. Para mim, como bibliotecária, não poderia ser melhor. Seu trabalho como psicopedagogo no 13º distrito de Paris não me era desconhecido. Eu sabia também que ele se interessava particularmente pelo prazer da leitura, "atividade psíquica essencial, que permite ao sujeito tornar-se o narrador de sua própria história, dando-lhe assim uma grande liberdade interior."[1]

René Diatkine, na verdade, faz parte das grandes figuras da saúde mental na França e, notadamente, da psiquiatria voltada para a criança e a juventude, na linha de Freud e Winnicott. No Centro Alfred Binet, instalado no coração de um bairro de Paris habitado por uma numerosa população de migrantes, ele está, na prática diária, em contato direto com os problemas de integração e exclusão. Ele encontra "pais desamparados, adolescentes que não sabem mais de que é feita a sua história de vida, crianças pequenas que não conseguem construir a sua."[2]

---

[1] Ver QUARTIER-FRINGS, Florence. *René Diatkine. Psychanalystes d'aujourd'hui*. Paris: PUF, 1997.

[2] Idem.

O que ele nos diz é determinante: acima dos cinco anos, no período em que ocorre a estruturação da linguagem, todas as crianças têm o mesmo apetite e interesse pelos relatos, o mesmo gosto pelos livros, quaisquer que sejam os meios sociais. Essas constatações emanam de suas próprias experiências e pesquisas como psiquiatra e psicanalista, assim como das de Emilia Ferreiro, discípula de Piaget. Assim, quando o acesso aos livros se abre a todos, desde a mais tenra idade, com o acompanhamento discreto e atento que se impõe, as desigualdades diante da cultura e da leitura deixam de ser uma fatalidade. Foi isso que nos mobilizou.

Pesquisador e profissional engajado, Diatkine logo se interessou pela biblioteca de Clamart. Convidou-me inúmeras vezes para participar de seminários, destinados, notadamente, a médicos, psiquiatras, psicanalistas, psicoterapeutas, psicolinguistas e profissionais da saúde. Nessas ocasiões, demonstro apenas o que dá vida à biblioteca, o espaço reservado aos relatos e às histórias partilhadas nessa casa onde as crianças podem viver a felicidade de ler, descobrindo uma forma de vida em comum particularmente enriquecedora. Menciono a posição discreta e atenta dos adultos, a maneira de ajudar as crianças a se orientar no vasto mundo dos livros, o papel deles como *barqueiros* e testemunhas próximas das crianças. Digo como tudo que fazemos é simples e natural, livre e alegre. Assim, quando nos sentamos no meio das crianças que circulam bem à vontade no meio dos livros, tudo se passa como em família, de modo informal e meio íntimo. A criança pequena nos pede para ler um livro. Ou ela já o escolheu ou nós lhe propomos um. Então, nos sentamos ao lado dela e começamos. Outras crianças se aproximam para tomar parte, se estiverem com vontade. A leitura é vivida então, plenamente, em companhia, na liberdade e na confiança. Gestos simples e enriquecedores podem ser vividos em qualquer lugar, na biblioteca, mas também embaixo dos prédios, como fazemos a cada semana num bairro muito maltratado. Os passantes param e ficam admirados. Alguns pais, assim como irmãos mais velhos, instalam-se às vezes ao lado das crianças e, como os bibliotecários, compartilham com elas a leitura de um livro ilustrado. Sentimo-nos bem no meio dos livros. Bastam alguns livros ilustrados, judiciosamente escolhidos, o tempo de ficar junto com as crianças e compartilhar com elas o prazer do livro. É isso que faz o bibliotecário. E assim, tudo que é a própria essência da leitura pode ser vivido ali, nessa biblioteca ao ar livre. Eis o que interessa fortemente a R. Diatkine. "Não somente as crianças mais desfavorecidas estão prontas para descobrir o prazer do livro, como os pais com as maiores dificuldades, eles também, se comovem com esse interesse inesperado e, por sua vez, têm os livros entre as mãos. O que parecia irreversível muda: essa não é uma razão decisiva para abandonar ideias recebidas e acabadas?"[3]

A leitura surpresa

René Diatkine é um pesquisador engajado e nos arrasta a segui-lo. Ele cuida para que ninguém seja excluído do prazer da leitura. É preciso sair da biblioteca para ir ao encontro, a qualquer preço, de pais e crianças que estejam vivendo diferentes formas de exclusão e correndo o risco de passar ao lado dessas riquezas. É preciso mobilizar as forças vivas, onde quer que estejam, e criar um movimento. Foi isso que fez René Diatkine com dois psicanalistas, Tony Lainé e Marie Bonnafé. Assim surgiu uma associação que reúne bibliotecários e personalidades do mundo da Saúde. ACCES é o nome que contém também todo um programa: Actions Culturelles Contre les Exclusions et les Ségrégations [Ações Culturais contra a Exclusão e a Segregação].

René Diatkine aconselha: vão lá onde vocês não são esperados, onde ninguém pensa em encontrar livros. Com sabedoria e humor, insiste: escolham lugares incomuns. Aqueles que vocês querem encontrar não vão à biblioteca. Ainda não. Ficam intimidados com esse tipo de instituição. Quanto à leitura, é frequente que guardem más lembranças. É preciso ir ao encontro deles lá fora e surpreendê-los. É assim que vão descobrir que os livros podem falar também a eles. Procurem lugares onde o tempo custa a passar e as pessoas se aborrecem porque assim elas ficam mais disponíveis e prontas para descobertas. Há lugares que se impõem, porque são obrigatoriamente frequentados, como os serviços de saúde e de segurança social. As salas de espera podem acolher vocês. Nelas, arranjem tempo de se instalarem com os cestos

---

[3] Cf. DIATKINE, René. In: BONNAFÉ, Marie. *Les livres c'est bon pour les bébés*. Paris: Calman-Lévy, 2001.

de livros no meio dos pais e das crianças pequenas. Mesma coisa para os lugares destinados a estas, como creches e centros sociais. Ao abrirnos o mundo da Saúde, Diatkine nos convidou a estar presentes nesses lugares para encontrar as crianças pequenas em companhia dos pais. É muito importante encontrá-los juntos. A leitura é algo que se compartilha e pode ser plenamente vivido em família. Os pais podem encontrar o seu lugar nessas trocas. Proponham livros de real qualidade, nos diz ainda René Diatkine, é assim que vocês vão tocar os pais. Eles vão apreciar, por si próprios, a beleza e a fantasia das obras descobertas. Mostrem-lhes como seus filhos são finos leitores. Eles vão admirarse de sabê-lo. Essa será, para eles, uma nova maneira de conhecer os filhos e se relacionar com eles, penetrando com discrição no seu mundo imaginário, na sua dimensão. Tornar visível, adotar a transparência, eis o que é importante, o que permite afastar tantos mal-entendidos. Esse é também o melhor meio de interessar todos aqueles que estão próximos das crianças: assistentes maternais, profissionais dos serviços médicos, dos centros de assistência a crianças pequenas e, naturalmente, os pais. O livro não é um objeto sem importância, destinado somente a ocupar as crianças. É um espaço aberto a todos. Os adultos saberão viver esse compartilhamento com a delicadeza e a discrição que se impõem? Sem dúvida, se eles veem como vocês realizam esse trabalho. É importante que eles testemunhem esses momentos felizes, vividos juntos. É assim que eles vão seguir o caminho da simplicidade e do respeito da criança. Diatkine sempre preferiu o termo sensibilização ao de formação. Tudo é, de fato, uma questão de sensibilidade. O importante está em não se conformar a um modelo mais ou menos restritivo, mas se sentir à vontade. É assim que a corrente passa e ficamos prontos para receber conselhos.

Mas como fazer para estar sempre presente? Os bibliotecários têm tempo? Multipliquem as parcerias, nos diz Diatkine. Proponham sua colaboração em toda parte. Estejam preparados para escutar e colaborar com aqueles que conhecem as crianças em outros contextos que não os seus. Eles também devem ter muito a dizer. Eles podem esclarecer vocês. Assim acharão pessoas que podem dar continuidade ao trabalho. Todos se encontrarão, pensarão juntos e, em todo o quarteirão, ou no bairro, vão acontecer momentos de leitura com as crianças pequenas e os pais.

Pensar junto: eis o que propõe René Diatkine. Vocês, bibliotecários, nos diz ele, têm um lugar especial junto a essas crianças pequenas. Elas se aproximam de vocês livremente. Elas pedem para se instalar ao lado de vocês para viver melhor esses momentos de compartilhamento. Elas precisam, na verdade, de sua presença atenta e reconfortante, enquanto são tocadas pelas novas experiências. Vocês leem uma história para elas. Vocês estão próximos e em boas condições de observar como elas apreendem um livro, uma história, com suas palavras e suas imagens. Vocês se colocam no ritmo da criança. E dão tempo ao tempo. Ficam bem ligados a ela. Verão como ela faz a leitura e isso deve interessar profundamente a vocês. Vão assim discernir melhor aquilo que, na qualidade do relato e da imagem, dá prazer à criança.

Pesquisador e terapeuta, René Diatkine enriqueceu consideravelmente nossas experiências porque os seminários que promoveu em nossa intenção deram-nos o gosto da observação.[4] Ele nos transmitiu o desejo de anotar minuciosamente o que é vivido por filhos e pais, assim como os laços que os ligam ao seu ambiente de vida imediato. Observar, escrever. Não negligenciar detalhes. Eles são importantes. Tudo isso permite que se releiam em profundidade os momentos compartilhados com eles e favorece a reflexão. A observação enriquece a maneira de se estar com as crianças. Esclarece as práticas. Leva ao coração do ofício de bibliotecário aquilo que é fundamental, a mediação.

A criança fica feliz em ser o objeto de uma discreta atenção que a reconforta. Ao lado dela, é possível observá-la com simpatia, sem julgamento, sem preocupação de controle. É possível deixar a criança leitora livre para fazer suas múltiplas interpretações, mesmo que sejam desconcertantes para o adulto, mesmo que não pareçam corresponder "à intenção do autor". É justamente isso que interessa. A criança que lê ou escuta uma história é o sujeito e, à sua maneira, o autor. Ela está livre para viver o relato como bem entende, como precisa. "Não é a intenção do autor que conta, mas a dos leitores que leem", nos lembra Paul Ricoeur.[5]

---

[4] Ele continua atualmente a trabalhar no Hospital Saint-Anne, em Paris, com Marie Bonnafé, psicanalista, e Evelio Cabrejo Parra, psicolinguista.

[5] RICOEUR, Paul. *L'unique et le singulier*. Bruxelas: Alice Editions, 1999.

A criança pequena lê e se exprime com todo o corpo. Pode-se notar como ela recebe espontaneamente o livro, como o vive. Observa-se também como percorre o livro, como para diante de uma imagem, um detalhe, uma palavra, e depois volta. Como ela acaricia a página ou, então, cheia de autoridade, fecha o livro porque a história não lhe agrada. Como corre até os pais, feliz, para lhes mostrar aquilo que a fez vibrar tanto. Para nós, aponta um detalhe sobre uma imagem em que mal havíamos reparado, nos mostrando o que, para ela, é importante. Vemo-la pegar e voltar a pegar sempre o mesmo livro, o que nos incita a vê-lo mais de perto. A palavra da criança se solta com mais liberdade, ela se põe a fazer questões, e isso nos causa admiração. Bem pequena, ela faz espontaneamente a ligação com uma experiência pessoal ou com outra leitura. Bem pequena, sabe reconhecer o estilo de um ilustrador que ela sente prazer em reencontrar, de livro em livro. Ela é também capaz de notar correspondências entre os livros que compartilhamos. Ela é, decididamente, uma fina leitora.

Graças aos ensinamentos de Diatkine e seus sucessores, aprendemos a decodificar os comportamentos das crianças e a compreendê-las. Os mais ínfimos detalhes nos ajudam a captar o que a criança está vivendo e o que é da natureza do íntimo, da interioridade, da liberdade. Eles traduzem assim a vida da criança no que ela tem de surpreendente, inesperado e profundo. Eles nos informam sobre experiências interiores engendradas por uma leitura que a marcou. É como se pequenas sementes ficassem germinando para se desenvolver no seu espírito, como uma seiva que sobe e alimenta toda uma vida espiritual, intelectual e cultural. É extraordinário ver como isso pode se enraizar muito cedo, modestamente. O livro é o espaço de encontros, de encontros muito pessoais. Afastemos toda tentação de querer inculcar noções a qualquer preço. Estamos num espaço de experiência íntima.

Nossa atividade de reflexão se fundamenta na realidade e não na teoria. O ponto de partida é o campo, a realidade cotidiana. De minha parte, transmiti largamente na América Latina e na Europa Oriental o que R. Diatkine nos fez descobrir: o interesse em multiplicar os pontos de leitura, de ir ao encontro de pessoas que vivem situações de exclusão, de anotar com precisão as observações e refletir juntos. Afastamo-nos assim das práticas rotineiras e das obsessões estatísticas. Com as crianças e os pais, estamos no coração do que é humano. Somos habitados pelo gosto do encontro, da reflexão e da troca. A biblioteca está sempre em movimento, porque ninguém está no centro. Em toda parte, mediadores e bibliotecários reconhecem que esse novo modo de fazer veio modificar profundamente seu olhar, tanto sobre as crianças e os livros, quanto sobre a maneira de exercer o seu ofício.

O que conta, em suas ações e encontros, não é, na verdade, "fazer leitores" e alimentar as estatísticas da biblioteca. O projeto é muito mais amplo. Durante muito tempo, para justificar a importância das bibliotecas para crianças, muitos utilizavam o seguinte argumento: preparavam-se, nelas, os leitores de amanhã. Era fazer pouco caso da infância. As leituras autênticas mobilizam o psiquismo e alimentam a vida interior da criança. É o que importa. Elas a ajudam a viver melhor a infância hoje. Não sabemos se ela será, adulta, uma leitora convicta. O importante é o presente que está vivendo e que compartilhamos com ela. Diatkine, com humor, sempre lembrou que o que conta na vida é aquilo que não serve para nada, que é aparentemente gratuito, que se dá pelo simples prazer. Isso alivia consideravelmente o peso do "pedagógico" que muitas vezes cria obstáculos à descoberta do prazer de ler.

A associação ACCES considera em primeiro lugar o mundo dos pequenos. Nas bibliotecas, nossa tarefa de mediação e observação não se limita a essa etapa da infância. Ela se abre a todas as idades segundo modos diferentes, é claro. Com os mais velhos, a tarefa é vivida ao longo de conversas que se engajam em torno de leituras preferidas, em torno de assuntos que mobilizam e aos quais eles às vezes voltam com insistência. Se eles se mantêm silenciosos, nossa qualidade de observação e nossa acolhida respeitosa os acompanham de outro modo. Com eles há sempre o que anotar, trocar e refletir. Como é bom escutar, hoje, de pais atentos e de bibliotecários atenciosos como eles têm um novo olhar sobre as crianças, graças às leituras compartilhadas, graças aos encontros de qualidade. Ao lado deles, assistimos a qualquer coisa de grande, a uma atmosfera de contentamento. Estamos no coração da vida e nos sentimos felizes.

É importante para a biblioteca sair de suas paredes e, com pequenas coleções de livros escolhidos com cuidado e um mediador pronto para lhes dar vida, estar presente onde quer que se encontrem e vivam crianças e adolescentes. Essas intuições e iniciativas se propagam hoje em dia em torno de pessoas pioneiras. Elas se inscrevem agora num vasto movimento que convida bibliotecários e outros mediadores a se dirigir a públicos cada vez mais variados e em espaços totalmente novos. A associação Quand Les Livres Relient [Quando os Livros Unem][6] reúne assim pessoas e associações, em toda a França, que comparam suas experiências e iniciativas em favor de crianças de todas as idades e de suas famílias.

A beleza dos grandes textos é para todos

No momento em que encontrei René Diatkine pela primeira vez, conheci Sarah Hirschman. Foi um encontro que também me marcou profundamente. Sob certos aspectos, os dois caminhos convergem, ainda que um e outro se destinem a populações diferentes. ACCES considera os bebês, a primeira infância, as crianças com menos de 5 anos de idade e seus pais. Sarah se dirige aos adultos e, às vezes, aos adolescentes. Um e outra dão prioridade às populações que, por diversas razões, estão habitualmente afastadas do mundo da escrita e da literatura. Um e outra têm a preocupação de fazê-las descobrir obras de grande qualidade. Eles manifestam assim a confiança nas pessoas e nas obras.

Em 1972, Sarah criou nos Estados Unidos o programa People and Stories/Gente y Cuentos.[7] Tudo começou de um modo simples e ágil ao mesmo tempo, o que aliás é a marca desse programa de grande originalidade. "Sarah Hirschman se aproxima de uma mulher que está sentada no degrau de um prédio, num bairro porto-riquenho de Boston. Com um livro na mão, pergunta se ela gostaria de escutar a leitura de uma história em companhia de outros moradores do bairro e se quer falar com eles. A mulher, surpresa, mas vendo ali uma possibilidade de quebrar o tédio do cotidiano, diz que sim e sai em busca de cinco ou seis pessoas para formar um pequeno grupo. A primeira sessão acontece com a leitura de *A sesta de terça-feira*,[8] de Gabriel García Márquez.

---

[6] Ligada, na França, à Agência Nacional de Práticas Culturais da Literatura Juvenil.

[7] Na França, este movimento se chama Gens et Récits [Gente e Narrativas]. Foi criado por Katia Salomon, que ainda o coordena. (kjsalomon@wanadoo.fr)

[8] MÁRQUEZ, Gabriel García. *A sesta de terça-feira*. Rio de Janeiro: Record, 2001.

As participantes têm pouca educação formal, mas conhecem a vida com todas as contradições e alegrias. Elas vibram com as palavras, as emoções da mãe e da filha da história. E de repente descobrem não somente o prazer de escutar a leitura desse texto complexo como também a competência em falar sobre ele. O entusiasmo é tão grande que uma segunda e depois uma terceira sessão acontecem em torno de outras narrativas."[9]

Esse breve relato feito por Katia Salomon traduz bem o caráter espontâneo e simples do encontro, a surpresa que ele provoca, a singularidade das palavras que suscitam a riqueza e a complexidade da obra proposta. O subtítulo do livro de Sarah diz claramente a proposta do projeto People and Stories: A quem pertence a literatura? Comunidades encontram sua voz através das narrativas.

A ideia original permaneceu intacta ao longo dos anos. Sarah Hirschman não cessou de se empenhar para fazer ouvir a beleza dos grandes textos pelas pessoas que não têm acesso a eles. Ela nunca cedeu a tentativas de recuperação desses grupos para fazer sessões de inserção social, muito na moda. Ela sempre manteve os critérios de excelência na escolha dos textos.

Sarah soube superar inúmeros obstáculos porque não é comum pensar que a literatura da mais alta qualidade possa se dirigir a todos, em particular a esses adultos não escolarizados, marcados por uma vida particularmente difícil que normalmente os mantém longe do prazer de ler. Raros são os que acreditam em seu projeto. Não haveria ali um procedimento elitista? Propor obras complexas não é coisa presunçosa? Hoje, esses encontros literários animados por People and Stories têm naturalmente lugar nas bibliotecas públicas americanas.

O pensamento de Sarah Hirschman é iluminado por estudos literários e, notadamente, pela questão da recepção das obras. Ela esteve ao lado de Paulo Freire, o educador e filósofo brasileiro que inventou o termo "conscientização". O legado de Paulo Freire inscreve-se numa ótica de luta pela liberação das populações oprimidas. Seu método de alfabetização o leva a compreender o lugar primordial da conscienti-

---

[9] Esse fato é contado num documento de apresentação de Gens et Récits, feito por Katia Salomon. É importante ler a obra de Sarah Hirschman: *People and Stories/Gente y cuentos. Who owns literature? Communities find their voice through short stories* (Nova York: Bloomington, 2010).

zação como condição prévia a toda ação transformadora. "Ninguém educa o outro, ninguém se educa sozinho, os homens se educam juntos pela intermediação do mundo."[10]

A ação de Sarah se inscreve, à sua maneira, nesse movimento. Ela se apoia na literatura. O que é totalmente novo, e até mesmo revolucionário. Ela reúne e anima círculos literários em torno de obras particularmente sutis, belas e profundas. Ao longo desses encontros, os participantes, postos na presença de verdadeiras obras-primas, descobrem a capacidade de vibrar diante de um texto literário. Ela lhes propõe, por exemplo, os romances de García Márquez, Hemingway, Maupassant, Selma Lagerlof, Naguib Mahfouz, Raymond Queneau e tantos outros escolhidos com rigoroso critério. Eles tomam assim consciência de que as experiências de vida os ajudam a apreciar essas obras e que elas lhes dão um novo sentido. Cada um desses encontros organizados em círculos é vivido em torno de um romance.

Experiências literárias, experiências de vida

No curso de cada encontro, depois da leitura de um grande autor, de um texto muitas vezes complexo, os participantes compartilham, bem à vontade, suas emoções e ideias. Eles tomam gosto pela análise literária. São confirmados em sua capacidade em abordar esses textos com um espírito crítico, sob a forma de um diálogo feito de sensibilidade. Cada um pode então tomar consciência da sua capacidade de associar ideias. Cada um pode dar-se conta de que sua vida é única e, ao mesmo tempo, se integra numa larga corrente que dá a ela o seu lugar. Essa descoberta confere-lhe força e dignidade.

Os participantes percebem, de fato, que têm o que dizer. No decorrer da discussão que se segue à descoberta do texto, o mediador abre a discussão. As reações não são jamais julgadas. Não existe resposta boa ou ruim. O importante, na verdade, é "criar uma situação em que os

---

[10] FREIRE, Paulo. *Pedagogie des opprimés*, seguido de *Conscientisation et Révolution* (Paris: Maspero, 1974). No Brasil, a obra de Paulo Freire encontra-se publicada em variadas edições, entre as quais se podem citar, para *Pedagogia do oprimido*, as reedições sucessivas lançadas pela editora Paz e Terra.

leitores/ouvintes possam sentir confiança e liberdade para exprimir suas ideias, compartilhar as imagens que as palavras evocam, as descrições e a história em si." Katia Salomon destaca que, nessas ocasiões, "se desenvolve uma euforia dentro da discussão. Uns e outros descobrem a riqueza de uma troca animada em que opiniões e experiências permitem a percepção particular de uma palavra, de uma frase ou de uma emoção descrita. Logo, todos ficam em condição de igualdade face ao texto literário." Uma vez terminada a sessão, muitos sentem necessidade de conversar sobre outros assuntos, mas muitas vezes sobre o próprio texto.

Sarah elaborou um método para transmitir seu pensamento e seu método a mediadores – como escolher os relatos, como preparar uma sessão, como animá-la. O que importa, de fato, é que essas abordagens possam encontrar um lugar junto aos mais variados públicos e em diversos lugares.

Esses encontros literários podem perfeitamente ter lugar nas seções infantis de nossas bibliotecas. Elas são frequentadas por adolescentes e também por adultos. Como os bem pequenos precisam ser acompanhados, eles acabam fazendo os pais ou as assistentes maternais descobrirem o caminho da biblioteca. Muitos desses adultos foram pouco ou mal escolarizados. É a eles que essas oficinas se destinam, prioritariamente. Eles sentem, às vezes, certa frustração: "tudo aqui é feito para que nossos filhos entrem com prazer no mundo das histórias. Mas nós, adultos, por que não temos um espaço nesse mesmo lugar de que gostamos tanto?" Alguns, na sequência dessas sessões, nos diz Sarah, decidem buscar programas de alfabetização. Mas, como lembra Diatkine, a música deve chegar antes do solfejo. Como esses textos são lidos em voz alta, todos podem muito bem descobrir magníficas obras literárias para crianças, e também novelas como as que são propostas por *Gens et Récits* [Gente e narrativas].

Por que destaco, com tanta importância, as proposições de Sarah Hirschman?

É evidente que elas se inscrevem perfeitamente na missão maior de nossas bibliotecas: a transmissão cultural. Além disso, é em torno de belíssimos textos que nos encontramos. É importante compartilhá-los. A qualidade é para todos. Mas, para tanto, muitos de nós têm necessidade de mediação, uma mediação que respeite cada um na sua individualidade; que enfatize o literário e sua relação com a vida. Hoje em dia, quando o mundo vai depressa demais e o zapeamento e a precipitação invadem nosso tempo, é importante que a biblioteca proponha outra coisa, uma pausa, um silêncio para que cada um possa encontrar-se consigo mesmo, fazer trocas com os outros e descobrir que o que existe de mais íntimo pode ser reconhecido na sua dimensão universal. Se não apresentarmos belas obras às crianças, elas correm o risco de jamais as conhecerem. A biblioteca se dirige a todos, sem exceção. Ela forma coleções de acordo com os públicos e suas expectativas, tais como eles as manifestam, e segundo as pesquisas sociológicas e estatísticas. Isso é muito bom. Mas ela não pode simplesmente registrar os pedidos e emprestar os documentos. Os bibliotecários são barqueiros e testemunhas. São testemunhas na medida em que descobrem os recursos inimagináveis de uns e outros, recursos revelados pelos encontros que, como barqueiros, eles propõem. A mediação é essencial. Ela está no coração do nosso ofício e determina, em grande parte, a variedade dos documentos oferecidos ao público.

Nos últimos anos, alguns pesquisadores e profissionais de campo contribuíram muito para a minha reflexão. Michèle Petit, antropóloga, observa, relata e analisa. Serge Boimaire, psicólogo, nos traz reflexões que partem de seu trabalho como professor primário. Um e outro, no quadro de suas pesquisas ou de suas práticas, puderam acompanhar os itinerários de crianças ou adolescentes considerados na nossa sociedade como "pessoas com problemas". São crianças que se "desviaram" e estão em situação de grave fracasso escolar e ruptura social. Esses estudos precisos, que realizam acompanhamento de longos prazos e são voltados para pessoas e não para grupos, ajudam a compreender os percursos mais ou menos caóticos desses leitores. Eles algumas vezes questionam, de maneira radical, as generalizações pessimistas, principalmente no que diz respeito a seus gostos e apreciações.

O estudo de Michèle Petit[11] sobre as leituras de jovens magrebinos que frequentam uma biblioteca de subúrbio parisiense revela as exigências de um bom número desses jovens em suas escolhas de leitura e na maneira de ler. Ela constata assim a maravilhosa liberdade com que esses jovens leitores, saídos de uma imigração cujos problemas

---
[11] PETIT, Michèle. Op. cit.

são sabidos, escolhem, conjugam de modo particularmente rico, e às vezes inesperado, universos culturais próximos e distantes. E como certas leituras fizeram mudar por completo suas vidas, permitindo que pudessem imaginar outro futuro, diferente daquele que lhes parecia imposto. Entre os numerosos exemplos, todos convincentes e ao mesmo tempo surpreendentes, ela cita "certa jovem turca vivendo num bairro pobre de uma cidade francesa a quem a leitura do *Discurso do método*, a obra clássica escrita por Descartes em 1637, deu a ideia de que uma argumentação bem conduzida poderia ajudar e recusar um casamento forçado."

Assim, cai por terra a ideia demasiado difundida de que os livros teriam uma ação quase automática, imediata e previsível. Essa ideia um tanto simplista explica a voga de certos romances que, com as melhores intenções do mundo, se contentam em oferecer um condensado de questões de sociedade, como drogas, violência, incesto, através de textos calibrados sobre os seus problemas. Certos livros desse tipo se amontoam em bibliotecas e livrarias e são muitas vezes rejeitados por aqueles mesmos para quem seriam destinados. Os autores e os divulgadores esquecem, com suas ideias gerais sobre a adolescência, que esses livros-espelhos podem às vezes fechar em vez de abrir e que, geralmente prisioneiros de estereótipos, exprimem, apesar de si mesmos, uma forma de incompreensão da experiência ao mesmo tempo pessoal e universal das pessoas. Eles esquecem da mesma maneira que a verdadeira obra literária, na sua ambiguidade, deixa o leitor livre para inventar os seus caminhos. Os pequeninos, observamos, o pressentem instintivamente. Em favor de identificações surpreendentes, eles conhecem o prazer – eu diria mesmo a necessidade – da viagem e do desvio, para se descobrir e se encontrar. Michèle Petit evoca: "Temos necessidade do distante. Quando crescemos num universo confinado, essas fugas podem até mesmo ser vitais."

Com Serge Boimare, textos belos e fortes para adolescentes "desligados"

As experiências e reflexões de Serge Boimare vão ao encontro, em muitos pontos, das de Michèle Petit. Seus livros, sobretudo *A criança* e o medo de aprender e *Ces enfants empêchés de penser*[12] [Crianças impedidas de pensar], nos obrigam a rever os preconceitos referentes aos possíveis – ou impossíveis – itinerários desse jovens que rejeitam com violência toda aprendizagem, particularmente a da leitura, e acabam por ser habitualmente condenados a permanecer à margem de verdadeiras experiências literárias. O que o autor nos diz não está reservado apenas às crianças que apresentam graves problemas. Através de situações extremas, ele esclarece nossa reflexão sobre a leitura em geral e nos ajuda a escolher livros que colocamos à disposição das crianças, de todas as crianças.

Professor primário especializado, psicólogo em consultório, Serge Boimare está encarregado de ensinar às crianças e aos adolescentes que "não querem nada com nada": os que repudiam veementemente todas as regras e se recusam a aprender as da leitura. Ele conta: "A maior parte das crianças a quem eu dava aulas tinha sido excluída de várias escolas do bairro por violência e indisciplina caracterizada (...). Eu teria trocado de profissão se não tivesse encontrado na sala de aula um livro de contos (de Grimm), largado numa estante. (...) Um dia, comecei a ler uns contos para três ou quatro crianças que estavam ainda comigo e, como por encanto, vi os meus alunos voltando, uns atrás dos outros, para escutar as histórias. Vi, contra toda expectativa, aqueles grandes pré-adolescentes, cuja violência explodia a cada instante, se enroscar nos assentos e chupar o polegar, para escutar histórias que me pareciam pertencer ao nível das classes maternais. Cerca de seis semanas depois, comecei a ver sinais encorajadores. Primeiro, vi o grupo encontrar um pouco de coesão, um lugar onde a troca de palavras, outras que os insultos e a provocação verbal, tornava-se possível. As crianças começaram a falar juntas dos heróis das histórias que eu lhes contava e não atiravam mais uma às caras das outras as suas histórias de família."

Serge Boimare conta, em suas obras, como as crianças recusam violentamente toda aprendizagem escolar e são capazes de se tomar de paixão por obras clássicas entre os grandes livros de nosso patrimônio literário, como a Bíblia, a *Ilíada*, os grandes mitos clássicos, os contos de Grimm ou as obras de Jack London e Julio Verne. "Não se pode,

---

[12] BOIMARE, Serge. *A criança e o medo de aprender*, Brasil: Paulinas, 2007.

em primeiro lugar, cometer o erro de acreditar que os temas culturais são aborrecidos para os menos favorecidos. Frequentemente, essas histórias que atravessaram todas as idades são as que ficam mais próximas das preocupações íntimas dessas crianças tão desfavorecidas no plano cultural." Antípodas a essas obras fortes, há esses textos esmaecidos, indigentes, escritos "para leitores em dificuldade". Esses textos, constata Serge Boimare, são rejeitados com raiva.[13]

Quanto mais as crianças estão em dificuldade, mais elas gostam dos textos fortes, coloridos. E mais têm necessidade deles, mesmo que, num primeiro tempo, pareçam recear esse encontro. Ao contrário das questões da atualidade, banalmente integradas em certas obras de ficção, são certas passagens pela metáfora, pelo literário e por peregrinações extremas, são esses "desvios", enfim, que tornam atraentes os textos universais. E são esses textos que podem permitir-lhes pensar melhor. Essas representações, essas imagens levadas pelos contos e os mitos, ou a poesia, são ditas com verdadeira arte e oferecidas com a distância necessária.

Boimare esclarece essa questão por meio de múltiplos exemplos analisados com cuidado. Os alunos que lhe foram confiados são usualmente qualificados como "grandes não leitores", que "não compreendem o que leem, nem chegam a criar imagens ou hipóteses a partir de sons". Ele lhes propõe então abordar a leitura a partir de representações tomadas no campo da cultura, daqueles medos que em geral os empurram ao isolamento e à disfunção.

Uma pedagogia audaciosa face ao medo do livro

Boimare conta suas experiências quando leva essas crianças a conhecer uma história tirada da Bíblia, um relato muito forte que narra a sanção divina reservada ao arrogante Baltazar. Os alunos entram com passos firmes no palácio do rei da Babilônia, quando este estava em meio a uma grande orgia, servindo-se de peças sagradas, pilhadas no templo de Jerusalém por seu pai, o célebre Nabucodonosor. "Sob

---
[13] BOIMARE, Serge. Op. cit.

a influência da bebida, Baltazar ordenou que trouxessem os vasos de ouro e de prata que seu pai havia sequestrado do templo de Jerusalém, a fim de que o rei, os grandes comandantes, suas esposas e concubinas deles se servissem para beber... [...] Uma mão ensanguentada que se movimenta sobre a parede faz a alegre assembleia, bruscamente sóbria por essa visão de pesadelo, mergulhar no horror e no terror... O rei muda, então, de cor e seu espírito fica apavorado."
Se as crianças são atraídas por esse texto, "é essencialmente porque esse rei Baltazar... é tomado por um sentimento muito próximo do que elas próprias conhecem ou poderiam conhecer." "Não se pode confiar nas aparências", nos diz Boimare, "existem muitos pontos comuns entre o que é vivido numa classe de crianças difíceis e o que se passa no grande palácio de Babilônia. A excitação, os sentimentos de ser todo-poderoso, de triunfo, de avidez e de inveja, e o menosprezo à regra são, em nosso grupo também, meios para não conhecer a inscrição na lei, recusar a dependência, afastar a interrogação." Curiosamente, essas crianças que rejeitam toda regra e toda disciplina se mostram espontaneamente chocadas por essas profanações e julgam que elas merecem castigos à altura da gravidade do delito.
"Essa história, aparentemente complicada e anacrônica, retém a atenção delas porque lhes fala de seus sentimentos, que as preocupam, sentimentos certamente comparáveis àqueles que as perturbam e as impedem de pensar."
Elas entram nessa narrativa porque ela lhes oferece bem outra coisa além de um reflexo de seus problemas de família e de seus fantasmas, assim como os vivem, no cotidiano. É importante que o tema que serve de suporte ao trabalho intelectual seja necessariamente distante no tempo e no espaço, caso se deseje que a representação que ele oferece da inquietação seja negociável pelo pensamento. "Com esses textos poderosos, aquilo que bloqueia essas crianças há anos some, é varrido pelo sentido da mensagem."
O que nos propõem os melhores textos, clássicos ou contemporâneos, é, então, coisa bem diferente do reflexo pálido e fiel das preocupações de um leitor eventual, um caminho estreitamente balizado. Não se penetra numa obra literária de maneira frontal, mas pelo viés oferecido pela ficção e as imagens que ela suscita. Elas nos levam, por desvios, a viver nossas inquietações na sua força, sutileza e profundidade. Sem

saber e sem tomar consciência, ali nos encontramos. "Isso dá um desejo de conhecer que se torna mais forte que o medo de aprender."

É certo que o trabalho de um professor primário como Boimare é excepcional, assim como as dificuldades dos alunos com que ele se depara, e do mesmo modo que sua formação e, sobretudo, sua paciência: esse desenvolvimento demanda tempo. Será esse trabalho reservado somente aos psicólogos e terapeutas? "Não, para uma mediação cultural, seja literária, científica ou artística (...). Essa mediação deve poder viver o seu papel e possibilitar que exista para a criança uma forma negociável, pelo pensamento, de dar conta das inquietações que a impedem de se expandir."

O olhar desses pesquisadores e terapeutas sobre a leitura e nossa profissão me ajuda a pensar nas abordagens de mediação. Seguindo o exemplo deles e escapando às generalizações preguiçosas, é preciso tomar tempo para escutar o que as crianças têm a nos dizer, muitas vezes de forma implícita. É preciso observar com minúcia e simpatia seus modos de ler, suas escolhas e suas recusas, seus comportamentos. E anotá-los para poder refletir com outros, em equipe, o que é essencial. E, se possível, com profissionais vindos de outros horizontes.

As observações de Boimare e Petit, ao nos esclarecerem sobre as leituras daqueles que são classificados como não leitores ou leitores em dificuldade, só podem nos encorajar a propor a todos, sem exceção, obras de qualidade, grandes textos. E a encontrar tempo para ler ou reler essas obras que se abrem para visões largas, que lançam questões universais por meio dos grandes mitos antigos e das cosmogonias. Eles nos convidam a encontrar tempo para redescobrir pessoalmente obras muitas vezes enterradas por um mal-entendido, porque são denominadas clássicas, mas que conservam toda a força. Isso nos ajuda a escolher com discernimento as obras de hoje que não podem nem devem ser afastadas ou ignoradas.

Temos necessidade, como as crianças, de ouvir esses textos. Essa relação com a narrativa é, em qualquer idade, preciosa. Para aquele que lê e para aquele que a escuta, a leitura em voz alta – essa leitura sensível e sensual – pode ser um verdadeiro regalo. Seguindo Boimare, sentimo-nos convidados a levar as crianças para uma viagem de "vinte mil léguas submarinas" ou "até o centro da terra" ou ainda atravessar as terras selvagens do Grande Norte. Esses livros versam sobre mitos remotos, sobre a morte, sobre medos tão antigos quanto a vida do homem sobre a Terra. Encontramos neles, também, grande prazer.

Recebemos das crianças, dos pesquisadores e de outros profissionais uma imagem entusiástica da leitura e do nosso ofício. Nele, existe um trabalho certamente mais exigente que as habituais tarefas biblioteconômicas, mas muito mais interessante. Serge Boimare, a propósito de uma dessas crianças que têm medo de aprender, evoca a geada do pensamento. Parece-me que se vivermos nosso ofício de bibliotecários de maneira nova, cuidando daqueles que se situam nas margens e que sem cessar nos obrigam a nos questionarmos, devemos escapar a essa deficiência real: a geada do pensamento.

3. A biblioteca num bairro difícil

Em medados dos anos 1960, implantamos uma biblioteca para crianças em Clamart, numa localidade operária próxima a Paris. A cidade, habitada por uma importante população de imigrantes, é classificada como Zona de Educação Prioritária. Quando a biblioteca foi criada, os únicos equipamentos gratuitos disponíveis às crianças eram as escolas e os centros de lazer. Esses centros "ocupam", para atividades de grupo, as crianças das escolas do ensino fundamental durante algumas horas por semana, nas férias e na quarta-feira, dia de folga. Eles se limitam muitas vezes a um papel de guarda. Um dos bairros dessa cidade-dormitório foi destruído, em 2001, em razão da insalubridade. Ele abrigava uma população que conhecia dificuldades de todo tipo.

Nós nos perguntamos sobre o papel específico que deveria ter a biblioteca, os meios que ela deveria adotar para cumprir sua missão. Para isso, era preciso observar como viviam as crianças e os adultos dessa cidade-dormitório, a que informação e a que formas de "cultura" eles tinham acesso e sob que circunstâncias. Um estudo dessa localidade fora feito pouco antes por um sociólogo: René Kaës[1] havia se debruçado sobre aquele novo tipo de habitat e de urbanismo que iria cobrir progressivamente a França inteira. Para nós, viver uma experiência de biblioteca num quadro desse de vida apontava então um interesse todo particular.

Não fizemos uma pesquisa sociológica, mas, a cada dia, pudemos constatar uma realidade marcada por características que, sabemos, não se limitam à França.

---

[1] KAËS, René. *Vivre dans les grands ensembles*. Paris: Éditions Ouvrières, 1963.

Uma vaga de informações

Ao longo do dia e onde quer que estejam, adultos e crianças ficam submergidos por uma vaga de informações que seguem sendo, frequentemente, apenas aproximativas e alusivas. Assim, a televisão, verdadeiro fundo sonoro, "fala" o dia todo na maior parte dos lares. Hoje, a ela se soma a internet. As informações disponíveis permitem sem dúvida suscitar numerosos assuntos, mas raramente propõem as bases que permitem integrá-los ou dominá-los. É difícil também transplantá-los para as fracas estruturas dos saberes transmitidos na escola.

Essa abundância da informação não conseguiria saciar uma fome real de conhecimento. Ela agiria mesmo como um aperitivo, dando a impressão do *déjà-vu* antes mesmo que a verdadeira curiosidade tenha tido tempo de emergir e de se exprimir. Mesmo quando a curiosidade é real e se exprime com uma pergunta autêntica, a resposta pode desencorajar, se ela é inacessível, inassimilável por falta de referências precisas. A informação assim recebida, porque não deixa tempo para a assimilação, dá a impressão de saturação. A criança então se habitua a não entender.

É tudo isso que faz com que animadores, pais, professores e bibliotecários digam que as crianças são passivas, que não manifestam a mínima curiosidade, que não se interessam por coisa alguma? É claro que, na falta de encontrar o alimento de que precisa para se desenvolver, a curiosidade natural acaba por se contentar com contatos superficiais e se atrofia.

Em família, é muito comum que a informação não seja uma oportunidade para trocas reais. Em muitos casos, os interlocutores não estão verdadeiramente presentes, ou não apresentam os meios de responder, ou, ainda, respondem de maneira enviesada, porque, reconheçamos, nem sempre é fácil satisfazer a curiosidade de uma criança. De todo modo, o diálogo entre a criança e o adulto continua limitado enquanto o adulto (até mesmo a escola) aparece como o detentor do saber, único capaz de responder às perguntas da criança.

No diálogo e na busca do saber, o livro e o documento podem encontrar seu justo espaço. As informações aí encontradas tornam-se uma ligação comum ao adulto e à criança, fonte de compartilhamento e de uma relação mais rica. O adulto e a criança podem a eles se referir e se reportar. Mas o que importa é acompanhar a criança na pesquisa, ajudá-la a chegar ao que ela quer saber. Esse já é um procedimento verdadeiramente científico. Na falta de livros e de bibliotecas, esse procedimento necessário – pesquisar com a criança – não é tão fácil e natural quanto parece. Acontece com frequência que, quando não se conhece a resposta, contenta-se em negar a pergunta. "Por que o céu é azul? Por que a grama está verde?", pergunta a criança. "Porque é assim", responde o adulto. Quando não, a pergunta da criança é desviada para outra, cuja resposta é conhecida. Compreende-se evidentemente o embaraço do professor ou do pai, mas a criança que adquire o hábito de não receber respostas às suas verdadeiras perguntas obtém também o hábito de sufocá-las, de não mais fazê-las.

Após uma jornada de trabalho longe de seu domicílio, após longos momentos passados nos transportes, como os pais encontram o tempo e a energia para verdadeiras e exigentes conversações a dois, com os filhos? No fim de semana, há as longas viagens de carro, os apartamentos são pequenos demais, todo mundo está cansado. Como, nessas condições, as demandas das crianças conseguiriam ser formuladas e ouvidas? "Cala a boca, não tenho tempo, estou cansado."

Além disso, para tentar responder, é preciso ter acesso a informações e livros informativos de qualidade para que os adultos, desarmados em sua legítima ignorância, possam procurá-los com as crianças. Nem sempre eles vão descobrir uma resposta imediata e satisfatória, mas a criança terá sido levada a sério na sua pergunta e algumas pistas se abrirão para ela. Pode acontecer também com a internet. Ela oferece um prazer parecido com o que crianças e adultos descobrem nas trocas suscitadas pela leitura de livros de imagens ou romances.

Isso supõe também que adultos e crianças tenham acesso fácil aos livros. Se não há uma biblioteca pública por perto, onde seria possível, num conjunto residencial popular, encontrar documentos suscetíveis de responder à diversidade de curiosidades? Por ocasião da criação da nossa biblioteca, uma pesquisa rápida feita junto às crianças nos revelou que a maior parte das famílias não dispunha de livros em casa, à exceção dos títulos ilustrados. Às vezes, notávamos que havia nos apartamentos livros aparentemente comprados apenas para servir como sinal exterior de cultura, mas que jamais haviam sido abertos. Uma honrosa exceção eram os livros de culinária, claro, objeto de uma verdadeira leitura.

Na escola, até o começo dos anos 1980, os alunos do ensino fundamental só tinham direito a pequenas bibliotecas de classe, feitas muitas vezes ao acaso. Com a criação das bibliotecas centrais nas escolas primárias, podia-se esperar uma melhora na situação, o que, num primeiro momento, se confirmou. Mas, em todo caso, as coleções de livros informativos continuam, em geral, insuficientes e são pouco consultadas.[2]

Uma palavra onipresente

Mas a quem a palavra é dirigida? Em seu estudo *Apprendre à parler à l'enfant de moins de six ans*[3] [Ensinar a fala às crianças de menos de seis anos], Laurence Lentin, que antes de se consagrar à linguística havia sido professora primária, observa que certas crianças, na escola maternal, dificilmente se dão conta de que o professor se dirige a elas quando lhes fala. As crianças nem sempre percebem que essa fala lhes diz respeito direta e pessoalmente. Assim é a criança de que fala Laurence Lentin: "Ela não diz: 'Não estou entendendo' pela simples razão de que não sabe que não está entendendo. Ela se habitua mais ou menos facilmente a não ficar ligada no que se passa em torno dela."

A linguagem que a criança entende é, na verdade e com frequência, uma linguagem onipresente, anônima e barulhenta. É o rádio que se dirige a todos e fica ligado o dia inteiro, como um fundo sonoro que ela não precisa escutar e que, ocupando todo silêncio, impede o desenvolvimento de sua linguagem interior. Ou é a televisão sempre ligada que difunde uma informação que ninguém escuta. É o professor da classe que, por causa da sobrecarga do número de alunos, não tem a possibilidade de se dirigir a cada um individualmente, ou de escutar um por um, ainda que fosse uma vez só por dia. É a invasão da mídia. É um discurso para todo mundo e para ninguém, ao qual não é necessário dar atenção porque ele não se dirige a nós, mas que, entretanto, nos atinge, apesar de nós mesmos e sem nosso conhecimento.

---

[2] Desde o final dos anos 1990, essas bibliotecas centrais de escolas maternais e elementares vêm conhecendo uma forma de declínio, em virtude da falta de pessoal, de orçamento e de formação especializada para os que devem administrá-las.

[3] LENTIN, Laurence. *Apprendre à parler à l'enfant de moins de six ans*. Paris: Editions Sociales Françaises, 1973.

Não se trata de negar o interesse da televisão e da mídia. São incitações inestimáveis que podem suscitar o desejo de ir mais adiante no conhecimento. Mas, como é sabido, os únicos espectadores que realmente tiram proveito são os adultos e as crianças já "favorecidas", aquelas que têm a chance de crescer em um meio onde as palavras e as interrogações são levadas em consideração.

A criança é bombardeada de informações antes mesmo de ter tempo de fazer perguntas. Ela não somente fica submergida por essa abundância de informações – como, aliás, muitos entre nós –, como, também, não consegue encontrar nessa torrente o seu lugar. Não falemos de programas ditos para crianças e em muitos casos de qualidade medíocre. Os programas destinados a todos os públicos deveriam provocar trocas e discussões. Mas sua apresentação, demasiado superficial, não se coloca sobre bases explícitas e conhecidas da maioria. As crianças muitas vezes assistem sozinhas à televisão, sem a possibilidade de uma troca ou de uma discussão. Elas retiram a ilusão de um saber que, de toda maneira, não é autêntico, porque, mesmo sem se apresentar como tal, é parcelado e porque, frequentemente, segue sendo exterior às suas verdadeiras preocupações. É assim que se mata a curiosidade ou que se habitua uma criança a se satisfazer com o mínimo.

Os mesmos comentários se imporiam para outros tipos de programas, como as séries e novelas, que vêm simplesmente enganar a solidão a qualquer preço. Ou serão elas suscetíveis de enriquecer o "teatro interior"[4] do telespectador, enraizando-se no seu imaginário pessoal? Que lugar esses fluxos de informações ininterruptas deixam à escolha de cada um?

A escola e suas obrigações

A escola perdeu, e já faz um bom tempo, o quase monopólio da comunicação e da informação. Entretanto, ela continua a ocupar uma gran-

---

[4] Expressão tirada do título de uma palestra de Colette Chiland, "De divers manières de ne pas lire". In: *Lecture et pédagogie* (Atas do Colóquio Internacional de Tours, 23-25 de novembro de 1972), Centre Regional de Documentation Pédagogique d'Orleans, 1973.

de parte do tempo da criança. A França seria o país da Europa em que os alunos passam a menor quantidade de dias na escola e, por outro lado, ao todo, o maior número de horas. Não se questiona a diminuição da jornada escolar diária. Como fazer quando o trabalho retém os pais longe de casa e os equipamentos coletivos gratuitos são notoriamente insuficientes? Quer dizer que os professores são obrigados a ocupar as crianças durante uma parte do dia? O tempo das crianças não deveria ser respeitado? A duração da jornada escolar não é a única causa, existe também o modo como ela é organizada e vivida. Em classes demasiado numerosas em que as crianças são agrupadas por idade e nível global, é difícil abrir espaço para o ritmo e os interesses individuais. Muitas limitações pesam sobre a escola, como programas sempre mais sobrecarregados, emprego de tempo rígido e pesado ou número insuficiente de adultos em relação às crianças. E esses longos dias passados na escola – longos demais, sobretudo para as crianças das classes primárias – não podem ser nem um pouco estimulantes. Cansativos, com pouca frequência permitem que a criança, depois da aula, "conheça a alegria indispensável e fecunda de se agitar mentalmente". Essa bonita expressão encontrada num dos primeiros relatórios de *L'Heure Joyeuse* definia com perfeição as proposições da biblioteca face ao saber. Suas bibliotecas já deploravam uma vida escolar invasora. Era nos anos 1920...

Nessas condições, como fazer para que as crianças tenham acesso a uma cultura e uma leitura pessoais? A escola tem os meios? Muitas vezes as crianças se desencorajam e se afastam da leitura porque, para elas, a primeira aprendizagem foi difícil e, às vezes, associada a leituras pouco estimulantes que não lhes concernem.

Houve ainda durante muito tempo essa ideia da "cultura", da bela linguagem e do estilo que deviam ter os textos destinados às crianças. Mesmo que, nos anos 1980, a edição, sob esse aspecto, felizmente tenha progredido, a literatura infantil sofre ainda dessa rigidez, principalmente no setor informativo. Esse ideal conformista se opõe a uma descoberta natural do prazer de ler.[5]

---

[5] Ler, sobre esse assunto, a obra saborosa de Claude Duneton: *Je suis comme une truie qui doute* (Paris: Le Seuil, 1976).

A solidão em família e lá fora

Às vezes, na biblioteca, as crianças nos dizem: "Não posso voltar para casa porque meus pais não estão lá, não vai ter ninguém antes das oito horas da noite." Conhecemos também as "crianças-chave", aquelas que têm a chave pendurada no pescoço e voltam para almoçar sozinhas em casa, ou aquelas que encontram, ao voltar, um sanduíche na caixa de correio porque os pais, ausentes o dia todo, têm medo de que elas "façam besteira" em casa...

Essa situação não é, com certeza, restrita ao nosso bairro de Clamart. Na maior parte dos grandes conjuntos populares, a família está reduzida ao núcleo pais e filhos e raras são as crianças que são acolhidas por adultos em casa durante o dia. Antigamente, porque se dispunha de apartamentos maiores, os avós estavam lá para recebê-las, partilhar suas histórias e preocupações. Hoje, muitas crianças encontram a casa vazia quando voltam da escola.

Como o desemprego toca tantas famílias, seria possível pensar em pais mais disponíveis. Não é assim, como constatamos: as dificuldades psicológicas dos desempregados, sobretudo o sentimento de vergonha e fracasso, não favorecem a inserção numa vida social normal que lhes permitisse, entre outras coisas, estar verdadeiramente presentes em casa para receber as crianças depois das aulas.

Assim, em nossos conjuntos, muitas crianças vivem numa grande solidão afetiva que não favorece o equilíbrio: como encontrar um mínimo de segurança necessária para ousar abordar em confiança qualquer aprendizagem que seja, ir ao desconhecido, atrás de novas descobertas? Nada disso é novo, mas o modo de vida atual certamente não melhorou a situação das crianças.

A incerteza do amanhã, agravada pelo desemprego e pela crise financeira, é tanta que muitos pais estão ansiosos para obter, custe o que custar, diplomas para os filhos, e se preocupam com isso desde cedo. Obcecados pelo sucesso escolar, eles dão à aquisição do conhecimento um caráter estritamente utilitário e angustiante. E há também aqueles pais ultrapassados e desencorajados que deixam simplesmente seus filhos soltos...

O tempo livre de muitas crianças não é vivido em família, mas exteriormente, lá fora, e, para as crianças mais velhas, ele é passado nas ruas vazias desses grandes conjuntos de subúrbios onde nada acontece, ao contrário das ruas de nossas cidades.

Difícil transmissão

Assim, nos diferentes meios onde vivem, as crianças são muitas vezes separadas da riqueza da diversidade: riqueza que se oferece, especialmente, no convívio de diferentes idades e gerações. Como assinala a linguista Laurence Lentin,[6] não é convivendo unicamente com seus pares que se pode progredir no domínio da linguagem. É certo que a mídia atinge as crianças como os adultos, mas a interação é rara. Sem um adulto ou uma pessoa mais velha capaz de mediar esse contato, as crianças não podem, por falta da experiência substantiva de vida, extrair sentido das palavras.

A informação chega às crianças sem hierarquia, sem distinção de importância de acontecimentos e questões. Basta olhar os grandes títulos da imprensa sensacionalista para confirmar isso. Lembro-me de uma criança de sete anos que, após um acidente mortal – um avião tinha caído sobre uma cidade do subúrbio parisiense –, se alegrava com o fato de o avião não ter tombado sobre uma floresta, "o que teria aumentado ainda mais a poluição", tema de tantos estudos na escola!

A informação recebida assim é angustiante e desestabilizadora, porque, de fato, ela nada expõe sobre a realidade, que parece tão ameaçadora. Os adultos, invadidos pela mesma angústia (poluição, desemprego...), não conseguem ajudar a criança a enfrentar a sua. Então, ou ela se desinteressa ou se torna insensível, por medo de parecer sensível demais.[7] Por isso, parece-nos tão importante suscitar nas crianças o gosto em participar de maneira responsável da vida da biblioteca. Agir assim, ainda que modestamente, sobre o seu meio imediato, permite-lhes tomar consciência de que elas podem, ainda que modestamente, agir no mundo. Assim elas encontram, nele, o seu lugar.

---

[6] Cf. LENTIN, Laurence. Op. cit.

[7] Ver BOIMARE, Serge. Op. cit.

De maneira geral, diálogos reais com adultos deixam as crianças menos despreparadas. Primeiro, porque os adultos têm certa experiência de vida, experiência muitas vezes difícil, mas eles continuam a viver e isso é tranquilizante. Por outro lado, eles podem comunicar, senão a experiência do seu ofício, porque às vezes é demasiado abstrata, ao menos aquela que corresponde à sua natureza e aos seus gostos, quando têm essa chance.

As pessoas idosas também têm um papel essencial porque estão muitas vezes mais disponíveis e são também testemunhas de um passado que vive ainda nelas e que desapareceu do mundo cotidiano da criança. Sem essa presença, a transmissão oral que faz o elo entre as gerações vai-se enfraquecendo. A transmissão é vital para as crianças que, na expressão de Hannah Arendt, estão "recém-chegadas a um mundo que já está aí".

Mais do que pelo livro ou pela história simplesmente contada por um próximo, um parente, é muitas vezes pela televisão que se transmitem as histórias, com as imagens fortes que, se não forem criação de artistas autênticos, acabam por invadir o imaginário pessoal em lugar de estimulá-lo. No mais das vezes, é apenas diante da tela de televisão que a criança recebe essas histórias.

Hoje, felizmente, cada vez mais os pais descobrem o prazer de ler histórias para os filhos na hora de dormir. Mas esse é ainda um privilégio. Convém escolher bem os livros para essas experiências compartilhadas, momentos de intimidade que precedem o adormecer.

O lugar especial da biblioteca

O que a biblioteca pode propor para oferecer à criança uma leitura tão pessoal quanto possível, capaz de fazê-la aprender mais sobre a vida em sociedade? Como a biblioteca pode situar-se em relação à família e à escola? Em que ela aposta? Como pode representar plenamente o seu papel?

Nossa experiência de subúrbio parisiense nos permite pensar que a biblioteca, nesse contexto urbano, pode ser um espaço único para todos, pequenos e grandes, crianças e adultos. Ao longo dos anos acompanhei inúmeras experiências situadas em contextos variados, sobretudo em regiões e comunidades[8] onde a vida é difícil, e também em zonas rurais. Muitas delas confirmam fortemente minhas primeiras intuições.

A biblioteca é um lugar onde quase todo conhecimento e toda experiência podem, de certa maneira, ser transmitidos e comunicados, com a mediação sempre possível de adultos disponíveis que, por escutarem a criança, a tornam capaz de ouvir e de se interessar. Valorizando a sua demanda, eles a ajudam a desenvolvê-la e a enriquecê-la. Não se trata simplesmente de "questões informativas". A demanda é muito mais vasta.

Trata-se de estimular, por uma escolha de qualidade variada e sutil, aquilo que vai enriquecer o "teatro interior"[9] de cada um, despertar sua curiosidade, sua vontade de saber e compreender. Senão, como poderia a leitura ser viva e pessoal? As discussões, as conversas a dois e o aconselhamento individual podem permitir que cada um encontre o próprio ritmo, formule as próprias questões e siga o caminho. É assim que a criança progressivamente toma consciência do que a pode interessar.

Para o adulto, pai ou educador, esse serviço prioritariamente pensado para as crianças tem também sua importância. Ele pode, por si mesmo, descobrir ali um verdadeiro prazer em ler obras sensíveis e belas que vai partilhar naturalmente com a criança. A biblioteca das crianças torna-se pouco a pouco a biblioteca da família.

Colocar ao alcance das crianças toda informação, ajudá-las a se apropriarem dela, significa ser realmente um centro de informação no duplo sentido que a ciência atual dá a essa palavra: tanto no sentido corrente de propor ou transmitir um conhecimento como também no sentido de dar ou comunicar uma forma, uma estrutura, àquele que o recebe. Esse é o papel da biblioteca. O conhecimento desenvolve o ser. As inevitáveis e necessárias influências de fora, quando são assim integradas, perdem o seu sentido negativo de condicionamento. Se a integração se realiza mal, sem respeitar a unidade individual, então a ideia recebida sob tais condições se desenvolve como uma excrescência, como um cân-

---

[8] A palavra "comunidade" é tomada aqui em sua acepção anglo-saxã. Não representa, de modo algum, uma orientação comunitarista.

[9] Expressão criada por Colette Chiland, psicanalista, em artigo citado na nota 4 deste capítulo.

cer: é o mundo das ideias feitas que dispensam o pensamento crítico, o mundo dos slogans e das palavras de ordem adotados passivamente.

As soluções que pudemos encontrar na biblioteca de Clamart e que outros encontraram em outros lugares evoluíram com o passar do tempo. Mas o fio diretor é sempre o mesmo, o respeito da criança, a escuta da demanda individual, o sentimento da importância que podem ter para ela os livros e a mídia, o reconhecimento do papel insubstituível da biblioteca para ajudá-la a escolher, a ler e a se apropriar, à sua maneira, daquilo que, nas outras mídias, aguça-lhe o interesse. A biblioteca é um lugar onde a criança faz a aprendizagem da convivência, segundo modalidades variadas: é um lugar de transmissão, do despertar de perguntas novas, de novos interesses e de confrontações possíveis.

Nessas condições, as formas adotadas pela biblioteca são tão diversas quanto as situações às quais ela deve fazer face. Ela tem, hoje, verdadeiramente o papel de um centro de informação e, nesse sentido, "é importante não somente que possamos dar, àqueles que vivem nesta parte do mundo onde vivemos, o livro adequado no bom momento, como também que sejamos capazes de lhes oferecer um lugar onde possam encontrar a ideia justa no bom momento".[10] Mas como escolher?

---
[10] KYLBERG, Anna-Maria. *Scandinavian Public Library Quarterly*. Vol. 7, nº 3, 1974, p. 103. Publicação conjunta das Autoridades Nórdicas de Bibliotecas Públicas da Finlândia, Noruega, Suécia e Dinamarca.

4. Escolher os livros, uma tarefa difícil

A leitura das crianças – a qualidade e a evolução – depende essencialmente dos livros que elas vão encontrar, sem ter que procurar, no seu ambiente imediato. Elas dependem daquilo que lhes "cai nas mãos". Ora, sabemos que os livros que contam com uma grande distribuição são muitas vezes "fabricados" em quantidade como qualquer bugiganga e só propõem textos de linguagem desbotada, imagens banais e tramas totalmente sem graça. São facilmente encontrados em qualquer supermercado. De modo geral, as leituras das crianças são condicionadas pelo que, de modo mais ou menos razoável, decidimos adquirir para elas. Esses livros correspondem à ideia que temos, ao mesmo tempo, do livro, da leitura e da criança. Quais são então as escolhas que os adultos propõem normalmente às crianças?

Na escola

O livro e, mais comumente, a escrita são a base do sistema escolar. Pode-se pensar então que, na escola, cada livro é escolhido com grande cuidado, que os mestres conhecem o seu conteúdo e que a escolha é suficientemente abrangente e variada para responder ao mesmo tempo às necessidades do ensino e à sede de ler dos alunos, sede esta que permite a eles fazer uma descoberta autêntica da leitura.

Mas a escola, em geral, oferece esse ambiente suscetível de corresponder à diversidade dos desejos das crianças e à curiosidade delas, estimulada por um bom ensino? As bibliotecas de classe propõem uma resposta parcial a isso, mas elas podem, sozinhas, oferecer outra coisa além das suas diminutas coleções bibliográficas? O conteúdo dessas coleções reflete estritamente a ideia que o mestre faz da leitura. Se ele pensa que toda leitura é boa, qualquer que seja ela, desde que a criança leia, então ele se contentará com aquilo que encontrar, bem ou mal, no conjunto de produtos que um comerciante pode apresentar-lhe "em condições interessantes" ou, então, no conjunto das obras que lhe são dadas.

É verdade que lhe falta tempo para se informar. Às vezes, ele pode ficar tentado a adquirir o título que o representante de um editor leva ao local mesmo da escola. O editor representado pode ser sério, mas a escolha continua sendo limitada. Ele às vezes fica tentado a liquidar o seu fundo de estoque a preços baixos. Então aparecem livros envelhecidos, aborrecidos, que ele não conseguiria vender nas livrarias e vão encontrar um lugar na biblioteca de classe.

As crianças às vezes ajudam o professor a constituir a "sua" biblioteca. Levam livros de que elas não gostam muito e que são facilmente encontrados no comércio. Assim, bibliotecas de classe são ainda com frequência compostas de bricabraque, ao sabor do acaso.

O mestre pode também se ater estritamente aos livros que correspondem às necessidades do programa, àquilo que ele ensina em sala de aula. Ele se volta então para uma produção editorial que se apoia fortemente, e de maneira mais ou menos feliz, sobre essa necessidade suposta ou expressa do corpo docente: livros ilustrados de conteúdo evidentemente instrutivo, contos ou romances cuja leitura pode "servir" para enriquecer o estudo de um assunto. Essa literatura constitui como que o prolongamento do livro didático. É certo que pode ser interessante mas esse interesse é, no entanto, limitado, uma vez que, privilegiando somente a função utilitária da leitura, a escola faria o aluno conhecer apenas esse aspecto. E seria uma pena contentar-se com ele.

É cada vez mais frequente, felizmente, que o professor procure para as suas crianças livros que vão estimular a imaginação e a sensibilidade, abrir a curiosidade e responder às suas diversas expectativas.

Desse modo, as oportunidades de leitura da criança e suas escolhas dependem estreitamente da pedagogia do mestre. E isso depende também da organização do estabelecimento: existe uma verdadeira Biblioteca Centro de Documentação na escola(BCD)?[1]

---

[1] BCD: Bibliothèque Centre Documentaire. Trata-se de um serviço destinado a promover práticas e projetos de leitura nas escolas, colocando, à disposição das crianças, um conjunto organizado de materiais escritos, em suportes variados. Sua missão é promover o livro e a literatura junto aos jovens na escola.

Na França, a situação do livro na escola, de certo modo, progrediu. Graças à edição florescente de livros ilustrados, o interesse pelo livro para crianças tende a se generalizar junto ao grande público. E a atingir assim os professores: eles podem informar-se, se o desejarem, nas bibliotecas públicas. E os empréstimos coletivos, regularmente renovados, introduzem o livro na escola e podem dar aos professores e aos alunos a vontade de dispor de uma verdadeira biblioteca central na escola.

A mudança, no entanto, é bastante lenta. O uso verdadeiro da biblioteca central tem dificuldade de penetrar nas práticas escolares. As dificuldades materiais existem, é claro, mas não são o obstáculo maior à constituição de uma biblioteca central: o volume de créditos aplicados na formação de bibliotecas de classe e na compra de aparelhos dispendiosos, frequentemente subutilizados ou esquecidos no fundo de um armário, já permitiria estabelecer um primeiro acervo. É certo que os orçamentos aleatórios não permitem renovar os acervos. Mas, quase sempre, as bibliotecas limitam-se a adquirir, de preferência, livros ilustrados, mais acessíveis ao conhecimento geral e, também, mais atraentes para uma abordagem em classe.

De fato, os professores raramente se beneficiam de uma formação que lhes permitiria abordar a leitura sob um ângulo novo, que envolvesse uma pedagogia da biblioteca. Muitas vezes o ensino se limita ao conhecimento dos livros ilustrados. Além do mais, para funcionar bem, a biblioteca central pressupõe uma transformação profunda na organização pedagógica da escola. Aceitar a utilização de um instrumento coletivo demanda uma difícil mudança de mentalidade para muitos professores habituados a trabalhar sozinhos. Se ela está no coração da escola e da pedagogia, a biblioteca central torna-se então um verdadeiro espaço de referência, organizado, rico e variado, ao qual professores e alunos podem recorrer sempre e com liberdade, e onde podem aprender a buscar informações e a encontrar prazer na leitura, seja ela informativa ou ficcional. Pensada para as diferentes classes de idade, considerando os diferentes níveis de leitura e os diferentes graus de complexidade, a biblioteca pode propor, num mesmo lugar, uma coleção enciclopédica.

Em família

As leituras das crianças dependem também das escolhas e das atitudes do círculo familiar e, de modo geral, dos adultos que as cercam. Cada um, e é bem normal, transmite sua ideia da leitura e do livro. Quando os pais escapam da obsessão da instrução a qualquer preço (ler para aprender a ortografia e a gramática), muitas vezes oscilam entre algumas noções-chave: o livro "ocupa", como a "televisão-babá", e impede a criança de se lançar em atividades que incomodam. Antes de se entrar num trem para uma viagem longa, compram-se rapidamente balas e livrinhos para "a criança ficar quieta". Ou, então, apela-se ao chamado livro-presente, cuja capa luxuosa, pela qual se pode adivinhar o preço, torna-se mais importante do que o próprio livro.

Essa noção de livro-presente, sempre muito viva num país como o nosso,[2] é sem dúvida estimulada por certos editores e livreiros que encontram nesse nicho os ganhos a curto prazo. O preço retira, é pena, à criança a possibilidade de adquirir ela mesma seus livros e, de certo modo, de escolhê-los. Felizmente, a qualidade dos livros de bolso não cessa de se aperfeiçoar: certas coleções são quase que exclusivamente formadas de reedições de excelentes livros ilustrados e romances, hoje considerados clássicos.[3] Elas oferecem ainda excelentes exemplares informativos em formato menor. Esses livros de bolso, ainda assim, continuam custando caro para os bolsos das crianças.

Alguns pais oferecem a seus filhos, sobretudo quando eles são pequenos, livros "educativos", do mesmo modo que compram outros materiais ou brinquedos educativos. São livros que propõem o reconhecimento de objetos e incitam a criança a ampliar o vocabulário, brincando, ou a descobrir ligações lógicas entre diferentes ações e a familiarizar-se com o livro e a sequência de uma história. Outros pais propõem-lhes livros que podem satisfazer suas necessidades de informação, suas curiosidades.

Há ainda os pais impacientes por ter filhos "cultos", que buscam antes de tudo os livros ilustrados *avançados*, em que o estilo gráfico às

---

[2] A imprensa parece interessar-se pela edição para os jovens somente no momento das festas de fim de ano.

[3] Alguns belos e grandes livros ilustrados sofrem perdas, contudo, ao serem reduzidos para o formato das edições de bolso.

vezes só é novo na aparência. Eles têm o cuidado, afirmam, de não prender os filhos numa estética única. Mas não é certo que esses livros contem com a adesão dos jovens leitores. O grafismo é apenas um dos elementos de um livro. O que dizer da qualidade das narrativas? Outros também, conscientes de que o conteúdo do livro não é indiferente, se preocupam em incluir nas seleções que propõem a seus filhos livros suscetíveis de lhes provocar uma reação. Outros ainda buscam exclusivamente livros com mensagens explícitas: ecológicas, antissexistas, antirracistas... Eles se parecem com seus predecessores do século XIX, ainda que sua moral ou sua ideologia se apoie em outros critérios: uns e outros estão persuadidos de que o livro influencia de maneira automática e previsível o comportamento moral e social das crianças em relação à escola, à família e à sociedade em geral.

Há, enfim, os pais, cada vez mais numerosos, que descobrem com os filhos o prazer de partilhar uma história e a felicidade de se emocionarem juntos. São as famílias nas quais as histórias na hora de dormir constituem um ritual, um momento privilegiado do dia, de intimidade entre o adulto e a criança, uma experiência dificilmente substituível.

Resta a imensa maioria de pais que não tem tempo nem meios de se informar, de buscar e de se perguntar sobre os livros que gostaria de dar aos filhos e que ou nada compra ou compra qualquer coisa, às pressas e ao acaso nos supermercados. Muitas vezes, eles se contentam em oferecer aos filhos as mesmas coleções de sempre, porque são uma referência cômoda, ainda que não signifiquem grande coisa. Conhecemos essas crianças cujas bibliotecas pessoais são formadas por uma única coleção – imensa, é preciso dizer. A coleção que "tem de tudo" corresponde aos seus desejos de colecionar. Elas acumulam livros com a satisfação de proprietários, sem necessariamente terem a intenção de lê-los.

Como se informar?
Escolher um livro não é coisa simples

Ainda que em nossos países se manifeste um interesse crescente pelo livro para crianças, a informação ainda não tem como alvo verdadeiramente o grande público. A grande imprensa dispõe poucas vezes de verdadeiros especialistas que possam seguir de perto, ao longo do ano, a produção editorial em seu conjunto. A maior parte dos jornais consagra resenhas muito ocasionais a esse gênero, em especial no início das férias escolares ou nas festas de fim de ano. Essas resenhas são, algumas vezes, feitas com demasiada rapidez, ao sabor dos contatos com as assessorias de imprensa das editoras ou com a ajuda da quarta capa, dos pedidos de inserção ou qualquer outro material publicitário. As revistas especializadas, por sua vez, confiam as resenhas publicadas a críticos que acompanham de perto a produção. Suas análises correspondem às escolhas pedagógicas ou ideológicas da revista. Essas publicações não atingem, entretanto, mais que um pequeno número de professores. E somente os pais muito motivados sentem necessidade de assinar essas revistas.

Durante o ano, a maior parte das estações de rádio de grande audiência continua a ignorar os livros para crianças. A televisão não se interessa por esse gênero literário. Nenhum programa se dirige simultaneamente a adultos e crianças em uma hora em que seria possível haver uma audiência comum e, com ela, uma maravilhosa ocasião para trocas.

Os livreiros presumem dispor de uma gama variada de obras e oferecer, como os bibliotecários, verdadeira informação. Mas a maior parte deles não consagra o tempo necessário para se informar realmente sobre a produção para crianças. Talvez porque sua possibilidade de estocagem seja reduzida, eles só adquirem livros cuja venda seja rápida e garantida ou cujas condições de comercialização lhes sejam mais favoráveis, incluindo, por exemplo, a devolução de não vendidos ao distribuidor.

Assim, os adultos que tomaram cuidado de se informar ficam muitas vezes decepcionados em suas expectativas. Muitas vezes constatei: é bem difícil encontrar livros elogiados por esse ou aquele crítico, mesmo nas grandes livrarias. Somos então obrigados a nos contentar com a "escolha" proposta pelos editores de forte distribuição. As pequenas editoras são as vítimas.

É preciso saudar, entretanto, a dinâmica profissão dos livreiros voltados para crianças e jovens. Eles desenvolvem, em diferentes regiões da França, um trabalho militante de grande qualidade. Perfeitamente a par da produção editorial, eles trabalham para oferecer aos leitores condições de fazer uma verdadeira escolha, sem se limitarem às últimas novidades, o que é raro e particularmente apreciável: aos olhos das crianças, tudo é novo. Eles também não hesitam em tornar conhecidas as produções originais de pequenos editores corajosos. Eles leem muito, analisam, aconselham e trabalham muitas vezes em estreita relação com as bibliotecas. Mas essas livrarias especializadas são um luxo muitas vezes limitado aos bairros mais "favorecidos" das cidades. Além do mais, uma parte importante do público francês não frequenta livrarias. O ambiente típico das livrarias é intimidador para muitos de nós, a cujos olhos elas parecem reservadas apenas a leitores cultos, familiares aos livros. Muitas vezes, o público mais popular compra livros em supermercados, onde a impessoalidade do ambiente não causa receios daquele tipo. Mas os livros encontrados nessas seções são, em geral, aqueles que se encontram em toda parte, nas estações de trem, nas bancas de jornal, nas pequenas livrarias e papelarias. Não se pode esperar obter ali os conselhos esclarecidos de vendedores que se alternam entre uma seção e outra sem poder adquirir uma verdadeira competência para fazer recomendações aos leitores. É certo que, nos últimos anos, as seleções melhoraram. Mas resta uma importante produção industrial reservada apenas à clientela dos supermercados. "Edição de massa, edição popular", dizem pudicamente esses produtores.

De modo geral, os adultos, querendo ou não, só podem dispor de uma escolha limitada: ou censuram e afastam certos títulos, ou pegam simplesmente o que é mais fácil. Ou tentam, do melhor modo possível, oferecer livros que correspondam às demandas e exigências das crianças. Mas todos se sentem inseguros, ignorantes diante da amplitude da edição para crianças. O que existe? Como julgar o valor de um livro? Como chegar a uma escolha real entre o grande número de livros publicados a cada ano, quando não se pode contar senão com um conhecimento limitado, sem qualquer ponto de referência? E, sobretudo, o que pode interessar às crianças? É importante saber. Mas, como? Como responder à infinita curiosidade das crianças, a seus interesses variados e variáveis?

5. As propostas da biblioteca

O papel da biblioteca pública é propor, para todos, em toda parte e gratuitamente, um acervo amplo, variado e de qualidade. É sua tarefa: ela tem, em princípio, os meios financeiros e as competências para executá-la.

O papel do bibliotecário é tentar satisfazer com exigência as necessidades de leitura das crianças, assim como também a demanda de pais e professores. Isso supõe um estudo sistemático e tão exaustivo quanto possível do conjunto da produção disponível, uma observação e uma escuta atenta e exigente de seus públicos com o intuito de lhes oferecer a melhor resposta possível.

Uma coleção escolhida e organizada

Escutar as propostas das crianças e considerar a acolhida que elas espontaneamente reservam aos livros não são atitudes que imponham ao bibliotecário a obrigação de abstrair os próprios gostos e de renunciar às escolhas pessoais. Seria redutor e artificial limitar-se às demandas explícitas das crianças, sem correr o risco de levá-las a explorar novos territórios. O bibliotecário é um barqueiro.[1] A biblioteca deve propor um acervo que permita que cada um ultrapasse os limites que, queiramos ou não, são impostos, pelos diferentes ambientes ou instituições a que somos levados a frequentar.

Sendo um serviço público, a biblioteca deve ter os meios necessários para se organizar de modo eficiente e para servir a todos os públicos. Em princípio, cada um deveria encontrar, na proximidade de sua

---

[1] É o barqueiro (*passeur*, em francês) que faz passar as pessoas de uma margem para a outra nos rios. Prefiro esse termo, que evoca uma imagem, ao do mediador.

casa, uma seleção organizada de obras e documentos, colocada gratuitamente à sua disposição, seja nas cidades ou no campo, seja numa mediateca ou numa biblioteca de vizinhança, num "bibliônibus" ou numa dessas pequenas estruturas de leitura organizadas em rede e que são implantadas nos diversos ambientes de vida das crianças, funcionando em estreita relação com as bibliotecas públicas.

Em todo caso, o que a biblioteca propõe é sempre uma seleção. Mesmo que ela possa se permitir comprar livros caros, obras que os particulares geralmente não têm meios de adquirir, seu orçamento, como o da família ou o da escola, tem certos limites. É preciso então, nem que fosse por essa simples razão, escolher e adotar uma política de seleção tão clara e consciente quanto possível. Selecionar não quer dizer restringir, muito pelo contrário. Selecionar significa valorizar. É uma das maiores responsabilidades da biblioteca.

A biblioteca deve dispor de um acervo verdadeiramente enciclopédico, abrangente e variado, de modo a, antes de tudo, cobrir tanto quanto possível as perguntas e demandas do público, assim como provocar nas crianças perguntas ou interesses que, caso contrário, não teriam talvez a ocasião de nascer ou de se manifestar. A biblioteca deve abrir diante do leitor todo o leque daquilo que propõe, segundo as áreas e os temas de interesse do público e segundo a presença de outras fontes de documentação na vizinhança. Quanto mais numerosas, pessoais e precisas forem as demandas do público, mais a seleção deve ampliar-se e se diversificar: não é um único livro que vai satisfazer toda a diversidade de questões que dado assunto pode suscitar; não é, por exemplo, numa obra muito genérica sobre pássaros que o leitor cujo canarinho está doente vai encontrar uma resposta à sua inquietação específica. Ele tem necessidade, nesse caso, de um livro mais especializado sobre a criação de pássaros. Às vezes, entretanto, livros sobre assuntos muito restritos só podem interessar um público já muito motivado, sobretudo quando se trata de livros essencialmente técnicos: um livro sobre os diferentes tornos de oleiros, por exemplo, encontra lugar melhor em coleções especializadas, que o leitor pode ser orientado a consultar, caso a questão, de modo excepcional, venha a ser colocada. Ajudar as crianças maiores a consultar outros centros faz parte da aprendizagem da pesquisa documental. Esses procedimentos podem ser determinantes na vida do jovem leitor.

A informatização das bibliotecas permite hoje que se tire o melhor partido de cada organismo e que se evite, nas bibliotecas públicas, a hipertrofia dos acervos, que devem permanecer enciclopédicos sem se tornarem esmagadores. Um acervo demasiado extenso pode coagir e desencorajar o leitor que não dispõe de pontos de referência. Demasiado reduzido, o acervo logo se revela decepcionante. Ele não permite que o interesse se renove e não pode responder às múltiplas perguntas das crianças.

Por ocasião do trabalho que havia precedido a implantação de uma pequena biblioteca central numa escola primária em Clamart, constatamos que, após o entusiasmo suscitado pela chegada dos primeiros lotes de livros, as crianças logo se ressentiram da falta de um acervo maior. Aqueles livros tinham provocado tantas perguntas novas que as crianças queriam mais. Isso depõe em favor da importância de inscrever a biblioteca em uma rede que permita empréstimos coletivos renováveis. Eles ajudam a enriquecer o fundo permanente desses pontos de leitura.

É conhecido o valor das pequenas unidades de leitura que, em razão do tamanho, podem se infiltrar por toda parte, em particular no caminho daqueles que não iriam espontaneamente a uma biblioteca. A ligação dessas unidades com a biblioteca pública é indispensável.

Há escolas que nem sempre dispõem de um vasto acervo. Uma escola com duas ou três classes pode, por exemplo, constituir uma verdadeira biblioteca, capaz de oferecer resposta a toda a diversidade de questões dos alunos? Certas pequenas "bibliotecas" rurais não podem viver ou sobreviver se não se inserirem numa verdadeira rede, como as dos municípios dos países anglo-saxões e escandinavos, e as nossas bibliotecas municipais de empréstimo. Numa escola de um vilarejo de Cotswall, na Inglaterra, admirei como, com um mínimo de títulos magnificamente escolhidos, conseguia-se oferecer o essencial às crianças: documentos práticos, romances e livros ilustrados que ninguém se cansa de reler e que correspondiam bem aos interesses dos estudantes. Nenhum livro era inútil, nenhum ficava dormindo nas estantes: porque cada título tinha sido bem escolhido e também porque o professor conhecia com perfeição as obras disponíveis e sabia ensinar o uso delas às crianças. Parecia, pelo tamanho, pela seleção e pela utilização, uma boa biblioteca de família. O acervo daquela pequena escola estava integrado ao da biblioteca municipal, mais amplo. Assim que um interesse novo se manifestava, bastava apelar à coleção central do município.

Se a coleção de uma seção para crianças de uma biblioteca pública não pode descer um determinado nível,[2] ela também não pode ser exageradamente desenvolvida. Existe um tamanho padrão de acervo segundo a importância do público a ser servido. Janet Hill,[3] bibliotecária inglesa, adverte contra a ideia de que é necessário reservar o máximo de espaço para as estantes numa biblioteca, o que incitaria os diretores a enchê-las de livros. Para remediar o inconveniente de acervos grandes demais, onde os livros mais interessantes poderiam se perder no meio de livros já prescritos e envelhecidos, um trabalho de eliminação deve complementar permanentemente a tarefa das aquisições seletivas.

Encontram-se ainda, aqui e ali, bibliotecas de acervos abundantes, mas subutilizados, porque são compostos quase que unicamente de "fundos de sótão" ou "fundos de prateleiras" de editores. Esses amontoados de livros têm, de fato, um efeito desanimador. É preciso ter coragem para se desembaraçar deles. Essa situação, aliás, não está reservada aos países pobres. Mas esses são, mais do que os outros, vítimas de generosidades desordenadas e embaraçosas. Se, em certas bibliotecas, o acervo escolhido é medíocre, isso ocorre, no mais das vezes, por se ter confiado essa tarefa a uma pessoa sem formação ou sobrecarregada de trabalho, que compra indiferentemente as novas produções. Esses livros são todos nivelados num mesmo plano, comprados em exemplares avulsos, sem distinção.

Mais do que preencher as estantes com títulos de valor mediano, ou verdadeiramente medíocres, as melhores bibliotecas levam a sério a multiplicação de exemplares de livros remarcáveis, não hesitando em propor até cinco exemplares desses livros excelentes e muito queridos. Elas procuram valorizar aquilo que deve emergir, para que a leitura se torne, para aqueles leitores ainda verdes, uma verdadeira experiência. Numa política de edição inflacionista, assim como muitos países conhecem hoje, é muito importante ousar informar o público sobre os livros que "realmente valem a pena" e propor-lhe referências indispen-

---

[2] Segundo especialistas anglo-saxões, a seção para crianças de uma biblioteca pública não deveria nunca ter menos de 1.500 a 2 mil livros em permanência nas estantes, distribuindo-se de modo equilibrado entre os diferentes gêneros. No Japão, considera-se que o acervo de uma biblioteca para crianças não deveria ultrapassar a marca de 8 mil livros.

[3] HILL, Janet. *Children are people*. Londres: Hamish Hamilton, 1973.

sáveis. Caso contrário, os bibliotecários que não se atrevem a tomar partido não estariam incorrendo em uma omissão grave?

Nada disso impede que se ofereçam às crianças aqueles livros "que lemos sozinhos", livros muito fáceis que dão confiança ao leitor sobre sua aptidão de encontrar prazer na leitura. O importante é refletir sobre o porquê de cada uma dessas escolhas. Isso compete à responsabilidade dos bibliotecários próximos a seus públicos. Eles estão aptos a observar a acolhida que as crianças, em toda liberdade, reservam aos livros.

São os bibliotecários em contato direto e cotidiano com as crianças que, depois do exame dos acervos e novos lançamentos, devem decidir em última instância sobre aquisições e eliminações.[4] E isso decorre da simples lógica de funcionamento da instituição: ela deve considerar a realidade das expectativas, das curiosidades e da cultura das crianças, para que possam fazer, com liberdade e do melhor modo possível, o seu caminho no mundo profusamente vasto do conhecimento. Quem estaria mais bem colocado para assumir essa tarefa, senão os bibliotecários atentos? Eles têm meios de propor novas obras às crianças e observar a reação delas na sua leitura. A eles é possível ser, de certo modo, os seus porta-vozes junto aos familiares, pais e professores, como também junto àqueles que "fazem os livros", os editores e diretores de coleções.

Ao reconhecer as competências desses profissionais da base e ao confiar neles, convidamo-los a sempre aprofundar seus conhecimentos, numa ação concreta, numa reflexão compartilhada e numa tarefa da transmissão da cultura que se paute cada vez mais pelo respeito à diversidade dos públicos.

Nos distritos e municípios, quaisquer que sejam os tamanhos, organizam-se reuniões de trabalho e reflexão, com os bibliotecários de base, em torno da tarefa fundamental de análise e seleção. Essa responsabilidade é o coração do ofício. Ela é essencial, tanto pela qualidade das escolhas quanto pelos conselhos aos leitores.

Esse trabalho regular constitui, em si mesmo, uma permanente reciclagem. Hoje, a produção editorial é de tal magnitude que o indispen-

---

[4] Na França, a verba de aquisição de documentos é votada pela Câmara Legislativa e atribuída à direção da biblioteca pública para ser dividida entre os diferentes serviços da biblioteca.

sável exame exige, para ser aprofundado, uma troca compartilhada de informações e experiências entre os bibliotecários. Isso permite conduzir bem certas tarefas, como a comparação de diferentes versões do mesmo conto, a comparação entre uma tradução ou uma adaptação com o texto original, a comparação de um novo livro com outros, franceses ou estrangeiros, sobre um mesmo tema, a verificação da exatidão científica ou histórica. A escolha de livros a eliminar é tão importante quanto a de livros a adquirir. Ela exige a mesma seriedade e a mesma competência.

As bibliotecas devem também propor obras destinadas aos adultos interessados pelo estudo dos livros para crianças. Em cada cidade, jornalistas, pais e professores do ensino fundamental poderiam ter acesso a esse material, e a biblioteca desenvolveria assim um importante trabalho de informação, útil a toda a comunidade.

É difícil que uma pequena equipe de bibliotecários possa dar conta desse tipo de trabalho de A a Z. Entretanto, é importante, e até mesmo essencial, que, localmente, em torno de tarefas de análise e seleção de livros ou de descarte, se encontrem os bibliotecários da base. Essa chamada à sua colaboração e às suas competências é sem dúvida necessária à qualidade das escolhas, mas a responsabilidade é também um fator de dinamismo para a profissão.

Nesses últimos anos, pudemos observar como em certos países do Sul essa política poderia dar, à nascente profissão de bibliotecário, dinamismo e convicção.[5]

A biblioteca, observatório dos gostos das crianças

Toda biblioteca pode ser, na verdade, um observatório de leitura. Ela é o lugar, por excelência, onde se testam livros, onde as crianças po-

---

[5] Nos países da África francófona, com o apoio do Ministério francês das Relações Exteriores e em estreita relação com seus parceiros africanos, a *Joie par les Livres* suscitou a criação de uma "rede de leitura crítica", que associa, há mais de 20 anos, os bibliotecários de base para a análise de livros, a observação das crianças e a publicação de uma revista anual, *Takam Tikou*. Esta contribuiu para a emergência de uma edição de qualidade e o desenvolvimento da profissão de bibliotecário, com o desejo de aprofundar sua formação.

dem "experimentar", como se experimenta uma roupa ou se prova um prato, sem que essas leituras sejam impostas. No espaço da biblioteca, as crianças dispõem de amplas condições para exercer suas escolhas, de maneira gratuita, sem segundas intenções utilitárias ou estritamente pedagógicas. As crianças são conscientes. Sentem-se no direito de recusar livros que o adulto lhes propõe. Em geral, se as encorajamos, elas reagem com muita franqueza.

Assim vem a resposta a uma crítica às vezes manifestada: ouve-se dizer, como se isso fosse reprovável, que os livros para crianças infelizmente são feitos, julgados e escolhidos unicamente por adultos. Por que não deixar as crianças escolherem sozinhas os livros em meio à totalidade da produção? A pergunta é, às vezes, feita aos bibliotecários por profissionais adeptos de uma pedagogia que se desejaria não diretiva e que, acredito, é uma fraude. Não vemos nós mesmos, adultos, amiúde embaraçados diante de um vasto universo de opções, em livrarias como a FNAC? É preciso chegar lá com títulos precisos na cabeça; caso contrário, a superabundância da oferta acaba por desanimar o visitante. Deixar a criança fazer sua escolha inteiramente só seria deixá-la sem defesa face aos condicionamentos impostos pelos sistemas de difusão de massa e favorecer unicamente as editoras que dispõem de meios financeiros suficientes para utilizar uma publicidade eficaz.

Seria tão utópico quanto imaginar que as crianças vão produzir a literatura de que precisam e se privar da que é escrita pelos adultos. Nada disso desvaloriza a criação das crianças, mas são raras aquelas que correspondem às expectativas das outras crianças.

Em certas bibliotecas, anotam-se, a cada dia, as demandas das crianças, e conferem-se se os livros e os outros documentos encontrados correspondem com satisfação aos seus pedidos. Dessa maneira, adquire-se o hábito de observar de modo preciso os gostos e as reações dos leitores. Não se trata de testar "cientificamente" todos os títulos junto às crianças: as crianças não são cobaias e, ao solicitar suas respostas, corre-se o risco de manipulá-las.

Os bibliotecários têm meios de observar as reações autenticamente pessoais de um grande número de crianças face a uma real diversidade de obras escolhidas com liberdade. Torná-las conhecidas do grande público, dos pais, dos professores e dos jornalistas, com o cuidado de não generalizar abusivamente, é, reconhecendo seus gostos, associar indiretamente as crianças às escolhas de livros.

Uma responsabilidade face aos editores

Poucos críticos e analistas de livros infantojuvenis levam realmente em conta a receptividade das obras pelas crianças e jovens. Alguns editores e autores lamentam às vezes não poder conhecer com precisão as reações do público. Os bibliotecários atentos deveriam então poder informá-los mais sobre a acolhida deste ou daquele título. Essa informação – qualitativa – completaria e modificaria aquela outra que é trazida pelos números de venda.

Nos países em que as bibliotecas estão bem organizadas e funcionam com dinamismo, os bibliotecários têm um lugar reconhecido pelos editores: alguns clássicos são reeditados com frequência porque os bibliotecários que os fazem viver nas rodas de leitura podem observar o interesse das crianças por essas obras. Assim, os editores anglo-saxões ou escandinavos que trabalham em estreita colaboração com as bibliotecas continuam imperturbavelmente a publicar as mesmas obras-primas insubstituíveis, como os livros ilustrados lançados no fim do século XIX por Leslie Brooke e suas alegres interpretações dos contos de *Três ursinhos* e de *Os três porquinhos*.[6]

Os bibliotecários podem ajudar da mesma forma os editores a considerar o desinteresse progressivo por certos títulos. Isso evitaria que certos "clássicos" continuassem a ser perpetuamente publicados quando eles há muito tempo perderam toda atração real junto às jovens gerações.

Quanto às obras de ficção, fica mais delicado assinalar aos editores onde estão as lacunas a preencher. Bom número de romances é escrito para responder a uma demanda de educadores: "Falta uma obra sobre este ou aquele tema." Em geral, trata-se de temas sociais para os quais se gostaria de despertar a sensibilidade das crianças ou dos adolescentes.

Muitos desses "romances sociais" parecem ter sido escritos para ajudar a preparação de uma pesquisa escolar sobre uma questão ou outra. O seu aspecto fabricado, simplista, e a acumulação de informações não permitem ao leitor viver uma experiência interessante. É ver-

---

[6] BROOKE, Leslie. *The three bears* e *The story of the three pigs*. Londres: Warne, s/d. Há diversas edições brasileiras desses títulos.

dade, entretanto, que a dificuldade não reside tanto no fato de que o livro seja escrito por encomenda, mas principalmente na falta de talento e convicção dos autores.[7] Na história da literatura infantil, de fato, alguns autores de gênio se sentiram estimulados por demandas externas, vindas de bibliotecários e professores. Estes sabem como são necessárias, na carreira da criança leitora, as chamadas "Primeiras Leituras", os *livros para iniciantes*, que facilitam a passagem do livro ilustrado ao romance. Nos Estados Unidos, os editores não hesitaram em solicitar junto aos maiores artistas, como Ungerer, Lobel, Eastman ou Sendak, a criação dessas obras suscetíveis de satisfazer a dupla exigência de um texto muito acessível aos principiantes e de um conteúdo que os interessasse, apelando ao seu senso de humor e, de modo geral, à sua sensibilidade.[8] Esses grandes artistas se sentiram estimulados precisamente pelos limites que uma leitura debutante impõe. Como lembra Margaret Meek,[9] "o autor não somente conta uma história para responder à necessidade de conhecer da criança, como ainda procura inserir nela refinamentos que consideram as limitações de sua experiência de leitura e que podem ajudá-la a progredir. É um desafio artístico que se apresenta ao autor".

A infância é breve

A infância é breve e convém vivê-la bem, no seu próprio ritmo. Seria triste tão somente ocupá-la, no duplo sentido da palavra: ocupar seu tempo e invadir sua vida interior, como se invade um país conquistado.

No melhor dos casos, uma criança, mesmo uma boa leitora, não poderá ler na sua vida de criança, entre 5 e 15 anos, mais que um número limitado de obras. Além disso, existe o prazer da releitura. Ele é particularmente forte nas crianças. É raro que um livro ilustrado pre-

---

[7] Cf. artigo de PATTE, Geneviève. "Les enfants français mangés à la sauce américaine" (*La Revue des Livres pour Enfants*, nº 77, mar. 1981).

[8] Cf. as ótimas coleções lançadas nos Estados Unidos por Harper&Row, *I can read book*, ou os livros da coleção *Beginner Books*.

[9] MEEK, Margaret. "Les histoires, des petites usines à faire comprendre." *La Revue des Livres pour Enfants*. Paris: nº 95, fev./mar., 1984.

ferido não seja lido mais de uma vez, e as crianças que dominam bem a leitura não hesitam em ler e reler certos romances, um prazer que os adultos não se dão mais. Todos aqueles que estiveram em contato com crianças e livros se viram conclamados a fazer pela enésima vez a leitura de *Le Géant de Zéralda*[10] [O gigante de Zeralda], em que um ogro, conquistado pela excelência das comidas preparadas pela menininha que ele estava prestes a devorar, logo se converte num bom marido e bom pai de família. Ou ainda a história de *Onde vivem os monstros*,[11] onde um menino punido se evade para o país dos monstros e se torna rei deles, antes de voltar calmamente para comer o jantar no quarto. Os pais que contam histórias na hora de dormir conhecem também o que é a alegria das crianças em escutar a mesma história ser contada e recontada com as mesmas palavras.

A capacidade de leitura de uma criança exige que os livros que lhe são propostos tenham passado por uma seleção e que ela seja ajudada a se orientar na leitura deles. Seria muito triste se ela passasse ao largo desses livros bons demais para deixar passar, porque não se pensou em fazê-la conhecê-los. São livros bons de descobrir em certo momento e que não terão, sem dúvida, o mesmo sabor, se forem lidos cedo demais ou tarde demais. É verdade que os livros de crianças verdadeiramente ricos são descobertos também com real prazer na idade adulta, mas encontrá-los quando se é criança é uma experiência insubstituível. Eles podem revelar-se determinantes na orientação de um interesse, de um imaginário ou de uma sensibilidade. Michel Butor evoca "essas leituras que marcam, como se diz, e que, mesmo cobertas pelo que vem depois, são indeléveis".[12]

---

[10] UNGERER, Tomi. *Le Géant de Zéralda*. Paris: L'École des Loisirs, 1971.

[11] SENDAK, Maurice. Op. cit.

[12] BUTOR, Michel. "Lectures d'enfance." *L'Arc*, nº 29 (especial consagrado a Julio Verne), segundo trimestre de 1966, pp. 43-45.

6. Small is beautiful

Bastam um tapete e alguns cestos de livros escolhidos com cuidado. O essencial da biblioteca está aí. Eis a bagagem desses pioneiros de hoje que percorrem terras esquecidas para dividir aquilo de que são pessoalmente imbuídos: o amor à literatura, sob todas as suas formas, o amor à palavra que a literatura liberta. Para propor a excelência, eles partem ao encontro daqueles que vivem nas margens de nossas sociedades, aqueles que estão distantes das instituições culturais tradicionais.

Alcançar as margens

Elas surgem por toda parte, suas pequenas bibliotecas. Elas têm todo tipo de nome e revestem diferentes formas. Em uma favela em Nova Déli, elas são feitas em tecido. A gente suspende o pano e elas apresentam em seu interior algumas obras bem escolhidas. Na Tailândia, são bibliotecas portáteis transportadas sobre uma moto. Elas têm a forma de um tríptico que se abre para oferecer ao olhar dos passantes álbuns ilustrados e pequenos livros. Elas estão nas ruas, nos mercados, nos templos, nas escolas, em todos os locais de passagem e de vida. A ideia dessas bibliotecas portáteis viajou pelo mundo. Nós as reencontramos no Egito e na Líbia, assim como nos campos de refugiados. No Zimbábue, conhecemos bibliotecas em domicílio. Algumas mães de família abrem suas casas uma vez por semana às crianças do bairro. Lá, elas leem e contam muitas histórias.

Para os adultos e as crianças que os encontram no caminho, essas pequenas unidades de leitura são portadoras de esperança. Elas têm, a despeito do pequeno tamanho, a maior parte das características da biblioteca: a oferta de livros de qualidade, a presença de um adulto atento que lhes dá vida, a liberdade oferecida às crianças. Essas três características são essenciais. A iniciativa dessas ações sensibiliza pessoas de convicção e associações que têm consciência de uma falta que deve ser reparada.[1] Elas têm o desejo de dividir um tesouro que não pode ficar reservado apenas a alguns. Elas sabem que a leitura, na medida em que abre os caminhos, ajuda a lutar contra os determinismos e a lançar um olhar novo sobre a vida e os mundos próximos e distantes. A biblioteca é, portanto, necessária, lá onde a vida é particularmente difícil, às vezes mesmo alienante. É inútil esperar grandes recursos para começar. É preciso pôr mãos à obra sem demora e ir juntar-se às pessoas lá onde elas vivem, para que os livros se encontrem ao alcance das mãos, no coração da realidade de suas vidas. Essa proximidade é essencial.

As boas ideias são simples

Eu vi muitos desses modestos pioneiros trabalhando. Admirei a simplicidade das propostas, e me apaixonei pela sua alegria. Segui durante anos seus programas, dos quais alguns são desenvolvidos em rede. *Leamos de La Mano de Papa y Mama*, já mencionado, foi implantado na América Latina, especialmente no México, e em seguida na Colômbia, na Nicarágua, no Panamá, na Venezuela, no Equador. Ele tomou diferentes formas e nomes segundo os lugares, as personalidades, a imaginação e as convicções de uns e outros.

Em Guanajuato (México), Lirio anima uma pequena biblioteca dentro de um centro correcional para crianças. Pintora, musicista e poeta, ela propõe com sucesso a esses jovens deliquentes álbuns de arte, coletâneas de poemas cuidadosamente escolhidas, assim como interessantes livros de imagens. Isso dá origem a intensos momentos de leitura, de criação literária, de trocas e reflexão. Ela coordena também uma pequena biblioteca na escola de seu bairro de periferia. Hoje, por força dessas experiências, ela trabalha para assegurar a formação para bibliotecários de sua região.

---

[1] Cada ano, na Feira Internacional do Livro para crianças em Bolonha, é concedido o Prêmio IBBY-Asahi de promoção da leitura, que coroa pequenas realizações particularmente fecundas, empreendidas em zonas sensíveis, tanto de países ricos quanto de países pobres.

Aurea, em San Luis de Potosi, é atriz nas horas vagas. Ela se apresenta junto às crianças de rua. Não somente isso: ela não apenas as faz descobrir o prazer dos livros, como chega também a publicar, com seus meios, pequenos cadernos com os textos delas. Ela nos diz o quanto esses garotos de quem fugimos habitualmente são tocados por esses momentos que lhes são dedicados numa relação de confiança e proximidade.

No México, uma ou duas vezes por semana, à tardinha, Nestor, que trabalha no comércio de roupas, acolhe em sua casa pais, jovens e crianças do bairro. Toda sua família participa da "sua biblioteca", do avô ao caçula. O espaço de leitura, arranjado em um cômodo da casa que abre para a rua, é muito frequentado. Observo os livros que ele oferece. Eles vêm de editores que lhos enviam para ter conhecimento de suas análises e das reações das crianças. Todo mundo conta histórias durante essas sessões, os adultos e as crianças. A marca do ambiente é a alegria.

Odilia é indígena. É uma militante. Na região de Patzcuaro, no México, ela se preocupa com todos esses jovens que não pensam senão em deixar o país para emigrar aos Estados Unidos. É importante, pois, que nesses pequenos vilarejos retirados a vida seja interessante. A pequena biblioteca dessa comunidade indígena oferece, em meio a plantas medicinais e à proximidade de ateliês ligados à riqueza de sua tradição, livros bem escolhidos, lidos e relidos com felicidade, e que abrem o mundo aos olhos dos leitores. As crianças mesmas se encarregam dos empréstimos.

No México, Sandra, historiadora, promove, todas as semanas, momentos de leitura em um hospital de dia, acolhendo pessoas incapacitadas. Os pais, testemunhas desses encontros vividos em torno de leituras compartilhadas, ficam maravilhados. Eles se associam então a esse círculo e vêm ler e contar histórias aos filhos.

Na Nicarágua, na pequena vila de Jinotepe, a associação Libros para Niños não tem local fixo para instalar a biblioteca, mas esta, à sua maneira, está em toda parte, nos jardins públicos, nas praças e nas pequenas escolas. Lá, contam-se histórias, os livros são lidos e emprestados, professores e pais se associam à descoberta de obras de qualidade. Chema, antiga criança da rua, tornou-se bibliotecária e é uma das mais ativas colaboradoras. Em um jardim público, entre balanços e escorregadores, há como uma pequena biblioteca feita de bricabraque, onde pais e crianças vêm passar longos momentos de leitura. A escolha dos livros é criteriosa, e a concentração das crianças em meio à agitação do ambiente é notável. Alguns grandes painéis ilustrados mostram aos passantes a existência dessa pequena biblioteca tão viva. Eles dão a ver alguns heróis infantis cujos retratos são tirados de livros muito amados como os de Anthony Browne e Maurice Sendak. Podem-se reconhecer aí certos personagens saídos de livros latino-americanos bem familiares, como Rosaura[2] e "A mulher mais feia do mundo".[3] Aqui estamos bem longe dos camundongos de Walt Disney, tão frequentemente associados ao mundo infantil.

Em Guanajuato, Liliana dá provas de grande imaginação para atrair as crianças. Para oferecer-lhes o prazer de histórias ou de livros ilustrados, ela não hesita em utilizar os longos momentos passados nesses ônibus sucateados que fazem parte da paisagem latino-americana. O trabalho se insere, sobretudo, em uma comunidade habitada por famílias indígenas, vítimas de segregação e de rejeição. Lá, de uma cabana que lhe emprestaram, ela fez uma biblioteca cheia de vida.

Essas coisas nada têm a ver com essas bibliotecas ainda tão comuns onde as prateleiras são cobertas de livros envelhecidos, inadequados aos tempos e ao gosto de uma grande mediocridade. Entre paredes pouco acolhedoras, os guardiões desses lugares e desses livros ficam à distância das crianças, se contentam em vigiá-las e se assegurar dos empréstimos. Um trabalho entediante, em suma. E o tédio é contagioso, assim como o entusiasmo.

O que, por outro lado, caracteriza essas pequenas unidades informais de leitura que chamam nossa atenção é precisamente o entusiasmo que elas geram. Encontramo-nos aí com as crianças em torno de álbuns escolhidos com cuidado por sua qualidade artística e humana, em torno de obras-primas da edição infantil.

Sentamo-nos no meio delas. Tiramos os livros dos cestos e assistimos então à alegria dos pequenos que descobrem essas obras conosco, ao prazer dos pais que se juntam a eles e a nós. É maravilhoso ver, nos

---

[2] BARBOT, Daniel. Publicado no Brasil sob o título *Rosaura de bicicleta*, pela Editora Moderna, São Paulo, 1998.

[3] INOJOSA, Francisco. *La peor señora del mundo*. Ilustrado por El Fisgón. México: Ed. FCE, 1995.

filhos e nos pais, tanta sensibilidade e inteligência exprimindo-se através dos gestos, das palavras que, com toda liberdade, são trocadas. Vivemos encontros preciosos, profundamente originais, porque o livro está presente. Adulto ou criança, todos dedicam o seu tempo para viver esses momentos felizes.

O trabalho em rede dá prioridade a essas pequenas relações de proximidade. Elas podem ser plantadas em toda parte. São ricas em ensinamentos. O "bibliotecário" acompanha, propõe leituras. Consagra seu tempo a essas ocasiões. Ele observa sem atrever-se a corrigir qualquer "má interpretação". Ele não faz julgamentos. A cada criança uma leitura, aquela de que ela tem necessidade e desejo.

O bibliotecário anota, escreve com precisão tudo que observa. Todos os membros da rede são comprometidos, com efeito, a colocar por escrito as observações e a fazê-las circular entre os demais participantes. O detalhe mais ínfimo, o menor gesto, a palavra súbita, tudo pode portar significados. Eis o que nos ajuda a seguir esses movimentos sutis da alma infantil, de seu psiquismo em construção. Esse convite à observação minuciosa se inspira, em certa medida, no que René Diatkine nos ensinou e na proposta do movimento ACCES.[4]

Ao longo do ano, por e-mail, trocamos impressões sobre o que nos ensinam esses momentos de partilha. A ideia de rede é, portanto, essencial para essas pequenas unidades de leitura. É preciso poder trocar, confrontar com outros seus êxitos, bem como as suas dificuldades.

Esse modo de estabelecer relações, tão facilitado hoje pela internet, é fundamental nesse projeto. Sabemos como as mais belas inovações correm o risco de ser fragilizadas e de se extinguir em razão do isolamento dos autores. Agora é possível seguir passo a passo a evolução das iniciativas de uns e de outros, de refletir juntos e de ajudar-nos mutuamente.

"Participar dessa rede, trocar as observações que sustentam nossa reflexão, tudo isso tem radicalmente mudado nosso olhar sobre as crianças, os livros e a leitura", eis o que nos confiam alguns membros dessa rede. A infância está no coração de seus encontros.

---

[4] Essas experiências são raras. Na França, elas são levadas de uma maneira ou de outra por associações como ACCES, Ler em Paris e o coletivo "Livros que unem".

Experiências que se alastram

Essas iniciativas viajam velozmente. Elas semeiam ao redor de si grãos prontos para germinar. No México, por exemplo, em torno de Carola, uma pequena equipe propõe a cada semana um momento de leitura nas salas de espera dos serviços de pediatria de um grande hospital. Lá, como de hábito, o tempo se estende, as pessoas se aborrecem e se inquietam; como sempre, bastam algumas almofadas e cestos de livros para que tudo mude. As pessoas leem, contam histórias, se divertem, esquecem-se de suas preocupações. Os pais ficam satisfeitos. Essa primeira iniciativa rapidamente se alastrou para outros hospitais e outros países.

Em um hospital de Bogotá, essas atividades impressionam fortemente os profissionais de saúde. Enfermeiras e médicos destacam como a ansiedade das crianças e dos pais foi atenuada graças a esses momentos de prazer, confiança e intimidade. Eles desejam que essas iniciativas sejam propostas em outros hospitais da cidade, dando prioridade aos mais desassistidos.

Um grande laboratório farmacêutico, convencido da importância disso, decidiu financiar esses programas na Colômbia. Isso permitiu a compra de obras de qualidade e a remuneração de leitores e leitoras para que eles pudessem acompanhar crianças e pais nesses momentos de partilha íntima, tão preciosos durante essas temporadas nos hospitais. Patricia, integrante da rede *Leamos*, é responsável por esse projeto, agora em fase de implantação no Peru. Ela assegura que os colaboradores tenham a formação necessária. Tudo isso alimenta, com as observações que circulam através da rede, a reflexão de cada um; um boletim de ligação é amplamente distribuído. Assim nasce uma nova concepção da leitura das crianças no hospital, fundada sobre uma relação pessoal e íntima, entre a criança e a palavra do livro, e encorajada por um adulto sensível que dedica seu tempo a acompanhá-la.

Alguns membros da rede ocupam cargos de responsabilidade no mundo das bibliotecas públicas de seus países. Os encontros informais que são propostos nos pequenos espaços de leitura podem, é verdade, encontrar perfeitamente lugar em qualquer biblioteca, não importa o tamanho. É este, aliás, um dos objetivos do projeto *Leamos*: fazer com que toda biblioteca pública ofereça às crianças esses momentos de partilha íntima e informal. Assim, em Bogotá, numa dinâmica biblioteca chamada El Parque, dirigida por Graciela, pais e crianças pequenas passam longos momentos, em companhia dos livros, como em família. Estes ocupam aí verdadeiras responsabilidades. Cada um, à sua maneira, vive a biblioteca e suas propostas. Assisti a um domingo festivo em que as famílias vinham em grande número celebrar Harry Potter. Todos os stands dessa louca quermesse haviam sido imaginados, preparados e animados por jovens leitores, com a ajuda dos bibliotecários.

Assim como Graciela, Olga, diretora das bibliotecas públicas do Panamá, é membro da rede. Ao passo que outros membros trabalham sobre terrenos novos, Olga deve transformar a pesada realidade rotineira das bibliotecas para fazer delas locais de vida. Ela adotou essas práticas novas e a acolhida das crianças se faz sempre de maneira mais calorosa nas bibliotecas de seu país. "A leitura é uma festa", como anunciam certos eventos que ela organiza regularmente.

Essas realizações encontram, por vezes, como dito antes, apelo junto às autoridades. O Ministério da Educação do México, por exemplo, convidou membros da associação *Leamos de la Mano de Papa y Mama* para participar ativamente da escolha dos livros para todas as escolas primárias do país.

Um ímpeto é lançado. O trabalho em rede continua sob denominações diferentes, segundo o país, as regiões, as afinidades. Ele suscitou junto a seus autores um entusiasmo que não está perto de se apagar. Graciela foi responsável por essa biblioteca tão cheia de vida de Bogotá, evocada acima. A instituição precisou ser fechada, e ela então decidiu seguir com o trabalho de sensibilização no interior das florestas amazônicas, onde aconselha bibliotecas públicas que se desenvolvem de uma maneira excepcional. Lá, crianças encantadoras descobrem com emoção livros e obras notáveis, como aqueles que nós fizemos conhecer aos membros da rede, por ocasião de nossas primeiras missões. No Chile, em 2010, intentamos dar um novo alento às bibliotecas das escolas elementares inspirando-nos de certos aspectos desse trabalho em rede.

Na Armênia, em 2002, sobre esses mesmos princípios, um projeto semelhante – "A alegria de ler" – ganhou corpo em cinco cidades do país. Ele é empreendido essencialmente por estudantes entusiastas, a quem demos os meios de conhecer a fina flor da edição infantil. Aqui também eles anotam conscienciosamente suas observações. Trocas se estabelecem, na ocasião, com a rede latino-americana. Assim, em torno de livros amados pelas crianças, liames se tecem entre o Alto Karabak, região montanhosa próxima ao Azerbaijão, e Guanajuato, pequena cidade colonial do México. Esse projeto nasceu sob impulso do programa latino-americano; desde então, passamos a sonhar com uma rede que cobriria a terra inteira. Com a internet, não há dúvidas de que um dia isso se tornará possível.

Essas pequenas unidades de leitura podem encontrar lugar tanto na África e na Ásia como na Europa ou na América Latina. Elas suscitam observações preciosas. Têm a vantagem de comprometer personalidades bem diferentes com o serviço da criança. Isso supõe certa confiança na aptidão desses "amadores" a desenvolver pequenas estruturas e mesmo a gerar uma pequena biblioteca. Eles se apaixonam frequentemente pelos livros para crianças, e não pedem senão aprofundar seu conhecimento da literatura e da leitura.

Na França, o movimento ATD Quart Monde, com as bibliotecas de rua, aproxima-se de grupos sociais em grande dificuldade e que não são habitualmente beneficiados por instituições públicas. Quanto à instituição Ler e Fazer Ler, esse movimento cobre o conjunto do país.

Há mil maneiras positivas e insubstituíveis de utilizar essas energias para penetrar em meios diversos e ampliar o raio de influência dessa ação. Para isso, é preciso que a biblioteca pública se abra à diversidade das experiências de leitura, assim como elas podem ser vividas, aqui e lá, pelas crianças e pelos jovens. É necessário que aqueles que os acompanham tenham acesso à formação e à informação – que eles, por sua vez, poderão transmitir a outros –, aos livros de que eles têm necessidade, à possibilidade de expressar as suas reflexões. Essa tarefa supõe, de uma parte e de outra, certa aptidão a receber abertamente o que vem de alhures.

Bibliotecas familiares ou bibliotecas caseiras

Há pais que transformam suas casas em pequenas biliotecas.[5] Para entender a que ponto essa solução foi necessária nas grandes cidades

---

[5] Na França, devido a uma infeliz rigidez administrativa, eles nem sempre são compreendidos.

industriais dos Estados Unidos ou da Inglaterra, há mais de um século, é preciso ver as velhas fotos da biblioteca central de Chicago, por exemplo. As bibliotecas eram literalmente invadidas por multidões de crianças. Como recebê-las de maneira individualizada? Os contatos feitos com famílias permitiram ter o que se chama hoje bibliotecas caseiras ou bibliotecas familiares. Essas pessoas recebiam em casa algumas crianças da vizinhança e lhes ofereciam, num ambiente familiar, o que se oferece com frequência numa biblioteca: empréstimo de livros, histórias lidas ou contadas, leituras de livros ilustrados. Elas se beneficiavam para isso de um depósito de livros regularmente renovado, um mínimo de formação e, sem dúvida, uma remuneração pelo serviço prestado. Porque se tratava, de fato, de um serviço da biblioteca pública e que, dessa forma, deveria estar em harmonia com a política geral desta. Essa fórmula quase familiar permitia acolher crianças que não podiam, por diversas razões, frequentar a biblioteca. Assim, eram consideradas na organização da biblioteca e de sua rede as personalidades e as atitudes muito diversas das crianças: algumas preferindo guardar a autonomia e se perder num lugar mais ou menos anônimo, outras, ao contrário, só se sentindo à vontade numa biblioteca de dimensão familiar. Como essas pequenas unidades faziam parte da imensa rede de bibliotecas públicas, as crianças sabiam que poderiam ter acesso aos grandes acervos gerais ou simplesmente ao anexo do bairro.

O Japão também tem as bibliotecas familiares, mas lá os *bunko* foram criados por outras razões, já que, até recentemente, havia poucos serviços para crianças nas bibliotecas públicas. Foi Momoko Ishii, notável tradutora e diretora literária, quem, após ter percorrido os Estados Unidos e a Europa para estudar as bibliotecas e a edição para crianças, descobriu que, nessas regiões, por exemplo, os serviços para crianças eram um instrumento excepcional para promover os melhores livros e lhes dar uma chance de existir. Os *bunko* acolheram uma quantidade limitada deles, mas de grande qualidade. Esses ambientes diferenciados permitem ainda que adultos, autores e editores testemunhem o "que pode acontecer quando as crianças e os livros se encontram reunidos numa atmosfera de liberdade".

Por razões idênticas, nascem bibliotecas familiares no mundo, em países com características econômicas bem diferentes, como o Zimbábue por exemplo,⁶ sempre na esperança de ver nascer verdadeiros serviços de bibliotecas para crianças, com a preocupação de favorecer, em todos os níveis de vida, o prazer de uma leitura pessoal e rica em trocas, numa atmosfera de convívio quase familiar. Esse é também um meio de despertar e encorajar uma edição de qualidade.⁷ Bibliotecas familiares podem, de fato, ser formidáveis campos de experiência e mobilizar verdadeiros amadores e criadores de livros, assim como generosos voluntários preocupados em promover uma imagem ao mesmo tempo original e essencial da leitura.

Como funcionam essas pequenas bibliotecas? Elas não se parecem com um anexo da biblioteca pública. A acolhida que as crianças ali encontram, seja na Ásia ou na África, é bem diferente. Em Harare, no Zimbábue, no dia da biblioteca caseira, as próprias crianças instalam na grande sala da casa os livros que, durante a semana, estiveram guardados em caixas de papelão. A bibliotecária conta histórias, escuta a leitura das crianças, propõe livros e os empresta. Ela organiza concursos de histórias que estimulam as crianças a inventar ou a recolher em torno delas histórias que servirão talvez como material para a criação de livros. As crianças que trazem histórias colhidas da boca dos pais ganham uma moeda. Como todas as coisas simples, essas pequenas bibliotecas podem adaptar-se a todos os contextos, infiltrar-se em todos os lugares, nas cidades como no campo, restituindo o sentido do convívio familiar ameaçado de desaparecimento com o êxodo rural, um processo demográfico comum à maior parte dos países pobres.

Os pais recentemente alfabetizados descobrem a felicidade de ler com os filhos livros que também lhes interessam, e encontram prazer nessa maneira de se comunicar. Essa iniciativa tem um valor inestimável num país de tradição oral onde a leitura foi durante muito tempo considerada uma atividade que isola ou que só serve aos estudos. Ela

---

⁶ Cf. as Atas do Congresso de Leipzig, editadas por G. Patte e Sigrun Hannesdottir. *Library work for children and Young adults in the developing countries*. IFLA 28. Paris: Kg Saur, 1984.

⁷ No Zimbábue, coloca-se expressamente a questão do reconhecimento das línguas locais na edição para crianças. As *home libraries* tentam dar uma resposta. Com recursos mínimos, em geral excessivamente modestos, seus programas e projetos de edição privilegiam as línguas locais e não exclusivamente o inglês.

é ainda mais preciosa nessas sociedades em que se costuma ter uma excessiva confiança em especialistas e instituições. Lá, segundo uma expressão consagrada, "a leitura se torna um negócio de todos". E a ligação com a rede de bibliotecas públicas tem grande importância.

No Japão, os *bunko* interessam vivamente às mães de família e aos adultos conscientes da forte pressão que se exerce sobre as crianças num clima de competição. Eles apreciam em especial a atmosfera livre e relaxada dos *bunko*. Em sua origem, foram, sobretudo, críticos e tradutores, com conhecimento dos "grandes livros", que se ocuparam desse espaço, desejosos de que as crianças da vizinhança os descobrissem. Agora, também as mães de família descobrem ali um modo de educar muito aberto que lhes dá também uma espécie de status, evocando assim a experiência de mulheres pioneiras que tiveram um papel importante no fim do século XIX na Inglaterra e nos Estados Unidos.

Num belo artigo, Kyoko Matsuoka relata a vida do seu *bunko*.[8] Nada o distingue da biblioteca de outras casas da vizinhança, apenas uma placa discreta que anuncia os horários de sábado à tarde. Cada *bunko* tem um nome, o dela se chama *La pomme de pin* [O fruto do pinheiro]. O escritório de seu apartamento se transforma nesse dia em *bunko* para acolher as crianças das ruas vizinhas. Quase duzentas frequentam-no com regularidade. Mais de mil livros, classificados de maneira muito simples, são oferecidos. Eles refletem o gosto da bibliotecária: praticamente não há livros informativos na casa dela, salvo por uma enciclopédia. As crianças se sentem em casa e é disso que elas gostam. Instalam-se com conforto no chão e depois vão para casa com alguns livros embaixo do braço. O evento de cada sábado é a Hora do Conto, porque a dona da casa é uma contadora bem conhecida.

Os *bunko* variam muito de importância e qualidade. Hoje, no Japão, as bibliotecas públicas estão largamente abertas às crianças. Mas essas pequenas bibliotecas domiciliares continuam a existir: crianças e adultos gostam sem dúvida do toque pessoal e familiar que elas dão à leitura e às histórias.

---

[8] MATSUOKA, Kyoko. "The home libraries in Japan." Tóquio: *Top of the News*, 1970.

Criar laços

Criar laços, eis o que importa. Penso numa experiência emblemática que pude conhecer na Venezuela, em um desses bairros dilapidados que abundam nas periferias das metrópoles latino-americanas. Um assistente social contou-me como sua biblioteca nasceu: começou com o que tinha à mão – dois livros para duas crianças –; depois, pouco a pouco, outras crianças foram chegando, e ele adquiriu outros livros. Agora, é uma verdadeira biblioteca, e, graças a ele, outros serviços de leitura, com o mesmo espírito, foram criados.

Esse militante social era consciente de que a leitura e a biblioteca eram indispensáveis para restituir a esperança e o orgulho a essas populações esquecidas, para restaurar os laços nesses bairros arrasados. Foi por isso que ele decidiu criar, com os meios de que podia dispor inicialmente, uma minibiblioteca.

O que ele trazia era novo. Numa época em que, praticamente em todo o mundo, os pais mal tinham direitos básicos de cidadania, ele, na sua biblioteca para crianças, tinha a preocupação de associar as famílias às suas ações. Assim, em vez de ficarem na porta, os pais eram convidados, segundo seus saberes e habilidades, a participar, de uma maneira ou de outra, da vida e da riqueza da biblioteca. A preocupação desse bibliotecário militante da leitura era a de construir laços, de dar a palavra a essa maioria silenciosa de excluídos e pobres, de aliviar o peso dos determinismos. A biblioteca representava um lugar diferente e respeitado. Num bairro de grande violência, a biblioteca era, assim como seu bibliotecário, poupada, protegida pela população, porque era portadora de esperança.

A ação desse militante foi reconhecida. A Biblioteca Nacional da Venezuela recrutou-o. A diretora da instituição havia admirado a eficácia e o nível de reflexão da pequena biblioteca e decidiu oferecer ao criador todo apoio, integrando-o à rede nacional de bibliotecas públicas, sem interferir em sua maneira de agir. Foi-lhe pedido em troca que ajudasse na criação de bibliotecas populares semelhantes em outros bairros particularmente desassistidos. A Biblioteca Nacional da Venezuela teve, pois, consciência de que as grandes instituições precisam ter como que antenas de inseto, dotadas de uma sutil sensibilidade para conhecer o outro, os grupos diferentes, os ambientes inexplorados.

É assim que se podem coletar informações de verdadeira utilidade passíveis de ser colocadas a serviço de todos.

A ideia da rede é essencial. É importante que possamos estabelecer permanentemente relações de troca e de confronto de ideias e experiências uns com os outros, para conhecer os êxitos e achados, como também os limites e fracassos. Qualquer que seja o grau de desenvolvimento das bibliotecas, a ação desses pioneiros de nosso tempo se revela sempre necessária para atrair todos os públicos sem exceção.

7. As crianças tornam-se grandes leitoras apenas pelo prazer!

Que lugar pode ocupar a leitura na vida da criança, e mais em geral, na vida do homem? Antes de refletir sobre a escolha de livros, a vida da biblioteca e o nosso papel de adultos, essa é a questão primordial que é preciso colocar. Paradoxalmente, uma resposta clara e forte nos é dada pelas menores crianças entre as crianças. Como não sabem ainda ler, no sentido habitual da palavra, elas nos obrigam a nos aproximar delas. Levamos tempo para lhes mostrar livros e para lê-los para elas, apenas as escutamos e observamos. Elas nos ensinam – a nós, pais, professores ou bibliotecários – apenas com suas atitudes. Elas nos fazem perceber como a leitura, assim descoberta, enriquece suas vidas íntimas, suas vidas com os outros e seu conhecimento do mundo. Barqueiros e testemunhas, eis o que somos nós.

Desde o começo dos anos 1980, as crianças pequenas se fizeram reconhecidas no meio do nosso universo cultural. Até então estavam condenadas a ficar na porta da biblioteca porque, pensava-se, não sabiam ler. Elas nos ajudam hoje a mudar nosso olhar sobre a realidade de suas leituras e até mesmo, de certo modo, sobre a leitura em geral. Ajudam-nos a pensar as condições sob as quais a leitura pode aprofundar-se e se alargar por toda a vida.

Para que lhes mostrar livros e lhes contar histórias assim tão cedo? Existe na realidade uma urgência? Longe de querer "forçar" a qualquer preço um desenvolvimento precoce, trata-se, ao contrário, de passar um tempo ao lado da criança pequena e fazê-la provar, bem à vontade e antes do estresse das primeiras aprendizagens, o prazer maravilhosamente gratuito dos primeiros encontros com o livro. Longe de nós a preocupação paralisante e entediante dos métodos de "fazer a criança ler"![1] Longe de nós as abordagens apenas escolares, utilitárias e rentá-

---

[1] Teremos também essa preocupação voluntarista em relação à televisão e ao resto da mídia?

veis! Longe de nós os cuidados do controle, da busca da eficiência programada e fortemente balizada! Eles são expressões de nossas ansiedades de pais e professores, reforçadas hoje pelas crescentes dificuldades sociais.

Com as crianças pequenas, assiste-se ao nascimento de algo vital, sensível e feliz que é a essência mesma de uma vida cultural na sua mais pura ingenuidade, riqueza e complexidade. É digno de apreço o júbilo que nelas suscita a leitura de um livro ilustrado, a escuta de uma história. Ficamos comovidas, maravilhadas e cheias de respeito pelo que já existe nelas: a força de desejos que se exprimem com vigor e sem volteios, o potencial livre para se desdobrar ao longo de toda a vida, uma vida em que a cultura do livro terá um justo lugar. Nossa emoção diante desses pequeninos leitores é como o que sentimos quando contemplamos, num bebê, tudo que ele já é e o mistério da promessa que está nele. Sua confiança e sua fragilidade nos chamam à responsabilidade e nos mostram um lugar único, ao seu lado.

Para saborear a "leitura", o pequenino precisa de fato de nossa presença, nossa voz, nossos gestos e nossa afeição. Como quando arrisca os primeiros passos, ele gosta de nos ter ao seu lado, na espreita de seus mínimos progressos que, felizes, contemplamos.

O que a criança nos permite ver, graças ao livro feito de palavras, imagens e ritmos, é a sua descoberta do mundo e a emoção que essa experiência suscita nela. Reunidos num simples objeto, ao alcance da mão, todo um mundo, página por página, se abre e se desdobra diante dela. Espontaneamente interessada, ela leva então algum tempo para explorar a novidade. Saúda cada detalhe, identifica-o e nomeia. Aponta com o dedo um elemento da imagem como que para nos manifestar o interesse que ele desperta ou para mostrar com orgulho que reconhece na página o que diz o texto. Com carinho, ela faz festinha no livro e, às vezes, o beija. Revira-o sem se cansar. As curiosidades e os gostos não têm limite. Gostos, aliás, bem afirmados. Ela já tem os livros preferidos. Sabe também fechar com autoridade aquele de que não gosta. É a sua escolha. Tão pequena, e como já se mostra tão inteligente e sensível! Que personalidade já!

Essas leituras representam, para a criança pequena, verdadeiras experiências. Simplesmente porque o livro está ali, ao alcance da mão, essas experiências podem ser vividas de novo, sem limite. Que maravilha saber que o livro está ali, imutável! E, no entanto, a cada vez, ao fio de leituras e releituras, ele parece um pouco diferente.

A criança cresce, suas leituras tomam outras formas e nossas relações também. Mas por muito tempo ela ainda vai apreciar nossa presença, atenta e interessada, ao seu lado. Ela pode dominar perfeitamente a leitura, mas sabe o quanto é bom viver essas experiências em companhia. Nós também ficamos felizes com essa oportunidade de encontro com ela, oferecida pelos melhores livros: pelo tempo que dedicamos a um livro ilustrado, a uma história, deixamos nossas ocupações e preocupações do momento para encontrá-la na sua dimensão de criança. Só pelo prazer e nada mais.

Pelo prazer e nada mais

E, porque nos emocionamos juntos, esses são, de verdade, momentos de uma qualidade rara. Existe, do riso às lágrimas, passando pelas emoções mais sutis, um modo único de se conhecer e se apreciar mutuamente. Sem afetação nem condescendência de nossa parte, nossas experiências se juntam e se enriquecem. A dela é a do recém-chegado ao mundo que nos conta à sua maneira, com ingenuidade e intensidade, o quanto saboreia as pequenas coisas. Do mundo que descobre, ela quer provar todos os detalhes, por ínfimos que sejam aos nossos olhos. Nossa experiência de adultos, sentinelas e barqueiros, encontra, ao lado dos pequeninos, o frescor e a força dos sentimentos da infância nas perguntas essenciais que eles se fazem, seus espantos e deslumbramentos. Existe ali um encontro ao mesmo tempo íntimo e pudico: vivem na história do outro, e este é como um irmão para esses leitores miúdos, mesmo que se lhes apresente escondido sob a aparência de um urso, um gorila, uma rã ou uma simples mancha colorida.

É evidente que a criança pequena não lê como nós, mas certamente lê. É preciso ver como se manifesta em seu rosto a extrema concentração para decifrar as imagens. Ela se debruça sobre a página para ver de perto o detalhe que a interessa ou a intriga. Em vez dos caracteres tipográficos, identifica assim os indícios que dão sentido à história. O adulto parece mais sensível à arquitetura do relato. Para um, como para o outro, uma leitura assim compartilhada só pode ser mais rica.

Em *Mouse Tales*[2] [Contos de ratos], Lobel nos oferece uma bela metáfora com a caminhada de Grand Pierre e Petit Jean. Compartilhando a leitura de um livro, não somos nós, ela e eu, a criança e o adulto, como esses dois ratinhos que reservam um tempo para caminhar juntos? Andando, cada um vai contando ao outro suas descobertas, grandes e altas para Grand Pierre, minúsculas e rasteiras para Petit Jean. "Grand Pierre dizia: 'Olá, passarinhos!' Petit Jean dizia: 'Olá, joaninhas!' Se passavam por um jardim, Grand Pierre dizia: 'Olha essas grandes flores!' E Petit Jean exclamava: 'Oh! que lindas as pequenas raízes!'
"(Depois da pancada de chuva), Grand Pierre percebeu um arco-íris. Ele levantou Petit Jean junto da janela para que ele pudesse ver. Então, pela primeira vez, os dois olharam juntos a mesma coisa." Gosto da ideia desse percurso compartilhado, esses dois companheiros de caminhada, sensíveis, cada um àquilo que o cerca, atentos à palavra e ao olhar do outro e, pela janela aberta sobre um largo horizonte, maravilhados, contemplando juntos o mundo.

Bela imagem de leitura compartilhada! Ela dá lugar às trocas vividas entre a criança que escuta e o adulto a seu lado que a acompanha, presta atenção e a ajuda assim a crescer para conhecer o mundo. Maravilhoso encontro desses dois olhares trocados em torno de uma realidade cuja riqueza emudece. Não é isso a expressão de uma vida cultural autêntica? Momentos assim são comuns em certas famílias.

O livro é de qualidade? Então, grandes e pequenos, crianças e adultos, mergulham nele com prazer. Com uma arte verdadeira que nos sensibiliza, sem pieguice e nostalgia, mas com finura, certos autores sabem pôr em cena e em páginas o que são emoções de crianças. Assim eles nos ajudam a entendê-las e a nos lembrarmos dela. Esses artistas, de fato, souberam cultivar a memória dos anos de infância, que estão sempre vivos neles. Sabem que não ser compreendida pelos seus próximos é o grande sofrimento da criança. Eis por que é tão bom viverem juntos tais experiências onde cada um pode se reconhecer, na escrita e na leitura.

A biblioteca, consciente da qualidade desses momentos, consciente também de que muitas crianças não têm essa chance, se organiza para que todos tenham acesso, de uma maneira ou de outra, a experiências

---

[2] LOBEL, Arnold. *Mouse Tales*. Nova York: Harper and Row, 1972.

autenticamente literárias que deem um verdadeiro sabor ao cotidiano e abram espaço ao imaginário e à brincadeira, fontes de crescimento. Não faz muito tempo, e com passo firme, as crianças pequenas foram entrando nas bibliotecas. Chegaram ali com a força da vitalidade, o apetite de conhecer, de nomear e o desejo de se emocionar. Nessa entrada na cultura e na literatura, elas não chegaram sozinhas, levaram junto seus familiares, começando pelos pais. Elas os obrigam a acompanhá-las, a lhes dar seu tempo para partilhar esses encontros. Em troca, elas lhes oferecem uma felicidade insuspeitada.

Cenas da vida cotidiana no reino dos livros de imagens

Todos os dias, depois das aulas, as crianças mais habituadas, com frequência as mais novas, ficam impacientes para ir à biblioteca. Num instante nos encontramos no meio delas, como na família, com simplicidade e espontaneidade. "Você me conta uma história?" é a pergunta quase ritual dirigida aos adultos presentes, sejam eles bibliotecários, estagiários, irmãs ou irmãos mais velhos, ou então pais que acompanham os filhos menores. As crianças escolhem, de acordo com os critérios que lhes são próprios – o formato, uma cor de capa, uma imagem que lhes interessa –, o livro que desejam conhecer. Elas gostam de encontrar livros ilustrados com cores bem animadas, que não se cansam de pedir para serem lidos e relidos. Às vezes, começa-se a ler com uma criança e outras se aproximam, com interesse. Elas decidem sobre a história que querem escutar. Magnífica liberdade do leitor: a leitura não lhe é imposta. Ele a escolhe livremente. É então que a criança se põe bem perto da pessoa que lê. Precisa poder sentar no colo dela ou se encostar ao lado. É para melhor ver as imagens, virar as páginas, fazer um comentário, assinalar um elemento que surpreenda, divirta ou tenha a ver com qualquer coisa da sua vida.

Essa intimidade confiante e tranquilizadora faz parte do prazer. Nada de crianças sentadas em filas. Ali não é a escola. É como em família. Convém instalar-se confortavelmente para se deixar invadir pelo relato, acariciar-se pela voz sensível do adulto que conta. "Eu gosto da voz de gente grande", me confia uma menininha, depois de escutar a história que era até um pouco difícil para ela. Nós somos para as crianças como que intérpretes de uma língua nova, a língua escrita, a língua do relato. Ou então como músicos que interpretam uma partitura musical com sensibilidade.

Muitas crianças escutam as histórias com outro livro ilustrado debaixo do braço. Esperam o momento de propor a sua escolha. Temem, de fato, que esse momento passe depressa demais. Outras, muito seduzidas por um livro ilustrado, se isolam para relê-lo, e até chegam a dizer: "Sozinho!" As meninas gostam de brincar de bibliotecárias: cercadas dos bem pequenos que bebem suas palavras, elas escolhem os livros ilustrados de que gostam mais. Nem sempre podem decifrar o texto, mas elas o "leem" com autoridade, dando o tom que convém.

Os adultos propõem. As crianças escolhem. Há os livros, pouco importa a idade, antigos ou novos, os clássicos de certo modo que gostamos de tornar conhecidos, pela experiência rara, experimentada e deleitável que podem suscitar. Os bibliotecários os conhecem e sabem o quanto livros de autores e ilustradores como Arnold Lobel, Maurice Sendak, Gerda Muller, Bruno Munari, Max Velthuijs, Claude Ponti, Tomi Ungerer, Anthony Browne e tantos outros podem ser importantes na vida de uma criança.

Os mais assíduos a esses momentos de leitura são em geral os mais novos, mas não unicamente. Em todas as idades, gostamos das histórias e dos livros ilustrados. Muitas vezes, os maiores ficam de longe, com jeito de quem não quer nada, mas não perdem nem um pedacinho. Ou então, como irmãos mais velhos, leem para os menores. Um jeito de se dar o prazer desses livros ilustrados sem sentir vergonha. Quanto aos pais que se juntam a nós, muitos são sensíveis a esses livros ilustrados e ficam contentes ao ver os filhos encontrarem neles tanto prazer.

Pais e filhos podem levar livros emprestados para saboreá-los em família. Alguns livros ficam até melhores assim. A leitura da noite é em si mesma um ritual a se respeitar. *Boa-noite, lua*,[3] essa despedida do dia que se acaba nos diz o quanto é bom, antes de dormir, enumerar tudo o que aconteceu de interessante durante o dia e se despedir, quando a noite chegar, das coisas e das pessoas. Sabemos o quanto dar nome

---

[3] BROWN, Margaret Wise. *Boa-noite, lua*. São Paulo: Martins Fontes, 1997.

àquilo que vive, e partilhá-lo, serve para acalmar a angústia. Com Bufolet,[4] de manhã, gostamos de fazer a lista de coisas boas que nos esperam. Ou, como Oncle Éléphant[5] [Tio elefante], saudar com um bom golpe de tromba o dia que começa. Com a nossa divertida cumplicidade, boa maneira de começarmos o dia juntos!

As descobertas que fazemos juntos, ao sabor de nossas leituras compartilhadas, irrigam a vida cotidiana e a tornam mais interessante e digna de ser contada. A criança aprende o prazer de contar, observar e escutar. Assistindo às emoções, compartilhando suas leituras e releituras que parecem tanto lhe dizer algo, nós também aprendemos como nos comunicar com as crianças. "Pequeno Urso diz: 'Me conta uma história da Mamãe Ursa quando ela era pequena. A história de Mamãe Ursa e do pintarroxo. Eu gosto dessa história.' 'Muito bem', diz Vovó Ursa, e logo começa: 'Num dia de primavera quando Mamãe Ursa era pequena...'" Temos na verdade muita coisa para contar às nossas crianças. Pequenos acontecimentos merecem essa distinção e contá-los dá sabor à vida. É agradável ter tempo para conversar.

A leitura é relação

Ao mesmo tempo, as crianças pequenas descobrem que leitura é relação, relação nos dois sentidos da palavra, como relato e como ligação com o outro. O encontro com os personagens do livro e com aquele que transmite, a felicidade de se emocionar com as outras crianças que escutam e vivem a mesma história, cada uma dentro da sua experiência pessoal. Nós também, adultos barqueiros, despertadores, vivemos a beleza de uma relação feita de verdade com as crianças. Ao lado desses seres ao mesmo tempo frágeis e misteriosos, admiramos sua maneira de sentir, compreender e descobrir o mundo. O olhar do pequenino enriquece nosso olhar, acorda nossa infância esquecida e, no encontro, nos põe à sua altura, no mesmo diapasão que ele.

---

[4] Nos anos 1970, Arnold Lobel publicou uma série de livros com o título *Frog and Toad* pela editora HarperCollins: *Frog and Toad are Friends* (1970), *Frog and Toad Together* (1972), *Frog and Toad All Year* (1976), *Days with Frog and Toad* (1979).

[5] LOBEL, Arnold. *Oncle Éléphant*. Paris: L'École des Loisirs, 2004.

É maravilhoso para nós acompanhar a criança na sua descoberta fresca e ingênua daquilo que a cerca, nos seus espantos, risos e choros, na consciência avivada de tudo que nos é dado e que, na nossa vida tão abarrotada, não percebemos mais. É maravilhoso para a criança se sentir compreendida, ouvida por uma pessoa grande que lhe é familiar e que, pelo tempo de uma história, decide viver com ela alguma coisa do seu mundo de criança.

Ao sabor das leituras, encontram-se personagens bem vivos que quase fazem parte da família. De tanto ler e reler essas histórias tão queridas, acabamos por conhecê-los verdadeiramente bem. E os convidamos para fazer parte da família, como aquele crocodilo imaginado por André François em *Les larmes du crocodile*[6] [Lágrimas de crocodilo]. Ele fica contente de ser convidado pela família, de se sentar à mesa com ela para compartilhar uma refeição e contar as viagens exóticas. Mumin,[7] Winnie Puff,[8] o macaco Marcel[9] e o rei Babar são hóspedes particularmente queridos. Com eles, descobrimos e praticamos o humor, essa qualidade indispensável para toda a vida, e relativizamos os dramas e situamos as experiências. É assim que se constroi uma cultura em comum, em família, e também na escola e na biblioteca.

Há também livros graves sobre questões tão essenciais quanto a morte. Desde pequenas, as crianças perguntam. Certos livros sabem dar uma forma às suas perguntas e nos ajudam a respondê-las. Não com algumas palavras gerais e abstratas, mas na beleza serena de um relato que acompanhamos juntos, com emoção e passo a passo, ao longo das páginas. *Au revoir Blaireau*[10] [Adeus, Blaireau] é, nesse sentido, uma obra-prima sobre a morte, a separação, a lembrança e a generosidade. Um livro que devemos, sem dúvida, ao talento de uma grande artista. Porque ela se recorda da sua infância, sabe que é bom e justo comparti-

---

[6] FRANÇOIS, André. *Les larmes du crocodile*. Paris: Delpire, 1956.

[7] JANSSON, Tove. As histórias de *Mumin* (*Mumin e os invasores*, *Mumin e a vida em família*, *Mumin na Riviera* e a *Ilha deserta de Mumin*) foram lançadas no Brasil pela Editora Conrad (São Paulo, 2010).

[8] MILNE, A. A. *Winnie Puff*. São Paulo: Martins Fontes, 1994.

[9] BROWNE, Anthony. *Willie the champ and others*. Londres: Methuen's Children, 1987. Na França, o personagem recebeu o nome de Marcel.

[10] VARLEY, Susan. *Au revoir Blaireau*. Paris: Gallimard Jeunesse, 2001.

lhar com a criança uma questão tão grave. É um livro que aproxima grandes e pequenos, adultos e crianças.

Graças a esses livros de qualidade, crianças e adultos têm, na verdade, coisas a dizer uns aos outros. No momento em que tantas crianças e jovens se isolam longas horas para ficar face a face com as telas de computador e em que tantos pais têm um emprego de tempo pesado, fora de casa, essas ocasiões de encontro, às vezes breves mas cheias de sentido, se revestem de um sabor particular. A confiança que assim se instaura pode ir mais além, sob outras formas, evidentemente, segundo as idades e as personalidades. Nos períodos mais difíceis, no momento da adolescência, das oposições e rejeições, alguma coisa fica: aprendeu-se a falar com confiança. Isso não se esquece.

Fazer olhar e fazer pensar

Na biblioteca, esse lugar de total liberdade, existe muito o que olhar, observar e escutar. É o lugar onde a criança pode experimentar tudo. É onde o aprendiz de leitor toma pouco a pouco consciência de suas predileções, daquilo que ele gosta, ou não.

As crianças muito pequenas nos ensinam muitas coisas sobre os seus modos de ler, suas preferências, como e por que uma história lhes interessa, como elas põem em movimento a sua inteligência, a sua sensibilidade e o seu psiquismo. Elas nos oferecem raras possibilidades de observar com precisão o que se passa nelas, ainda que guardem sempre em si mesmas uma parte de mistério. Os comentários espontâneos das crianças são curtos, mas esclarecedores. Interessa-nos saber se elas "gostaram um pouco, muito, apaixonadamente, loucamente ou nada" de uma história. Nessa idade, não se busca agradar. As respostas são sinceras. Com as crianças mais velhas, nem sempre é assim. Diante de perguntas diretas demais sobre seus gostos, suas respostas às vezes são fórmulas polidas. Algo como "está bem escrito" significa em geral: "não me interessou, me deixou aborrecida".

Na biblioteca, nesse espaço largamente aberto a todos, nos é dado ver como certos livros passam de mão em mão e como outros ficam desesperadamente presos nas estantes. Mas se pode aprender muito sobre essa diferença se damos um tempo às crianças e nos aproximamos delas com discrição.

Ter um olhar atento sobre a criança pequena "leitora", sobre o que é o encontro com os livros e sobre as reações e os movimentos que uma narrativa pode suscitar nela, autoriza-nos a atender a pesquisadores vindo de diversas disciplinas, como psicanálise, pediatria, linguística, antropologia etc., que se dispõem a trabalhar em estreita relação conosco, bibliotecários, porque estamos em contato direto e cotidiano com as crianças. Esses pesquisadores propõem-se a ouvir tudo aquilo que podemos ensinar-lhes sobre nosso trabalho, vivido na simplicidade do dia a dia. Seu interesse incita-nos, assim, a nos aproximar cada vez mais das crianças e a observá-las com simpatia e curiosidade. Eles tornam nosso ofício muitíssimo interessante e eficiente na medida em que ficamos mais próximos da realidade das crianças, de cada criança. Esses especialistas, em lugar de se fecharem nas suas torres de marfim, abrem largamente o seu campo de reflexão a todos, quaisquer que sejam os níveis de estudo. Lembram-nos que é a observação vivida com sensibilidade que realmente conta e está disponível a todos, pais, professores, assistentes maternais ou profissionais da leitura. Ajudam-nos a refletir sobre o que a leitura pode significar para a vida íntima e a vida relacional de cada um, em todas as idades, a ver o lugar do adulto num processo em que a leitura tenha de fato sentido, em qualquer condição de vida, cultura e meio social, a considerar a posição da biblioteca num tecido de relações e encontros e o grau de engajamento que o bibliotecário deve assumir em relação aos pais.

Mas o que faz então com que as crianças leiam? É a pergunta apaixonante que nos fazemos sempre, quando somos testemunhas das escolhas e das preferências entusiasmadas dos jovens leitores. Na era da internet e do digital, em que as ofertas são imensas, por que eles dão preferência ao livro? Por que, quaisquer que sejam as suas culturas, eles se voltam incansavelmente para Anthony Browne, Claude Ponti, Remy Charlip ou Mario Ramos, como pude observar em diferentes regiões do mundo? Por que, até lá no fundo do Cáucaso, seus livros ilustrados suscitam verdadeiras paixões? Por que, nas montanhas próximas ao Azerbaijão, as crianças mergulham com deleite em *Une ferme: croquis sur le vif d'une ferme d'autrefois*[11] [Uma fazenda: esboços de uma

---

[11] DUMAS, Philippe. *Une ferme: croquis sur le vif d'une ferme d'autrefois*. Paris: L'École des Loisirs/Archimède, 1997.

fazenda de outrora]? Trata-se, afinal, apenas da descrição de uma fazenda inglesa em que se trabalha à moda antiga. Por que, numa cidadezinha do México, uma biblioteca se deu o nome de *Chien Bleu*[12] [Cachorro azul], título de um livro ilustrado adotado com carinho por nossas crianças? Por que, em Karabakh, outra biblioteca escolheu espontaneamente se chamar assim? Por que certa criança volta sem cessar à leitura de *Roule Galette*[13] [A tortinha rolante]? O que interessa tanto às crianças de Norte a Sul, de Leste a Oeste, nesse antigo livro ilustrado com imagens em sépia, tão ultrapassadas, e que sob o título *Laissez passer les canards*[14] [Deixe passar os patos] conta uma história muito bostoniana de uma família de patos deambulando nos engarrafamentos de uma cidade da Nova Inglaterra? Por que rejeitam com autoridade um livro ilustrado que, entretanto, recolheu todos os votos de especialistas esclarecidos? Por que esses mesmos especialistas descartam certos livros, julgados sem originalidade, ao passo que, para os jovens leitores, as histórias parecem oferecer uma experiência nova e agradável? Tudo isso dá o que pensar. Para começar, vemos que as crianças são abertas a uma verdadeira diversidade, e muito espontaneamente, e que elas apreciam na justa medida a qualidade das narrativas. Nós, que temos o prazer de ler com elas, somos testemunhas.

Quando ainda é pequena, a criança nos deixa ver o que lhe interessa. É todo o seu ser, de fato, que vive cada leitura. Durante a leitura de *Pousse poussette*[15] [Empurra-empurra o carrinho de bebê], vejo uma criança se pôr na pele do garotinho do livro ilustrado. Tomada pela história, ela espontaneamente, como ele, se agacha. Mary Hall Ets,[16] autora de livros ilustrados clássicos, tinha sem dúvida a intuição desse modo

---

[12] NADJA. *Chien Bleu*. Paris: L'École des Loisirs, 1989.

[13] CAPUTO, Natha; BELVÉS, Paul. *Roule Galette*. Paris: Père Castor, 1950.

[14] MC CLOSKEY, Robert. *Laissez passer les canards*. Paris: Circonflexe, 2003.

[15] GAY, Michel. *Pousse poussette*. Paris: L'École des Loisirs, 1983.

[16] Mary Hall Ets, artista americana, infelizmente desconhecida, é digna de figurar "ao lado de Benjamin Rabier, Béatrix Potter, Jean de Brunhoff, Ludwig Bemelmans, Tomi Ungerer, Maurice Sendak, esses 'grandes' da curta história do livro ilustrado". Afirmação de Arthur Hubschmid, diretor de L'École des Loisirs, no Colóquio Internacional de Literatura Juvenil, Bruxelas, 1995. *Just me* foi publicado em 2002 pela Pap/Cas Edition. *In the Forest* foi publicado em 1976 pela Puffin, Londres.

particular de leitura que engaja o corpo inteiro: suas histórias, como *Just me* [Apenas eu], suscitam quase que infalivelmente na criança a vontade de imitar os animais representados. Com *In the forest* [Na floresta], da mesma autora, é a contemplação fascinada de um cortejo de animais pela floresta na batida de tambor de uma criança conquistadora que naturalmente desperta na pequena leitora o mesmo desejo de seguir a fanfarra e assim participar, corpo e alma, dessa história barulhenta e cheia de movimento.

Tocar o livro, fazer festinha e beijá-lo é coisa comum nas crianças pequenas. Às vezes, como em *La petite chenille qui faisait des trous*[17] [A lagartinha que fazia buracos] de Eric Carle, ela é explicitamente convidada pelo artista a estabelecer essas relações com o livro: nessa história, a criança é convidada a contar os buracos que a lagarta faz na folha e a colocar com consciência o dedo em cada um deles.

❖

Hoje, telas e videogames invadem o mundo da criança. Cada um, em casa, se isola atrás da tela, a do computador, a do console de jogo, a da televisão... Por que então, apesar dessas solicitações numerosas, o livro mantém sua importância? Nunca a edição para crianças, na verdade, foi tão florescente. Por que em nossas vidas desordenadas, onde tudo incita a ir depressa, depressa, depressa, nós damos um tempo para ler? O que é afinal esse objeto extraordinário que, na era das grandes mutações de nossas sociedades, continua a exercer uma forte atração sobre os espíritos jovens?

O livro é objeto. A leitura é experiência. O livro ilustrado se entrega ao leitor com palavras e desenhos. Na confusão e na violência de sentimentos que o habitam, o ritmo do livro, ao longo das páginas, lhe traz ordem, paz e serenidade. Assim, a obra se oferece ao partilhamento e à transmissão. A leitura é o encontro com o outro. Ela é mais bem vivida pela criança com um adulto próximo, que se interesse por sua vida de criança e pelo seu despertar para o mundo. A leitura é tempo, tempo do relato e do encontro com o adulto próximo, ao mesmo tempo barqueiro e testemunha. Pela graça de uma obra de qualidade, o livro ilustrado interessa, num mesmo movimento, ao adulto e à criança. O adulto se

---

[17] CARLE, Eric. *La petite chenille qui faisait des trous*. Paris: F. Natham, 1972.

admira e admira seu filho, sua profundidade e sua sutileza. A criança se sente existir porque compreende e porque se sente compreendida. O livro é permanência. O objeto está ali, sempre à disposição. O leitor pode reviver à vontade, e como desejar, relatos, experiências e emoções. A criança, como se sabe, gosta de ler e reler. Para ela, a leitura está nos domínios do ser, e não do ter. Longe do tumulto cotidiano, no meio da noite, esse simples objeto oferece uma ocasião excepcional para um encontro face a face com um adulto querido que lhe dá todo o seu tempo para esses momentos de interioridade. A criança sente-se, assim, plenamente reconhecida. Ela e o adulto sentem-se felizes por estarem juntos.

Terminada a história, o livro é fechado. Fica qualquer coisa na vida compartilhada em família, na escola e nas bibliotecas. É assim que se constrói uma cultura em comum.

8. No mundo dos livros ilustrados, a entrada na literatura

Como elas leem? A percepção das crianças pequenas

Quando tudo é tão rápido, tão grande e confuso, o livro acolhe um mundo organizado em que se tem o tempo de tudo explorar do seu próprio jeito, no seu ritmo e em companhia. Damos um tempo para a criança e para nós mesmos, porque é bom estarmos juntos, conhecermo-nos e nos reconhecermos mutuamente.

Para os bem pequenos, tudo começa com o livro de imagens que oferece uma sucessão ordenada de figuras de objetos familiares.[1] Identificá-los e nomeá-los é, para eles, um prazer. Existe um ardor em conhecer e possuir. Dar nome é uma forma de tomar posse do mundo e seus diferentes elementos, integrando-os na sua vida. Certas coleções de imagens são verdadeiras obras artísticas, de uma magnífica fantasia. Elas encantam as crianças de todas as idades. Um livro como *Tout un monde* [Todo um mundo], de Katy Couprie e Antonin Louchard,[2] ao oferecer aos bebês uma grande diversidade de expressões gráficas, leva em conta a fina percepção da imagem e a abertura espontânea a múltiplas linguagens. Nesse mundo abundante, todos os grafismos estão representados. O adulto aí está para acompanhar essas primeiras descobertas. Vemos crianças bem pequenas se isolarem para folhear à vontade essa obra engraçada, poética, inventiva. Elas apreciam o "livro de gente grande", que seguram firme nas mãos. Diferentemente de um livro comum de imagens, essa pequena obra quadrada, de uma bela espes-

---

[1] O fundador do Atelier du Père Castor (hoje editora Flammarion Père Castor), Paul Faucher, foi um precursor quando, nos anos 1950, teve a ideia de publicar para as crianças muito pequenas o *Imagier du Père Castor*.

[2] COUPRIE, Katy; LOUCHARD, Antonin. *Tout un monde. Le monde en vrac*. Paris: Thierry Magnier, 1999.

sura, deixa-as adivinhar que ali vão encontrar um mundo inteiro. Graças à extraordinária diversidade de modos de ilustração, o olhar da criança fica divertido, intrigado, provocado, qualquer que seja a idade.

Essas primeiras obras colocam em termos novos a questão da percepção da criança pequena e a qualidade da sua leitura. Ela se revela logo uma boa leitora, capaz de perceber e escolher num livro aquilo que, de fato, conta para ela. Lembro-me de um bebê de sete meses, num hospital de Erevan, na Armênia, que escolheu demorar-se unicamente sobre as imagens de rostos, fosse um rosto de velha ou a cabeça de uma boneca, fossem desenhos ou fotos, imagens coloridas ou em preto e branco. Vimo-lo em seguida fitar com atenção o rosto do adulto que estava ao seu lado, como se a obra o tivesse convidado a lançar um olhar mais atento ao ambiente.

O mesmo sucede com os livros da fotógrafa Tana Hoban, que abrem os olhos da criança para o mundo que a cerca. Ela convida o leitor a perceber formas e cores em fotografias feitas na cidade, retratando cenas da vida comum.[3] O que pareceria banal se torna digno de interesse e, às vezes, fonte de admiração. O encontro com uma obra de arte estimula e aprofunda o olhar da criança sobre si mesma, sobre o outro e sobre o mundo. Torna-a mais sensível àquilo que a habita e a envolve.

É preciso dispor de palavras e imagens para dizer o mundo, conhecê-lo e partilhá-lo. Reconhecer e nomear são aprendizados que se vivem melhor na companhia de um adulto. Ele repete o que a criança diz, como um eco, e a aprova e encoraja. O adulto pode compartilhar e compreender as sensações simples e saborosas que fazem o mundo da criança. A criança se sente feliz por esse reconhecimento. Com *Il pleut*[4] [Chove], de Peter Spier, é o prazer da chuva, de chapinhar nas poças e depois se encontrar numa casa bem quente e confortável. Com *Le Placard* [O armário], de Burningham, é a alegria barulhenta de tirar do armário as panelas e outros utensílios de cozinha. Com *Gilberto et le vent*[5] [Gilberto e o vento], encontra-se simplesmente, ao longo de todas as páginas, a felicidade de brincar com o vento.

---

[3] HOBAN, Tana. *Toutes sortes des formes*. Paris: Kaléidoscope, 2004.

[4] SPIER, Peter. *Il pleut*. Paris: L'École des Loisirs, 1982.

[5] ETS, Mary Hall. *Gilberto et le vent*. Paris: L'École de Loisirs, 1982.

A criança brinca com as palavras como brincaria com um jogo de construção, virando e revirando os cubos para conhecê-los sob todos os ângulos. *La belle lisse poire du Prince de Motordu*[6] [A bela pera macia do príncipe de Motordu], por exemplo, convida-a, com muito humor, a participar desse jogo. Esse pequeno livro brinca com palavras homônimas ou de sonoridade semelhante, fontes de mal-entendidos na linguagem. *Chapeau* (chapéu) vira *château* (castelo) e aparece o herói enchapelado com essa pesada construção. Ao jogo de palavras se acrescenta a tradução em imagens dessas *mots tordus* (palavras torcidas). Todo mundo se diverte e isso se torna um jogo sem fim que continua no cotidiano da vida, muito além do livro. Alain Le Saux é um mestre no gênero.

Esses mal-entendidos, tratados com humor, correspondem às próprias experiências das crianças. Kornei Chukovski, fino conhecedor do imaginário infantil, conta a emoção de uma criança quando ouve dizer que ela tem os olhos do pai. "Então, o pai deu os olhos para ela? Então, ele agora está cego?" Os melhores autores como A. A. Milne, autor de *Winnie Puff*, sabem reconhecer o espírito lógico das crianças em suas criações linguísticas.

Livro é espaço e ritmo

Seguindo o fio do relato, página a página, de ilustração em ilustração, o espaço do livro ilustrado dita o ritmo para a criança. Ela estrutura assim sua experiência do mundo. O primeiro livro, se diz, são os dedos das mãos, sobre os quais, desde a noite dos tempos, se recitam as parlendas. Acompanhado pela doçura da voz, o bebê, esse recém-chegado ao nosso mundo, se junta a essa tradição imemorial. "Unidunitê, salamê minguê..."

No ritmo de um balanceio acompanhado de uma rima, o bebê revive com Jeanne Ashbé os pequenos acontecimentos e gestos do cotidiano. O dia a dia ganha, assim, relevo e sabor. No livro ilustrado *Ça va mieux!*[7] [Assim está melhor], a página à esquerda evoca, em cores

---

[6] FERRIER, Pierre Elie. *La belle lisse poire du Prince de Motordu*. Paris: Gallimard, 1980.
[7] ASHBÉ, Jeanne. *Ça va mieux!* Paris: L'École des Loisirs, 1993.

sombrias, a tristeza. "Oh! O bebê está chorando, ele está com sede." Na página à direita, mais colorida, está o reconforto: "Ah! Assim é melhor. Como é bom beber água." Ritmo da frase, ritmo das páginas viradas, tudo está em ordem: os pequenos sofrimentos são reconhecidos e o consolo está bem ali.

Virar as páginas é a felicidade de antecipar. Com humor, como num jogo, *Fortunately*[8] [Felizmente], de Remy Charlip, apresenta, em cores vivas, a sorte e a felicidade, e, em cores cinzentas, o azar e a decepção. Com alegria, de uma página à outra, esses momentos se alternam, coloridos ou cinzentos.

Adivinhar, criar a surpresa, suscitar o espanto – é o que muitos livros propõem. Com o que sonham os animais?, eis a questão que Bruno Munari levanta em *Jamais content*[9] [Nunca contente]. A vaca sonha em se tornar peixe, e o peixe sonha em ser o quê? Cabe ao leitor adivinhar. A solução se acha na página seguinte, onde uma nova adivinhação se oferece, e assim até a última página, que retoma a primeira.

Flacons Magiques [Frascos mágicos], de Goh Gyong-Sook,[10] reserva muitas surpresas. Que animal se esconde dentro da garrafa de cocacola e de um frasco de perfume? Um crocodilo? Um coala? Basta levantar as caixas em forma de garrafa para descobrir. Em todos esses livros, a manipulação é um divertimento, e a criança é convidada a participar.

As crianças podem ser muito sensíveis à arte gráfica de um livro, à diagramação das páginas e ao enquadramento das imagens – e nos falam sobre isso. Quando a pequena Marlaguette[11] e o lobo, embora sigam sendo amigos, são obrigados a se separar porque, definitivamente, não podem viver juntos, os pequenos leitores costumam chamar nossa atenção para a paginação das imagens: como ela manifesta o rigor da separação colocando os dois amigos nas extremidades opostas da página dupla!

Alguns livros ilustrados põem em cena, e em páginas, a vida da criança pequena. Autores como John Burningham não temem intro-

---

[8] CHARLIP, Remy. *Fortunately*. Nova York: Alladin Paperbacks, 1993.

[9] MUNARI, Bruno. *Jamais content*. Paris: L'École des Loisirs, 1983.

[10] GYONG-SOOK, Goh. *Flacons Magiques*. Paris: Seuil Jeunesse, 2006.

[11] MULLER, Gerda; CULMONT, Marie. *Marlaguette*. Paris: Flammarion/Père Castor, 2005.

duzir emoção e humor nessas obras para bebês. *Préférerais-tu*[12] [Prefeririria você?] propõe a introdução de toda espécie de elementos perturbadores e inesperados na vida de todos os dias.

O mundo é grande! É bom entrar nele passo a passo, como propõem os abecedários, álbuns e livros de contar. Contar é também, mais tarde, imaginar a imensidão, o infinito, se dar à vertigem dos grandes números, como convida *1.000 milliers de millions*[13] [1.000 milhares de milhões], que permite vagar entre as estrelas.

Esses contos também põem ordem nas coisas. A sucessão das páginas do livro ilustrado sublinha a ordenação das buscas nesses relatos a que se chama *circuito* e que ilustram muito bem o sentido do tempo. Marie-Louise,[14] a criança doce, zangada após uma memorável palmada, sai de casa à procura de outra mãe. Às famílias de animais que vai encontrando, página após página, pergunta: "Posso ser sua filha? Minha mamãe não gosta mais de mim." Essa longa busca percorre o livro inteiro.

Acumular, encher e esvaziar são jogos naturais nas crianças. Jogos que elas encontram nos contos e em outros relatos aos quais se prestam bem os livros ilustrados. Para arrancar o enorme rabanete de *Quel radis dis donc!*[15] [Mas que rabanete!], um conto muito tradicional, o avô chama a avó, que chama a neta, que chama o gato, que chama o ratinho...

As crianças também não se cansam desse livro maravilhosamente bizarro, *Maman, maman! J'ai mal au ventre!*[16] [Mamãe, mamãe! Estou com dor de barriga!]. É a história divertida e delirante da cirurgia de uma criança muito gulosa, um médico prestidigitador e uma mãe, testemunha um tanto confusa. O que se encontra na barriga da criança? Os objetos mais heterogêneos... No ritmo das páginas, Charlip joga com a alternância do preto e das cores, do escondido e do descoberto. O final da história convida a retomar o livro pelo começo.

---

[12] BURNINGHAM, John. *Préférerais-tu*, Paris: Kaléidoscope, 2001.

[13] KELLOG, Steven. *1.000 milliers de millions*. Paris: Circonflèxe, 1999.

[14] ARUEGO, José; DEWEY, Ariane. *La fugue de Marie-Louise*. Paris: L'École des Loisirs, 1989.

[15] GAY-PARA, Praline; PRINGENT, André. *Quel radis dis donc!* Paris: Didier Jeunesse, 1998.

[16] CHARLIP, Remy. *Maman, maman! J'ai mal au ventre!* Paris: Circonflèxe, 2002.

As crianças adoram passar muito tempo mergulhadas em ilustrações onde há muita coisa para ver. Elas entram com os pés nas imagens mais excêntricas, excepcionais e distantes da realidade. Apaixonam-se pelos animais, sejam eles familiares ou estranhos. Por isso, deixam-se seduzir pelo grande livro de Joëlle Jolivet, *Zoo Logique*[17] [Zoo Lógico], que apresenta uma coleção de 400 animais, classificados não por espécies, mas, como o fazem espontaneamente as crianças, pelas cores, pelos tamanhos ou pelos hábitos. A classificação é, com efeito, um dos prazeres delas, assim como a contagem, que as inebria com a sensação da abundância. No livro de Jolivet, cada animal tem um nome, e a criança sente-se feliz de mostrar que se lembra dele e que é capaz de pronunciá-lo. Caso seja uma palavra complicada, seu prazer em dizê-la é redobrado.

No admirável *L'Arche de Noé* [Arca de Noé], de Peter Spier,[18] tem-se o prazer de atravessar o tempo do dilúvio travando conhecimento com toda a multidão de animais que se refugia na embarcação.

Nas ilustrações de Ungerer enxameiam detalhes saborosos e, não raro, cruéis. O olhar passeia pela página, à busca do pequeno detalhe divertido, inesperado, que convide o leitor a procurar sempre por algo novo. *Le magicien des couleurs*[19] [O mágico das cores], de Arnold Lobel, oferece, como numa obra de Breughel, uma miríade de cenas e detalhes vivos. As crianças voltam a ele incansavelmente; essa obra amada suscita uma exploração ativa das imagens. Aqui, não se contam histórias: cabe ao leitor inventá-las.

As crianças se encontram em torno desses livros, e é a elas que cabe nomear o que encontram. É muito bom mergulhar nessas obras que propõem a abundância. Mitsumasa Anno joga com isso maravilhosamente.[20] As imagens desvelam uma multiplicidade de cenas e objetos insólitos, como em *Le marche aux puces* [O mercado de pulgas]. Se olharmos bem, poderemos descobrir aí toda sorte de minúcias. Em ou-

---

[17] JOLIVET, Joëlle. *Zoo Logique*. Paris: Seuil Jeunesse, 2002.

[18] SPIER, Peter, *L'Arche de Noé*. Paris: L'École des Loisirs, 1978. No Brasil, *A Arca de Noé* foi ilustrado e contado por diversos autores, de Ruth Rocha a Vinícius de Moraes.

[19] LOBEL, Arnold. *Le magicien des couleurs*. Paris: L'École des Loisirs, 1972.

[20] Todos os livros de Mitsumasa Anno mencionados neste capítulo são publicados na França pela editora L'École des Loisirs, com exceção de *Pot magique*, publicado pela Flammarion.

tro de seus livros, *Loup y est-tu?*, para encontrar na folhagem os animais escondidos nela, é preciso virar e girar o livro em todos os sentidos.

Girar o mundo em todos os sentidos: é, com efeito, o que se pode fazer com o livro. Anno tira partido disso em grande parte de sua obra: em *Jeux de construction* [Jogos de construção], por exemplo, perspectivas contrárias se conjugam para formar um mundo que parece bem real e que, no entanto, é concretamente impossível. Isso dá muito a pensar. As crianças perguntam-nos sempre: "Como isso é possível?"

Os livros ilustrados introduzem o eterno recomeço, notadamente na representação dos ciclos naturais, mas também na sugestão de que a leitura é um jogo indefinidamente renovável. Eles utilizam a fundo as possibilidades do livro como tal: a sucessão de páginas, o retorno ao ponto de partida, todas as possibilidades que os outros meios não podem oferecer da mesma maneira. É o que propõem grandes artistas como Remy Charlip e Bruno Munari. Os livros de Léla Mari jogam com sobriedade e eficiência com os ciclos da natureza e as metamorfoses. Em *L'arbre, le loir et les oiseaux*[21] [A árvore, o roedor e os pássaros], a criança tem o prazer de observar com minúcia uma mesma árvore ritmada pelas estações. Ao longo das páginas, ela observa os brotos que crescem na primavera, os passarinhos que fazem ninhos e põem ovos, o verão com as cores brilhantes, o outono que desnuda o carvalho, os pássaros que migram e o rato-do-campo que cuida das provisões para o inverno.

Adivinhar, criar surpresa, suscitar a admiração: é o que propõem Bruno Munari, Tana Hoban e Goh Gyong-Sook em muitos de seus livros de imagens. Eles convidam a criança a brincar com o prazer de antecipar e adivinhar. *Regarde bien*[22] [Olhe bem] é o convite que Tana Hoban faz ao leitor para que, brincando, aprenda a olhar: um buraco redondo na página deixa descobrir um detalhe da imagem que aparece inteira na página seguinte. Com o que sonham os animais?, pergunta Bruno Munari em *Jamais content*.[23] A vaca sonha em ser peixe. E o peixe sonha em ser o quê? O leitor vai adivinhar. A solução se acha na página seguinte, onde, por outro lado, uma nova adivinhação é proposta.

---

[21] MARI, Léla. *L'arbre, le loir et les oiseaux*. Paris: L'École des Loisirs, 2003.
[22] HOBAN, Tana. *Regarde bien*. Paris: L'École des Loisirs, 1999.
[23] MUNARI, Bruno. Op. cit.

A brincadeira se repete até a última página, que, da mesma maneira, convida a voltar à primeira. *Flacons magiques,* de Goh Gyong-Sook,[24] também reserva surpresas. Em todos esses livros ilustrados a manipulação é um prazer, e a participação da criança se faz necessária.

A abundância

Os artistas aqui evocados vão fundo na utilização daquilo que o objeto "livro" oferece de maneira única. Nenhum outro suporte dispõe dos meios de contar e expor uma história como o livro. É um objeto que se pode folhear, à vontade, no ritmo escolhido. Existe em todos os tamanhos possíveis, do livrinho que cabe na mão ao grande livro ilustrado que só pode ser lido no chão. No momento em que todas as informações nos são entregues na moldura única das telas, isso é apreciável.

Metamorfose e o eterno recomeço

Os livros ilustrados, página a página, se prestam muito bem ao jogo das metamorfoses e dos ciclos, que podem ser revividos até a saciedade. São noções familiares para a criança. "Quando você for grande", lhe é dito, e ela pede ao adulto: "Me conta quando você era pequeno." Ela chega até a dizer ingenuamente ao grande: "Quando você for pequeno."

Tudo muda e isso pode ser maravilhoso. É o sonho da criança do livro ilustrado de Anthony Browne.[25] A chaleira vira gato, a poltrona vira gorila... Um jogo bem infantil que o artista propõe à criança:[26] como um objeto duro e frio, puro produto manufaturado, se transforma no contrário, um animal terno, morno e macio. O mundo toma outra dimensão.

Essas metamorfoses podem ser arriscadas quando envolvem pessoas. E se não me reconhecem? É um tema que se encontra nas melhores

---

[24] GYONG-SOOK, Goh. Op. cit.

[25] BROWNE, Anthony. *Tout change.* Paris: Kaléidoscope, 1990.

[26] Cf. entrevista de Anthony Browne in: *Anthony Browne, Histoires d'une oeuvre.* Paris: Kaléidoscope, 2009.

obras, livros ilustrados e romances. É assim no clássico *Petit Bleu, Petit Jaune*[27] [Azulzinho, amarelinho]. Que tristeza para os dois amigos, o azulzinho e o amarelinho, tão próximos que até se tornam verdes. Eles correm o risco de não serem reconhecidos pelos pais, amarelos e azuis. E choram. Se eu mudo, você ainda me reconhece? Na obra clássica que nos vem da Finlândia, Mumin também vive essa prova. Por ter desastradamente se escondido no chapéu de um mágico, torna-se irreconhecível e é rejeitado pelos amigos. Felizmente Mamãe Mumin está lá: "Vem no meu colo", diz Mamãe Mumin, "eu sempre reconheço o meu filhinho Mumin." Que reconforto poder assim confirmar o amor dos pais e familiares! É o jogo do coelhinho de Margaret Wise Brown em *Je vais me sauver* [Vou me salvar] que vive num diálogo ritmado como uma canção que se desenvolve entre mãe e filho, numa alternância de páginas duplas em cores e em preto e branco. "Se você vira peixe, viro pescador", diz a mãe. "Se você vira pescador, viro rochedo", diz o filho. "Então, vou escalar essa montanha para chegar onde você está", diz a mãe.

Às vezes, as metamorfoses, enquanto duram, são terríveis. Elas podem ser de fato o objeto de todo um livro ilustrado. É um tema frequente em William Steig, artista particularmente apreciado pelas crianças. Em *Silvestre e o seixo mágico*,[28] o asno domina mal seus poderes mágicos e acaba por se transformar em rochedo. É impossível, então, que os pais o reconheçam. Em *Caleb et Kate*,[29] do mesmo autor, é o marido quem, por intervenção de uma feiticeira, se encontra transformado em cachorro. Como nos fazer reconhecer por aqueles que amamos e que nos amam? Mais uma vez, é o sofrimento da incomunicabilidade. Uma dura prova humana que a criança conhece desde a mais tenra idade.

Em *Contes du chat perché*[30] [Contos do gato sentado], o clássico da literatura francesa, Marcel Aymé conta como Delphine e Marinette

---

[27] LIONNI, Leo. *Petit Bleu, Petit Jaune*. Paris: L'École des Loisirs, 1970.

[28] STEIG, William. *Silvestre e o seixo mágico*. São Paulo: Martins Fontes, 2007. William Steig é também autor de *Shrek!*, adaptado para o cinema e lançado no Brasil pela Companhia das Letras.

[29] STEIG, William. *Caleb et Kate*. Paris: Gallimard Jeuneusse, 1999.

[30] AYMÉ, Marcel. *Contes du chat perché*, Paris: Folio France, 1973.

tiveram a imprudência de fazer um voto em noite de lua cheia e acabaram transformadas em asno e cavalo. Durante toda a narrativa, o leitor sofre com elas a dura prova do não reconhecimento dos pais e da extrema dureza desses com os animais da fazenda de que elas fazem parte. Como recuperar nossa própria identidade, tornar outra reconhecida, para aqueles que estão ao nosso lado, a pessoa que realmente somos ou que podemos ser? É uma coisa que nos diz respeito. "Eu seria", "eu faria", é bem isso o que essas histórias propõem. As crianças têm essa aptidão extraordinária de se projetar no outro, pouco importa que seja um urso, um ser liliputiano como os cupins, um cavalo ou um brinquedo de pelúcia. Elas descobrem assim a diversidade do nosso mundo, do muito pequeno ao muito grande, do próximo e do distante: representam com simpatia *Le voyage de l'escargot*[31] [A viagem do escargot], escalando laboriosamente a luva do jardineiro caída na terra. Pelo tempo da leitura de um romance, elas compartilham a vida difícil desses seres microscópicos que são os *cupins* que moram em nossos assoalhos e vivem com medo. Elas admiram a aranha de *A teia de Charlotte*.[32]

Finais enigmáticos e abertos

Alguns livros e narrativas surpreendem as crianças porque têm um final enigmático, que as faz pensar, meditar. É o caso de uma bela narrativa, tirada da tradição judia e recontada com gravidade por um grande ilustrador americano, Uri Shulevitz: *Le Trésor*[33] [O tesouro] é a história de um velho homem que parte para longe em busca de um tesouro que, conforme seu sonho, estaria escondido debaixo da ponte do palácio real. Ao cabo de uma longa viagem por páginas e páginas, ele descobre que esse tesouro está com ele, bem ao alcance da mão. De volta à sua pobre casa, encontra um belo rubi sob o fogão. A leitura compartilhada dessa narrativa suscita às vezes na criança silêncio ou questões que convidam a uma reflexão de grande profundidade. Esse

---

[31] BROWN, Ruth. *Le voyage de l'escargot*. Paris: Gallimard Jeunesse, 2000.
[32] WHITE, E. B. *A teia de Charlotte*. São Paulo: Martins Fontes, 2004.
[33] SHULEVITZ, Uri. *Le Trésor*. Paris: Kaléidoscope, 2009.

conto é lembrado por causa do mistério que nele habita. De início, não percebemos tudo, mas a história fica impregnada em nós. Um livro como *Le tunnel*[34] [O túnel], de Anthony Browne, deixa também perplexo o jovem leitor. À diferença das outras obras do artista, essa tem a forma de um conto. Ela começa com o desentendimento que reina entre um irmão e uma irmã. A mãe, alterada, manda-os para fora de casa. Eles se encontram em um terreno baldio. Ali, o menino entra em um túnel e desaparece. A menina se inquieta e parte à procura dele. Ela vive então o medo de o ter perdido. Ela atravessa o túnel e o descobre sozinho, numa floresta, petrificado. Ela toma o irmão nos braços e, afetuosamente, o leva de volta à vida. É preciso atravessar o túnel para passar do real ao imaginário, para viver a perda e a afeição reencontrada. A história se passa hoje, no presente: não há algo como um "era uma vez" que pudesse situá-la em um passado longínquo e indefinido. Eis o que é desconcertante.

Entrar em literatura

Quando evoca os primeiros contatos dos menores com o livro, René Diatkine afirma lindamente: a criança entra em literatura. Mas como se entra num livro? Como uma obra existe dessa maneira que nos dá vontade de nela penetrar? A vida circula nos livros ilustrados de qualidade, feitos de palavras, imagens e ritmos. Ela nos convida a entrar.

Habitam-se certos livros como se habita uma casa. É preciso que haja espaço para que se possa movimentar livremente, do jeito que se queira. *Un, deux, trois, M. Petunia*[35] [Um, dois, três, sr. Petúnia] saúda o leitor desde a primeira página. Ele o acolhe calorosamente de braços abertos. A capa do primeiro livro ilustrado de Claude Ponti, *L'album d'Adèle*[36] [O álbum de Adèle], é também, em si mesma, uma metáfora. Um grande livro, como um telhado, é posto sobre a cabeça da criança. Aberto, é toda uma escrita que a criança decifra ao seu gosto, feita de

---

[34] BROWNE, Anthony. *Le tunnel*. Paris: Kaléidoscope, 1989.
[35] BLAKE, Quentin. *Un, deux, trois, Monsieur Petunia*. Paris: Gallimard/Folio Junior, 1983.
[36] PONTI, Claude. *L'album d'Adèle*. Paris: Gallimard, 1986.

filhotes, animais e seres humanos imaginados. O leitor, em boa companhia, inventa as próprias histórias. Essa é, aliás, a característica da maior parte dos livros desse grande artista, fino conhecedor do imaginário infantil. Seus livros ilustrados, barrocos e burlescos, abundam em descobertas abracadabrantes, cada uma mais divertida do que a outra. É entrar ali e entrar no jogo. O artista oferece a chave para quem deseja ingressar nesse mundo imaginado.

"Posso ir com você?", parece dizer a criança ao contemplar a vida que se desdobra nas melhores obras. Com a velha senhora, ao lado de Babar na confeitaria, ela saboreia as bombas com recheio de chocolate. Ela participa dos jogos das crianças inglesas da época eduardiana que brincam seriamente de fazer comidinha; assim como, mais tarde, vai ficar bem à vontade com as crianças da condessa de Ségur, no seu castelo. Pouco importa que uns e outros pertençam a um mundo que acabou, pouco importa que sejam elefantes ou ratinhos, a criança procura as companhias. Ela vai ao encontro deles naquilo que, aos seus olhos, importa naquilo de que ela precisa para viver e se emocionar. Ela se põe junto à menininha de Mary Hall Ets,[37] que, à beira do lago, permanece imóvel e silenciosa para não assustar os animais. Ao lado do gigante, ela para um bom tempo para contemplar o piquenique superapetitoso preparado por Zéralda. Todos esses personagens literários existem de fato: eles estão sempre absorvidos em ocupações interessantes, e a criança sente o desejo de ir ao encontro deles. Eles não são simples representações como pálidas silhuetas sem consistência. Contemplemos os olhares que eles trocam entre si. No meio desses personagens tão ligados entre si, abre-se um espaço no qual o leitor pode entrar. A vida verdadeira está ali. Dando as costas, certos personagens nos convidam a acertar o passo. Como estão ocupados demais com os seus assuntos, é preciso segui-los para que não se percam de vista. Os livros ilustrados do artista japonês Kota Taniuchi são como poemas lentos e meditativos em torno de sensações simples. A criança de *Là-haut sur la colinne* [Lá em cima da colina] se apresenta sempre de costas. É encontrada, ao longo das páginas, sempre debaixo do grande chapéu amarelo, que a mostra no meio do verde das pradarias. Adivinha-se o quanto ela está atenta, silenciosa, recolhida até. Existe como que um convite discreto

---

[37] ETS, Mary Hall. *Joue avec moi*. Paris: L'École des Loisirs, 1984.

para ficar ao seu lado. Com ela, em silêncio, sobe-se a colina na brancura do amanhecer. Chegando ao alto, senta-se[38] para espreitar o som sacudido do trem que vem de longe, passa e desaparece.

No relato cheio de surpresas de *La galette géante*[39] [A torta gigante], tem-se o desejo de acompanhar com passo esperto dois ratinhos simpáticos que foram fazer um piquenique na floresta. Levando o cesto de provisões, eles vão em marcha acelerada, cantarolando. Dá vontade de ir junto e cantar com eles: "Nós somos Guri e Gura, de todos os ratos-do-campo, nós somos os mais gulosos." "Atenção! Aqui vamos nós, Guri e Gura." Do mesmo modo, *Bébés chouettes*[40] [Bebês corujas], um belo livro ilustrado em tons noturnos, convida a compartilhar a aflição do bebê coruja, o menorzinho de todos, privado de sua mamãe. "Eu quero a minha mamãe", pontua o relato, de página em página, como o coro de uma tragédia, e todos juntos, adultos e crianças, espontaneamente a ele se solidarizam.

A criança penetra facilmente nas obras de ficção porque, logo de início, se encontra em terras familiares em torno de emoções sentidas e experiências vividas. Então, ela pode voar num mundo imaginado.

O jovem leitor de *O expresso polar*[41] é como que convidado a ir atrás de um garoto de pijama que saiu pela noite. Ele se reconhece naquele menino. Pelo pensamento, ele se encontra, com naturalidade, ao seu lado, bebendo uma caneca de chocolate quente, no conforto de um vagão-restaurante "de antigamente", com os cobres e móveis envernizados, a bordo do trem que atravessa paisagens de bruma para, em seguida, levantar voo. O leitor descobre com o menino um universo de sonho: a reunião de todos os Papais Noéis. No fim do livro, o que resta para a criança que acabou de compartilhar essa experiência, seguindo os passos de outra criança? A certeza ambígua de ter vivido uma emoção indizível. É o que exprime num suspiro, como num sonho, o menininho para quem acabo de ler essa obra-prima, no quadro austero de

---

[38] TANIUCHI, Kota. *Là-haut sur la colline*. Paris: Le Cerf, 1969.

[39] NAKAGAWA, Rieko; YAMAWAKI, Nakagawa. *La galette géante*. Paris: Circonflèxe, 1993.

[40] WADDELL, Martin; BENSON, Patrick. *Bébés chouettes*. Paris: L'École des Loisirs, 1994.

[41] VAN ALLSBURG, Chris. *O expresso polar*. Rio de Janeiro: Nova Fronteira, 2004.

um grande museu parisiense. Graças a esse magnífico livro ilustrado, descoberto com um grupo de crianças, ele viveu a experiência de estar próximo de um magnífico Papai Noel: "Eu queria que o Papai Noel me tocasse", me diz em voz baixa, voltando para a Terra.

A porta do conto pode ser também essa pequena fórmula de palavras mágicas – "Era uma vez" –, que imediatamente nos transporta para outro tempo e outro espaço. A chave está na porta. A criança encontra assim seu lugar na corrente de nossa cultura, onde um contador a convida a se juntar: "Vemos cada criança repetir, pelos contos, a história de nossa espécie e retomar em seus começos o curso de nosso espírito."[42]

A diversidade dos ritmos de leitura

Vimos que as crianças, desde a mais tenra idade, são abertas aos mais variados modos de expressão. Em função dos temas do livro, cada estilo e cada diagramação propõem ritmos diferentes de leitura. A cada leitor cabe decidir se deseja olhar e ler longamente uma página ou passar depressa sobre um episódio de que não gosta ou que o incomoda. O livro permite essa liberdade.

As imagens que se estendem em páginas duplas em *Onde vivem os monstros* propõem à criança compartilhar com Max a volúpia de contemplar tranquilamente as figuras aterradoras dos monstros. Ela se detém ali com gosto.

A diagramação dos livros ilustrados de *Babar*, com imagens e textos arejados, sugere todo o júbilo de um mundo bem real e tranquilizador. Dr. Seuss, por sua vez, impõe aos leitores um ritmo endiabrado para seguir as excentricidades de *Le chat chapeauté*[43] [Gato enchapelado] que oferece às crianças, aborrecidas, num dia de chuva, mil ocasiões para se divertir. Com ele, "o dia não está perdido! Deixem-me dizer que nós vamos rir muito!"

Em *La course au gâteau*[44] [A corrida pelo bolo], do artista indonésio The Tjong-Khing, a circulação é intensa. A vida está lá, trepidante.

---

[42] HAZARD, Paul. Op. cit.

[43] Dr. Seuss. *Le chat chapeauté*. Paris: Pocket Jeunesse, 2004.

[44] TJONG-KHING, The. *La course au gâteau*. Paris: Autrement Jeunesse, 2006.

Dois ratos roubam o bolo de senhor e senhora Cachorro. Dois macacos roubam o chapéu da senhora Gato etc. Perseguições desenfreadas e múltiplas histórias percorrem em todos os sentidos as grandes páginas duplas, ao longo de caminhos que dão voltas e ondulam de página em página. Não há textos nem margens: a vida se derrama por toda parte. O livro ilustrado oferece uma quantidade de detalhes rocambolescos que é divertido descobrir a cada leitura e releitura, porque ali há realmente muito para ver!

A diversidade de grafismos

O livro ilustrado pode ser um verdadeiro livro de arte para a criança que, sem ser submetida a instruções, é convidada apenas a deixar-se impregnar de uma sensibilidade que será decisiva para seus gostos futuros. Certas imagens ficam na sua memória com tanta força quanto as histórias ou os contos que ela escutou, quando pequena. Quanto mais a criança descobre técnicas e estilos variados, mais a sensibilidade se afina e se enriquece. Na idade dos primeiros livros de figuras, vimos o interesse de bebês por grafismos de grande diversidade, o que nos faz questionar algumas de nossas ideias feitas. Nenhuma técnica deve ser excluída, só a observação atenta das crianças permite afastar nossos preconceitos sobre as aptidões e os gostos.

Durante muito tempo se pensou que os bebês só podiam entender as ilustrações muito coloridas e de desenho muito demarcado. O sucesso dos primeiros livros de imagem de Burningham,[45] de traços minúsculos e cores bastante discretas, destinados aos bem pequenos, mostra que estes se mostram de fato capazes de ter uma percepção particularmente fina.

Nas crianças pequenas, observa-se um verdadeiro interesse pela foto em preto e branco, na qual elas parecem apreciar os mais tênues traços sensíveis. O livro de imagens *Beaucoup de beaux bébés*[46] [Muitos bebês bonitos] conheceu um grande sucesso junto a elas: nesse belo livro de fotos, a criança descobre, sobre o fundo claro, tanto rostos de

---

[45] BURNINGHAM, John. *Le chien*. Paris: Flammarion, 1975. *Le placard*, idem.

[46] ELLWAND, Dave. *Beaucoup de beaux bébés*. Paris: L'École des Loisirs, 1995.

bebês, quase de tamanho natural, quanto belas fotos de bebês em outras situações. No fim do livro, uma lâmina de papel-prata, como um espelho, propõe ao pequeno leitor olhar o próprio rosto.

Silhuetas ou esboços, cores unidas, tinta de escrever, sépia ou cores vivas, as crianças pequenas estão espontaneamente abertas a uma verdadeira diversidade de linguagens gráficas.

É conhecido também o prazer em manipular o objeto livro.[47] Nesse contato físico e sensual, nada é indiferente: a escolha do papel, do formato e da tipografia, sem se esquecer do odor ao qual a criança não é insensível: "Não gosto desse livro, o cheiro dele não é bom..."
O livro objeto por excelência é o *pop-hops*, ou "livro animado". É sabido o quanto as crianças o acolhem com entusiasmo. Alguns são maravilhosos achados, como *A casa mal-assombrada*,[48] assim como as realizações mais recentes de Sabuda,[49] que os apresenta com graça em *Alice no país das maravilhas* ou que faz sonhar com dinossauros e monstros marinhos. Algumas vezes o processo é utilizado a torto e a direito. Assim, o propósito do livro ilustrado *Boa-noite, lua*,[50] transformado em *pop-hops*, é completamente falsificado: a leitura, que se descobre na intimidade e na calma que precede a noite, é estragada por uma manipulação intempestiva.

O livro *Nella notte buia*[51] [Na noite escura] joga com a oposição de páginas pretas, cinzas ou transparentes: o efeito de profundidade da caverna é obtido pela superposição de páginas rasgadas ou silhuetas que se revelam por folhas transparentes. O amanhecer é também evocado, advinha-se o desenho na neblina e a bruma nas transparências e nos cinzas.

---

[47] Cf. a importante entrevista de Bruno Munari em *La revue des livres pour enfants*, nº 110, sobre os livros feitos para se tocar, manipular e sentir o quente, o frio e a maciez de diferentes matérias.

[48] Jack Kent ilustrou inúmeros contos para as editoras Sorbier e Flammarion. Existem variadas edições em português com o tema da casa mal-assombrada.

[49] Robert Sabuda é publicado pela Editora Seuil. No Brasil, a Publifolha lançou edições em *pop-up* de *Alice no país das maravilhas* e de *O mágico de Oz* com ilustrações de Sabuda.

[50] BROWN, Margaret Wise. Op. cit.

[51] MUNARI, Bruno. *Nella notte buia*. Itália: Corraini, 1996.

Seria condicionar e reduzir o gosto e as experiências das crianças se a elas fossem impostas ideias feitas sobre o belo, nesse estágio tão importante da descoberta do livro ilustrado. Seria igualmente triste e empobrecedor prendê-las unicamente às imagens do nosso tempo. Para a criança, tudo é novo. Em Clamart, as crianças voltam sem cessar a certos livros antigos, sempre reeditados na Inglaterra, nos Estados Unidos e nos países nórdicos, porque eles não envelheceram. As bibliotecas, nesses países, observam e informam essas preferências. Penso nos contos tradicionais ilustrados por Leslie Brooke em que a comédia familiar é insubstituível, nas ilustrações misteriosas e fantásticas de Arthur Rackham, no fantástico mais vigoroso e mais rústico de Gustave Doré ou ainda nos livros ilustrados de H. A. Rey, publicados no começo dos anos 1940, a série *George, o Curioso*;[52] a diagramação, a simplicidade e o humor dessa obra evocam, ainda que com mais malícia, as histórias de *Babar*, cujo nascimento remonta ao começo dos anos 1930. Contos como *La petite poule rousse* [A pequena galinha ruiva], ilustrado por Paul Galdone,[53] figuram entre os livros preferidos pelas crianças. O grafismo desses livros é relativamente antigo, mas as expressões dos personagens e as atitudes deles, assim como a diagramação, continuam irresistíveis ainda hoje.

Textos e imagens

Nos livros ilustrados, as imagens ajudam a acompanhar a história. Olhando-os com um adulto, a criança pequena aprende a lê-los, pouco a pouco, porque a sucessão lógica das imagens não é imediatamente evidente para ela. A imagem é essencialmente polissêmica, e nisso está a riqueza: então, é o texto, ou a voz do adulto, que fornece o fio condutor para a interpretação. Infelizmente muitos autores se sentem no dever de serem prolixos, como se a qualidade de um livro ilustrado se medisse pela extensão do texto. Trata-se, sem dúvida, de uma preocu-

---

[52] Alguns títulos da série, como *George, o Curioso, sai de bicicleta* (1998) e *George, o Curioso, arranja emprego* (1998), foram publicados no Brasil pela Editora Martins Fontes.

[53] GALDONE, Paul. *La petite poule rousse*. Paris: Circonflèxe, 2009.

pação somente pedagógica. Muitas vezes, "o texto extremamente loquaz teima em sublinhar aquilo que é muito bem contado pela imagem, na linguagem que lhe é própria. O texto acompanha passo a passo a imagem e se torna, de fato, um discurso inútil: por que dizer que Maria está usando um vestido cor-de-rosa se a imagem está mostrando? Seria mais necessário dizer que ela está esperando a mãe, coisa que a imagem não pode mostrar".[54] *Toc, toc, toc,* de Koide,[55] é, nesse sentido, um modelo. Graças à observação atenta das ilustrações, a criança pode adivinhar o que o texto não diz logo no começo. Há indícios que lhe permitem imaginar a enormidade do bicho que mora na casa abandonada e deseja retomar o seu lugar.

Por motivos pedagógicos mal-entendidos, o texto de certos livros ilustrados é, muitas vezes, pretensioso e inutilmente complicado. Torna-se quase ilegível. Parece que se multiplicam com gosto os obstáculos à leitura, acumulando-se exclamações que nada acrescentam à narrativa. O adulto que lê em voz alta para a criança sente necessidade de traduzir o texto em uma linguagem mais simples. Ora, as crianças têm, desde pequenas, a justa intuição de que a escrita é imutável: elas ficam incomodadas com as modificações, mesmo pequenas, do texto que lhes é lido. Isso nos leva a escolher livros ilustrados cuja leitura em voz alta possa ser feita de maneira fácil, sem necessidade de adaptações. Essa é, em geral, uma prova de qualidade.

Os livros de imagens sem texto não se dirigem unicamente aos menores. Os de Léla Mari oferecem ao leitor um desenvolvimento vivo, de modo simples e acessível, a beleza dos ritmos naturais e o caráter tranquilizador dos ciclos que se renovam. Outros, mais complexos, trazem o código que permite decifrá-los, como *Chapeuzinho vermelho*,[56] álbum desdobrável sem texto feito de simples manchas de cor. Se lhes explicamos o princípio, as crianças pequenas se divertem em decifrar o desenvolvimento, graças ao código inicial. É um jogo.

---

[54] JAN, Isabelle. "Le texte dans le livre pour enfants." In: LENTIN, Laurence. *Du parler au lire.* Paris: E.S.F., 1977.

[55] KOIDE, Tan. *Toc, toc, toc.* Paris: L'École des Loisirs, 1982.

[56] HOHEGGER-LAVATER, Warja. *Le Petit Chaperon Rouge.* Paris: Macght, 1965. A história de *Chapeuzinho vermelho*, originalmente um conto de Charles Perrault, teve diversas edições no Brasil.

Os livros do ilustrador Mitsumasa Anno[57] dispensam texto. Crianças e adultos não se cansam de procurar, em *Ce jour-là* [Aquele dia], o cavaleiro que atravessa o vilarejo ao longo das páginas. A criança, com a ajuda do adulto, entra no jogo de encontrar quadros, cenas e personagens célebres perdidos na multidão, ou, ainda, descobrir algumas brincadeiras bem escondidas, graças ao jogo de perspectivas.

O silêncio voluntário do artista japonês Mitsumasa Anno, como o da fotógrafa Tana Hoban, corresponde ao pensamento expressado por Jean Piaget:[58] "Tudo o que ensinamos à criança impede-a de inventar ou descobrir."

"Um texto", diz Anno, "pode fazer acreditar, depressa demais, que entendemos." Existem, é verdade, a volúpia de esquadrinhar a imagem e o prazer de encontrar o que se busca. O prazer de ler pressupõe que se consagre um tempo para viajar na história, tanto no texto quanto na imagem.

Às vezes o artista também joga com a diagramação e o enquadramento das imagens. As crianças são sensíveis a esse jogo, e nós também. Quando a pequena Marlaguette[59] e o lobo, ainda que bons amigos, devem separar-se, porque, decididamente, não podem viver juntos, eles chamam nossa atenção para a diagramação e para a forma com que ela manifesta essa dura separação, colocando os dois amigos nas extremidades opostas da página dupla.

As crianças também apreciam as astúcias de certos artistas que se inspiram com humor e refinamento nas técnicas das histórias em quadrinhos, como em *Un Éléphant, ça trompe*[60] [Um elefante, isso dá uma trombada], com desenhos em traços e tons lavados, e em cujas páginas os animais se batem contra a moldura da vinheta que os aprisiona ou se escondem atrás dela.

E o que dizer das brincadeiras de um ilustrador como Remy Charlip? Seu livro ilustrado, publicado por Trois Ourses, *On dirait qu'il*

---

[57] MITSUMASA, Anno. *Ce jour-là*. Paris: L'École des Loisirs, 1978.

[58] Citado por Jean Claude Bringuier em "Conversations libres avec Jean Piaget". Paris: R. Laffont, 1977.

[59] MULLER, Gerda; COLMONT, Marie. Op. cit.

[60] SCHLOTE, W. *Un Éléphant, ça trompe*. Bruxelas: Casterman, 1978 (Funambule).

neige [Digamos que neve], é uma sucessão de páginas brancas como a neve. Só uma linha de texto corre discretamente ao pé das páginas. Ele satisfaz o gosto das crianças pelo *nonsense*, a farsa, fazendo-as também reconhecer a força das palavras na fabricação de imagens. É uma bela homenagem à palavra escrita!

9. Romances e relatos, clássicos de ontem e de hoje

"Em tudo que tem relação com a leitura, a atividade propriamente dita deveria ser voluptuosa e cativante. Deveríamos devorar um livro com os olhos, nos sentir arrancados de nós mesmos e, no fim, com o espírito pleno de um caleidoscópio de imagens dançantes, nos sentir incapazes de dormir ou de pensar sem interrupção. As palavras, se o livro é eloquente, deveriam fustigar nossos ouvidos como os rochedos se arrebentam nas areias das praias, e a história, caso se trate de uma história, se reproduzir diante de nossos olhos em mil quadros coloridos. É a busca desse último prazer que nos faz ler tão atentamente e amar tanto nossos livros, no decorrer do período luminoso e perturbado da infância."[1]

Os clássicos irresistíveis

Quais são então esses livros fascinantes? Quais são essas obras tão ricas que, na biblioteca, não têm tempo de "estacionar" nas estantes? Para que os leitores não se decepcionem na espera, um exemplar desses livros tão queridos permanece sempre na biblioteca e pode ali ser lido, na calma de uma sala de leitura. Eles são adquiridos em muitos exemplares para que possam ser emprestados e levados para a casa. Trata-se de não desencorajar as crianças, quando elas sentem tanta vontade de lê-los. Pouco importa a data do lançamento dessas obras. As bibliotecas para crianças não se limitam à atualidade da edição literária: os *Babar* ou *A ilha do tesouro* guardam sempre o mesmo frescor e propõem às crianças de hoje uma descoberta sem dúvida tão importante quanto

---

[1] STEVENSON, Robert Louis. *Propos sur la lecture. Essais sur l'art de la fiction*. Paris: Payot, 2007.

à época de sua criação. Pouco importa que os clássicos, como a série de *George, o Curioso*, de H. A. Rey, tenham nascido nos anos 1940. Os leitores não se cansam da companhia desse macaco malicioso que faz todas as bobagens que as crianças sonham fazer. O texto é de fácil compreensão e de leitura, acompanhado de desenhos simples e divertidos. O sabor desses livros não se perdeu ao longo das gerações. Entre os títulos modernos, alguns, como *A longa jornada*[2] ou *Tobias Lolness*,[3] são imediatamente adotados com entusiasmo e logo se tornam clássicos tão importantes quanto os romances de Julio Verne ou as aventuras de Pinóquio.

Mas o que nos faz dizer que se trata, com toda verossimilhança, de livros que resistirão à prova do tempo e ultrapassarão os modismos do momento? Podemos certamente nos enganar, mas, analisando os livros clássicos nascidos ontem e que guardam um frescor de juventude ainda hoje, encontramos certas constantes que James Steel Smith enumera em sua obra *A critical approach to children's literature*[4] [Uma abordagem crítica acerca da literatura infantil]. Um clássico é um livro que, ao nível da criança, de sua experiência e de sua compreensão, trata de maneira eficiente de acontecimentos importantes da existência humana: o nascimento e a morte, a amizade e o ódio, a fidelidade e a traição, a justiça e a injustiça, a dúvida e a certeza. É um livro que inventa uma grande aventura, uma situação cheia de perigos, que a criança vai viver com intensidade. É um livro que cria personagens verdadeiros na sua própria essência, seres que a criança pode compreender porque lhe é dado encontrá-los em situações que os valorizam e lhes dão sentido. É um livro que cria com felicidade um mundo imaginário no qual a criança pode viver e se movimentar por certo tempo. É ainda um livro que apreende e esclarece, com força e sensibilidade excepcionais, a realidade do mundo que cerca a criança. É enfim um livro que, em certos casos, cria de maneira eficiente um humor de situação, ou de caráter, ou de palavras, um humor que a criança pode apreender e com-

---

[2] ADAMS, Richard. *A longa jornada*. São Paulo: Círculo do Livro, 1976.

[3] FOMBELIE, Timothée de. Publicado no Brasil em dois volumes *Tobias Lolness – A vida na árvore* e *Tobias Lolness – Os olhos de Elisha*. Tradução: Pedro Karp Vasquez. Rio de Janeiro: Rocco: Pavio, 2010.

[4] SMITH, James Steel. *A critical approach to children's litterature*. New York: McGraw-Hill, 1967.

partilhar. Numa palavra, um clássico é uma obra que propõe ao imaginário da criança uma experiência que ela não pode, provavelmente, encontrar em nenhum outro lugar, pelo menos no mesmo grau de intensidade, e que seria uma pena se ela não conhecesse.

"Os livros cuja influência é a mais durável são as obras de ficção. Eles não prendem o leitor a um dogma, cuja falsidade ele iria logo descobrir; não ensinam uma lição que logo em seguida seria necessário desaprender. Eles repetem, organizam e esclarecem as lições de vida; afastam-nos de nós mesmos, obrigam-nos a conhecer o outro e mostram-nos a trama da experiência, não como a podemos ver, por nós mesmos, mas com uma significativa mudança – esse monstruoso e devorante ego que é o nosso se encontra, pelas circunstâncias, anulado."
É Stevenson quem fala assim.

"Me ajuda a achar um livro que me emocione"

"Me ajuda a encontrar um livro como este, me ajuda a achar um livro que me emocione tanto quanto este que acabei de ler e que adorei", eis o que pedem as crianças. Como estar à altura dessa confiança? Essa demanda nos coloca diante de grandes responsabilidades. As crianças da biblioteca vão ajudar-nos a responder a essa tarefa se soubermos escutá-las e nos dispusermos a ler o máximo possível para encontrar as pepitas de ouro que vão deslumbrá-las. Então estaremos em condições de ajudá-las a penetrar no mundo dos "verdadeiros livros", como elas gostam de chamá-los; esses livros que, depois das histórias ilustradas, reservam lugar central à palavra escrita, e nos quais, para o prazer do leitor iniciante, há capítulos e índices.

Meu objetivo aqui não é propor um panorama da literatura infantil nem reconstituir sua história. Não se trata tampouco de evocar todas as leituras que fazem parte da cultura infantil, como esses jornaizinhos que as crianças têm tanto prazer em comprar nas bancas com o dinheiro que trazem no bolso. Quanto aos quadrinhos e mangás, as crianças, sozinhas, são frequentemente capazes de reparar na qualidade. Elas contam umas às outras os seus achados.

Escolhi evocar nessas páginas as obras que marcaram os leitores que conheci, obras da infância que nós temos prazer em dar a conhecer.

Livros tão bons que seria uma pena não topar com eles no caminho. As crianças precisam de nossa mediação para achá-los.

Não esqueço os conselhos de Daniel Pennac: "Caros bibliotecários, guardiões do templo (...), é sem dúvida prodigioso que vocês estejam a par de todas as temáticas ordenadas nas estantes que os cercam, mas seria bom também ouvir contarem suas histórias preferidas aos visitantes perdidos em meio à floresta de leituras possíveis..., como seria bom que vocês lhes fizessem a homenagem de suas melhores lembranças de leitura! Contadores – sejam mágicos – e os livros saltarão diretamente de suas estantes para as mãos do leitor."[5] Contaremos assim, aqui, as histórias que nos entusiasmam, mas falaremos também de alguns grandes livros desaparecidos, que se esgotaram ou caíram no esquecimento.

Aos mais novos, dedico o tempo necessário à leitura completa dessas obras. Como também lido com crianças de todas as idades, posso testemunhar a acolhida que elas reservam a esses livros entusiasmantes. À sua maneira, umas e outras me fazem saber o quanto se sentiram tocadas por suas histórias.

Como conhecer essa vontade de entrar só e livremente no mundo da narrativa? As crianças, muitas vezes, nos pedem para ajudar a escolher. Cabe a nós sermos as testemunhas atentas ou os barqueiros entusiastas que as conduzirão.

Leituras numerosas e comparações – com obras escritas para crianças, mas não apenas – permitem perceber nas obras de imaginação uma noção de verdade.

O prazer das palavras

Lemos para os menores. Ainda bem pequenos, eles saboreiam o prazer do texto. Gostam de brincar com as palavras por elas mesmas e se deleitam. Evitemos simplificar demais a língua que lhes oferecemos. É tudo uma questão de medida. Gosto de citar a linguagem magnífica de Beatrix Potter, autora clássica que, escrevendo no começo do século XX para crianças muito pequenas, não ignorava o prazer que elas poderiam

---

[5] Daniel Pennac é um escritor e acadêmico francês publicado no Brasil pela Editora Rocco.

sentir ao descobrir palavras pouco habituais. Em *A história de Pedro Coelho*,[6] um de seus pequenos livros, há um trecho que conta mais ou menos assim: "Diz-se que a alface tem virtudes soporíficas." "Soporífica", uma palavra para ser saboreada, uma palavra de gente grande, uma palavra exótica e musical.

Algumas palavras podem transmitir tanta emoção que até parecem, em si mesmas, conter uma história inteira. Nem sempre é fácil, para nós, encontrar um livro que a criança indica citando algumas palavras escondidas no meio da história. Um menino de 5 anos me pediu para ler para ele certa vez o livro das "sombras das barcas". Precisei procurar muito tempo para encontrar o livro que continha essas palavras. "As sombras desembarcam" estavam escondidas em *Laura et les bandits* [Laura e os bandidos], um livro ilustrado de Philippe Dumas.[7] Aquela expressão misteriosa, em si só, resumia para ele toda a narrativa.

Sim, a criança come palavras, alimenta-se com elas e as torna suas, muitas vezes bem a propósito. Ouvi assim uma menina de 4 anos, abrindo a porta do jardim, anunciar, da maneira mais natural que se possa imaginar, que ela ia fazer o seu passeio matinal. Que maneira elegante de se expressar! Vou encontrar mais tarde a mesma frase na boca do sapo Bufolet[8] quando ele começa o seu dia. "Ele abre a porta e sai para o seu passeio matinal." Passeio matinal, que bonita sonoridade! Como isso rola bem dentro da boca! Na sua espontaneidade, essa criança falava como Lobel, um grande poeta e fino conhecedor da alma infantil. Comer as palavras é um ato quase bíblico.[9] A palavra se torna tão nossa que até a digerimos. Um ato que às vezes é tomado ao pé da letra. Foi o que aconteceu, como me contou Maurice Sendak, a um menino americano que, segundo uma prática comum em seu país, escreveu para seu autor preferido. Este, apesar do abundante correio que recebe todos os dias, respondeu. O menino, todo feliz por receber uma resposta pessoal do autor de quem gostava tanto, tinha literalmente engolido a carta. Bela imagem do ato da leitura!

---

[6] O livro original, *Peter Rabbit*, foi publicado, pela primeira vez, em 1902. No Brasil, a editora Lótus do Saber publicou o texto com o título *A história do Pedro Coelho* (Rio de Janeiro, 2009).

[7] DUMAS, Philippe. *Laura et les bandits*. Paris: L'Écoles des Loisirs, 1979.

[8] LOBEL, Arnold. *Une paire d'amis*. Paris: L'École des Loisirs, 1979.

[9] JOUSSE, Marcel. *La manducation de la parole*. Paris: Gallimard, 1975.

Nomear o mundo que nos cerca, eis um meio de criá-lo individualmente, reconhecê-lo e, de certo modo, se apropriar dele. Há o prazer das listas, que saboreamos em muitos clássicos das crianças. Contar, classificar, organizar, possuir, tudo isso corresponde bem ao gosto da criança. É a felicidade das palavras e das descrições quando são ditas com sensibilidade e mesmo com volúpia. "Um chapéu redondo de palha com uma pequena pluma branca e fitas de veludo negro; uma sombrinha verde com cabo de marfim, quatro pares de botinas; um vestido de tafetá negro." Eis alguns elementos do abundante enxoval da boneca de Margarida, uma das *Meninas exemplares* da condessa de Ségur.[10] Dá para sonhar.

Tudo isso pode pertencer ao passado, a culturas distantes. Entretanto, pode-se compartilhar o prazer. Pouco importa o lugar, ou o tempo, a criança vê além das aparências. É o que constato quando, toda semana, com nossos cestos de livros, instalamos a biblioteca sem paredes perto da caixa de areia, num bairro habitado majoritariamente por famílias de imigrantes. É grande a atração das crianças pelos relatos da condessa de Ségur. O detalhe aproxima e toca o universal.

Penso nas lembranças de Albert Camus, estudante argelino, narradas em *O primeiro homem*:[11] "Os livros escolares eram sempre os mesmos em uso na metrópole. E aquelas crianças, ali, que só conheciam o *sirocco*, a poeira e as chuvaradas prodigiosas e breves, a areia das praias e o mar em chamas sob o sol, liam com aplicação (...) esses relatos, míticos para elas, em que crianças de gorro e cachecol de lã, com os pés calçados em tamancos, voltavam para casa no frio glacial, carregando gravetos sobre os caminhos cobertos de neve, até que percebiam o teto nevado da casa onde uma chaminé que soltava fumaça fazia-os saber que a sopa de ervilhas cozinhava na lareira. Para Jacques, essas histórias eram puro exotismo (...) Esses relatos faziam parte da poderosa poesia da escola(...)."

É por isso que, na biblioteca, os pequenos leitores gostam tanto de um livro pequeno e simples, uma "primeira leitura", suscetível como uma experiência à qual se tem prazer em evocar, em múltiplas situações de vida.

---

[10] Obra publicada no Brasil por diversas editoras.

[11] CAMUS, Albert. *O primeiro homem*. Rio de Janeiro: Nova Fronteira, 1994.

Apropriar-se de um texto é viver a experiência do outro. Então, o passado torna-se presente, o distante se faz próximo. Por sua capacidade inata de se identificar com o outro, a criança leitora é múltipla; ela é, ao mesmo tempo, o príncipe e o pobre.

Narrativas que tocam adultos e crianças

Uma obra literária de qualidade reúne adultos e crianças em torno de experiências íntimas, vividas por cada um à sua maneira. Poucos objetos culturais destinados às crianças oferecem semelhante comunhão *A teia de Charlotte*, uma verdadeira obra-prima, é um livro em especial amado pelas crianças e pelos adultos. Eu me lembro de um jovem pai universitário que, ao devolver esse livro à biblioteca, me disse o quanto havia ficado pessoalmente comovido lendo-o às crianças. Ele não pudera esconder sua emoção, reconhecia. O livro conta a espantosa história de uma amizade generosa que se tece página a página entre uma aranha e um porco. "Onde o papai vai com este machado?", pergunta Fern à sua mãe, enquanto elas colocavam os talhares na mesa para o café. "Ao chiqueiro", respondia a senhora Arable. "Nasceram alguns leitões esta noite."

Rude começo. Na felicidade pacata do cotidiano, irrompe o drama, uma ameaça de morte que assombra a alegria do nascimento. A pequena Fern, e depois a surpreendente aranha, vão tentar salvar o porquinho. A aranha vai mobilizar toda sua inteligência e energia para livrá-lo de tão funesto destino.

Em companhia dos animais, no mundo tão rico da fazenda, a história é uma questão de nascimento e morte, de amizade e generosidade, de festa e competição, de luta pela vida, de verdadeira solidariedade.

Como é bom viver essa narrativa com um adulto que a compreende e é capaz de se emocionar com ela. A ilustração em preto e branco de Garth Williams está à altura do texto: ela o acompanha com uma discrição e uma ternura de grande sensibilidade. Esse clássico destinado a crianças trata de acontecimentos essenciais da vida, mesclando a eles, de maneira bem natural, a magia.

Cada um, adulto ou criança, com sua experiência, com a riqueza de sua vida interior, aprende, nesse romance, uma forma de sabedoria, um certo conhecimento da alma humana. Expressa de maneira simbólica, a história causa profunda impressão em cada um, e a leitura compartilhada em família permite uma convivência original, uma experiência capaz de suscitar, nas conversas e circunstâncias da vida, o prazer de compartilhar múltiplas referências em comum.

O pátio da fazenda é um microcosmo particularmente rico. Com os animais, é toda uma vida social que se desdobra. É o que faz a felicidade de Delphine e Marinette, as duas menininhas de *Les contes du chat perché*,[12] um dos clássicos da literatura infantil. Com toda naturalidade, elas emprestam sentimentos humanos aos animais da fazenda e dão-lhes uma vida de profunda simpatia, às vezes mesclada de compaixão. Outras vezes, é como se fosse um jogo: "Se eu fosse..., seria..." Esse simples jogo pode encobrir verdades essenciais: é assim o conto *O asno e o cavalo*. Numa noite de lua cheia, as duas meninas, imprudentes, fazem um voto: ser cavalo e ser asno. "De manhã, Marinette entreabre os olhos e lhe parece ver, entre os cílios, duas grandes orelhas peludas que se mexiam no travesseiro da cama da irmã. Delphine, também sonolenta, deu uma olhada na cama da irmã, que lhe pareceu bastante volumosa, estranhamente arredondada, e dormiu de novo, mesmo assim (...)." Com dificuldade, elas desceram de seus leitos e se olharam, em suas quatro patas. O pobre cavalo só pensava em sair correndo. Olhava sua roupa de menina, colocada numa cadeira perto da cama e, com a ideia de que não poderia nunca mais entrar nela, ficou infeliz. Os pais, primeiro surpreendidos e irritados, se rendem às evidências e vão logo fazer bom uso desses animais para o trabalho na fazenda. Eles se mostram sem coração, violentos e cúpidos. Delphine e Marinette devem ser úteis e produtivas. As meninas pouco a pouco vão esquecendo a origem humana e a qualidade da infância. Asno e cavalo, elas vão se submeter às intenções e aos desejos cruéis de seus pais, durante algum tempo. Sob a aparência de um simples jogo infantil, esse conto nos convida a uma profunda reflexão filosófica, nos aproximando das crianças, pelas emoções compartilhadas.

As crianças facilmente emprestam sentimentos a objetos ou aos bichos. Dar vida aos bichos de pelúcia é justamente o que faz Chris-

---

[12] AYMÉ, Marcel. Op. cit.

topher Robin com Winnie Puff, maravilhosamente contado por A. A. Milne na bela tradução francesa de Jacques Papy, acompanhada das deliciosas ilustrações em preto e branco de Ernest Shepard.[13] A criança não pode ler sozinha essas histórias. Ela precisa que leiamos para ela. Os adultos se ajustam, com prazer, ao diapasão desse humor com nitidez infantil. A descoberta desse livro suscita assim algumas alegrias familiares. E como é bom ver esses pais entrarem com facilidade no mundo da infância, com suas alegrias e seu *nonsense*.

"Enquanto Winnie cantarolava um cantarolado e passeava alegremente, ele se perguntava o que faziam os outros e que impressão se tinha quando se era outro."

Compartilhar com os pais o humor tão infantil e a filosofia da obra-prima de Milne é uma verdadeira felicidade. É sentir ternura por Winnie, esse urso desajeitado e guloso. "Winnie gostava de comer uma coisinha às onze da manhã." Essa coisinha vai e volta como um refrão nessas histórias. Ele é tão guloso que um dia não consegue sair da toca onde mora. Coelho tinha lhe oferecido, generosamente, mel e leite condensado. Ele está espremido. Precisa emagrecer e isso leva tempo. Coelho se propõe então ler para ele. Ele também tem senso prático: "Você se importa se eu usar as suas patas traseiras como porta-guardanapos? Porque, olha só, as suas patas não têm nada para fazer e seria cômodo pendurar os guardanapos nela."

Os pequenos vivem com naturalidade o prazer de uma identificação total e quase em estado bruto. Às vezes, têm consciência disso. Lembro de Benjamin, um menino de 5 anos para quem eu lia o livro ilustrado de Russell Hoban, *Bonne nuit, Adèle*[14] [Boa-noite, Adèle], a história de um pequeno texugo que, como todas as crianças do mundo, inventa múltiplos pretextos para retardar a hora de deitar. Emocionado, Benjamin me diz: "É como eu, mas não sou eu." Em poucas palavras, ele definiu perfeitamente o ato mesmo da leitura. Com *Marcel la mauviette* [Marcel, o banana],[15] o tocante personagem de Anthony Browne, é assim. Ainda que chimpanzé, ele também é reconhecido como um irmão

---

[13] MILNE, A. A. Op. cit.

[14] HOBAN, Russell. *Bonne nuit, Adèle*. Paris: Pocket, 1998.

[15] BROWNE, Anthony. *Marcel la mauviette*. Paris: L'École des Loisirs, 1992.

pelos leitores entusiasmados. Conheço um menino que pediu para se vestir como ele.

A identificação é vivida com mais força quando chega de maneira inconsciente, além das aparências, em profundidade, o que é essencial: ela dá à criança a ocasião de viver, livre e individualmente, uma experiência.

Assim, mesmo bem pequena, a criança sabe "ler nas entrelinhas", um atributo próprio aos verdadeiros leitores. À obra proposta, ela comunica a vida, a sua própria vida. Para retomar a bela comparação de Emmanuel Levinas, citada por Marc-Alain Ouakin, o livro é como um pássaro com as asas fechadas que espera o sopro do leitor para abri-las e levantar voo.

Esses mecanismos psicológicos que a leitura põe em jogo são inconscientes, isto é, envolvem verdadeiras ambiguidades, variações e liberdades inesperadas; e o valor está em que se trata de verdadeiras obras de arte e não de materiais fabricados sob medida por pedagogos bem-intencionados. Eles despertam reações imprevisíveis e diferentes em cada leitor, segundo a vida interior e a experiência de cada um. É o milagre da ficção, da obra de arte que permite a cada um, assim, viver destinos ricos e inauditos; que dá sentido a acontecimentos que surgem na sua vida, graças a criadores de gênio; que permite a cada um traçar caminhos novos no mundo confuso que nos envolve, aprender a se conhecer e se reconhecer em encontros com os outros. "É nesse espaço ambíguo, entre possessão e reconhecimento, entre a identidade imposta pelos outros e a identidade descoberta por si próprio, que se situa o fato de ler."[16]

A ficção nos abre o mundo da magia, mundo naturalmente familiar às crianças. Todos os sonhos são possíveis, mas sempre com certa lógica. É o que vive Mumin com a família e os amigos, quando as cascas de ovos caídas do chapéu do mágico se transformam em nuvens, como pequenas almofadas confortáveis que permitem viajar. "As nuvenzinhas levantaram voo, como coelhinhos obedientes. Foi Snorque quem descobriu como dirigir: uma leve pressão do pé e a nuvem fazia uma curva."

---

[16] MANGUEL, Alberto. *Pinocchio et Robinson. Pour une éthique de la lecture*. Paris: L'Escampette, 2005.

Pequenas alegrias e pequenas tristezas

Grandes artistas, como Tove Jansson, a criadora de *Mumin*,[17] ou ainda Arnold Lobel, também sabem reconhecer as pequenas alegrias da vida de todos os dias. Depois da tempestade no país de Mumin, "vamos ver o que o mar jogou na praia". "Entre pedaços de emborrachados, flutuadores e algas, ele encontrou um cinto de cortiça, um tapete de ráfia, um velho sapato de montanha sem salto e uma pá de madeira quase inteira (...), um objeto estranho de vidro curvo e o sacudiu. Uma nuvem de flocos de neve se levantou num turbilhão para descer devagarinho sobre uma casinha com janelas de papel prateado. Oh... diz Snif: 'Não sei se gosto mais do cinto de cortiça ou desse vidro-talismã-de-inverno.'" Maravilhosos tesouros, roubados ao mar! "Olha lá os destroços extraordinários que foram encontrados na ilha solitária." É o prazer da coleta que as crianças tão bem conhecem. Pensemos nos tesouros que as crianças guardam no fundo dos bolsos. Quanto à bolsa de que Mamãe Mumin não se separa nunca, ela contém "só coisas de que se pode precisar, de repente, como meias para trocar, balas, um fio de arame, aspirinas, coisas assim". Existe ali o prazer reconfortante de enumerar essas pequenas coisas que fazem pensar que Mamãe Mumin tem mesmo resposta para tudo, que ela pode resolver os menores problemas.

Lobel evoca as pequenas tristezas que fazem Hulul chorar.[18] "Ele começa a pensar em coisas tristes. São os lápis curtos demais para escrever, livros que não se podem mais ler porque várias páginas foram arrancadas, cantigas que não se podem mais cantar porque a gente esqueceu as letras, relógios de pêndulo parados porque ninguém está lá para dar corda." Como estar ao mesmo tempo no térreo e no primeiro andar, em cima e embaixo? É o tempo todo subir e descer correndo, não pode ser. Decepção também quando a lista de coisas a fazer sai voando. Nada vai do jeito que se quer. "Ranelot lhe disse: olhe aqui os grãos de flores, semeie na terra e logo você vai ter um jardim." "Logo é quanto tempo?" "Oh, é pouco tempo, responde Ranelot." Mas existe também a felicidade de se estar entre amigos, de compartilhar. Há nisso

---

[17] JANSSON, Tove. Op. cit.
[18] LOBEL, Arnold. *Hulul*. Paris: L'École des Loisirs, 1993.

um humor sutil que se reconhece a certa distância e que permite assim lidar com essas realidades. Ler e escutar uma história é, ao mesmo tempo, interpretar e se identificar.

Quando a criança se conta

Ler sozinho um romance, eis o que assusta aqueles que não se sentem seguros de si. As primeiras experiências podem ser decisivas. Os bibliotecários conhecem bem certos livros que contam imediatamente com a adesão das crianças. Há também narrativas na primeira pessoa e que propõem um encontro com mais facilidade.

O Pequeno Nicolau[19] faz parte dessas aventuras muito queridas. "Será que as crianças vão sentir-se ligadas a essa forma de humor tão apreciada pelos adultos", perguntavam-se os bibliotecários, quando o livro foi publicado em 1959. Não seria necessário ter um distanciamento em relação à infância para saboreá-lo verdadeiramente? Para saber, eles o apresentaram às crianças com o sucesso que se conhece.

"Todos os anos, quer dizer, no ano passado e no de antes, porque os outros não lembro, é velho demais, papai e mamãe brigam muito para saber aonde ir nas férias e logo mamãe começa a chorar e diz que ela vai para a casa da mamãe dela, e choro também porque gosto muito da vovó, mas na casa dela não tem praia e no fim a gente acaba indo aonde mamãe quer e assim a gente não está na casa da vovó."

É o pequeno Nicolau que fala assim. Fica-se com a impressão de já o ter encontrado. É um garoto de verdade que se exprime como as crianças de sua idade, quando elas se põem a contar aquilo que acabam de viver, com frases tão longas que se estiram, e digressões que não acabam mais. É uma arte difícil, que Goscinny domina perfeitamente. *As férias do Pequeno Nicolau*[20] tem às vezes alguns pontos comuns com as de M. Hullot. *O Pequeno Nicolau* acha, de fato, que o mundo dos adultos é bem desconcertante. O autor testemunha uma verdadeira

---

[19] GOSCINNY, R.; SEMPÉ, J. *O Pequeno Nicolau*. Rio de Janeiro: Rocco, 2010. A editora publica a nova série no Brasil.

[20] GOSCINNY, René; SEMPÉ, Jean-Jacques. *As férias do Pequeno Nicolau*. Rio de Janeiro: Martins Editora, 1998.

ternura pelas crianças. A narrativa, com finura, se desenrola com naturalidade. Faz pensar que se trata de um registro sonoro do seu relato. Saboreiam-se o ritmo e as palavras. Encontram-se, ao longo das aventuras, personagens bem definidos. É "Geoffroy, que tem um papai muito rico" ou "Agnan, que é o primeiro da turma e o queridinho da professora". Esse é um livro que gostamos de propor às crianças com dificuldades de leitura e àquelas que têm medo de se lançar na leitura. É irresistível. Na biblioteca, sabemos. Tais livros não "esquentam lugar" nas estantes, são constantemente emprestados.

As crianças são muito sensíveis aos relatos contados na primeira pessoa porque eles levam-nas a visitar o cotidiano e os pequenos acontecimentos. Os encontros ali são mais fáceis. A escritora Colette Vivier nos faz ler, assim, o diário de uma menina. É *A casa dos quatro ventos*,[21] um clássico da literatura infantil, dos anos 1930. "Meu nome é Aline Dupin, tenho 11 anos desde o 16 de agosto (...) Moramos no 13 bis, rua Jacquemont, a casa que fica logo em frente ao pátio do carvoeiro." Essa menina conta sob a forma de diário sua vida cotidiana entre um pai um tanto desorientado, uma tia implicante que substitui mal a mãe ausente e irmãos e irmãs que, cada um à sua maneira, sofrem com a ausência momentânea da mãe. Ela se vê, assim, com uma carga de responsabilidades bem pesada para a sua idade. Vive pequenas alegrias e pequenas tristezas como todas as crianças as conhecem. "Que dia! Primeiro, para começar, eu tinha tido um belo sonho, essa noite. Quis contar a Estelle, mas ela tampou os ouvidos com as mãos para não escutar." Nesse livro, nada soa falso. Por isso, aconselho a leitura aos pais. É um convite para penetrar no mundo das crianças, com finura e sutileza, a prestar atenção a esses momentos feitos de pequenos prazeres e pequenas tristezas, tão importantes na vida de uma criança. Pouco importa que seja o mundo popular de Paris no fim dos anos 1930, esse universo sutilmente descrito toca as crianças de hoje, porque o cotidiano é ali evocado com sensibilidade.

---

[21] VIVIER, Colette. *A casa dos quatro ventos*. São Paulo: Edições de Ouro, 1974.

Guerra e paz

Ler é um encontro íntimo. Um jornalista de passagem pela biblioteca perguntou a uma de nossas jovens leitoras que livros a haviam mais fortemente impressionado. A resposta foi imediata: "*O diário de Anne Franck*.[22] Fiquei perturbada. Eu não sabia." "Por quê? Você não sabia da perseguição aos judeus durante a Segunda Guerra Mundial?" "Sim, claro, nossos livros de história falam disso. Falamos em aula. Mas ali não é a mesma coisa. Eu vivi ao lado de Anne Franck, todos os instantes e na sua intimidade. Eu a admirei, sofri com ela. Descobri o lado de dentro dessa horrível realidade."

"Na manhã quando aquilo aconteceu – o fim de um mundo maravilhoso –, eu não tinha regado o arbusto de lilases em frente ao escritório de meu pai. Isso acontecia em 1941, em Wilno, cidade do Nordeste da Polônia. Eu tinha 10 anos e considerava normal que, no mundo inteiro, as pessoas, numa manhã assim, se ocupassem de seus jardins." É o começo do belo relato autobiográfico de Esther Hautzig, *La steppe infinie*[23] [A estepe infinita]. Tudo degringola nesse dia: é preciso deixar seu bonito quarto, suas bonecas e a casa que abriga em toda segurança a felicidade familiar. Esther é mandada para a Sibéria com a família. É lá que ela vive, como deportada, de 1941 a 1945. Lá, é preciso sobreviver. Cada dia é uma luta contra a fome, o frio ou o calor intensos. Mas existem no seio da sua família tal ternura e tal coragem para manter a dignidade, que Esther enfrenta as dificuldades com confiança.

La steppe infinie é um desses livros muito queridos pelas crianças da biblioteca. Gosto de evocar com elas certas passagens marcantes, como o episódio da chegada de Vânia, o vagabundo que deve ocupar também o espaço exíguo da cabana em ruínas. "Era o mendigo do vilarejo e as pessoas diziam que roubava. Ele ia morar conosco." "Talvez esse homem tivesse uma razão *válida* para roubar", sugere a mãe. "Vânia, o vagabundo, apareceu em nossa casa. Posso entrar? Pois não, diz minha mãe se levantando."

Compreender o ponto de vista do outro e se colocar no lugar do outro, eis o que a leitura pode propor. Um mundo novo é possível,

---
[22] Publicado originalmente em 1947, já teve várias edições no Brasil.
[23] HAUTZIG, Esther. *La steppe infinie*. Paris: L'École des Loisirs, 1986.

então. Um mundo de paz onde, juntos, podemos viver melhor. Esse tema é caro a Michael Morpurgo, grande escritor muito apreciado por crianças e adultos. Às vezes, de um simples relato ele faz um autêntico acontecimento. *La trêve de Noel*[24] [A trégua de Natal] é uma verdadeira obra-prima, capaz de comover a todos. É uma história verdadeira, que acontece nas trincheiras, na véspera de Natal, quando, espontaneamente, soldados ingleses e alemães decidem confraternizar, conversar e celebrar a festa, à sua maneira. É um belo hino à paz, sem grandiloquência, saído da mais concreta verdade. A obra é breve, de grande sobriedade e ternura contida, o que convida naturalmente a uma leitura em voz alta. A linguagem de Morpurgo é bela, simples e digna, à altura do acontecimento. Lê-se esse livro lentamente, refletindo em silêncio. Ele é muito bom. Num mundo de violência, ele é necessário.

"Desapareci na véspera do meu aniversário de doze anos. Em 28 de julho de 1988. Somente hoje posso enfim contar toda essa história extraordinária, a verdadeira história do meu desaparecimento. Kensuké tinha prometido não falar nada, nada mesmo, até que pelo menos dez anos tivessem passado. Foi quase a última coisa que ele me disse." A história de *Le Royaume de Kensuké*[25] [O reino de Kensuké] é vivida sobre um fundo de guerra atômica. Michael Morpurgo afirma ainda uma vez que outro mundo é possível, hoje. Ficção extraordinária ou história verdadeira? O herói não tem o mesmo prenome do autor? Maravilhosa ambiguidade: tudo se mistura com prazer, nesse pequeno livro que leva as marcas de um grande relato discretamente ilustrado por um artista notável, François Place. É uma bela história de amizade entre um menino inglês que vai parar numa ilha e um velho japonês que ali se encontra porque escolheu viver em solidão após a catástrofe de Nagasaki. A linguagem é simples, magnífica. A narrativa é conduzida com maestria. A aventura é recente e parece indicar datas precisas: a expedição familiar é realizada graças à indenização de desemprego recebida pelo pai. Tudo é contado com minúcia e total verossimilhança.

O velho japonês conta sua história ao longo das pescarias. Sua filosofia condena a loucura e o furor dos homens de guerra. Ali, em

---

[24] MORPURGO, Michael. *La trêve de Noel*. Paris: Gallimard Jeunesse, 2005. De Morpurgo, foram publicados no Brasil os livros *Eu acredito em unicórnio* (São Paulo: Martins Fontes, 2010) e *A dama negra* (São Paulo: Companhia das Letras, 2004).

[25] MORPURGO, Michael. *Le royaume de Kensuké*. Paris: Gallimard Jeunesse, 2000.

filigrana, há uma reflexão profunda sobre a desaparição e a memória. Essa reflexão, forte e tocante entre a criança e o velho, é tratada de um modo filial. Eles compartilham a arte e o jogo. O velho é um artista que pinta durante horas sobre as conchas planas, com a tinta da polpa. Ele não hesita em jogar futebol com o menino. É também uma bela relação do mestre com a criança que se torna uma discípula. Ele tem a figura forte e serena de um sábio. Protege os animais, põe ao abrigo as famílias de gorilas, quando os caçadores desembarcam, e acompanha os bebês tartarugas até o mar à noite, quando os ovos se quebram. O amor pela natureza os une, o menino e o velho.

O desejo de ser reconhecido

Na ficção para crianças, a metamorfose ocupa um grande lugar. Com ela, vive-se a relação com o outro em total ineditismo. Quando alguém vive uma metamorfose, como é percebido pelo outro? Como o outro o percebe, será segundo as aparências ou, mais além, segundo a verdadeira identidade?

Isso pode suscitar também o sofrimento da incomunicabilidade, o drama de ser incompreendido, de não ser reconhecido no seu ser verdadeiro. São sentimentos que a criança vive dolorosamente e que lhe são familiares. Certos autores tratam o tema de maneira maravilhosa, como William Steig, por exemplo. Pensemos em *Silvestre e o seixo mágico*[26] e *Caleb et Kate*.[27] Por magia, os heróis dessas histórias encontram-se metamorfoseados, um em rochedo e o outro em cachorro. Cada um à sua maneira, ambos vivem o drama de não serem reconhecidos e não poderem comunicar-se com aqueles que amam; depois, experimentam a felicidade dos reencontros e do amor fortalecido pela prova.

Como ser reconhecido pelo que se é, ao mesmo tempo pelos seus iguais e pelos adultos? É uma questão recorrente nos melhores livros para crianças. Como resistir ao desejo do grupo, do outro, daqueles que querem impor um modo de ser? Como resistir, quando não se é conforme ao que os adultos e a sociedade querem que se seja? Como

---

[26] STEIG, William. Op. cit.

[27] STEIG, William. Op. cit.

escapar às etiquetas? É a *Histoire de Julie qui avait une ombre de garçon*[28] [História de Júlia, que tinha uma sombra de menino]. É o caso do menino que chora, da menina com jeito de garoto. Um e outro reivindicam o direito de ser como são: não existe em cada um de nós uma parte feminina e uma parte masculina?

Ser um menino como deve ser é o destino de *Le môme en conserve* [O menino que saiu de uma lata de conservas], de Christine Nöstlinger,[29] que brinca sobre o assunto com humor. Madame Bartolotti é uma mulher maravilhosamente anticonformista. Ela tem uma paixão: fazer compras por correspondência. Por um erro de entrega, recebe numa grande lata de conserva uma criança programada para ser perfeita. Quando a fábrica por fim constata o erro, a criança perfeita já se convertera em objeto de uma verdadeira desaprendizagem. O casal que havia encomendado a criança perfeita não quer saber daquela criança grosseira e desobediente. Mas, afinal, como ela deve ser: perfeita ou fazer apenas o que lhe passa pela cabeça?

O dever e a necessidade de resistir: é isso que dizem com humor inúmeras histórias contadas por alguns autores muito queridos pelas crianças, como Quentin Blake, Tomi Ungerer ou Roald Dahl, por exemplo. Às vezes, trata-se apenas de resistir a uma solicitude excessiva, uma afeição exagerada da parte de adultos de ternura invasora. As crianças não hesitam, elas ficam naturalmente do lado das cacatuas de Quentin Blake que tentam escapar do olhar do senhor Dupont. Elas se divertem com o gato de Tomi Ungerer que não quer dar beijos, em *Pas de baiser pour Maman!*[30] [Sem beijo para mamãe!]. Essa afeição materna é muito incômoda quando se manifesta na presença dos colegas da escola.

Com Roald Dahl e *Fantastique Maître Renard*[31] [Fantástico mestre Raposa], as crianças tomam partido das raposas contra os fazendeiros. Trata-se da revanche dos pequenos contra a arrogância, a autossuficiência e a estupidez; contra aqueles que querem impedir os pequenos de viver. "No vale, havia três fazendas. Os proprietários dessas fazendas

---

[28] BRUEL, Christian; BOUZELLEC, Anne. *Histoire de Julie qui avait une ombre de garçon*. Paris: Être, 2009.
[29] NÖSTLINGER, Christine. *Le môme en conserve*. Paris: Hachette, 2001.
[30] UNGERER, Tomi. *Pas de baiser pour Maman*. Paris: L'École de Loisirs, 1990.
[31] DAHL, Roald. *Fantastique Maître Renard*. Paris: Gallimard, 1998.

tinham prosperado. Eram ricos e também eram malvados." Numa toca vivia a família Renard. Quando dona Raposa dizia o que queria para o jantar, fosse galinha, pato ou ganso, "mestre Raposa se esgueirava pelo vale e se servia." As raposas precisam viver, quer dizer, se nutrir com galinhas de boa carne e enfrentar os três gordos fazendeiros, estúpidos e arrogantes. É uma questão de dever de resistência pela vida. Toda a família se põe sob a direção de mestre, maravilhosamente esperto, divertido e inventivo. Parece um jogo, graças a uma extraordinária arte de narrativa que mostra simultaneamente os esforços exagerados e inúteis dos ricos fazendeiros e as manobras leves e eficazes da família Raposa. Mestre Raposa age com elegância e ousadia. Tem um senso admirável da fraternidade. Convida à sua mesa todo tipo de bicho de pelo: texugos, doninhas, toupeiras e coelhos. E todos têm prazer em se encontrar com a família dele.

Com humor e gravidade, Dahl conta a história de Matilda, uma menina sensível e inteligente. Ela é curiosa sobre tudo, entende tudo e se interessa por tudo. "Os livros a transportam para universos desconhecidos e a fazem encontrar personagens fora do comum, que levam uma vida original." Ela se choca, infelizmente, com a brutal incompreensão dos pais que querem impedi-la de viver suas paixões. "Eles eram tão limitados, tão confinados às suas pequenas existências estúpidas, que não tinham notado nada de particular em sua filha." "Um livro? O que você vai fazer com um livro, sua boba? E a tevê, não basta?" "Deus do céu! A gente tem uma bela tevê com uma tela de 56 e você quer livros!" A diretora da escola, Lamy Noir, detesta as crianças e as aterroriza. Matilda, ao contrário, tem uma espantosa relação com a professora, senhorita Candy, que sabe reconhecer e admirar sua natureza excepcional, sua simplicidade e os talentos misteriosos de que ela é dotada. Ela gosta da paixão pelo conhecimento da criança que sabe se entusiasmar por questões tão gratuitas, como as batidas de coração do porco-espinho e do cavalo. Matilda tem poderes mágicos, mas, sob os conselhos de sua professora, faz uso desse recurso com discernimento. Há belas reflexões filosóficas a esse respeito. A relação terna e respeitosa que se pode estabelecer entre uma criança e uma adulta surpreende e encanta. A professora se enriquece com a amizade dessa criança, e reciprocamente. Tudo isso confere à narrativa rápida uma nota de felicidade, de cultura autêntica, inteligência e poesia. "Essa criança", pensa a senhorita Candy, "parece na realidade se interessar por tudo. Com ela, é impossível ficar entediada. É muito agradável."

A dificuldade de resistir diante de um grupo ou um adulto é um tema caro a Robert Cormier, mestre da arte da narrativa. Em *La guerre des chocolats*[32] [A guerra de chocolates], ele conta a história de um calouro que é submetido, como todos os calouros, a um regime de trotes num colégio católico americano. O organizador do trote impõe-lhe, durante certo período, a recusa em participar da venda de chocolates organizada pelo colégio para encontrar subsídios suplementares. Quando o prazo do trote termina, o menino simplesmente persiste na sua recusa. E se mantém firma nessa decisão, apesar de um professor sádico que complica sua vida e dos "veteranos" que o perseguem. Tudo vai terminar em um combate singular e desigual aceito tacitamente pelo religioso que organiza a venda.

Resistência é também um tema presente em certas obras do excelente escritor Louis Sachar. Num romance escrito para crianças maiores, *Le passage*[33] [A passagem], o jovem Stanley Yelnats é mandado para um centro de reeducação por um roubo que não cometeu. Nesse campo estranho, perdido num deserto do Texas, seus companheiros de infortúnio e ele devem cavar buracos, evitando a mordida mortal dos lagartos amarelos, por ordem de uma misteriosa e terrível diretora. Sobre o fundo de uma clássica narrativa de iniciação, o jovem herói cresce diante das provas e vive uma amizade verdadeira.

Do mesmo autor, *O menino que perdeu o rosto*[34] é escrito para leitores mais jovens. "Você me incomoda", diz Scott a David. "Se quiser fazer parte do bando de Roger e Randy, pare de ser um almofadinha." Como existir diante do grupo, diante dos outros, diante dos amigos também? O leitor se reconhece bem em David, esse menino sensível, pouco seguro de si, que, para ser admitido num grupo, se mete numa situação que ele teria preferido evitar. Ele aceita, de fato, participar de um ataque a uma velhinha original e generosa, para lhe roubar a bengala. Mas ela é uma feiticeira que lança sobre ele uma má sorte. E ele

---

[32] CORMIER, Robert. Tradução de Michele Poslaniec. *La guerre des chocolats*. Paris: L'École des Loisirs, 1985.

[33] SACHAR, Louis. *Le passage*. Paris: L'École des Loisirs, 2003.

[34] SACHAR, Louis. *O menino que perdeu o rosto*. Rio de Janeiro: Record, 2005.

acredita, ao longo do livro, ser vítima de uma maldição perpetrada pela velhinha agredida. Então ela não tinha dito: "Ton Doppelgänger vomitará na tua alma"? Ele vai conseguir livrar-se dessa maldição apenas quando passar pelas mesmas provas a que tinha submetido a velhinha simpática.
Sachar evoca muito bem o mundo da infância, ao mesmo tempo cruel, ingênuo e sensível, feito de dúvidas, ciúmes e ritos. Esse livro, feito essencialmente de diálogos, é de rara finura. A escrita é ao mesmo tempo bela e simples. Pela qualidade e sutileza, ele toca tanto as crianças quanto os adultos.

Peregrinações e buscas desenfreadas

Muitos dos melhores romances infantis são saborosas peregrinações que a criança empreende e vive deleitosamente. Seguir a estrada não se trata da própria imagem da leitura?

Dominic,[35] o cachorro, "era um diabo de quatro, sempre atrás de um movimento. Um dia em que a vontade de se mexer tomava conta dele totalmente, decidiu que a monotonia da vida cotidiana não bastava para satisfazer sua necessidade de aventura. Precisava cair na estrada." Ele parte para a aventura seguindo as indicações de uma crocodila feiticeira. Ela parece ter "um número excessivo de dentes para as necessidades normais de uma mandíbula." Mas pouco importa! Ele a acolhe com sua vivacidade habitual. "Eu gosto de ser apanhado de surpresa." Ele prefere os riscos da aventura a conhecer de antemão seu destino. Toma a vida como ela se apresenta e saboreia de modo pleno cada instante. Basta folhear o livro para se ter vontade de acompanhá-lo. Ele leva apenas um simples saco de viagem.

É bom, de fato, viver em sua companhia. Ele é ao mesmo tempo completamente humano como também, por sua fidelidade e seu faro, completamente cachorro. Seu senso de solidariedade lhe permite, ao longo da peregrinação, libertar os personagens que encontra do terror que inspira o Bando dos Horríveis. Ele salva da morte, assim, a gansa destinada a ser comida pelos homens sem coração. "Você já pensou ficar pendurada pelos pés quando eu estava indo ao mercado, eu

---

[35] STEIG, William. *Dominic*. Paris: Gallimard, 1982.

que sou viúva com cinco filhos para criar!" Dominic oferece generosamente os tesouros que lhe pesavam. Ele se enriquece com as amizades que faz no caminho. O bom humor, a generosidade e o gosto pela vida e a liberdade percorrem o livro ao longo das páginas. As ilustrações engenhosas são obra de mãos de mestre.[36]

As longas peregrinações muitas vezes são como romances de iniciação. Decide-se partir em viagem porque ali a vida é monótona, aborrecida ou particularmente difícil. Ou porque, sem afeição, falta o essencial.

Partir, por quê? Trata-se, muitas vezes, na literatura infantil, de deixar orfanatos, símbolos dessas instituições dirigidas por pessoas rígidas e frias, incapazes de amar. A vida ali é insuportável. Escapar da instituição, com os rigores e a falta de amor, torna-se uma necessidade absoluta. A criança sente fortemente a necessidade do calor de uma família. Ela sonha com outra vida. E como é bom partir pelos grandes caminhos à procura da verdadeira afeição, à procura de um pai ou de uma família para existir e ser reconhecido no seu desejo de amar e ser amado, para viver intensamente a vida. Os vagabundos de coração grande e espírito aventureiro são companheiros maravilhosos. São homens verdadeiros e generosos. Vivem o instante, se lançam na aventura, de nariz ao vento e, às vezes, de barriga vazia, sempre correndo o risco de enfrentar encontros difíceis, mas também de ter uma chance de viver intensamente. Juntos, afrontam os perigos e seguem sempre na estrada.

Os pequenos leitores acompanham com emoção *Rasmus et le vagabond*[37] [Rasmus e o vagabundo]. O menino de 9 anos pega a estrada e encontra um amigo, o maravilhoso vagabundo Oscar, que vai ajudá-lo em sua busca e se revelar um formidável companheiro. Juntos, eles vivem verdadeiras aventuras quando caem numa sombria história de bandidos, até que, por fim, conseguem fazer prevalecer a verdade e a justiça.

Jingo Django[38] se situa na linha dos grandes romances de aventura, com humor muito moderno. O herói, arrancado de um orfanato por um aventureiro que se diz seu pai, duvida muito da veracidade dessa

---

[36] William Steig foi por muito tempo desenhista da *New Yorker*.
[37] ASTRID, Lindgren. *Rasmus et le vagabond*. Paris: Pocket Jeunesse, 1999.
[38] FLEISCHMAN, Sid. *Jingo Django*. Paris: L'École des Loisirs, 1998.

filiação, mas acha a vida pelas estradas, com ele, muito mais interessante do que a dos orfanatos. Então, acompanha com prazer aquele curioso personagem cheio de malandragem. Ele troca de nomes como de camisas, viaja numa velha carroça caindo aos pedaços e, sem violência, dá conta dos bandidos das estradas com uma inteligência que não para de nos surpreender e nos divertir loucamente.

Como a vida é bela nas estradas! Ali sopra um vento de liberdade, de inteligência e de generosidade. Fica-se em boa companhia. É, para a criança, a felicidade de amar e admirar a bondade, a verdadeira inteligência e a verdadeira liberdade.

Com as obras de Leon Garfield, que se inscrevem na linha de Dickens, Stevenson e Fielding, ocorre exatamente o contrário. Nas estradas e ruelas sórdidas da Inglaterra do século XVIII, o leitor penetra com medo e júbilo no mundo dos malfeitores. Fica lado a lado de personagens fortes. Sem querer, é levado a aventuras incríveis onde a violência e a traição se mesclam com o mais generoso amor. Com *Black Jack*, encontra pelos caminhos alguns personagens inesquecíveis e também perigosos bandidos. "Existem ofícios bastante curiosos, mas a senhora Gorgandy foi buscar o mais bizarro: ser uma pré-viúva." Isso permite que ela, por um pecúlio, venda as vestimentas do infeliz condenado à morte. Mas Black Jack misteriosamente escapa à forca e rouba as provisões da viúva. Assim começa a história.

Com *Smith*, é bom ser pequeno para correr, de página em página, pelas ruelas mal-afamadas e miseráveis da velha Londres. É a Londres da violência, da miséria e das casas caindo aos pedaços. "Smith tinha tal agilidade e um jeito tão incrível de sumir nas ruelas ou desaparecer nos becos, que era preciso ver para crer." Ele tem a mão ligeira e rápida do batedor de carteira. Seu último golpe leva-o, sem que ele se dê conta, a uma série de aventuras vida afora. Ele se apossara, sem saber, de um papel misterioso e indecifrável – porque ainda não sabia ler – e, com isso, acabou por se envolver com um bando de assassinos pelas ruelas mal iluminadas da velha Londres. Mas seu coração é generoso e é isso que o salva: ao ajudar um velho cego caído no chão, a história toma outra direção. O caminho de Smith é juncado de violências, dúvidas, traições – em quem confiar? –, mas se abre também a uma verdadeira generosidade.

A ficção é um convite à viagem que pode levar aos extremos do planeta. Essa é a força dos romances de Julio Verne: *Vinte mil léguas* submarinas, Viagem ao centro da Terra, A volta ao mundo em 80 dias. Com Jack London, o leitor acompanha homens e animais na luta pela vida. Assim é em "L'amour de la vie"[39] [Amor à vida] em que, sozinho, sem víveres nem munição, um homem marcha no grande Norte canadense. Se quiser salvar a vida, ele precisa caminhar e caminhar sempre, esperando alcançar o oceano Ártico ou talvez ser recolhido por um baleeiro. Numa manhã, um lobo, ainda mais faminto do que ele, se põe a segui-lo, esperando o menor sinal de fraqueza para saltar sobre a presa. "Construir o fogo", do mesmo autor, é um conto de grande simplicidade e de uma extraordinária força expressiva. Um homem decidiu partir sozinho para os confins do Alaska, a trinta graus abaixo de zero. Um cão-lobo o acompanha. Para não morrer, o homem precisa construir um fogo, uma fogueira. É a luta. Construir um fogo, construir a vida. As poucas páginas contam a obstinação cega de um ser humano isolado, tendo como únicos recursos o seu saber e a sua resistência física.

Outro mundo. Outros mundos

O próprio do mundo da fantasia é a lógica interna, a coerência, a consistência e a credibilidade. Sem implicar qualquer confusão ao mundo de todos os dias, do qual rejeita certas leis e certos elementos, o mundo da fantasia esclarece as verdades essenciais dele. A veia anglo-saxônica é particularmente rica nesse domínio, quer se trate de *Alice no país das maravilhas* ou das *Crônicas de Nárnia*. Durante a guerra, quatro crianças são obrigadas a se mudar para o velho casarão do professor Kirke. Durante uma brincadeira de esconde-esconde, Lucy, a mais nova dos irmãos, entra no armário de roupas da velha residência. Ela se vê, então, transportada para um bosque nevado, glacial e ali encontra um fauno que a convida a tomar chá. Ele conta que uma cruel feiticeira, a Feiticeira Branca, tinha invadido o mundo de Nárnia e que, desde então, o inverno ali era permanente. Quando os quatro irmãos aparecerem em Nárnia, poderá ser o fim do reino da feiticeira branca. Os irmãos e as irmãs de Lucy penetram com ela nesse outro mundo, onde os ani-

---

[39] LONDON, Jack. "L'amour de la vie." Paris: Gallimard Folio, 1995. No Brasil, ambos os contos citados estão na coletânea *Contos* (São Paulo: Expressão Popular, 2002).

mais falam. Eles vão viver de maneira bem concreta um percurso de iniciação, o da luta do Bem contra o Mal.

Outro mundo a descobrir é o de Bilbo, o *hobbit*.[40] Na história, um hobbit que gosta muito do seu conforto, de suas pantufas e de sua xícara de chá deixa-se persuadir, sem saber como, pelo mágico Gandalf, a participar da expedição dos anões que querem recuperar o tesouro. Com *A longa jornada*,[41] vive-se a epopeia de um grupo de coelhos que, fiando-se na intuição do mais malandro e mais medroso deles, deixa o bosque natal. Eles afrontam os perigos do campo aberto e a tentação de um conforto puramente material em troca da sua independência. O que é notável, nesse livro, é o entremeado natural da verdade muito concreta do mundo dos coelhos e de uma riqueza propriamente humana. Esta aparece pelo viés da mitologia dos coelhos assim como dos problemas políticos e sociais, problemas de vida e morte que eles devem solucionar.

A descoberta do Mundo de Nárnia[42] é apaixonante. Durante a guerra, quatro crianças são obrigadas a se mudar para o velho solar do professor Kirke. Durante uma brincadeira de esconde-esconde, Lucy, a mais jovem, abre o armário de roupas da velha casa. "Ela entra, livrando-se dos plissados dos casacos, mas, em lugar de sentir a madeira dura e lisa do piso, ela percebe algo macio, polvorento e extremamente frio. 'É muito estranho', observa ela. Então, ela chega a um bosque nevado, glacial, onde encontra um fauno que a convida para beber chá. Chorando, ele lhe conta sobre uma cruel bruxa, a Bruxa Branca: 'Ela mantém todo o Mundo de Nárnia sob seu domínio, e faz com que, aqui, seja sempre inverno e jamais Natal... Já imaginou?' 'Há nessa casa uma porta que conduz a um outro mundo', explica o professor, 'e esse outro mundo tem um tempo à parte que lhe é próprio'." Os irmãos e as irmãs de Lucy penetram nesse outro mundo, onde os animais falam. E vão viver aí, de maneira muito concreta, todo um percurso de iniciação, aquele da luta do Bem contra o Mal.

"Tobias Lolness media um milímetro e meio, o que não era grande coisa para sua idade." Assim começa o relato das aventuras do jovem

---

[40] TOLKIEN, J. R. R. *O hobbit*. São Paulo: Marins Fontes, 2009.

[41] ADAMS, Richard. *A longa jornada*. São Paulo: Círculo do Livro, 1976.

[42] LEWIS, C. S. *As crônicas de Nárnia*. Rio de Janeiro: Martins Fontes, 2009.

Tobias. "Tobias era muito vivo, consciente de sua infelicidade, maior do que o céu (...) Tobias, 13 anos, é perseguido por todo um povo, o seu povo."

É o povo do grande carvalho, um povo que constrói suas casas nos galhos, traça seus caminhos nos veios da casca, cultiva larvas para se alimentar. Por ter se recusado a revelar o segredo de uma invenção revolucionária, suscetível de ser utilizada em detrimento da árvore, o pai de Tobias é, com a família, condenado ao exílio nos Baixos-Galhos, território selvagem e sombrio. O jovem Tobias se encontra engajado, apesar de si mesmo, numa debandada que se perde no mundo que ele tenta salvar. Ele arrasta o leitor para um universo espantosamente vivo e complexo. Um mundo que existe de modo pleno, que oferece semelhanças com o nosso, e onde se encontram problemas semelhantes aos de nossas sociedades industrializadas, mas numa escala liliputiana. São questões de poluição, urbanismo, aquecimento do planeta e do poder das grandes empresas.

Esse gosto pela miniatura é forte nas crianças. Não corresponde ele à necessidade de acreditar que existem outros mundos, que a vida está em toda parte? Com *Les Chapardeurs*[43] [Os marginais], Mary Norton torna conhecido um mundo de seres minúsculos que vivem sob os tacos do soalho de uma casa velha. É por isso que as coisas desaparecem: agulhas, dedais, alfinetes de segurança. Um mundo escondido e secreto nos é revelado, um mundo ameaçado que, para sobreviver, deve "tomar emprestadas" as coisas de outro. Os ladrõezinhos demonstram uma imaginação a toda prova, para alegria do leitor. É o mundo da casa de bonecas. A criança tem pleno domínio dele. A cômoda é feita de caixas de fósforos. Com alfinetes de segurança, os ladrõezinhos conseguem chegar às cortinas do salão da gente lá de cima. Como crianças, eles se mostram engenhosos, modificando o uso habitual de objetos para se virar com aquilo que têm à mão. Estão em toda parte. Tem a família da lareira, a do salão e os peões do campo. As classes sociais também existem. Ao mesmo tempo familiar e misterioso, esse universo é descrito com detalhes. Há perigos também: eles precisam proteger-se dos camundongos e do mundo lá de cima. Felizmente o Menino está lá, ele entende e protege os seres pequeninos. A velha e doce Senho-

---

[43] NORTON, Mary. *Les Chapardeurs*. Paris: L'École des Loisirs, 1979.

ra May também toma conhecimento da aventura, e se torna conivente com a criança. Ela reconhece o mundo maravilhoso que é o dela. O Menino encontra o seu lugar naquele mundo do tudo-pequeno e no da gente grande. Como em *La petite géante*[44] [A pequena gigante], cuja personagem vive entre o mundo das bonecas e dos brinquedos de pelúcia e o mundo dos pais. A criança encontra também um lugar formidável junto aos animais de pelúcia no livro ilustrado, muito original, de Kitty Crowther: *Alors?*[45] Ao longo das páginas, numa diagramação de extraordinária força e sobriedade, os bichos de pelúcia entram e se instalam numa grande sala. E uma mesma pergunta é sempre feita à mesma pessoa. "Então, ele está lá?" (*Alors il est là?*) A resposta é breve e enigmática: "Ainda não." Mas então quem é essa pessoa tão esperada assim? E a criança chega. Um livro ilustrado maravilhoso para os pequenos sobre a espera e o desejo, assim como sobre a alegria de ser a criança forte, a criança esperada, a criança amada.

❖

Todos esses livros citados, recentes ou antigos, são imediatamente adotados pelas crianças. Constantemente pedidos pelas crianças impacientes por descobrir aquilo que entusiasmou as outras e os bibliotecários, esses livros fazem uma falta cruel quando não estão nas estantes ou quando desaparecem dos catálogos das editoras. Tão logo são adquiridos pela biblioteca, eles são solicitados com entusiasmo. Com o tempo, o sucesso deles não é desmentido. Eles se tornaram, de certo modo, clássicos.

Queremos distância desses "livros-demonstração" que se pretendem pedagógicos e não são nem um pouco convincentes. Supõe-se que a leitura deles ajuda a resolver problemas. Eles são escritos para a criança que chupa o polegar, que tem medo do escuro ou cujos pais são divorciados etc. Michèle Petit conta uma história a esse respeito.[46] Sua filhinha tem três anos e é adotada. "Nas livrarias e bibliotecas figuram agora rubricas temáticas, que supostamente ajudariam os pais

---

[44] DUMAS, Philippe. *La petite géante*. Paris: L'École des Loisirs, 1977.
[45] CROWTHER, Kitty. *Alors?* Paris: Pastel/L'École des Loisirs, 2006.
[46] Depoimento recolhido no congresso internacional de IBBY. Cartagena (Colômbia), 2000.

a escolher os livros adequados em relação às experiências que os filhos têm de atravessar, como o nascimento de uma irmãzinha, a entrada na escola, a descoberta da sexualidade, a morte de alguém próximo. De algum tempo para cá, começou a aparecer a rubrica 'adoção'. Compramos então uma dessas obras e a lemos para a nossa pequenina, muito conscienciosamente. Mas o que permitiu a ela simbolizar sua experiência não foi essa obra, concebida sob medida e cheia de bons sentimentos, e que ela entretanto escutou dando mostras de mais entediante indiferença. O que falou a ela sobre a experiência de adoção foi... Tarzan. Lemos e relemos Tarzan, dia após dia. Sobretudo as passagens em que Tarzan, menino, se encontra nos braços da gorila Kala. A história desse menino educado por macacos nenhuma livraria teve a ideia de colocar sob a rubrica 'Adoção'. Quando contei essa anedota a uma diretora de escola maternal, ela observou justamente que Tarzan era muito forte e salvava todo mundo, de maneira diferente desses bebês-objeto dos quais as meninas se apiedam ao longo dos livros sobre adoção. É, além disso, mais divertido e dinâmico identificar-se com Tarzan que com uma pequena vítima. E ver papai e mamãe transformados em macacos. Anthony Brown sabia das coisas!"

Mas o que nos faz então dizer que se trata provavelmente de livros que passarão pela prova do tempo e ultrapassarão os modismos do momento? Podemos talvez nos enganar, mas, analisando alguns livros clássicos nascidos ontem e ainda jovens hoje, encontramos certas constantes que os igualam. Um clássico é um livro que, no nível da criança, de sua experiência e compreensão, trata, de maneira eficaz, de acontecimentos importantes da existência humana: o nascimento e a morte, a amizade e o ódio, a fidelidade e a traição, a justiça e a injustiça, a dúvida e a certeza. É um livro que inventa uma grande aventura, uma situação cheia de perigos que a criança vai viver plena e intensamente. É um livro que cria personagens verdadeiros em sua própria essência, seres que a criança pode compreender porque lhe é dado encontrá-los em situações que lhes conferem toda a importância e o sentido. É um livro que cria com felicidade um mundo imaginário no qual a criança pode viver e se movimentar por algum tempo. É ainda um livro que prende e esclarece, com força e sensibilidade extraordinárias, a realidade do mundo que cerca a criança. É, enfim, um livro que, em certos casos, cria de um modo eficaz um humor de situação ou de caráter ou de palavras, um humor que a criança pode apreender e partilhar. Numa palavra, um clássico é uma obra que propõe ao imaginário da criança uma experiência que ela não poderia encontrar em nenhum outro lugar, pelo menos com esse grau de intensidade. E que seria uma pena se ela não conhecesse.

A cada um seu livro

Há livros que circulam por si mesmos na biblioteca como na escola, como os *Contes de la rue Broca*[47] [Contos da rua Broca], com a famosa história da feiticeira do armário de vassouras e seus refrões. Ou ainda *O Pequeno Nicolau*.

Mas há livros que, pelos temas e pelo modo como são tratados, só interessam a uma minoria de crianças, mas que são, para essas, muito importantes. A biblioteca é sem dúvida um dos raros lugares onde as crianças os encontram, um lugar onde elas acham correspondência para seus gostos e seus interesses. Procurar apenas obras suscetíveis de agradar a todo mundo seria visar o menor denominador comum. É essa mesma preocupação que explica a banalidade frustrante de muitas produções de massa.

Na biblioteca, através de suas leituras livremente escolhidas, as crianças podem tomar consciência daquilo que é a sua verdadeira originalidade. Cada pessoa é única. Um livro de qualidade é uma obra única. Ele se dirige ao leitor na sua individualidade mais íntima. Ele a revela e lhe permite desenvolver toda riqueza latente que lhe é própria. Pela variedade do que ela propõe simultaneamente, a biblioteca pode adaptar-se à variedade sem fim das demandas e ao que estas têm de mais pessoal e mais íntimo.

Penso em um livro como *O jardim da meia-noite*,[48] onde Tom, menino relegado à casa de uma tia, sem crianças de sua idade, tem tudo para se entediar. Mas, a cada noite, quando um estranho relógio soa treze badaladas, ele vai encontrar Hatty, a misteriosa menina do jardim secreto que ele descobriu ao abrir a porta do pátio. Compartilhando

---

[47] GRIPARI, Pierre. *Contes de la rue Broca*. Paris: La Table Ronde, 1967.
[48] PEARCE, Philippa. *O jardim da meia-noite*. São Paulo: Ed. Moderna, 1998.

assim a vida de Hatty, vinda de outro tempo, Tom descobre os laços imperceptíveis que unem e separam sonho e realidade, tempo que corre, passado e presente.

Esses livros são insubstituíveis. Eles podem abrir as portas do imaginário. A leitura de *O jardim da meia-noite*, por exemplo, suscitou num leitor uma reflexão sobre o tempo, uma verdadeira meditação sobre o encontro do tempo imaginário com o tempo real que despertou a sensibilidade de sua inteligência.

O vento nos salgueiros[49] raramente é lido porque precisa, como certos livros importantes, do apoio de uma leitura em voz alta, feita por um adulto sensível à sua beleza, ao seu humor e à sua originalidade. Mas para aquele que o descobre assim pode ser uma experiência inesquecível. Em companhia de Rato e Toupeira, o leitor passeia perto do rio; com Toupeira, se perde no bosque selvagem onde olhos o espreitam por detrás da folhagem. Conhece o reconforto quando, enfim, Texugo abre a porta aos amigos transidos de frio e mortos de medo. Ele os recebe na cozinha quente e lhes oferece as boas comidas que pendem do teto.

Certos livros surpreendem as crianças porque o fim é enigmático. Ele faz pensar e meditar. É o que acontece, por exemplo, com um belo relato tirado da tradição judia e contado com gravidade pelo grande ilustrador Uri Shulevitz. Trata-se da história de um velho que parte à procura de um tesouro que ele sonhou encontrar escondido sob a ponte do palácio real. Ele descobre, após uma longa viagem, que esse tesouro está na casa dele, ao alcance de suas mãos. Ele volta para procurá-lo sob o piso da lareira de sua pobre casa. Mas o que é esse tesouro? A leitura compartilhada dessa história suscita na criança o silêncio ou as perguntas que convidam a uma reflexão de grande profundidade. Porque o mistério habita esse conto e nos faz lembrar, de repente, que, mesmo sem termos apreendido tudo, a história habita em nós.

Um álbum como "Le Tunnel", de Anthony Browne,[50] também deixa o leitor perplexo. Diferentemente das outras obras desse artista, trata-se aqui de um conto. Tudo começa com o desentendimento que reina entre um irmão e uma irmã. A mãe, saturada, os põe para fora de casa.

---

[49] GRAHAME, Kenneth. *O vento nos salgueiros.* São Paulo: Ed. Moderna, 1998.
[50] BROWNE, Anthony. Op. cit.

Eles se encontram num terreno vago. O menino se mete num túnel e desaparece. A irmã, preocupada, vai atrás procurá-lo. Ela o encontra numa floresta, petrificado. Ela o toma então em seus braços e, assim, o traz de volta à vida. É preciso atravessar o túnel para passar do real ao imaginário. Tudo acontece hoje, não há "Era uma vez" para colocar a história num passado distante e indefinido. O quadro é contemporâneo, o que o torna desconcertante.

Sob o pretexto de que tais livros, cuja qualidade é reconhecida, só interessam a poucas crianças, certos bibliotecários hesitariam em adquiri-los e promovê-los, declarando-se opostos a uma política de seleção que, segundo eles, seria elitista. Na verdade, trata-se de ter acesso a obras fortes. Mas não haverá nisso a recusa de vencer uma tarefa difícil, mas apaixonante: a de facilitar o acesso a livros que os leitores não pedem espontaneamente, simplesmente porque são vítimas de um sistema de difusão de massa que favorece e difunde livros medíocres em detrimento de livros mais originais?

A cultura infantil

A ideia de cultura infantil aparece com naturalidade. É uma cultura feita de diversas ofertas que a mídia propõe às crianças para que, apropriando-se delas, realizem a sua própria unidade e alimentem o seu teatro interior. Essas contribuições vão se integrar aos seus psiquismos e às influências múltiplas que vão se corrigir e equilibrar mutuamente.

Num mundo em que as "informações" que chegam à criança são cada vez mais numerosas e velozes, é talvez necessário se perguntar se os ritmos de aquisição que elas impõem são verdadeiramente naturais, se não impedem uma natural maturação, se a pura e simples justaposição de informações múltiplas é na realidade uma fonte de riqueza, se o borboletear superficial não é contrário a uma real assimilação e a uma verdadeira impregnação. Na era da internet, essa questão se coloca com força singular.

É por isso que nos apegamos à importância de certas pedagogias[51] que favoreçam um processo de impregnação, fazendo uma classe viver durante todo o ano no universo de uma grande obra, infantil e/ou uni-

---

[51] Ver capítulo 18, "A biblioteca e a escola".

versal. Essas pedagogias dão toda a importância que merecem à imaginação, à afetividade e aos ritmos naturais.

Bettelheim, que reconhece a importância dessa impregnação, acentua o interesse dos contos tradicionais: podem ser compreendidos, em diferentes níveis, desde a interpretação mais ingênua à mais complexa. Cada um encontra neles, em cada etapa do seu desenvolvimento e em qualquer idade, o que lhe convém, dispondo de certa latitude para regredir ou progredir. Mas é preciso considerar como regressão aquilo que é, afinal, um caminho salutar.

❖

A escolha de livros de ficção não é, então, indiferente. Certos livros, porque conduzem à eclosão de um falso imaginário e a uma sensibilidade falsa, podem ter um efeito debilitante sobre a personalidade. Pensemos nessas leituras do tipo água com açúcar, propostas a gerações de adolescentes. Elas são como as "más leituras" de Emma Bovary. Tudo aquilo que é pseudo, tudo que pode pôr a perder o sentido do que é verdadeiro, tudo que, de uma forma ou outra, não tem relação com as experiências vitais da criança acaba por falsificar alguma coisa nela, ou por aborrecê-la e desviá-la do gosto de ler.

Estar em relação com a experiência real da criança não quer dizer propor-lhe uma cópia fotográfica e plana dessa experiência, e sim ter a intuição de suas pulsões, suas necessidades afetivas, seu gosto pelo que é concreto, pelo detalhe. Foi o que percebeu a condessa de Ségur e é isso que faz a força permanente de seus livros. Estes, como constatamos, são apreciados por crianças das mais variadas origens culturais e sociais. Elas não se deixam impressionar pelas críticas de educadores que reprovam à condessa o fato de propor uma imagem ultrapassada e acabada do mundo. As crianças se apegam espontaneamente às suas obras e voltam sempre a elas, encontrando os valores de sua infância e, ao mesmo tempo, uma abertura ao mundo dos adultos.

Existem, então, os clássicos de antigamente, sempre jovens, e, na outra ponta da corrente, os livros chamados de vanguarda. Com esses, a priori, nunca estamos seguros de que sejam na verdade dirigidos às crianças, de que se inscrevam no universo delas. Para saber, o melhor é experimentar. Somente as crianças dirão se o livro é para elas. Muitos dos grandes clássicos para crianças, já sabemos, não foram inicialmente escritos para elas.

Quando descartamos esses livros que nos desconcertam, será que não estamos privando as crianças de livros que elas teriam adotado? Se a biblioteca não propuser esses livros, quem o fará? Somente as crianças de certo meio terão acesso a eles. Precisamos, afinal, dar uma chance a uma verdadeira novidade.

Como escolher as obras de ficção

Quando o adulto lê um livro para crianças, seja um livro ilustrado, um conto ou um romance, seu primeiro julgamento é subjetivo, o que faz sentido porque a leitura repousa sobre o prazer e a volúpia, como lembra Stevenson. O prazer gratuito é a medida que permite apreciar a qualidade de um livro, seja ele informativo ou ficcional, quer se dirija apenas às crianças ou a todos os públicos em geral. Não é esse prazer real que convida a criança, como o adulto, a penetrar num universo novo, a fazer sua uma obra que pode ser vivida diferentemente por uma e por outro? Para a criança, é o prazer de vibrar, sentir que se comunica com o outro, que se partilham as alegrias e também as penas e aflições. É o prazer da fantasia e também o do conhecimento e do domínio do mundo em sua complexidade.

Então, a criança se torna leitora pelo prazer de mergulhar num mundo que, por ser exterior àqueles pequenos traços tipográficos, se torna ao mesmo tempo interior, íntimo, pelos pensamentos, imagens e sentimentos que suscita nela. Descobrindo o interior de vidas diferentes da sua, a criança alarga progressivamente a própria experiência.

Isso só é possível se o livro fizer a criança se sentir bem, de uma forma ou de outra, e se as referências familiares lhe oferecerem um terreno sólido, onde seus passos possam afirmar-se na descoberta de um mundo novo.

A identificação se vive com força maior ou menor de acordo com a forma com que a criança vai ao encontro, de maneira inconsciente, e por isso profunda, daquilo que é essencial: a experiência vivida, livremente vivida, além das aparências. No caso presente, é um pequeno animal de pelo. Mas pode ser ainda uma simples mancha, como no clássico livro ilustrado *Petit Bleu, Petit Jaune*.[52] A criança pode com-

---

[52] LIONNI, Leo. Op. cit.

partilhar com essas simples manchas o medo de não ser reconhecida pelos familiares, por aqueles que ama.

❖

Certos livros ficam na fronteira entre os contos e os romances. Os alemães os chamam *Kunstmärchen*, em oposição aos contos populares, os *Volksmärchen*. Os primeiros, quaisquer que sejam suas raízes na tradição, são obra de um autor cuja marca de estilo é evidente. Eles não são coligidos, como os dos irmãos Grimm. Andersen abriu o caminho, após o exemplo de Perrault. Mais recentes no gênero são as obras-primas de Marcel Aymé, em que a magia intervém com o natural da evidência num mundo cotidiano de sabor muito realista: duas lógicas imperturbáveis se entrechocam e se conjugam para dar forma a um mundo acessível e coerente, onde tanto adultos quanto crianças encontram prazer.

Os contos de tradição oral trazem problemas particulares, como o da forma escrita em que foram fixados para serem transmitidos. Há casos de sucesso evidente, como o de Grimm ou ainda o de Perrault, cujos contos têm muito charme, ainda que não pertençam verdadeiramente à tradição oral. Perrault, de fato, se apropriou do patrimônio de contos orais para fazer a sua obra, imprimindo neles a sua marca e a da sua época. Por que não? Contestável é, de fato, o livro em que não há nem obra pessoal nem respeito da tradição, quando a ausência de "estilo" torna tudo homogêneo e fraco, com a perda dos sabores originais; quando a *Ilíada* é contada no mesmo estilo que a Bíblia, as sagas, ou Corneille; quando a estrutura do conto se perde nos detalhes e firulas que o tornam pesado e, às vezes, o deformam.

Uma das tarefas dos bibliotecários é comparar as diferentes versões de um conto – trabalho minucioso que se torna verdadeiramente produtivo quando compartilhado – com as referências dadas por organismos especializados, como o Centre National de la Littérature pour la Jeunesse, *La Joie par les Livres*.[53] É possível também consultar livros de especialistas, como os do folclorista Paul Delarue.[54] As com-

---

[53] Esse centro é, desde 2008, parte integrante da *Bibliothèque Nationale de France* (BNF).
[54] DELARUE, P.; TÉNÈZE, M. L. *Le Conte populaire*, t.1, 1957; t. 2,1964; t. 3, 1976.

parações permitem deixar de lado aquilo que é medíocre e fraco e só guardar o que tem força vital. Seria difícil emprestar às crianças compilações manifestamente preparadas para adultos, se estas são de apresentação austera e vêm armadas de um pesado aparelho crítico. Mas elas podem ser usadas numa "Hora do Conto", e os pais podem também apreciá-las. Há outras edições que convêm a todas as idades.[55]

A poesia

Certas formas de literatura como a poesia tiveram, durante algum tempo, dificuldades para se impor na França. Encontramos nela o que há de melhor e de pior. É grande, na verdade, a tentação de escolher certa forma de imaginação poética. Ora, não há nada tão pesado quanto uma conotação poética.

Sabemos, desde François Villon, que a poesia nem sempre é sinônimo de graça e evanescência. Não se pode reputar infalivelmente "poético" tudo aquilo que apenas se apresenta marcado pelos signos sociais da poesia, revestindo uma espécie de linguagem superior, uma encantação angelical, ou se valendo, a partir da poesia moderna, de uma lógica desprovida de articulações. Poesia não é só isso. Mas pode-se afirmar que, para a criança, não será jamais isso. Serão mais poéticos para ela o texto e a imagem que lhe restituírem as alegrias de um bom mergulho no mar ou o odor de uma torta de ameixa no forno do que o desejo formulado por esse "Petit Pierre", tão pouco conforme à visão infantil do mundo quanto a imagem psicodélica que o representa em uma "bela página":

"Eu, pensa Petit Pierre,
Conheço todas as flores do meu jardim,
Sei os nomes de suas cores
E os segredos de seus perfumes.
Gosto delas, com certeza,
Mas queria também ver a noite,

---

[55] Por exemplo: GRIMM. *Les Contes*. Introd. de Marthe Robert. Paris: Flammarion, 1967.

Os bichos, a lua pálida
E tudo que as crianças
Devem aprender para ser grandes."[56]

Vemos assim vicejarem pequenas coletâneas de poemas ilustrados de maneira mais ou menos infantil. Notam-se, sem acanhamento, os verdadeiros poetas queridos pelas crianças. Quantas vezes encontramos falsos Prévet e Desnos, rimas sem graça e pastiches ridículos! Mas seria injusto que esses abusos nos fizessem esquecer os esforços bem-sucedidos daqueles que procuram fazer com que as crianças descubram o mundo imenso da poesia.

Algumas excelentes coletâneas de poemas e rimas figuram entre as obras muito queridas pelas crianças,[57] qualquer que seja o domínio da leitura.

Durante as últimas décadas, alguns pioneiros, poetas e autores de antologias, tinham começado a renovar a imagem da poesia no espírito das crianças e dos educadores. Essas antologias propõem poemas de ontem e de hoje, suscetíveis de tocar a sensibilidade dos jovens do nosso tempo. Alguns desses poemas pertencem ao nosso patrimônio literário e vão encontrar, nessas antologias, uma vida nova.

Veem-se hoje brotar antologias de todo tipo. Elas reagrupam formas em torno de "temas" tão variados quanto "janela",[58] "noite", "fogo", "casa", "viagens". Esse princípio de classificação às vezes leva à tentação de uma exploração pedagógica forçada. Mas permite também algumas felizes descobertas.

Sinal de vitalidade: muitos poetas contemporâneos se põem a escrever para um público que eles teriam tendência a ignorar se diretores literários audaciosos não os tivessem convidado a se dirigir às crianças.

---

[56] JAN, Isabelle. *Le texte dans le livre pour enfant*. In: LENTIN, Laurence. *Du parler au lire*, E. S. F. O poema citado é extraído de *Pierre et le hibou*, de M. F. Daussy e J. L'Anselme. Paris: Hachette, 1972.

[57] Notadamente as excelentes edições Didier Jeunesse e Rue du Monde.

[58] *Fenêtres en poésie*, apresentação de Jean Delaite. Paris: Gallimard, Folio Junior, 1981.

Ilustrar a ficção

Os romances nem sempre precisam de ilustrações. Estas, no entanto, apaziguam os mais jovens porque a imagem descansa da leitura, ritmando e sustentando o texto, mas, às vezes, desagradam aos adolescentes. É essencial que elas não contradigam o texto nem retardem o ritmo e que, além de serem discretas e vivas, respeitem o estilo do autor. As ilustrações malucas de Quentin Blake para a obra de Roald Dahl são, nesse sentido, um verdadeiro sucesso.

A fotografia dificilmente se presta à ilustração de obras de ficção, sobretudo quando se trata de personagens que nós mesmos preferimos imaginar. Ela pode até, em certos casos, ser particularmente desagradável e incômoda. Mas é preciso não generalizar: Étienne Delessert[59] tentou uma experiência interessante e audaciosa quando pediu à fotógrafa Sara Moon para ilustrar de maneira contemporânea *O chapeuzinho vermelho*.

O preto e branco, durante muito tempo abandonado, mostra-se particularmente adequado à ilustração discreta de romances e novelas. Algumas boas realizações desse gênero se encontram sob a forma de croquis rápidos nos livros ilustrados por grandes artistas, como François Place ou Quentin Blake, ou ainda por Sempé para *O Pequeno Nicolau*,[60] que narra, com muito humor e na linguagem direta das crianças, a vida cotidiana dos garotos de hoje.

É sempre necessário ilustrar os contos que apresentamos às crianças? O livro *Les Contes de la rue Broca*, de Pierre Gripari, hoje magnificamente ilustrado por Claude Lapointe, foi descoberto com entusiasmo pelos jovens leitores numa edição austera e não ilustrada de *A tábula redonda*.[61] O mesmo ocorre com coletâneas de contos de Grimm ou de Perrault, publicadas originalmente para adultos, mas que fazem a alegria das crianças. É bom deixar, de vez em quando, espaço para a imaginação de cada um.

Certas ilustrações infantilizam inutilmente contos que, na origem, não se destinavam às crianças, mesmo que as crianças possam gostar

---

[59] Reeditado em 2005 pela Grasset & Fasquelle.
[60] GOSCINNY, SEMPÉ. Op. cit.
[61] GRIPARI, Pierre. Op. cit.

deles. Se, numa edição de *Rapunzel*, por exemplo, imagens em cores suaves ilustram a magnífica história contada de Grimm, isso acaba por limitar às crianças o seu público, enquanto o mesmo conto, ilustrado por Felix Hoffmann[62] ou Maurice Sendak,[63] interessa tanto a adultos quanto a crianças, fazendo jus à vocação original do conto. Os desenhos do primeiro caso têm uma "beleza" condizente com aquilo que supostamente deve ser oferecido às crianças, mas perdem o vigor e o sabor de uma verdade mais substancial. As crianças não precisam contemplar o tempo todo um mundo redesenhado na sua escala. Elas podem perfeitamente gostar de ilustrações que satisfazem também o gosto dos adultos. A seriedade e o talento de Sendak ilustrando Grimm igualam-se à arte de Dürer ilustrando *O apocalipse*. O sucesso de Sendak, como o de Hoffmann ou de Bilibine,[64] repousa sobre um grande respeito pela história contada: a discrição sugestiva das ilustrações estimula a imaginação em vez de ocupar o seu lugar. Cada artista, fiel ao texto, guarda o seu estilo e propõe a sua visão. Bilibine realça a história de maneira muito diferente de Sendak ou de Hoffmann: suas ilustrações têm, sobretudo, um caráter decorativo e hierático que acentua a dimensão intemporal do conto. As imagens de Sendak, na compilação de Grimm, não se propõem a contar toda a história, ao contrário das de Felix Hoffmann. A combinação sutil de realismo e fantasia numa só imagem basta para tornar sensível a atmosfera do conto inteiro, permitindo ao leitor penetrar nele. Por sua vez, as imagens de Felix Hoffmann, tal como a segunda voz de uma fuga, acompanham e seguem o ritmo de cada texto.

Ainda que seja em si mesma uma criação e uma obra, a ilustração é, antes de mais nada, parte integrante do livro. Não se pode julgar a qualidade ou a eficácia sem conhecer a história da qual ela é indissociável.

---

[62] GRIMM, J. e W.; HOFFMAN, Felix. *Rapunzel*. Nova York: Harcourt Brace and Company, 1961. No Brasil, existem diversas publicações do conto, ilustrado por diferentes artistas.

[63] GRIMM, J. e W. *The Juniper tree and other tales from Grimm*, Bodley Head, Londres, 1973.

[64] BILIBINE, Ivan. *Contes russes*. Paris: Sorbier, 1997.

10. Conhecer e escolher livros informativos

Quando a ciência pode ser contada

Todos os bibliotecários constatam isto: a curiosidade das crianças leva-as a consultar todo tempo a internet. Os tradicionais livros e álbuns ilustrados de conteúdo didático-informativo retêm menos a atenção delas. A informação proposta na tela é abundante, de uma riqueza inigualável e sempre atualizada. As ferramentas de pesquisa permitem uma consulta ligeira e rápida. Pode-se vagabundear a esmo sobre os terrenos dessa aventura de gênero totalmente novo. A internet, em geral, dá a conhecer os fatos, os resultados das pesquisas e investigações, os dados e as conquistas da ciência. Sua superioridade é a superioridade da própria informática: a velocidade de acesso aos dados, "a súbita dilatação mundializada do presente", para retomar uma expressão de Paul Virilio. O mundo inteiro se oferece à consulta imediata. Tudo muito rápido.

Por que então propor ainda obras informativas ou didáticas na biblioteca? Hoje, na era dos números, a biblioteca deve repensar seu lugar e sua função, para oferecer, em complemento, aquilo que o mundo numérico não propõe ou propõe apenas raramente. Após haver consultado a internet, a criança curiosa, com o espírito desperto, pode, na verdade, sentir o desejo de ir mais adiante e consultar livros. Ela experimenta então o prazer de olhar à vontade uma obra que a biblioteca selecionou com cuidado e que permanece ali, à disposição dela.

A biblioteca, lugar de todas as curiosidades

Com as coleções ricas e de fácil acesso, e agora com a internet, a biblioteca é o lugar onde a curiosidade pode encontrar satisfação e pleno desenvolvimento, no ritmo de cada um. Ela permite uma diversidade de abordagens. Favorece as iniciativas individuais e as confrontações.

E provoca surpresas: a biblioteca é de fato o lugar onde se privilegiam todos os tipos de encontros. Encontros que podem determinar orientações fundamentais para toda a vida. Vários cientistas reconhecem: a leitura de um livro e o encontro com um pesquisador apaixonado, com um artista ou uma bela personalidade em sua juventude tiveram um papel importante em suas vocações, muitas vezes na orientação de toda uma vida.

Por princípio, a biblioteca não impõe nada. Apenas propõe. E nisso reside a diferença em relação à escola e, mais precisamente, à vida na sala de aula. Aí, o mestre deve transmitir um saber indispensável, segundo um programa definido e com o apoio de livros didáticos. Na biblioteca, a curiosidade da criança está em primeiro lugar. Cada um faz o seu caminho, como deseja, sem programa previamente determinado, no seu ritmo. A leitura às vezes é solitária, às vezes compartilhada com outras crianças. Se a criança assim o desejar, os adultos estarão lá para acompanhá-la e orientá-la na sua leitura. Eles a encorajam na pesquisa, ajudam-na a considerar a diversidade de pontos de vista e a recorrer, se preciso, a outras fontes de informação.

A escola e a biblioteca são lugares de transmissão do saber. São diferentes e complementares. É normal que os caminhos de acesso ao saber propostos pela biblioteca sejam diferentes daqueles que a criança percorre na aula. Os bibliotecários devem ter plena consciência disso. Na biblioteca, o que importa é considerar a criança em seu lugar, com as interrogações, abrir-lhe as portas e ajudá-la a se orientar. Ajudar pessoalmente as crianças na sua busca de saber e em suas escolhas de livros, acompanhá-las na pesquisa de informações para escola ou para elas mesmas, conversar com elas, tudo isso permite aos bibliotecários julgar a qualidade dos livros e sua competência de informar. A biblioteca é um campo de observação excepcional para determinar os critérios de escolha.

Como então escolher os livros informativos para crianças? Poucos estudos são dedicados a esse setor da edição.[1] Além do mais, o mundo da informação científica e técnica muda substancialmente. Outros meios

---

[1] FISHER, Margery. *Matters of facts, aspects of non fiction for children*. Leiscester: Brockhampton Press, 1972. Este livro essencial se apoia em exemplos ingleses. No entanto,

de informação, além da escrita, de forma clara as pesquisas na internet, obrigam a repensar a função e a forma do livro informativo e a reexaminar de maneira mais rigorosa os diversos procedimentos e atitudes de pesquisa na criança. Nas bibliotecas, as observações cotidianas de crianças em pesquisa permitem que possamos abdicar de uma concepção estritamente escolar do saber.

A análise desses livros é coisa delicada, e sua produção, abundante, muitas vezes excessiva. Sobre essas obras pesam muitos mal-entendidos, especialmente entre os termos "informativo" e "escolar". A curiosidade é gratuita, eis algo que às vezes é esquecido. Essas obras científicas e históricas merecem todo o cuidado; imaginação e arte não se restringem unicamente aos gêneros literário e artístico. O leitor que descobre um assunto deveria sentir uma espécie de júbilo. Uma das críticas mais graves que se pode fazer a um livro informativo é que ele seja aborrecido.

A priori, parece relativamente fácil estabelecer critérios para analisá-los e escolhê-los. Mas será mesmo assim tão simples, quando se abordam certos assuntos, propor informações claras, precisas e realmente interessantes? Certo, as crianças têm a capacidade de se surpreender, maravilhar e questionar, mas dispõem, para entender, apenas de experiências limitadas e bases de conhecimento estreitas e frágeis.

O controle da exatidão se impõe. Mas esse ultrapassa muitas vezes as competências dos bibliotecários e pressupõe o recurso a especialistas abertos à questão delicada da vulgarização. Um bibliotecário de ofício não tem necessariamente as competências adequadas para julgar a exatidão de tal ou tal informação, seja sobre micróbios ou sobre a China.

O grau de acessibilidade é importante. O livro é feito para ser lido do começo ao fim ou apenas consultado? Nesse caso, é realmente consultável? Existe um índice remissivo com palavras que correspondam às pesquisas das crianças? O vocabulário é ao mesmo tempo preciso e compreensível? O índice dos capítulos é explícito o bastante? É claro que a presença ou a ausência de índices remissivos não permite julgar de maneira automática e definitiva a qualidade de um livro científico.

---

o procedimento de análise de autor pode interessar um público mais amplo que o público francófono. Ver ainda: DEFOURNY, Michel. *De quelques albuns qui ont aidé les enfants à découvrir le monde et à reflechir*. Paris: Archimède/L'École des Loisirs, 2003.

Alguns são excelentes e não têm índice remissivo, ao passo que outros dispõem desse indicador, mas remetem a explicações confusas. É preciso julgar com nuances, levando em conta o conjunto da obra: tanto cientistas quanto bibliotecários tropeçam em alguns detalhes errados que os fazem rejeitar depressa demais o conjunto do livro. Essas análises do instrumento informativo e de sua maneabilidade são certamente importantes, mas não suficientes. É preciso escutar e observar as crianças em suas demandas, quando se exprimem livremente, longe dos programas mais ou menos limitativos, e verificar em que medida as informações dadas vão satisfazer a curiosidade e despertar nelas o gosto de ir mais longe para a busca do conhecimento. Por qual viés tal livro informativo pode interessar e emocionar a criança? Trata-se simplesmente de uma justaposição de informações ou da possibilidade de oferecer o prazer de conhecer? Como o autor se dirige à criança para que ela possa se situar pessoalmente no campo do conhecimento?[2]

Bibliotecários e professores que acompanham as crianças em suas pesquisas têm meios de contribuir com um esclarecimento precioso sobre a diversidade de suas expectativas e a satisfação de seus desejos.

Para analisar e escolher os informativos, é essencial considerar os diferentes procedimentos que as crianças adotam para abordá-los.

Algumas razões para ir aos informativos

A razão mais comum repousa numa curiosidade vaga, suscitada não se sabe como. Pode ser a capa de um livro, um título, uma ilustração. Esse gênero de passeio e flanagem pelos livros é muito natural nas crianças, e não se deve subestimá-lo.

Certos títulos muito populares junto às crianças, como *Les Animaux et leurs records*[3] [Os animais e seus registros], consideram, na

---

[2] Sobre essa questão essencial e muitas vezes negligenciada, cumpre consultar a já citada obra de Margery Fisher (nota 1 deste capítulo), tanto pelos autores quanto pelos analistas e bibliotecários.

[3] TISON, Annette; TAYLOR, Talus. *Les animaux et leurs records*. Paris: Nathan Jeunesse, 1984.

sua apresentação, o prazer desses passeios página a página. A criança curiosa perde-se ali por um bom tempo, livre e gratuitamente. Seu espírito fica aberto, disponível, e mesmo em especial receptivo. Professores e bibliotecários observam com frequência que os leitores em dificuldade vão mais à vontade para o lado dos informativos que dos romances. A abundância de ilustrações lhes permite folhear sem na verdade ler. Certos autores sabem tirar partido desse comportamento natural da criança, qualquer que seja o seu domínio da leitura. Ilustrações atraentes e legíveis remetem às legendas que permitem compreendê-las melhor e suscitam no leitor a vontade de voltar ao texto para saber mais e situar num contexto mais estruturado as informações fornecidas pelas ilustrações e legendas. Isso diz da importância das imagens que "falam".

Guardo a lembrança de crianças folheando com entusiasmo livros informativos estrangeiros, em edições ilustradas,[4] e nos pedindo com insistência para lhes traduzir o texto. As imagens as haviam intrigado e elas não queriam perder nada das explicações dadas pelo texto.

Muitas vezes, a curiosidade é provocada por bons programas de televisão e internet sobre a natureza, os animais ou a vida submarina. As crianças chegam à biblioteca para olhar à vontade os livros sobre esses assuntos. A atenção, assim provocada, fixa-se muitas vezes de modo efêmero, mas ela pode despertar um interesse real, no presente ou mais tarde.

Flanar entre as estantes de uma biblioteca suscita novos interesses, sobretudo quando o livro é de qualidade excepcional. Assim, *Construção de uma catedral*[5] havia despertado junto às crianças da biblioteca um verdadeiro interesse: os numerosos croquis, precisos e vivos, mostram em detalhes as diferentes etapas da construção de uma catedral, as técnicas postas em prática e os gestos dos construtores. Eles satisfazem o gosto natural das crianças por tudo que é preciso e concreto. Sem esse livro, teriam elas se interessado espontaneamente pela construção de uma catedral? O sucesso é a prova viva de que todos os assuntos podem interessá-las, desde que sejam bem tratados. E isso contraria os preconceitos correntes que limitam as crianças a um círculo muito restrito de interesses medianos e de valores confirmados.

---

[4] Tratava-se de obras documentais inglesas e japonesas.

[5] MACAULAY, D. *Construção de uma catedral*. São Paulo: Martins Fontes, 1988.

Quando as crianças chegam aos informativos com perguntas precisas, suas motivações são muitas vezes puramente escolares e isso é normal: a escola não tem por missão "ensinar a aprender"? Essas questões são, pois, um reflexo do método de ensino que as crianças recebem. Se o ensino se baseia num certo dogmatismo, se é um simples sistema de "pergunta e resposta", então elas, muitas vezes, se contentam em procurar um parágrafo fácil de encontrar e passível de ser copiado sem se preocupar, a rigor, em entender o conteúdo do texto: "Onde devo começar e onde devo parar de copiar?", sinal evidente de que a pergunta não foi assimilada e que não lhes interessa. A informação para elas não tem a menor importância.

Às vezes, a demanda das crianças se exprime de um modo ainda mais cínico: "Eu queria um livro sobre tal assunto." O bibliotecário vem em seu auxílio: "Esse aqui não é muito difícil? Esse aqui lhe interessa?" E a criança responde: "Ah, não tem importância, é para professora." Assim, tudo é falso.

Essa atitude errada explica o falso sucesso de coleções sobre as quais, é verdade, as classes escolares se debruçam ostensivamente, mas que perdem todo crédito junto às crianças a partir do momento em que elas desejam encontrar aí respostas para perguntas autênticas, como: "Meu passarinho está doente, eu queria saber o que fazer..." ou "Os dinossauros comiam os homens?"

Para que a criança torne sua uma questão que lhe era, no começo, exterior, é preciso muitas vezes que ela converse com um adulto, professor, bibliotecário ou parente. Então, a criança se torna exigente e não se contenta com uma resposta qualquer. Ela rejeita os informativos cujos textos prolixos escondem a ausência de uma verdadeira informação.

Os textos inúteis dão às crianças a ideia de que o conteúdo do livro não lhes concerne porque exige um esforço de leitura desproporcional em relação à informação retirada e reforça o sentimento de que a linguagem do livro não é a delas. É insidioso desviá-las do livro e do esforço de conhecer.[6]

---

[6] Evoquei anteriormente aquele menino vindo "em urgência" para saber como cuidar do hamster. Nem pensar que ele fosse abandonar a pesquisa antes de encontrar a resposta

No outro extremo dos discursos artificiais e tediosos, estão os livros informativos de estilo árido, pontuado de termos inutilmente técnicos, alusivos a seres ou fenômenos que não se propõem explicar, mesmo quando eles figuram num índice remissivo ou são assinalados em vermelho na página, para dar à obra um ar mais "pedagógico".

A física Françoise Balibar[7] interessou-se muito pelas obras científicas destinadas às crianças. Ela condena seriamente os pretensos livros de iniciação científica e "a avalanche de informações factuais, sobretudo em cifras (sob o pretexto de que, quanto mais rico em números, mais um fato terá caráter científico), que só servem para embrutecer o jovem leitor: ele pula essas informações ou, simplesmente, para de ler. Há (...) na 'documentação científica para crianças' (e o termo não é neutro) precisamente um excesso de 'documentação', ou seja, uma acumulação de conhecimento pelo conhecimento em si, figurando no texto sem qualquer explicação."[8]

"A grande infelicidade dessas obras informativas é não saberem elas evitar as pressões escolares ou a influência do olhar adulto, ou seja, do comprador, daquele que prescreve a obra e do crítico", lembra Peter Usborne.

Para esse editor,[9] a existência de outra mídia além do livro e a atração que ela exerce junto aos jovens leitores deveriam incitar uma ruptura com "a publicação de livros pesados e tediosos (...) que enfastiam as crianças e as fazem fugir (...)".

Atualmente, muitos livros informativos ilustrados adotam o princípio de reservar uma página dupla para cada questão em particular, com apoio em ilustrações bem legendadas que remetem a uma compreensão

---

indispensável. Tivemos a chance de encontrar com rapidez o livro que deu a informação exata, despida de qualquer consideração inútil.

[7] Um artigo severo de F. Balibar na prestigiosa revista científica *La Recherche* teve, nos anos 1980, um importante papel na reflexão sobre as obras científicas para crianças. Ela afirmou judiciosamente que, para a maior parte dos cientistas, os livros científicos para crianças não eram livros, não eram científicos nem eram escritos para crianças...

[8] BALIBAR, Françoise. "On demande des auteurs." *La Revue des Livres pour Enfants*. Paris: nº 126-127, maio 1989.

[9] USBORNE, Peter. "Le style Usborne." *La Revue des Livres pour Enfants*. Paris: nº 126-127, maio 1989.

mais aprofundada e a um texto claro. Essa apresentação parece corresponder às possibilidades de atenção dos leitores, mas ela é às vezes utilizada a torto e a direito quando, sob o pretexto de respeitar esse princípio, se dá importância a assuntos menores em detrimento de outros muito mais complexos que necessitariam de desenvolvimentos mais longos.

Respostas às perguntas

A biblioteca leva muito a sério a valorização de perguntas "que não estão no programa", assuntos superficialmente considerados como de menor importância. Para a criança, conta muito ter confiança em suas interrogações, descobrir que suas perguntas, por mínimas que sejam, são reconhecidas como dignas de interesse e de um desenvolvimento mais longo. Cabe aos autores – e aos bibliotecários – reconhecer o valor dessa abordagem e levá-la a sério para conduzir a criança nas áreas de seu interesse. O jovem leitor pode assim se posicionar como um verdadeiro pesquisador. Alguns livros, por razões muitas vezes estritamente comerciais, indicam no subtítulo a inclusão de *perguntas e respostas*. Não nos deixemos iludir: trata-se às vezes de falsas perguntas de crianças, questões esparsas e respostas tão condensadas que se tornam dificilmente acessíveis e que, em geral, não passam de simples mosaicos de informações sem ligação.

Para que o livro informativo suponha uma "leitura solitária", fora do grupo da classe onde o aluno é guiado, o apelo é muito importante: o que pode dar vontade de abrir o livro? E de lê-lo do começo ao fim? É essencial que, desde a capa, desde a primeira página, a criança fique intrigada, que se reconheça na pergunta colocada e possa admirar-se: "a menor gotinha de água contém mais de 300 bilhões de moléculas";[10] "como dormem os animais";[11] "para onde eles vão quando chove?";[12] "as plantas podem ser verdadeiramente carnívoras".[13] Pode tratar-se

---

[10] WICK, Walter. *Goutes d'eau*. Paris: Éditions Millepages, 1999.

[11] SHOWERS, Paul. *Dormir*. Paris: Circonflèxe,1992.

[12] MULLER, Gerda. *Où vont-ils quand il pleut*. Paris: Archimède. L'École des Loisirs, 2002.

[13] BENTLEY, Linna. *Plants that eat animals*. Londres: Boadley Head, 1967.

ainda de simples observações que ela é capaz de fazer sozinha no cotidiano: "por que essa casca se forma no joelho esfolado?"[14] Seu espírito desperta, sua inteligência se põe em movimento: ela está pronta para escutar o texto ou se engajar numa leitura. É claro que o autor precisa saber como manter o ritmo.

Um autor de livro informativo é um autor completo: ele deve estabelecer o tempo da explicação, da argumentação e das aproximações. Precisa encontrar a linguagem adaptada, ter a audácia das comparações que tocam e interessam, fornecer referências que permitam ao leitor integrar e organizar de maneira ativa e crítica as novas informações. A criança se interessa pelo concreto dos detalhes. São indicadores que ela vai organizar, associar e ligar uns aos outros. Ela já tem, naturalmente, a atitude de um pesquisador.

Que frustração para a criança cuja curiosidade é real, se ela só encontra referências a essas questões em um tornear confuso de frase, em meio a um parágrafo mal definido, de fundo muito geral, e sem os detalhes que dão o sabor ao saber! O pesquisador e a criança, de fato, têm em comum esse interesse pelos detalhes. E esses devem ser significativos. Podem ser indícios preciosos na elaboração de um saber. Ao adulto, cabe ajudá-la a lhes dar sentido, religá-los e abrir-se para outras interrogações e descobertas.

Uma rede de conhecimentos

As informações encontram o verdadeiro sentido quando estão ligadas a uma rede. Assimilar uma nova informação implica necessariamente relacioná-la aos conhecimentos e às experiências já adquiridos e saber como e onde ela se articula. É ainda compreender como essa informação conduz, por sua vez, a novas interrogações. Os verdadeiros especialistas sabem dar uma ideia dessa rede, sem a qual a informação perde muito de seu interesse. Eles propõem associações que fazem pensar: como o estudo do voo da libélula inspirou o inventor do helicóptero, por exemplo. A inteligência é posta em movimento por essas associações, ao mes-

---

[14] YAGYU, Gen-ichiro. *What is a scab?* Tóquio: Fukuinkan Shoten, 2000.

mo tempo justas e surpreendentes. As crianças, de acordo com a nossa experiência, fruem uma satisfação de natureza intelectual diante dessas correlações e se sentem incitadas a seguir mais adiante na leitura.

Para seduzir o comprador, publicam-se ainda muitos livros do tipo "Eu sei tudo sobre...", que pretendem responder, em trinta páginas, uma pergunta em qualquer nível, mesmo sem delimitar o ponto de vista. Como esses livros podem abrir-se sobre uma rede mais vasta de conhecimentos? O assunto fica, de certo modo, fechado. Esses livros são muitas vezes compilados por um só e mesmo vulgarizador que se joga em assuntos tão diversos quanto o automóvel, a pré-história, o fundo do mar ou a astronomia. Basta um adulto ler essas obras para verificar que é de fato difícil alguém se interessar por tais enunciados.

Com *Fossils tell of long ago* [Os fósseis recontam o passado], Aliki,[15] ao contrário, ajuda a entender: como se formaram os fósseis, como se pode datá-los, situá-los e, a partir deles, reconstituir a vida de espécies desaparecidas. O autor não teme adotar, às vezes, um tom pessoal e divertido, como ao evocar o mamute encontrado nas geleiras da Sibéria com uma "margarida" na boca. Ele faz uma pergunta que as crianças seriam bem capazes de fazer também: "Será que um mamute podia ser também saboroso?" O texto responde com humor e verdade: "Sim, era meio seco e sem gosto, mas o que esperar de um velho mamute?" A imagem mostra um festim de cientistas reunidos em torno do mamute. O livro explica à criança como fazer uma marca de fóssil, imprimindo na argila a marca de sua mão para a posteridade.

Uma característica dos melhores informativos é, sem dúvida, permitir ao jovem leitor situar-se pessoalmente no conhecimento por meio de uma experiência acessível, dar-lhe uma escala no tempo e no espaço que o ajude a relacionar as coisas umas às outras. É lamentável encontrar, numa página, uma concha do tamanho de um elefante. Ou ainda apresentar, num livro de imagens fotográficas, a vida da criança africana "em geral":[16] a diversidade de todo um continente fica assim reduzida a uma abstração que só pode ser enganosa. É também faltar com a verdade e reforçar preconceitos.

---

[15] Aliki. *Fossils tell of long ago*. NY: Thomas Y. Crowel, 1972.

[16] Coleção *Enfants du monde*, Ed. Nathan.

Nos últimos anos, muitas obras didático-científicas têm, em sua apresentação gráfica, desejado imitar a internet, propondo um mosaico de informações, no qual o olhar passeia livremente. Os autores pensam que se trata de um modo de leitura correspondente ao das crianças de hoje em dia. É claro que elas apreciam poder surrupiar informações de todos os tipos, mas às vezes se trata apenas de colecionar fatos. É bom descobrir como a ciência é feita, como ela é vivida.

Quando a ciência é vivida

Eis por que privilegio neste capítulo livros em que a ciência é contada, em que arte e ciência se reencontram, em que a ciência se faz humana, em que o homem, o descobridor, está presente de uma maneira ou de outra. A narrativa proposta abre um caminho de descoberta em companhia de um autor – sim, pois aqui há um autor claramente identificado, algo que a internet não oferece habitualmente.

É preciso que a gente se detenha por algum tempo numa narrativa; o tempo no qual o homem se situa, o tempo necessário à construção dos saberes. Os melhores autores propõem ao leitor um itinerário. "O trajeto, assim como o tempo, tem três dimensões. O passado, o presente, o futuro; a partida, a viagem, a chegada. Não se pode privar o homem dessas três dimensões, quer em relação ao tempo, quer em relação ao trajeto. É o que faz com que eu vá ao outro, com que eu vá para longe."[17]

Esses livros, que podem ser lidos da primeira à última página, oferecem outro tipo de acesso ao conhecimento que aquele que a internet propicia. Os pequenos, na idade das primeiras leituras e dos livros ilustrados, são apaixonados por eles. Mas, em todas as idades, a narrativa autêntica traz, no ato de transmissão, o elo, o volume e a profundidade dos sentidos.

O verdadeiro autor acompanha o leitor passo a passo sobre um caminho em meio a uma rede rica de elos significativos que ligam e religam as coisas. Ele refaz com o leitor, e pelo leitor, o trajeto que ele,

---

[17] VIRILIO, Paul. *Penser la vitesse*. Paris: Film Art-Générale de Production, 2008.

autor, percorreu, sem escamotear as hesitações e os impasses. Essas etapas precedem um resultado que é como uma nova etapa no caminho do conhecimento. Mesmo a simples anedota, essa narrativa curta, aporta, no ato de transmissão, outra coisa que a simples exposição dos fatos: uma espécie de complexidade vivaz que surpreende a imaginação e a memória.

O autor do livro é um autor completo. Ele dedica tempo para desenvolver explicações, raciocínios e aproximações. É preciso encontrar uma linguagem adaptada, ter a audácia das comparações que surpreendem e interessam, dar indicações que permitam ao leitor assimilar e organizar de maneira ativa e crítica as novas informações. Como em toda narrativa, a criança é sensibilizada pelo concreto dos detalhes. Depois do autor, será ela quem irá localizar, associar e religar entre si esses indícios e comparações.

O pesquisador e a criança têm em comum o interesse pelos detalhes; devem ser significativos. Eles podem ser indícios preciosos na elaboração de um saber. Cabe ao pesquisador ajudá-la a lhes dar sentido e abrir caminho para outras interrogações e descobertas.

A emoção e a alegria de conhecer

Certas obras didáticas ou informativas apresentam a forma de narrativas autênticas e sensíveis. Conhecemos os livros clássicos da coleção Crianças da Terra, da editora Père Castor. A proposta é apresentar, a cada edição, uma criança estrangeira em um contexto preciso e delimitado. A história não repousa sobre nenhuma intriga inverossímil, inutilmente romanceada. Transcorre a partir da encenação sutil, fina e profundamente verdadeira da vida de personagens reais. As crianças podem identificar-se com eles, recolhendo informações preciosas sobre suas vidas. Essas obras nada têm a ver com certos livros em que o conteúdo didático é romanceado, sobrecarregado de detalhes fastidiosos, e onde os personagens são simples pretexto para uma erudição indigesta que não desperta nenhum interesse no leitor.

O afeto, a emoção e a alegria de conhecer conjugam-se, aqui, no domínio antropológico. "Sem vão didatismo, sem intelectualismo seco; ao contrário, o despertar da simpatia, a descoberta da diferença e da semelhança (...). É interessante e enriquecedor para uma criança ver como seu irmão estrangeiro é mimado ou castigado em casa, como se dirige a seus pais e como estes se dirigem a ele. É isso que se chama 'conhecer os outros'."[18]

É preciso, sem dúvida, que o autor, tocado pessoalmente por um tema ou assunto, tenha um forte desejo de transmiti-lo e domine verdadeiramente a arte da narrativa. A esse respeito, é significativa a obra de Paul-Emile Victor, lançada na coleção mencionada acima, Crianças da Terra. Explorador, tendo vivido longos períodos de sua vida entre os esquimós, ele é autor de um livro ilustrado para crianças chamado *Apoutsiak, Le petit flocon de neige*[19] [O pequeno floco de neve]. Esse clássico, publicado em 1948, é sempre lido com interesse pelas crianças de hoje. "Abalado pela experiência humana que sonhava viver e que, afinal, pôde viver, o autor claramente manifesta sua vontade de se dirigir às crianças, e leva a sério esse projeto: ele oferece a seus leitores informações despojadas de sentimentalismo, cruas, precisas, verificáveis a cada página e confirmadas em todo o discurso. Ele escreve um texto poético que, com suas reiterações e aliterações, reencontra intuitivamente o charme da tradição do contador. É possível perceber, do começo ao fim, que ele considera as crianças verdadeiros leitores, atentos e exigentes. Nem sentimentalismo, nem artificialismo, nem censura: os caçadores matam os animais que espreitam, os cachorros inoportunos são rechaçados a pontapés e a realidade dos elementos impõe sua lei implacável."[20]

O autor de textos de conteúdo informativo ou didático deve, portanto, saber contar. Quando têm essa habilidade, os experimentos científicos que eles se comprazem de transmitir são mais convincentes que as simples compilações de resultados, que se restringem a enunciar dados e fatos. À vontade dentro de seu tema, eles têm a liberdade do contador de histórias em face do auditório. Pensemos nas obras de cientistas

---

[18] Discurso de Isabelle Jan, publicado na *Revue des Livres pour Enfants*, e citado por Michel Defourny (op. cit.).

[19] VICTOR, Paul-Emile. *Apoutsiak, Le petit flocon de neige*. Paris: Père Castor/Flammarion, 1948.

[20] Ler o notável estudo de Daniel Jacobi publicado na *Revue des Livres pour Enfants*. Paris: nº 210, abril 2003.

como Konrad Lorenz, Jean-Henri Fabre ou Jean Rostand. Algumas delas podem ser lidas como romances por gente de todas as idades. É também esse o caso de certas obras didáticas destinadas aos mais jovens: elas são lidas e relidas com o mesmo prazer de um álbum ilustrado ou de uma história de ficção. "Com uma história, entendo", é o princípio adotado pelo editor da coleção Arquimedes. Com uma história, de fato, as crianças podem ser tocadas. O importante para o aprendiz de cientista não é, decerto, saber tudo, mas ser tocado, ter consciência de sua capacidade de se interessar, de ser mobilizado na busca pelo saber.

A inteligência das crianças pode também ser cativada pela lógica dos jogos de raciocínio. Elas experimentam um verdadeiro prazer ao ler, por exemplo, livros ilustrados muito simples: é o caso de *Pourquoi une maison?* (Por que uma casa?), que sensibiliza os leitores pela lógica envolvida na construção de uma obra humana.[21]

O álbum *Mais où est donc Ornicar?*[22] [Mas afinal, onde está Ornicar?] é um modelo do gênero. Em meio às novidades vividas no seu primeiro dia de escola, o jovem leitor, brincando, descobre o princípio da classificação das espécies. Onde colocar o ornitorrinco? Ele não se encaixa em nenhum grupo animal...

A imagem desempenha papel fundamental nos livros desse tipo. Ela seduz, ilustra e ensina a observar, a decifrar. As melhores obras, com efeito, são aquelas que incitam a observação, aquelas em que a criança pode reconhecer sua ação no seu ambiente circundante, mas também na leitura das ilustrações.

Artistas para a ciência

Alguns artistas são notáveis "transmissores". Eles têm um verdadeiro prazer em se comunicar com as crianças. As ilustrações podem ter certa fantasia que não exclui o rigor, como em *Seeds and more seeds*, o

---

[21] KAKO, Satoshi. *Pourquoi une maison?* Paris: L'École des Loisirs, 1994.

[22] STEHR, Gérard; GLASAUER, Willi. *Mais où est donc Ornicar?* Paris: L'École des Loisirs, 2000.

livro sobre sementes, ilustrado com humor por Tomi Ungerer,[23] e muitos outros onde texto e ilustração sabem conciliar o talento do verdadeiro artista – escritor e ilustrador – com o do especialista científico, sem esquecer, é claro, a habilidade pedagógica da simplificação.

O humor e o jogo podem, assim, encontrar um lugar feliz no seio da informação científica. É o que mais apreciam os leitores da revista *La Hulotte*. As comparações divertidas, mas sempre pertinentes, mostram-se particularmente eficazes. É impossível não se lembrar delas. Como perder o interesse na história do simpático sapo parteiro, o dr. Toutou (ou *alytes obstetricans* para os íntimos)? Em sua companhia, o leitor descobre fatos de uma precisão rara, digna das observações de Konrad Lorenz ou de Jean-Henri Fabre.

A formação do espírito científico pode-se fazer através de livros que não são obras de referência propriamente ditas. Mesmo sem ter qualquer pretensão científica, eles podem desempenhar, de maneira indireta, um papel no desenvolvimento do espírito científico das crianças.

Assim, os livros de fotografia da artista americana Tana Hoban,[24] admiravelmente compostos, convidam a criança a aguçar as observações em uma espécie de jogo visual que permite a descoberta de certos conceitos. Para isso, o olhar da criança se depara com imagens fotográficas complexas. Com poucas palavras, a fotógrafa incita a observar, a classificar e a deduzir ideias a partir de elementos muito cotidianos da vida concreta transfigurada pela arte fotográfica.

Jogar com pontos de vista e perspectivas é o que propõem outras obras muito hábeis e inteligentes como *Zoom*,[25] que se abre ao leitor como um jogo de imagens. Zoom em primeiro plano: um galo. Zoom sobre o fundo: duas crianças em uma fazenda. Um terceiro zoom: a fazenda se transformou em um simples joguete nas mãos de outra

---

[23] SELSAN, Millicent E. H.; UNGERER, Tomi. *Seeds and more seeds*. New York: Harper, 1959.

[24] A obra de Tana Hoban, fotógrafa americana de renome internacional, é hoje bastante conhecida na França, especialmente no meio da pequena infância. Suas obras têm conhecido um sucesso legítimo.

[25] Paris: Circonflèxe.

[26] YOSHIDA, Toshi. *La première chasse*. Paris: L'École des Loisirs, 1997. *La querelle*, Paris: L'École des Loisirs, 1985.

criança... De página em página, esse jogo de bonecas russas convida a criança a fazer uma nova leitura da realidade.

Os belos álbuns do artista japonês Toshi Yoshida, *La première chasse* [A primeira caça] e *La querelle*[26] [A querela], são ao mesmo tempo emocionantes e justos ao pôr em cena a vida na savana africana. Trata-se, afinal, de livros de arte ou de livros científicos? São livros que a gente olha com um prazer intenso. A criança contempla aí ilustrações que se estendem por páginas duplas. No coração desses grandes afrescos, ela nota no mesmo instante alguns detalhes que surpreendem a imaginação, como o pequeno pássaro que vem curar as costas de um rinoceronte ferido. Ela descobre como se organiza a vida na savana, onde pequenos e grandes animais vivem juntos. Esses livros ilustrados falam fortemente à sensibilidade do leitor de qualquer idade e as informações técnicas, reduzidas aí ao mínimo necessário, encontram seu lugar adequado.

O espírito infantil experimenta também verdadeira satisfação ao contemplar desenhos e ilustrações de precisão perfeita. Mitsumasa Anno,[27] artista e matemático, é exímio em dar um tom de humor a esse tipo de livro em que a imagem faz as vezes de texto para dar lugar à observação e ao jogo; é o caso de *Le pot magique* [O pote mágico], que desvela, de maneira muito concreta e lúdica, algumas leis matemáticas. Todas as obras desse artista repousam sobre o mesmo princípio: um enxame de imagens sobrepostas e "falantes" – em geral, sem texto, a fim de que o leitor conheça a satisfação de procurar, de fazer o olhar penetrar nas imagens e encontrar as coisas por si mesmo.

Uma imagem pode esconder outra. Em seu *Loup y es-tu?* [Lobo, você está aí?], as páginas duplas são invadidas pela floresta. Cabe à criança atenta, perspicaz, adivinhar a silhueta dos animais que se escondem nas folhagens. Esse olhar agudo, capaz de adivinhar, de completar o que não é sugerido, de testar hipóteses, de propor elos que dão sentido ao todo, não é olhar próprio do pesquisador, do cientista? Trata-se, de fato, de um jogo. Todos os livros ilustrados desse autor são obras de arte excepcionais, sempre perfeitamente rigorosas no plano científico e, ao

---

[27] Cf. "La parole en images de Mitsumasa Anno", artigo do poeta Jacques Roubaud na *Revue des livres pour Enfants*. Paris: nº 157, 1994.

mesmo tempo, animadas por um senso de humor apreciado por adultos e crianças. Tornamo-nos matemáticos sem saber, envolvidos em jogos e especulações sutis e plenos de malícia.

Da mesma forma, graças à imagem e aos documentos históricos, magnificamente paginados, os excelentes álbuns publicados no México pelo editor Tecolote propõem ao leitor um verdadeiro trabalho de antropologia, dando-lhe o gosto de decifrar os símbolos e signos que figuram sobre códex do período pré-hispânico.

A narrativa, no domínio didático-informativo, pode ajudar a compreender, de maneira concreta, como se faz ciência e como alguém se torna cientista. O jovem leitor que se inicia em um tema pode, assim, ter uma ideia do método que permitiu chegar aos resultados – observações, raciocínios e experiências. Ele compreende que a ciência não se faz da noite para o dia. A esse respeito, obras como aquela que Piero Ventura e Gian-Paolo Ceserani propõem sobre a civilização maia, por exemplo, são excelentes. Os autores explicam, de maneira clara, como os cientistas chegaram a essa ou àquela descoberta, como se refaz o plano de uma cidade tomada pela selva, como o zero foi inventado etc.

Essas obras envolvem a criança no universo mesmo da ciência. Elas podem dar-lhe o gosto de tomar esses caminhos e experimentar a dimensão humana da ciência. Trata-se aqui de outra coisa que a simples enumeração de fatos e dados científicos.

Muito justamente, Isabelle Stengers, filósofa das ciências, fala em democracia. Sem ter em conta especialmente o público jovem, ela reconhece, de uma maneira geral, que "aquilo com que os futuros cidadãos terão de se haver, aquilo em relação a que as exigências de democracia impõem que eles se tornem parte ativa, não tem nada a ver com as lendas douradas da ciência feita. Aquilo por que eles terão de ser capazes de se interessar é a ciência tal como ela se faz... com incertezas..., com a sistematização das questões, desqualificando umas, privilegiando outras. É a partir de tudo isso que se constrói o mundo."[28]

O lado afetivo, a emoção e o prazer de conhecer, no domínio antropológico, se conjugam. "Nada de didatismo vazio, nem de intelec-

---

[28] STENGERS, Isabelle. *Sciences et pouvoirs. La démocratie face à la techno science*. Paris: La Découverte, 2002.

tualismo seco. Pelo contrário, é o despertar da simpatia, da descoberta da diferença e da similitude (...). É muito interessante e enriquecedor para uma criança ver como o seu irmão estrangeiro é tratado com carinho ou é castigado, dependendo de como ele fala com os pais e de como estes falam com ele. Isso se chama conhecer os outros."[29]

É preciso sem dúvida que o autor se sinta pessoalmente interessado pelo assunto, tenha uma forte motivação em transmitir o que sabe e que domine na realidade a arte da narrativa. Nesse sentido, a obra de Paul-Emile Victor é significativa. Explorador que viveu longos períodos de sua vida com os esquimós, é o autor de um livro informativo ilustrado para crianças: *Apoutsiak, le petit flocon de neige*.[30] Esse clássico, publicado em 1948, é sempre lido com interesse pelas crianças de hoje. "Transtornado pela experiência humana com a qual sonhava e que enfim viveu, ele (o autor) teve manifestamente vontade de escrever para as crianças. Leva esse projeto muito a sério e fornece aos seus leitores informações desprovidas de pieguice, cruas, precisas, verificáveis a cada página e confirmadas em todo o discurso. Escreve um texto poético, encontrando intuitivamente o charme da tradição do contador, suas repetições e aliterações. Percebe-se também como, do começo até o fim, ele considera as crianças como verdadeiros leitores, atentos e exigentes. Nem pieguice nem realidade arranjada: os caçadores matam os animais que eles espreitam, os cães importunos são afastados com um pontapé e a realidade dos elementos da natureza impõe sua lei implacável."[31]

O autor de livros informativos deve dominar a técnica do relato, saber contar. Sob esse aspecto, os cientistas experimentados que têm gosto em transmitir são mais convincentes do que os simples compiladores, porque não ficam distantes dos fatos e das informações. À vontade em seus assuntos, eles têm a liberdade do contador diante do auditório. Pensemos em obras de sábios como Konrad Lorenz, Jean-Henri

---

[29] Palavras de Isabelle Jan publicadas em *La Revue des Livres pour Enfants* e citadas por Michel Defourny, op. cit.

[30] VICTOR, Paul-Emile. Op. cit.

[31] Estudo de Daniel Jacobi publicado em *La Revue des Livres pour Enfants*, nº 210. Paris: 2003.

Fabre ou Jean Rostand. Em todas as idades, algumas de suas obras científicas são lidas como romances.[32] Esse é o caso de alguns livros informativos para crianças pequenas: são lidos e relidos com o mesmo prazer de uma história ou um livro ilustrado de pura ficção. "Com uma história, compreendo": é o princípio adotado pela editora Archimède. Com uma história, de fato, a criança pode ficar interessada. O importante para o pequeno pesquisador não é certamente saber tudo, mas estar interessado, tomar consciência de que ele é capaz de se interessar e estar mobilizado na busca de saber e entender.

Sua inteligência é levada pela lógica dos raciocínios que parecem um jogo. A criança sente um verdadeiro prazer em ler um livro ilustrado tão simples como *Pourquoi une maison?* [Por que uma casa?], que a torna sensível à lógica de uma construção humana.[33]

A ilustração do livro informativo

A imagem tem papel fundamental no livro informativo. Ela seduz, ilustra e ensina a observar e decifrar. As melhores obras informativas são as que incitam a observação, tanto aquela que a criança faz no seu próprio ambiente assim como a que ela pode fazer na leitura das ilustrações.[34]

A formação do espírito científico pode ser feita por meio de livros que não o são, de referências propriamente ditas. Assim, os livros ilustrados artísticos, como os de Iela Mari, autora de *L'oeuf et la poule* [O ovo e a galinha], *L'arbre, le loir et les oiseaux* e *La pomme et le papillon*[35] [A maçã e a borboleta], trabalham magnificamente o tema da

---

[32] Estas obras nada têm a ver com certos livros informativos romanceados, sobrecarregados de detalhes documentais fastidiosos onde os personagens, simples pretextos para uma erudição indigesta, são sem interesse para o leitor.

[33] KAKO, Satoshi. *Pourquoi une maison?* Paris: L'École des Loisirs, 1994.

[34] Os livros ilustrados da editora mexicana Tecolote são modelos do gênero.

[35] IELA, Mari. *L'oeuf et le poule* (2001), *L'arbre, le loi et les oiseaux* (1973) e *La pomme et le papillon* (1982). Todos publicados pela L'École des Loisirs. Ler entrevista da autora em *La Revue des livres pour enfants*, nº 105-106, Paris: 1986.

metamorfose e do ciclo. Os belos livros e imagens do artista japonês Toshi Yoshida, *La Première chasse* e *La Querelle*, também são emocionantes e precisos ao apresentar a vida na savana africana. Trata-se de livros de arte ou livros científicos? São livros que olhamos com imenso prazer. A criança contempla as ilustrações que se estendem em páginas duplas. No interior desses afrescos, ela descobre imediatamente alguns detalhes que mexem com a imaginação, como o passarinho anu-preto que vem cuidar do dorso do rinoceronte machucado. Ela descobre assim como se organiza a vida na savana, onde pequenos e grandes animais vivem juntos. Esses livros ilustrados falam à sensibilidade do leitor de qualquer idade, e as informações documentais, reduzidas ao estritamente necessário, encontram ali o seu lugar.

Brincar com pontos de vista e perspectivas é o que propõem algumas obras hábeis e inteligentes como *Zoom*,[36] que se apresenta ao leitor como um jogo. Zoom sobre um plano aberto: um galo; zoom para trás: duas crianças em uma fazenda. Novo zoom para trás: uma fazenda que é um jogo nas mãos de outra criança. De página em página, há um zoom para a frente e para trás, um convite a uma nova leitura da realidade em que é preciso ter consciência da importância de cada ponto de vista adotado!

Os *pop-hops,* ou livros animados, podem se mostrar eficientes para explicar ou apresentar alguns fenômenos científicos ou técnicos, como o de Mitsumasa Anno para os relógios de sol.[37] E, ainda, certos livros sobre o corpo humano, que lembram as velhas obras de anatomia do século XIX. Mas os *pop-hops* podem às vezes ser utilizados a torto e a direito. Quando os textos que os acompanham não dão as explicações necessárias, eles nada mais representam do que um joguinho sem grande importância.

Há assuntos difíceis de tratar de modo eficiente, como a educação sexual. É, entretanto, fundamental haver livros que se dediquem ao tema, porque assim ajudam os adultos a abordar algumas questões delicadas com as crianças. É importante considerar as diferentes etapas do desenvolvimento psicológico da criança. Muito pequena, não pode

---

[36] BANYAI, Istvan. *Zoom*. Paris: Circonflèxe, 2002.

[37] ANNO, Mitsumasa. *La terre est un cadran solaire*. Paris: L'École des Loisirs, 1986.

entrar em certos tipos de explicação que, aliás, logo vai esquecer, uma vez que não precisa delas. Às vezes é o adulto que, angustiado por esse assunto, fica querendo, a qualquer preço, dar explicações que as crianças não estão preparadas para assimilar. Kornei Chukovsky[38] nos lembra isso, em seu maravilhoso livro sobre o imaginário das crianças. Ele conta como o pequeno Volik, de 5 anos, reagiu depois que sua mãe achou bom lhe explicar em todos os detalhes o processo da procriação e a vida intrauterina. Ele inventa toda uma história sobre a vida que levava na barriga da mãe: "Ali tinha uma abertura entre as suas costas e a sua barriga, uma abertura com uma porta, a porta era pequena. Tinha também um quartinho e um tio que morava lá, quando eu estava na barriga dela. Eu ia vê-lo, tomava chá com ele e brincava num jardinzinho. Tinha também um jardinzinho com areia."

O livro ilustrado *Bébé*[39] [Bebê] corresponde bem ao imaginário das crianças pequenas, espontaneamente interessadas pela vida antes do nascimento, porém preferindo, na verdade, uma interpretação fantasista a uma descrição científica. Esse livro, é evidente, não tem qualquer pretensão informativa.

É o caso das obras de Judy Blume. Muitos adolescentes são seus leitores fiéis porque ela tem a lembrança precisa do que a perturbava, na sua vida sexual de adolescente. Seus romances, sem querer ser informativos, respondem perfeitamente bem às inquietações, questões e curiosidades de seus leitores sobre o ato sexual. Nesse sentido, os romances são eficazes.

Livros para todas as idades

Quando o interesse é despertado e as bases são dadas, a criança chega a ler por vontade própria tudo que pode encontrar sobre um assunto, como, por exemplo, o menininho que nos diz gravemente que só vai passar para outro assunto quando tiver esgotado todos os recursos da biblioteca em matéria de livros sobre a magia.

---

[38] CHUKOVSKY, Kornei. *From Two to Five*. Los Angeles: California University Press, 1968.

[39] MANUSHKIN, Fran. *Bébé*. Paris: L'École des Loisirs, 2004.

É preciso saber, na verdade, recorrer a livros para adultos, principalmente livros de referência. Uma boa obra de iniciação para adultos pode interessar às crianças. Os guias de identificação de pássaros ou rochas, por exemplo, propõem classificações simples, acessíveis a todos. No sentido inverso, há boas obras de iniciação para crianças que podem seduzir os adultos.

Alguns livros didáticos podem igualmente servir como obras de referência. Sentíamo-nos às vezes desmuniciados de material mais específico quando as crianças pediam livros de história; então, tomamos a decisão de integrar à coleção certos didáticos que nos pareciam legíveis. Eles são consultados como uma enciclopédia.

Aliás, certas obras de referência podem ter em casa uma utilização familiar, porque a criança pequena tem às vezes necessidade da ajuda de um adulto para manipular esses instrumentos. E é um prazer pesquisarem juntos.

Na biblioteca, a proximidade de uma seção de livros para o público adulto amplia o acervo a que as crianças podem ter acesso. Alguns documentos oferecidos são bastante claros para serem compreendidos por elas e lhes conduzir mais longe nas pesquisas. Interessadas por um assunto, elas são capazes de superar as suas dificuldades de leitura. Quando alguns assuntos não são abordados de maneira satisfatória na edição para crianças ou quando outros são simplesmente esquecidos, preenchemos assim as lacunas que ficam.

Em certas bibliotecas, tentou-se mesmo promover uma reunião completa das coleções informativas para adultos e crianças. Essas experiências de integração, satisfatórias no plano teórico, nem sempre tiveram a eficácia esperada. As crianças têm necessidade do seu território. Aliás, uma coleção demasiado grande de livros informativos, propondo obras complexas, corre o risco de ofuscar aquilo que é passível de interessá-las. Mas é importante abrir largamente a seção dos adultos às crianças, e vice-versa, assim como ter obras pensadas para adultos na seção para crianças.

A força de uma biblioteca é ser, por definição, o lugar da leitura na sua infinita diversidade – de conteúdos, de pontos de vista e de suportes. Mas como torná-la eficiente? É importante pensar os diferentes componentes da mídia, sem exclusividade nem exclusão, mas sem jamais perder a visão do essencial, a realidade da comunicação. No campo do documentário, pode-se dizer que certos componentes da mídia respondem melhor a certos tipos de pesquisa.

E os sites da internet? De acordo com investigações feitas por bibliotecários, "não existem muitos sites tão ricos quanto os livros para crianças (informativos), do ponto de vista da informação, da imagem ou da qualidade redacional. Esses sites são raramente o produto de um editor independente e estão majoritariamente ligados a empresas, instituições oficiais ou educativas".[40]

---

[40] SOULÉ, Véronique. "Quand les bibliothécaires se mettent au net." *La Revue des Livres pour Enfants*. Paris: nº 208, dez. 2002.

11. Para uma releitura crítica

Ler muitos livros de diferentes gêneros e compará-los entre si ajuda certamente, e muito, a resgatar o que emerge como enriquecedor e a afastar o que são apenas repetições de fórmula, substituíveis e banais. Uma boa maneira de estabelecer as comparações é incluir nelas obras que passaram pelo crivo do tempo, os clássicos.[1] Eles podem ser uma espécie de parâmetro, que ajuda a medir a qualidade dos livros recém-descobertos.

A noção de clássico é, entretanto, delicada. Seria um conceito inútil e negativo se nos servisse apenas a erigir certas obras do passado em monumentos sacrossantos. O seu valor, como tal, deve ser perpetuamente verificado em função das reações das crianças de hoje. Há revistas que consagram uma crônica regular à releitura desses clássicos. É um trabalho que tem sua importância e evitaria que se continuasse a considerar indispensáveis obras que envelheceram sensivelmente.

Novas tomadas de consciência conduzem também a uma releitura crítica desses livros. O mundo evolui, os valores se deslocam e cada época dispensa uma atenção diferente às questões que descobre. Assim, hoje, estão em pauta questões como o reconhecimento das minorias e o lugar da mulher. Foram criados movimentos, em particular na Inglaterra e nos Estados Unidos, para lutar contra o racismo nos livros para crianças. Inúmeros clássicos são, há algum tempo, fortemente contestados, como, por exemplo, os que apresentam uma imagem grotesca ou desfavorável dos negros, como *L'extravagant Dr. Dolittle*[2] [O extravagante doutor Dolittle]. Durante muito tempo, esse livro pareceu,

---

[1] O termo *clássico* é para ser tomado na sua acepção mais ampla. Qualifica assim tanto as obras de Jack London ou de Hector Malot quanto as de Arnold Lobel, Astrid Lindgren ou Leo Garfield.

[2] LOFTING, Hugh. *L'extravagant Dr. Dolittle*. Paris: Hachette, 1967. (Lançado nos Estados Unidos em 1920.)

para os leitores brancos, anódino, ingênuo e bonzinho, mas os leitores afro-americanos reagiram violentamente à imagem grotesca do rei negro que procura se branquear. O mesmo se dá com *Sambo Le petit noir*[3] [Sambo, o pequeno negro], um conto indiano, cuja representação negro-africana do pequeno Sambo é chocante e levanta questões.

Os clássicos americanos que põem índios em cena foram reexaminados da mesma forma em inúmeros estudos. Foi assim que as obras que os apresentavam sob os traços de guerreiros cruéis e sanguinários foram vigorosamente questionadas.

É certo que essas análises e releituras são interessantes. Mas devem-se tirar conclusões definitivas e imediatas? Deve-se interditar às crianças o acesso a esses livros? É realmente difícil falar em nome de uma minoria há tanto tempo perseguida ou desprezada e é necessário escutar com atenção aqueles que são feridos por preconceitos, sabendo-se, entretanto, que pode haver certas obsessões nesse domínio.

A leitura é eminentemente pessoal. "A compreensão do texto e os procedimentos que ela conduz parecem às vezes preceder a decifração dos signos", lembra Robert Escarpit. "Essa é uma das causas do que em geral chamamos de erros de interpretação e que não são mais do que, muitas vezes, leituras prematuras, em geral muito fecundas."[4] Isso explica a diversidade de interpretações suscitada pela experiência de cada um. A influência dos livros é real, evidentemente, mas não subestimemos a influência do meio: às vezes, ela domina a do livro. Se a criança vive num meio que cultiva certos preconceitos, alguns livros podem reforçá-los, enquanto não afetarão o espírito de uma criança estranha a essas atitudes. Os "lapsos" evocados por Robert Escarpit são reveladores dos preconceitos e das convicções do leitor que os comete: ele interpreta em função daquilo que sabe, do que crê saber e do que é.

As leituras diferem segundo os tempos e as preocupações do momento, mas as releituras sem perspectivas e sem recuo levam às vezes a contrassensos. Assim, a reedição da obra-prima de Ferenc Molnar, *Os meninos da rua Paulo*,[5] tinha suscitado, em certos críticos, reações

---

[3] BANNERMAN, Hélène. *Sambo le petit noir*. Paris: Hachette, 2005.

[4] ESCARPIT, Robert. Comunicação feita no congresso da IFLA, em 1975.

[5] MOLNAR, Ferenc. *Os meninos da rua Paulo*. Tradução: Paulo Rónai. São Paulo: Cosac Naify, 2005.

violentas e acusações de cumplicidade com o nazismo. Esquecia-se de que a editora Stock decidira publicar essa tradução em 1937 porque o livro era, precisamente, à sua maneira, uma acusação do fascismo. Trata-se de uma guerrilha entre dois bandos de crianças que disputam um jardim público. Uma guerrilha muito organizada ao modo militar, com o "chefe" e o menorzinho do bando que procura se valorizar aos olhos do chefe. Uma leitura rápida, hoje, com as obsessões do momento, poderia fazer parecer que a obra estaria apenas revelando a mística fascista do chefe. Mas não seria esquecer um pouco depressa demais que essa guerrinha corresponde a uma organização espontânea de crianças e ao fenômeno tão atual das gangues? Quer isso nos agrade ou não, essa violência pode resultar de uma tendência profunda das crianças, e, recusar reconhecê-la, evoca o puritanismo de educadores que querem proibi-las de brincar de guerra, quando seria sem dúvida mais positivo deixar a agressividade se exprimir de modo normal e sadio no jogo.

As releituras críticas devem então ser feitas com todo o distanciamento necessário e apoiar-se em julgamentos equilibrados. Sob o pretexto de que a sociedade rejeita, e legitimamente, certas maneiras de pensar e descobre outras novas, não se pode condenar de forma sistemática toda obra forte que veicule valores do passado; levada ao extremo, essa exigência crítica acabaria por eliminar livros tão fortes quanto *Robinson Crusoé* ou *A ilha misteriosa*. Tais obras fazem refletir sobre como modos de pensar considerados evidentes em uma época deixam de ser vigentes ou de parecer aceitáveis em outra; assim também, as obras de agora, influenciadas pela moral dominante de nosso tempo, serão sem dúvida questionadas pelas gerações que virão. É chocante, é claro, ver Julio Verne pôr macacos e negros em pé de igualdade! Mas será que essa representação, tão impensável em nossos dias, vai provocar ou reforçar reflexos racistas no leitor? Não irá ela, ao contrário, levar certos leitores a uma reflexão sobre o caráter relativo daquilo que aparece como uma evidência numa determinada época, inclusive a nossa? No caso, supõe-se, entretanto, que um adulto esteja perto, disponível para eventualmente provocar essa reflexão.

A releitura atenta de toda uma série de obras analisadas em função de um ponto de vista preciso ajuda a tomar consciência de condicionamentos que se exercem, sem sabermos, pelos livros. Seria o caso, por causa disso, de se rejeitarem todos esses livros?

Numa revista inglesa cujo objetivo é denunciar o racismo nos livros para crianças, um artigo condena vigorosamente o conto tradicional *Les cinq frères chinois*[6] [Os cinco irmãos chineses] sob o pretexto de que "os cinco irmãos se parecem como gotas de água", o que seria um preconceito racial. Educadores chegam mesmo a recusar certos contos de Grimm por causa da "falocracia" que deles emana, como, por exemplo, *Elisa sabida*.[7] É uma prova de falta de senso de humor e de desconhecimento da essência dos contos tradicionais.

Se eliminarmos tudo o que apresenta traço de sexismo, por exemplo, o que vai restar de toda nossa literatura? Chega-se a paralisar verdadeiros autores de hoje e a encorajar pequenos autores medíocres que vão escrever, sob encomenda e para responder a uma preocupação do momento, livros bonzinhos como os que são regularmente produzidos sobre a amizade entre um menino árabe e um menino judeu, ou de uma criança negra e uma criança branca etc. O perigo, assim, é chegar a uma assepsia de toda literatura, com os autores não mais ousando pôr em cena personagens que pertençam a um determinado grupo porque correm o risco de serem tachados de racistas ou de sexistas.

Para certas obras do passado como as de Julio Verne, é mais positivo ajudar as crianças a se situarem no quadro de sua época. Em lugar de censurar, adaptar ou "proteger" a criança, evitando que leia o que nos parece, num instante, nocivo, e de afastar influências a que ela está de todo modo submetida em toda parte, não valeria mais a pena assegurar que, na biblioteca, ela tivesse a possibilidade de encontrar essa realidade, através de leituras diversas, de pensamentos diversos, e discuti-la? Mais do que abafar os problemas, não é preferível permitir que as crianças os confrontem, dando-lhes meios para discuti-los? Caso contrário, não estaríamos a subestimar a capacidade de julgamento, limitando-as à sua época?

Reconheçamos que as fronteiras são muitas vezes indefinidas entre os livros capazes de provocar a criança, pelo encontro com pensamentos e comportamentos diferentes, em contradição com a moral estabelecida, e os livros realmente nocivos que exercem insidiosamen-

---

[6] HUCHET, Claire; WIESE, Kurt. *Les cinq frères chinois*. França: Hatier, 2003.
[7] GRIMM, J. e W. *Contos*. Rio de Janeiro: Rocco, 2009.

te uma fascinação sobre os espíritos sem defesa. Não se trata de colocar a criança diante de seja lá o que for. Só se considera eliminar, em nome de uma ideologia, livros que apresentem sem honestidade um ponto de vista que a falseie e perverta caricaturalmente, prendendo o leitor num julgamento ou tentando fasciná-lo.

A orientação ideológica ou moral em livros para crianças sempre foi objeto de debates apaixonados. A literatura infantil é decididamente um gênero difícil. Como literatura, deve dobrar-se a todas as diretrizes educativas e ideológicas do momento? Toda obra traduz a personalidade de seu autor e revela suas convicções, e estas podem não ser as do leitor nem as dos críticos. Um bibliotecário pode censurar aquilo que não corresponde às suas convicções, quando está a serviço de públicos muito diversos? Pode descartar maneiras de pensar sob o pretexto de que não as compartilha? Isso não seria apenas impedir o jovem leitor de fazer as próprias armas e chegar às suas convicções com conhecimento de causa e sem ignorar o ponto de vista do outro? Parece antes mais frutífero buscar a confrontação e a proximidade de livros que apresentam pontos de vista diferentes, e mesmo opostos, que aspirar a uma impossível neutralidade.

Assim que se começa a exercer certa censura, não se sabe aonde ela vai parar. Por que um grupo se arrogaria o direito de praticá-la sobre outro? Chega-se assim muito depressa a abusos. *Une noce chez les lapins*[8] [Uma farra na casa dos coelhos], de Garth Williams, conta a história dos amores entre um coelho preto e uma coelha branca. Escândalo no Sul dos Estados Unidos! O livro, publicado em 1958, em pleno período do conturbado processo de integração dos negros nas universidades americanas, foi imediatamente retirado do comércio.

Em outro contexto, sob um regime marxista, um universitário perguntava aos dirigentes de seu país se não seria preciso alertar as crianças contra *Tom Sawyer* e *Huckleberry Finn*: não seriam heróis positivos, segundo critérios da ideologia de então. Essa reação puritana, expressa no fim do século XX, lembra estranhamente as tomadas de posição mais retrógradas que se afirmaram no momento em que Mark Twain publicava essas duas obras-primas. Decididamente, o puritanismo não

---
[8] WILLIAMS, Garth. *Une noce chez les lapins*. Paris: Flammarion, 1985.

está prestes a desaparecer.⁹ Ele renasce sempre sob formas diferentes, qualquer que seja a ideologia. É preciso que *Tom Sawyer*, *Huckleberry Finn* e todas as crianças leitoras sejam dotados de um forte senso de humor e de um forte gosto de viver para varrer e derrubar as numerosas barreiras que os adultos gostariam de levantar em torno delas.

Entretanto, em 1905, Mark Twain pôde se defender, ele próprio e com toda a força do seu humor, contra esse gênero de ataque. Esta foi a carta que ele remeteu a um bibliotecário que se sentira moralmente ofendido por seus livros:

Prezado Senhor,
Suas palavras causaram-me uma profunda perturbação. Escrevi Tom Sawyer e Huck Finn exclusivamente para adultos, e por isso não posso deixar de ficar aflito ao descobrir que meninos e meninas foram autorizados a lê-los. O espírito maculado durante a infância não pode jamais reencontrar sua pureza. Sei disso por minha própria experiência: até hoje guardo um rancor inapagável contra os desleais guardiões da minha juventude, que não somente permitiram como ainda me obrigaram a ler uma Bíblia inteira, sem qualquer censura, antes dos meus quinze anos de idade. Ninguém pode passar por isso e chegar a experimentar novamente a atmosfera pura e suave desta vida aquém-túmulo...

Com toda honestidade, gostaria muito de poder dizer-lhe uma ou duas palavras amistosas em favor do caráter de Huck, como o senhor deseja, mas, na minha sincera opinião, ele não é melhor que o caráter de Salomão, de Davi, de Satã e de todo o resto da confraria sagrada.

Se existe uma Bíblia não censurada na seção para crianças, o senhor poderia fazer o favor de ajudar a jovem bibliotecária a retirar Huck e Tom dessa questionável companhia?
Cordialmente.

---

⁹ Na França, nos anos 1980, uma imprensa extremista houve por bem denunciar, num amálgama lamentável, "a imoralidade de muitos dos nossos livros para crianças". Os contos de Marcel Aymé foram acusados de levar uma imagem ruim dos pais e a série de Astrid Lindgren, *Fifi Princesse* e *Fifi Brindacier,* de soprar ideias ruins às crianças!

Nos Estados Unidos, mesmo o simpático livro de William Steig, *Silvestre e o seixo mágico*,[10] teve altercações com o sindicato de polícia, que queira interditá-lo. De fato, esse livro, que recebeu o grande prêmio americano dos bibliotecários, a medalha Caldecott, põe em cena gentis porquinhos que usam o uniforme dos policiais: na gíria americana, os "pigs"(porcos) designam os policiais.

A questão da ideologia se coloca com a mesma acuidade tanto para os livros informativos como para os romances, mas é menos frequentemente reconhecida no caso desses últimos. Ela é, portanto, de aplicação evidente para os livros de história que não podem esclarecer pontos de vista políticos, assim como para as obras de ciência que, como ocorre hoje em dia, enfrentam as polêmicas questões em torno do tema da evolução.

Leituras traumatizantes?

Cada um tem a sua leitura. Cada um tem suas experiências, e as experiências dos adultos são muito diferentes daquelas das crianças. Nada é mais difícil para um adulto que afirmar que essa ou aquela imagem, ou essa ou aquela história, pode assustar as crianças. No mais das vezes, são os adultos que se bloqueiam com os próprios temores. Quem já não observou crianças diante da televisão, assistindo tranquilamente a programas marcados com o quadrado branco[11] e, por outro lado, se assustando – não se sabe por quê – com uma cena surgida num programa inofensivo e feito para elas?

Onde vivem os monstros recebeu, quando foi publicado, uma acolhida negativa da parte dos educadores, tanto nos Estados Unidos como na França.

A representação dos monstros era traumatizante, pensava-se. Uma única vez, de meu conhecimento, uma imagem desse livro provocou lágrimas, e não foi por causa dos monstros: simplesmente, numa das primeiras imagens, uma criança tinha descoberto um minúsculo detalhe – Max, no seu acesso de malvadez, pendurou uma de suas pequenas

---

[10] STEIG, William. Op. cit.

[11] Na França, o quadrado branco assinala o caráter impróprio para o público infantil.

bonecas como uma roupa no varal. A imagem dessa boneca, até aquele momento, não tinha sido notada por adulto algum: foi ela, entretanto, que fez chorar essa criança tão sensível.

Leve um susto,[12] "o livro dos esqueletos", como chamam as crianças da biblioteca, é um dos seus favoritos. Mas essa história de esqueletos na noite, magnificamente ilustrada, inquieta em especial os adultos, que, às vezes, a retiram das mãos das crianças.

Nos anos 1980, na França, um livro divertido e liberador sobre o tema do medo, *Xandi et le monstre*[13] [Xandi e o monstro], tinha sido por um período retirado do comércio. Esse livro ilustrado conta a história de um pequeno medroso. Seu medo atrai o monstro da montanha. Diante dele, a criança, obrigada a superar outros perigos, se endurece, domina seus medos. Ela retira a força do monstro. Essa censura surpreende hoje em dia: as edições atuais estão sendo literalmente invadidas por monstros. Com certo excesso, até.

Mantendo a exigência de qualidade, deixemos os encontros acontecerem com o que eles têm de imprevisível: um menino me pedia sempre para lhe contar a história de *Guillaume, l'apprenti sorcier* [Guillaume, O aprendiz de feiticeiro], ilustrada por Tomi Ungerer.[14] E nós voltávamos a ela sem parar. Muito tempo depois, propus a mesma história ao seu irmão menor, sempre pronto, habitualmente, a escutar os contos. Chegando à passagem onde a água começa a subir e invade o antro do feiticeiro, ele foi embora com as mãos nos ouvidos. Qualquer coisa na imagem e na história lhe foi intolerável. Ele nunca mais quis escutá-la de novo. Mas como prever? Cada um tem as próprias angústias. E não é próprio de uma obra de arte despertar reações pessoais imprevisíveis e diferentes? À diferença das obras fabricadas, e por isso medíocres, as obras fortes e ricas não propõem reações automáticas, adrede suscitadas pelo autor: e é frequente isso que um livro, quando é uma obra verdadeira, pode provocar.

Atualmente, o livro para crianças interessa um número de autores e criadores cada vez maior. Alguns se engajam no gênero para comunicar suas ideias, mas uma simples convicção não é suficiente para fazer

---

[12] AHLBERG, Janet e Allan. *Leve um susto*. São Paulo: Brinque Books, 1998.

[13] MICHELS, T.; GERBER, J. *Xandi et le monstre*. Bruxelas: Casterman, 1976.

[14] UNGERER, Tomi. *Guillaume, l'apprenti sorcier*. Paris: L'École des Loisirs, 1971.

uma obra de arte. Se o texto é explícito demais, o livro, como as outras criações, perde a eficiência. Limita, assim, a leitura a uma experiência didática que se dirige apenas ao espírito consciente da criança, mas que não é vivida nem assimilada. Se a obra de ficção se reduz a uma demonstração, sem que haja uma verdadeira criação artística, ela se perde.

Não nos apressemos em temer traumatizar as crianças. O perigo é bem maior no que é falso, medíocre e aborrecido do que naquilo que é forte demais em sua verdade. Penso no sucesso de *Contes de L'ogresse*[15] [Contos do ogro], em cuja história horríveis feiticeiras devoram as filhas num clima tunisiano que não fica longe de Shakespeare; ou, ainda, nos *Contes de mon igloo*[16] [Contos do meu iglu], em que uma moça orgulhosa, tendo recusado todos os seus pretendentes, foi obrigada a aceitar dois ursos que a jogam no mar e obrigam a comer peixinhos. Mais tarde, seu esqueleto ambulante aterroriza caçadores. Posso mencionar ainda o sucesso de *Juca e Chico*,[17] marcado pelo franco sadismo e em cuja trama dois meninos turbulentos e insuportáveis acumulam tantas brincadeiras de mau gosto que acabam sendo moídos em farinha fina. Um "durão" da biblioteca, que a frequentava regularmente para semear a desordem, ficou tão apaixonado pela tradução, tateante e improvisada, do texto alemão de *Juca e Chico* que um dia, esbarrando por descuido no cotovelo da bibliotecária, se desculpou com tanta consideração como nunca antes havia se manifestado – era a primeira vez que qualquer coisa num livro lhe havia interessado.

A interpretação muito contemporânea do *Chapeuzinho vermelho*, livro ilustrado por Sarah Moon e publicado numa coleção para crianças, incomoda muitos adultos e os assusta, embora eles admirem o inegável talento da fotógrafa. Eles preferem não mostrar esse livro ilustrado às crianças, ao passo que elas, pela nossa observação, continuam a ler o conto sem nele ver, necessariamente, todas as alusões aos perigos da cidade grande. Mais uma vez, pode-se constatar a diferença de reações de crianças e adultos ante uma obra verdadeira.

---

[15] KHEMIR, Nacer. *Contes de L'ogresse*. Paris: Maspero, 1975.

[16] MÉTAYER, Maurice. *Contes de mon igloo*. Paris: Le livre de poche jeunesse, 1973.

[17] BUSCH, Wilhelm. *Juca e Chico*. São Paulo: Melhoramentos, 1955.

Os adultos com pouca frequência resistem a uma excessiva necessidade de proteção. Assim, um explorador publica, para adultos, um livro violentamente crítico sobre as condições de vida impostas a uma civilização em via de extinção, no caso a Ilha de Páscoa. Mas, numa coleção para crianças, esse mesmo autor oferece uma imagem idílica dessa civilização. Assim, ele contraria a verdade: a criança é enganada. Sem querer encontrar qualquer desculpa para essa mistificação inadmissível, é preciso saber reconhecer que a sensibilidade da criança não pode ser impunemente confrontada a toda e qualquer prova. Não se pode, sob o pretexto de torná-la lúcida, esquecer que sua sensibilidade ainda não atingiu a maturidade e que certos choques são pesados demais para suportar. Mas não esqueçamos que a força da biblioteca está em propor sem impor e em deixar cada um livre para escolher suas experiências de leitura.

A observação atenta das reações das crianças esclarece e, com frequência, surpreende. Livros de imagens sobre temas novos ou tratados de maneira nova são às vezes afastados sob o pretexto de que não poderiam ser compreendidos por elas ou que poderiam chocá-las. Durante muito tempo os livros de imagem de Maurice Sendak sofreram a incompreensão dos adultos que os descobriam. Esse autor americano é um raro criador que soube desde cedo se dirigir às crianças pequenas, que estão, aliás, bem presentes em suas ilustrações. Muitas de suas obras receberam, no começo, uma acolhida fria do público adulto, enquanto, como pudemos constatar, representam uma experiência muito forte para os "leitores" mais pequeninos. É o caso, por exemplo, de *Cuisine de nuit* [Na cozinha da noite] ou *Quand papa était loin* [Quando papai estava longe]. *Jérôme le Conquérant* [Jerônimo, o conquistador][18] passou praticamente despercebido, quando na verdade, para certas crianças, a imagem do menino invencível é uma felicidade completa. São imagens tão fortes que elas não podem esquecer. Nós, adultos, temos alguma dificuldade em compreender as emoções e sensações, a sensualidade e o desejo dos bebês. Saibamos observar as escolhas delas. Como saber de fato que certos livros não interessam às crianças se não

---

[18] SENDAK, Maurice. Os três títulos citados foram publicados pela L'École des Loisirs, Paris, em 1972, 1982 e 1971, respectivamente.

nos damos ao trabalho de oferecê-los a elas? Não cabe à biblioteca apresentar esses livros, mesmo que eles só interessem a um pequeno grupo?

A incerteza quanto às reações das crianças deveria dar a todo "selecionador" de livros o sentido das proporções. Ficamos às vezes espantados ao ver o que uma criança pode tirar de uma obra relativamente medíocre e confusa. Isso não diminui em nada nossa motivação em buscar o melhor para ela, mas quando, sobre um assunto que lhes interessa, não encontramos nada satisfatório, nem mesmo na literatura informativa para adultos, temos de nos resignar então a certas escolhas, lembrando que o desenvolvimento de cada criança é singular e, por sorte, escapa sempre um pouco à nossa capacidade de apreensão. Nesse sentido, o relato de Farley Mowat,[19] autor de *Mes amis les loups* [Meus amigos lobos] e grande especialista da questão desses animais selvagens, soa convincente: ele conta, com bastante humor, como nasceu sua vocação. Por ter querido criar peixes-gatos na banheira de sua avó e ter sido obrigado a fazê-los migrar para o vaso sanitário, causou grande horror a seu irmão mais velho, que os fez desaparecer, puxando a descarga; o episódio o fez tomar grande afeição por todos os animais mal-amados, como os lobos. E assim começou sua vocação de pesquisador!

Acreditamos o bastante nas possibilidades do jovem leitor? Há toda uma corrente pedagógica que estimula os escritores para crianças a escrever para demonstrar algo, para que o livro sirva a um propósito de educação. Essa recomendação já engendrou toda uma biblioterapia abusiva: há o livro para a criança que chupa o polegar, para a que tem medo do escuro, para a que tem pais divorciados e muito mais.

A preocupação com a biblioterapia suscita duas atitudes opostas e, no entanto, muito próximas. Num extremo, censura-se tudo aquilo que aparece como traumatizante: a morte, o desentendimento dos pais, a velhice. No outro extremo, "fabrica-se" um livro sobre a morte, o divórcio, a velhice. Na verdade, trata-se de situações naturais que deveriam aparecer normalmente ao fio de uma história.

Uma obra autêntica oferece sempre uma contribuição psicológica e uma influência sobre o espírito. Mas o sucesso transcende uma simples influência automática. Como lembra Robert Escarpit, "é provavelmente um equívoco gratuito supor que o prazer está na obra como

---

[19] MOWAT, Farley. *Mes amis les loups*. Paris: Flammarion, 1999.

o vinho está na garrafa e que basta aprender a se servir do saca-rolha da cultura para degustá-la."[20]

Janet Hill também ironiza a tendência que têm certos educadores de propor tal livro para tal situação: quem pensaria, diz ela, em achar como principal interesse em *O idiota*, de Dostoiévski, o fato de que o personagem principal é um epiléptico, e em fazer dos epilépticos o público privilegiado dessa obra? Marc-Alain Ouakin, em sua bela obra *Biblioterapia*, dá a essa palavra outra definição. Para ele, ler ajuda a viver melhor.[21]

---

[20] ESCARPIT, Robert. Op. cit.
[21] OUAKIN, Marc-Alain. *Biblioterapia*. São Paulo: Loyola, 1996.

12. A biblioteca como uma segunda casa

Como em todas as manhãs de quarta-feira, "fazemos a biblioteca lá fora", embaixo dos prédios, perto do espaço de recreação. É meio-dia. O encontro terminou. A biblioteca arruma as malas. Os pais chamam os filhos. "Vem, está na hora do almoço." "Ainda não, a gente não acabou a história." Garanto: "Venham esta tarde até a Pequena Biblioteca Redonda. Ela está aberta todos os dias. Vocês vão encontrar os seus livros e muitos outros mais. Nós ajudamos a escolher. Vocês vão encontrar outras crianças. Vão ter o tempo todo. E tem até internet. Venham, estamos esperando."

É verdade, a equipe da biblioteca se prepara sempre cuidadosamente para a recepção. A acolhida se manifesta de diferentes maneiras. A biblioteca deve estar bonita, clara e ordenada. Essa ordem, eu a admirei em situações extremas em certas bibliotecas situadas em bairros em péssimas condições, onde tudo é só desordem, lama, sujeira, falta de referências e precariedade. Penso em particular em uma biblioteca de um bairro pobre de Nova York e em outra situada num subúrbio arruinado perto de Caracas. Tanto num caso como no outro, o que me surpreendeu foi a ordem, uma ordem impecável à qual os responsáveis davam uma importância que nada tinha de obsessiva. Para essas pessoas, era antes de tudo uma questão de respeito com públicos que são muitas vezes considerados como "sem importância". Um buquê de flores os saudava à chegada. Em um mundo de confusão, é necessário propor uma organização clara.

A beleza é generosamente oferecida. As crianças são muito sensíveis a ela e sabem respeitá-la. Em nosso bairro, considerado difícil, vivemos muitas vezes essa experiência. "Como é bonito!" dizem às vezes os novatos ao descobrir com entusiasmo nossa biblioteca clara e as estantes guarnecidas com obras de todas as cores. "Nunca tinha visto nada tão bonito", exclama um pequeno cigano de 5 anos diante de um livro ilustrado que fala com força à sua sensibilidade.

A criança é convidada a entrar livremente num lugar que propõe uma vida em sociedade de um tipo especial e necessário. A biblioteca abre para ela um espaço que não é o da escola nem o da família. Ela vai lá se tem vontade e porque pressente que ali acontecem coisas interessantes. As bibliotecas para crianças são gratuitas, a frequência é livre, de acordo com o ritmo desejado. Essa característica merece ser assinalada porque são raros os lugares coletivos gratuitos que oferecem às crianças essa possibilidade de independência e de individualidade no convívio e no encontro com os outros. Tudo isso enriquece a vida comunitária da biblioteca e estimula o espírito da criança pequena. As primeiras razões para ir lá não são necessariamente ligadas à leitura. Pouco importa! Em todo caso, ela é bem recebida e isso é bom. Se a criança não deseja uma ajuda particular nem participar das oficinas, ou de outras propostas, seu desejo é respeitado. Ela é livre para usar a biblioteca como bem entender.

As crianças livres da biblioteca

A biblioteca é um lugar de liberdade. Liberdade de ir e vir, para os pequenos como para os grandes, como cada um quiser, em família, com os amigos ou sozinho. Com ou sem projeto. Os desejos são muitos e não necessariamente ligados à leitura. Cada um dispõe de todo tempo para ver se gosta desse lugar e de suas propostas: se sente bem recebido e se sente confiança ali.

Preciosa liberdade! É tão raro encontrar hoje um lugar assim, onde se pode ficar o tempo que quiser, saboreando o prazer de não estar só, ser livre para não fazer nada, no meio de pessoas que estão fazendo coisas, em conversas umas com as outras ou mergulhadas em leituras cativantes. Se der vontade, é possível ir ao encontro dos outros ou abrir um livro, mas ninguém obriga ninguém a nada.

Em certos meios, hoje, a vida de muitas crianças é tão ocupada que não há mais tempo para sonhar ou se aborrecer. "Meu filho não tem tempo de vir à biblioteca porque depois da escola e no dia de folga ele tem atividades." Que felicidade ficar longe do estresse e da corrida contra o relógio, e não se sentir julgado por isso. Aqui não há qualquer obrigação de participar de uma oficina ou de um programa. Essa é uma proposta rara e, hoje, um verdadeiro luxo.

Pode-se também querer ficar horas e horas na biblioteca, ler romances inteiros, mergulhar na consulta de dicionários, passear nos grandes atlas, ler contos ou quadrinhos, olhar magníficos livros de arte ou apaixonantes obras informativas ou fazer pesquisas para a escola. É certo que se podem encontrar ali os melhores livros, esses livros tão bons que seria pena não serem descobertos na infância! Certas famílias hesitam em autorizar os filhos a tomar livros emprestados, mas aqui não é preciso se inscrever para vir simplesmente ler. Os melhores livros estão lá para todos.

Os adultos que frequentam as bibliotecas não fazem mais do que passar para pegar livros emprestados ou folhear jornais e revistas. As crianças, em particular nos grandes bairros de subúrbio, gostam de ficar ali por muito tempo, disponíveis, abertas aos encontros espontâneos. Não há dúvida de que, nesse tempo de internet e do virtual, do face a face com as telas, da solidão das casas desertas durante o dia, essa característica da biblioteca é ainda mais apreciável.

A criança, como todo ser humano, é plural. Na biblioteca, gosta da animação ambiente, do entra e sai, de certa agitação. Ela sabe também, se para isso convidada, saborear o silêncio. É nesse sentido que certas bibliotecas organizam os espaços. Elas reconhecem a necessidade dessa calma tão difícil de encontrar por si mesmo, porque a solidão assusta. A criança, nesses espaços, encontra a felicidade de ler sozinha, ainda que cercada de leitores também absorvidos pelas suas leituras. A criança aprecia o silêncio com os outros. E tem a satisfação de se sentir capaz de se concentrar.

São muitos os que afirmam, crianças e adultos: aqui, na biblioteca, a gente se sente como em casa. É por isso que temos com frequência a visita de antigos leitores. Eles vão reencontrar ali uma coisa qualquer da sua infância. Assim, numa tarde, vimos chegar alguns jovens de uns vinte anos que algumas pessoas teriam qualificado como turbulentos. Eles entram se atropelando um pouco, rindo com sarcasmo. Ficamos em alerta: o que vai acontecer? Como ocorre com frequência hoje em dia, teme-se a irrupção de bandos que parecem dispostos a tudo para "botar pra quebrar". Nada disso aconteceu, naquele dia. Eles perguntaram e pediram notícias de uns e outros. A senhora Pêtre, Wahid, Zaïma, Aline, Juliette... Era como se estivessem de volta para a família depois de uma grande ausência. Também lembraram as bobagens que faziam. "A gente fez miséria aqui...", diziam, com expressão de arrependimento.

Depois, mais timidamente, perguntaram: "Será que podemos olhar os livros de que gostávamos quando éramos pequenos?" E se sentaram em torno de uma mesa, para folhear, bem-comportados, alguns livros ilustrados de sua infância: *Cachinhos de Ouro e os Três Ursos, Silvestre e o seixo mágico, Les bons amis*[1] [Os bons amigos], *Le Géant de Zéralda, Onde vivem os monstros* e tantos outros. Boas lembranças, uma parte da infância que permanece, apesar de e contra tudo, ali, ao alcance da mão... É espantoso ver como essas primeiras experiências literárias, como se pode chamá-las, continuam preciosas no mais íntimo de cada um, quaisquer que sejam as dificuldades da vida. Existe nisso uma verdadeira cultura que me lembra a dos velhos camponeses que se encontravam e, no fim da vida, tinham grande prazer em recitar certas fábulas de La Fontaine e outras poesias aprendidas e decoradas durante suas breves experiências escolares. Essa é a força das leituras da infância, em sua simplicidade e evidência.

"Eu gosto da biblioteca", contava uma criança à sua mãe, "porque as bibliotecárias estão sempre em pé". Esse é um modo ilustrado de expressar a disponibilidade dos adultos em relação às crianças. Ficamos em pé para acolher com a discrição necessária. Não se recebe ninguém sentado, atrás do balcão de empréstimo. A biblioteca correria o risco de se parecer, assim, com uma repartição administrativa. Existiria, quer se queira, quer não, uma barreira. Em algumas bibliotecas as crianças ficam felizes em, sob o olhar atento de um adulto, se ocupar de vez em quando das formalidades de empréstimo. Com internet, as manipulações são atualmente muito simples, e isso traz um grande orgulho aos que se ocupam dessa tarefa. As crianças responsáveis têm direito a um crachá que as distingue. A biblioteca é na verdade um assunto delas.

Felizes em participar

A preocupação em fazer os leitores participarem da vida na biblioteca é uma das heranças maiores recebidas da primeira *Heure Joyeuse*. Ela

---

[1] FRANÇOIS, Paul; MULLER, Gerda. *Les bons amis*. Paris: Père Castor/ Flammarion, 1999.

havia se interessado muito pelo pensamento de alguns grandes pedagogos, como Célestin Freinet[2] e Roger Cousinet.[3] A leitura suscita e encoraja certas formas de convivência, particularmente ricas e originais. A criança, desde a sua primeira inscrição, se engaja. Ela lê a seguinte frase: "Ao inscrever meu nome neste livro de registro, me torno membro da Pequena Biblioteca Redonda. Estou contente em poder participar, com respeito a todos, da vida da biblioteca. Prometo cuidar dos livros e de qualquer outro documento."

Sempre consideramos com seriedade o compromisso de levar o leitor a se sentir reconfortado por pertencer à biblioteca: ninguém vem aqui simplesmente para pegar e receber livros, mas para participar e trocar. Que felicidade para a criança escutar: "Nós precisamos de você e das suas ideias. Você tem o seu lugar, aqui." A relação é boa quando se fundamenta na reciprocidade. Ajuda a autoestima. É tudo de que se precisa para ousar a leitura e a descoberta do outro, de outros mundos.

"Recordo bem", diz um antigo leitor, "que nós podíamos trazer nossas ideias. Vocês procuravam sempre nos ajudar a realizá-las, de um jeito ou de outro." Hoje, ele é diretor de um grupo de teatro e me lembra que havia sugerido, com alguns outros, a montagem de pequenas peças a partir de contos populares. Cada sábado, um comediante vinha ajudá-los. Esse pequeno grupo havia igualmente montado vários espetáculos a partir de livros ilustrados estrangeiros. Foi assim que nasceu a sua vocação.

Quando a biblioteca se abre, nós já estamos lá, no meio das crianças. Ficamos lá para ajudá-las pessoalmente a se orientar, apoiar suas iniciativas, recolher suas propostas e perguntas. Ficamos lá de maneira ao mesmo tempo discreta e presente. Existem, na verdade, mil maneiras de se frequentar uma biblioteca. Algumas crianças apenas passam. Elas estão ali para fazer empréstimos e apreciam que esse serviço esteja colocado à sua disposição. Estão com pressa. Muitas entre elas têm o tempo completamente tomado. "Meu filho não tem tempo: ele tem ati-

---

[2] FREINET, Célestin. *Les dits de Mathieu. Une pédagogie moderne de bon sens*. Neuchâtel: Delachaud & Niestlé, 1967. No Brasil, a obra foi publicada sob o título *Pedagogia do bom senso*, pela Martins Fontes, São Paulo, 1985, com reedição em 2004.

[3] Roger Cousinet é autor, entre outros, de *La vie sociale des enfants, essai de sociologie enfantine*. Paris: Editions du Scarabée, 1950.

vidades." Por outro lado, em particular nos nossos conjuntos de subúrbio, muitas gostam de passar um bom tempo na biblioteca.

O que caracteriza a biblioteca é isto: o tempo generosamente oferecido, um tempo fluido, que não fica fechado em horários forçados, e um espaço estimulante, que não se torna prisioneiro de estruturas rígidas. Leitura é relação. A biblioteca oferece espaço para tudo que está na ordem do encontro. Para isso, é preciso tempo. Esse tempo fica aberto ao imprevisto, à descoberta, às surpresas, aos encontros espontâneos, aos laços que se constroem, aos projetos que unem. É preciso poder flanar no meio dos livros e no mundo da internet. "Deem-nos livros, deem-nos asas", dizem aqueles que evocam Paul Hazard.[4] A leitura não pode ser fechada em uma jaula. Ela deve ser experimentada na liberdade e na simplicidade. O sonho, a curiosidade, o desejo de ler e a leitura têm necessidade de tempo, de liberdade e de vazio para se desenvolver.

Deem-nos livros, deem-nos asas

A biblioteca precisa, portanto, organizar-se de uma forma muito particular. Ela deve ser informal e flexível para acolher e acompanhar a diversidade dos caminhos tomados pelas crianças, a espontaneidade das questões e dos desejos, a vontade de participar. A preocupação de propor um programa repleto de atividades pode retirar delas a possibilidade de ver reconhecidas as suas demandas e sugestões. Nada deve comprometer a atenção dada à criança presente, a criança que nos fala aqui e agora; do contrário, estaríamos a renunciar às nossas missões fundamentais, missões que nenhuma outra instituição sabe propor como nós.

O que se vive na biblioteca é essencialmente de ordem do humano, das relações e dos encontros, da palavra viva. Ter tempo para se relacionar pessoalmente com as crianças é algo cuja importância nem sempre é fácil de admitir nos dias de hoje. Temos a tendência de querer impor, tanto nas seções gerais como nas infantis, regras mais ou menos rígidas de organização do acervo, e, assim, acabamos às vezes por

---

[4] HAZARD, Paul. Op. cit.

cercear e disciplinar o que se deveria viver em toda liberdade. As preocupações burocráticas incitam privilegiar as atividades de consumo rápido, de apelo midiático, e cujos resultados sejam estatisticamente mensuráveis. Sentimo-nos obrigados a ir sempre mais rápido. Com internet, além do mais, as crianças se expõem cada vez mais ao risco de se deixarem levar no turbilhão da velocidade.

Preocupamo-nos mais com números que com pessoas. Esquecemos a simplicidade dos encontros. Que lugar reservamos ao imprevisível, que corresponde tão bem ao ato de leitura? É preciso estar atento para escapar aos desvios tecnocráticos que não levam a parte alguma e nos privam do tempo necessário para construir relações verdadeiras.

O bibliotecário tem tempo para se aproximar das crianças e ajudá-las a se orientar, a encontrar o "seu" livro e apreciar com elas a alegria das descobertas; tempo para evocar experiências de leitura que são como experiências de vida. Esse é o nosso lugar. Essa é a nossa missão.

Nós somos barqueiros, condutores. Com o desenvolvimento da comunicação, a multiplicação de redes e as facilidades imediatas de acesso a uma informação superabundante, ao alcance da mão, a assistência levada ao leitor é, hoje, mais necessária que nunca.

"As competências e o saber de cada um de nós são limitados, e quanto mais encontramos facilidade nas comunicações e no acesso a todo tipo de informação, mais percebemos a necessidade de contar com intermediários, com condutores capazes de ajudar a circular nos imensos continentes, dos dados do conhecimento. A ideia da informação ou do conhecimento direto é um fantasma perigoso."[5]

O bibliotecário ou o professor deve, portanto, consagrar tempo à criança para que ela possa fazer a aprendizagem da pesquisa a partir de questões que lhe são pessoais ou que podem tornar-se pessoais para ela.

"O acesso a toda informação não substitui a competência prévia de saber qual informação buscar e que uso fazer dela. (...) Há uma certa impostura em crer que é possível instruir-se sozinho mesmo que se tenha pouco acesso às redes."[6]

---

[5] WOLTON, Dominique. Op. cit.
[6] WOLTON, Dominique. Ibid.

Leitura é compartilhamento

Quando fui estagiária em *L'Heure Joyeuse*, gostava de me sentar ao lado de uma criança para ler livros com ela, à vontade, como em família. Outras vinham juntar-se a nós, naturalmente. Compartilhar a história era então algo vivido em confiança e na intimidade, sem nada de brusco ou apressado. Em Clamart, adotamos essa maneira informal e imediata de compartilhar leituras. Ela atraiu a atenção de René Diatkine, fundador de ACCES. São gestos simples e naturais que fazem parte da vida da biblioteca. Eles nos ajudam a observar o que sensibiliza a criança. É preciso dar tempo.

Toda biblioteca se organiza em torno do desejo de conhecer, informar-se, distrair-se e encontrar-se. Lugar de leitura, ela favorece as relações livres das crianças com suas leituras e com as pessoas. A biblioteca não é, de fato, o lugar de grupos constituídos. Estes acham normalmente seu espaço na escola, onde encontram todo sentido. É conhecido o limite das visitas de grupos a uma biblioteca. Elas podem ser úteis, com certeza, para uma primeira descoberta da biblioteca. Preferimos, entretanto, de vez em quando, fazer visitas às classes. É sabido o quanto as crianças gostam desses momentos que marcam uma brecha no desenrolar do dia. Elas ficam felizes em acolher um hóspede de passagem. Os bibliotecários lhes apresentam, com toda convicção, livros de qualidade. Eles contam histórias, anunciam eventos que estão acontecendo e revelam, assim, a riqueza da biblioteca. É assim que nasce o desejo de descobrir. Vai-se então à biblioteca como se vai à leitura, porque se tem vontade, pessoalmente. O gosto de ler não se decreta com uma ordem vinda do alto. Trata-se de uma iniciativa livre e pessoal. É sabido o quanto a obrigação de ler que pesa sobre a criança complica seu acesso à leitura.

O contato pessoal entre uma criança e um adulto é um tipo de relação característica da biblioteca. Relação preciosa porque é ao mesmo tempo pessoal e pudica, porque o livro é, com frequência, o objeto. A "ajuda ao leitor" é uma longa tradição das bibliotecas para crianças. Trata-se de procurar com a criança aquilo que convém à sua experiência, ao seu desejo, e de ajudá-la a se encontrar. Existe nisso um encontro raro, em que adulto e criança se acham no mesmo nível. O contato com a criança, no qual é preciso satisfazer ou suscitar sua demanda, permite ao adulto que apresenta o livro descobrir outras riquezas, do livro e da criança. Cada um, à sua maneira, pode de fato ser tocado: o adulto porque assiste ao despertar da sensibilidade e da inteligência da criança, de seus gostos que se afirmam, e esta porque se sente objeto da atenção simpática de uma pessoa próxima que a entende. A criança aprecia essa confiança. Mas nós, de fato, a julgamos capaz de apreciar aquilo que é belo, grande, engraçado, surpreendente, sutil, aquilo que "vale a pena"? Sejamos testemunhas atentas e transmissores entusiastas. Não tenhamos medo de transmitir nossas paixões, nosso entusiasmo de adultos tão interessados pela infância.

Daniel Pennac evoca esse professor "cuja paixão pelos livros permitia-lhe ter toda a paciência e, por vezes, lhe dava mesmo a ilusão do amor. Era preciso que ele nos distinguisse – ou mesmo nos estimasse – a nós, seus alunos, para nos dar a ler aquilo que lhe era mais caro!"[7]

Penso naquela adolescente encarcerada num centro de recuperação de uma pequena cidade do México, dizendo, com reconhecimento, à bibliotecária mediadora: "Sei que a senhora quer sempre o melhor para nós."[8]

Recomendar uma leitura significa partilhá-la. Essas considerações gerais não podem senão lembrar-nos do papel único que a biblioteca tem junto às crianças, notadamente pela palavra viva e profunda que ela encoraja e que é, habitualmente, mais difícil de partilhar na vida corrente.

Bibliotecas são sempre vibrantes. As crianças têm necessidade de estar lado a lado de adultos entusiasmados e inventivos. É importante liberar a instituição dos sedimentos da rotina. Eles ocultam a fonte e impedem a água de jorrar. Deixemos de lado as repetições mecânicas de ações e programas dos quais o espírito original foi se apagando aos poucos.

A biblioteca, porque é um lugar de leitura, necessita de um modo de vida especial. Deve ser organizada de maneira muito flexível, para acolher e acompanhar a diversidade de caminhos tomados pelas crianças, a espontaneidade de suas perguntas, seus desejos e sua vontade de

---

[7] PENNAC, Daniel. *Como um romance*. Rio de Janeiro: Rocco, 1997.

[8] Depoimento colhido por Lirio Garduno, a bibliotecária mediadora.

participação. A preocupação em propor um programa cheio demais de atividades de animação pode retirar às crianças a possibilidade de serem reconhecidas em suas demandas e sugestões. Isso não impede, é claro, a organização de encontros, oficinas, festas e eventos de todo tipo.

A eficiência de uma biblioteca não é medida exclusivamente em números e estatísticas. Lembro de uma criança que não se cansava de ler um livro ilustrado, um só, sempre o mesmo, *Roule Galette*. Essa leitura lhe bastava. Ela precisava dela. Não é isso que conta? Não tínhamos ali a prova de que ela era uma verdadeira leitora? "Quando gostamos de um livro, a sensibilidade que dele emana se une à nossa e nós olhamos o mundo pelos olhos do romancista (...). É como ficar apaixonado. (...) Sei quando isso me acontece porque a minha leitura começa a ficar mais lenta; não quero que ela acabe, tenho vontade de ficar nessa relação..."[9] Nós precisamos de tempo para construir relações verdadeiras.

No coração da biblioteca, os encontros

Raros são os lugares coletivos gratuitos que, como as bibliotecas, oferecem às crianças independência, autonomia e respeito à individualidade, favorecendo também o encontro do outro. Esse encontro do outro só pode enriquecer o ato da leitura; reciprocamente, a leitura, em todas as suas formas e em todas descobertas que é capaz de suscitar, só pode enriquececer a vida comunitária da biblioteca e estimular o espírito da criança pequena.

"A fonte do prazer está na riqueza, na amplitude e na variedade das formas que o leitor tem de solicitar o texto e (...) isso depende antes de tudo da riqueza, amplitude e variedade de sua relação com o meio em que vive, ou seja, sua 'presença no mundo'. É um prazer que não se aprende nem se ensina, mas ao qual pode predispor uma educação que valorize a curiosidade, o gosto pela experiência, o poder de se representar e de imaginar."[10]

---

[9] Salman Rushdie. Relato colhido por Olivier Pascal-Mousselard. *Télérama*, 17 dez. 2008.
[10] Robert Escarpit, em seu discurso no Congresso do IFLA. Bruxelas, 1977.

A biblioteca é como uma casa hospitaleira, amplamente aberta. Ela gosta de receber seus convidados de passagem, felizes em encontrar as crianças, escutá-las e transmitir o que são e fazem na vida. É assim que se desperta a curiosidade.

Além disso, não existem sempre documentos que correspondam à extrema variedade das perguntas interessantes dos jovens. Sozinha, a biblioteca não pode responder a tudo. Ela dispõe somente de um fichário de recursos, como museus e oficinas. Mas, sobretudo, ela identifica pessoas muito interessadas por alguns assuntos que estariam eventualmente disponíveis para ajudar numa realização ou responder a perguntas: um jogador de futebol, um geólogo ou um apaixonado por música. Estivemos em contato, por exemplo, em Clamart, com o pai de uma criança, muito hábil em trabalhos manuais, que ajudava as crianças a construir maquetes cuja difícil realização era proposta nos livros da biblioteca; noutra ocasião, um arquiteto se dispôs a ir lá para responder às perguntas que as crianças faziam sobre a própria arquitetura da biblioteca; e recebemos também um tipógrafo que ensinou às crianças que faziam impressão[11] a importância da diagramação, dos espaços e da escolha dos caracteres.

Penso numa bibliotecária de Nova York que ia a Paris com frequência. Responsável pela acolhida de adolescentes numa biblioteca no Bronx, Emma estava toda em dia para contar os últimos modismos e preferências dos jovens do outro lado do Atlântico, em livros e filmes, porque era uma cinebibliotecária. Em troca, pedia aos adolescentes de nossa biblioteca para lhe indicar tudo o que ela precisava absolutamente contar aos jovens do seu bairro.

Uma japonesa se tornou também amiga fiel da biblioteca. Os antigos leitores não a esqueceram. Tomoko chegava sempre de imprevisto, com uma grande sacola de onde ela retirava os *kamishibai*. Hoje, graças a ela, esses teatros de papel, populares no Japão, são bem conhecidos na França, nas bibliotecas. Ela ensinou também a arte dos origamis, uma iniciação muito apreciada: "com ela, é muito mais fácil do que com os livros de trabalhos manuais da biblioteca." Ela trazia sempre magníficos livros ilustrados de seu país. Assistimos ao espanto das crianças

---

[11] Durante várias décadas as crianças tiveram à sua disposição um ateliê de impressão tipográfica.

diante dos caracteres gráficos japoneses. Nós já havíamos descoberto algumas obras-primas, como o trabalho extraordinariamente refinado de Suekichi Akaba ou os faceciosos livros ilustrados de Mitsumasa Anno. Ou ainda os contos de Tejima, ilustrados com magníficas gravuras em madeira. Assistimos então à verdadeira emoção das crianças do bairro diante dessas obras vindas do Extremo Oriente, do outro lado do mundo.

Esses encontros improvisados ao acaso das visitas acontecem com naturalidade no vaivém da sala de empréstimos. As crianças se juntam ao grupo, se têm vontade. Acontece de um deles ir buscar nas estantes os livros que temos sobre esse ou aquele assunto. É uma bela ocasião para verificarmos a exatidão de nossos livros informativos. Assim, nossa amiga Tomoko foi instada pelas crianças a olhar os livros informativos sobre seu país. Com sua discrição habitual e pedindo mil desculpas, ela chegou a apontar num deles alguns erros. As crianças ficaram espantadas: "Então, os livros têm erros?" Todas prosas, elas correram a nos mostrar. É assim que se forma o espírito crítico: comparando e consultando fontes confiáveis.

É grande a curiosidade das crianças pelos que vêm de longe daquele bairro no subúrbio de Paris. Alguns dos nossos livros que apresentam a história da escrita e sua incrível diversidade sempre tiveram, por essa razão, um grande sucesso. Canções e poemas do mundo inteiro, como *La Tour de terre en poésie*[12] [A torre de terra em poesia] ou *Comptines et berceuses du baobab*[13] [Cantigas e acalantos do baobá], são tesouros inesgotáveis. A fascinação das crianças por alfabetos, caligrafias e ideogramas é muito grande. As crianças se emocionam diante dessa evidência: existem, além de nós mesmos, muitos e muitos mundos reais de que não desconfiamos.

Antigamente, a responsável por nossa publicação *La Revue des Livres pour Enfants*, Simone Lamblin, gostava de visitar as crianças. Ela chegava com sacolas cheias de livros, sobretudo romances, que tinha acabado de ler e de que havia gostado muito, em particular. E lá,

---

[12] HENRY, Jean-Marie; VAUTIER, Mireille. *La Tour de terre en poésie*. Paris: Rue du Monde, 1998.

[13] GROSLEZIAT, Chantal; NOUHEN, Elodie. *Comptines et berceuses du baobab*. Paris: Didier Jeunesse, 2002.

em pé no meio da sala de empréstimo, cercada de crianças, falava. Ela sabia lhes dar as chaves para entrar naqueles livros, evocando algum ponto de encontro possível com a sensibilidade e a experiência delas. Ela percebia, nas crianças que vinham escutá-la, uma atenção verdadeira, e mais, uma real simpatia. Era o que habitualmente também fazíamos, quando as crianças nos pediam para ajudá-las a escolher. Mas esses encontros "de improviso" em torno de um visitante ocasional agradavam de outra maneira.

Eles chegam como vizinhos, ou simplesmente como amigos. Assim, um fino conhecedor de Julio Verne havia proposto apresentar, em grandes traços, alguns romances que, segundo ele, era "absolutamente necessário conhecer". Com as crianças, comparamos as antigas ilustrações das edições Hetzel com outras mais atuais e, na verdade, mais banais. Ainda que antigas e em preto e branco, as primeiras recolheram todos os sufrágios. Havíamos já observado o gosto das crianças por certas obras antigas. Elas gostavam, na verdade, de certas obras-primas da ilustração do século XIX, como o irresistível *Un autre monde* [Um outro mundo], de Granville.[14]

As reuniões são particularmente proveitosas quando os adultos que vêm encontrar as crianças, ricos de uma experiência ou de um saber que desejam comunicar, o fazem por vontade própria. Eles simplesmente desejam compartilhar o seu entusiasmo e se dirigem às crianças como a pessoas que podem entender, e não como a seres que é preciso educar ou ensinar.

Gostamos de convidar pessoas entusiasmadas, apaixonadas. É uma grande oportunidade de, no começo da vida, viver esses encontros. Temos prazer em convidar pessoas que amam o seu ofício a falar sobre como o escolheram, como se formaram e sobre o prazer que encontram em exercê-lo. Tudo isso completa com felicidade aquilo que é possível encontrar na internet. Descobrimos o aspecto profundamente humano do ofício. Esses encontros podem ser acompanhados de vídeos e da apresentação de livros. No momento em que os jovens colocam com certa angústia a questão do seu futuro, o conhecimento de diversos caminhos desperta em suas mentes uma forma de esperança, um gosto pelo futuro que eles podem buscar com imaginação e confiança.

---

[14] Editado, pela primeira vez, em 1844.

As crianças tomam gosto por essas reuniões. Elas sentem-se orgulhosas em poder sugerir: "Conheço um veterinário que viveu no Gabão no meio dos chimpanzés. Ele os conheceu muito bem. Não foi num jardim zoológico, mas, de verdade, na floresta. Ele também estudou os lobos no Canadá. A gente pode convidá-lo? Tenho certeza de que ele virá, ele tem um monte de coisas para contar."

"Tem um sábio de verdade que vem aqui só para nos encontrar": quando tudo é virtual, é bom viver um encontro verdadeiro com pessoas que se deram o trabalho de vir até nós. Nem curso nem conferência: a biblioteca favorece encontros entre pessoas. Ela é mesmo o lugar dos despertares e dos começos. A inteligência da criança é, primeiro, afetiva. A criança é sensível à simpatia desses adultos que lhe falam de coisas verdadeiras: como nasce uma vocação, como se faz ciência, quais são suas buscas e surpresas. É assim que se transmite o desejo de conhecer. Essas iniciativas ficam muito próximas daquelas da Pedagogia Freinet, que recomenda provocar o encontro das crianças com uma pessoa rica em experiências que ela aceita transmitir. A biblioteca de Clamart pôde beneficiar-se ao longo de muitos anos da ajuda generosa de Pierre Guérin, que foi por muito tempo colaborador de Célestin Freinet. Ele promoveu encontros notáveis entre as crianças da biblioteca e as pessoas ricas em experiências de toda ordem, prontas a partilhá-las com as crianças. Assim, as crianças mais velhas, interessadas em dinossauros, puderam fazer perguntas a um astrofísico e a um paleontólogo.

Quando a criança sai desses encontros e momentos de trocas, não tem tanto a ideia de que compreendeu tudo, mas fica, sobretudo, com o sentimento de que foi tocada. A informação que recebeu, de maneira muitas vezes imprevisível, remete-a a questões pessoais que a fazem se mexer. Então, as propostas da biblioteca passam a fazer sentido. Ela fica curiosa. E tem uma boa razão para consultar a internet. Sem se perder.

Há encontros marcantes com artistas, quando estes não agem como vedetes. Sylvain Trudel, escritor do Quebec, obteve um verdadeiro sucesso com as crianças. Muitas haviam devorado seus livros, que passavam de mão em mão, mesmo entre os leitores mais hesitantes. Leituras fáceis, sem pretensão e que dão segurança: um relato curto, um estilo simples e situações com as quais as crianças se identificavam facilmente. Foi organizada uma pequena reunião em torno dele. Ele teve a habilidade de deixar as crianças à vontade: entendeu-se com elas de modo simples e pessoal, conversando. Contou como, adolescente, havia descoberto seu gosto pela escrita ao buscar com precisão palavras sensíveis e justas para declarar seus sentimentos à menina que amava. Através dessas confidências, demonstrou confiança e simpatia, duas atitudes que suscitam certa reciprocidade. As crianças e os jovens, mais do que os adultos sem dúvida, compreendem com a totalidade do seu ser. Sua inteligência não é limitada ao intelecto, é também afetiva. Desse modo, engaja a pessoa inteira.

Oficinas: lugares de trocas e de criação

O convite a um artista, escritor ou ilustrador, perde também seu caráter artificial quando se recorre a ele para que comunique alguma coisa de sua competência "técnica" às crianças que se interessam em realizar atividades nesse domínio.[15] A comunicação de um *savoir-faire* enriquece as relações entre adultos e crianças e se transforma numa troca de trabalho natural e familiar. A criança aprendiz é levada a sério no esforço de criação que não fica mais reduzido a um simples exercício. Esses "encontros de trabalho" entre autores e crianças podem ser estimulantes. Trata-se de uma verdadeira oficina de criação.[16] É assim que pode ser vivida a bela relação entre mestre e aprendiz.

A título de exemplo, relato a experiência com uma artista amiga: Tana Hoban, grande fotógrafa americana residente na França. Seus livros publicados nos Estados Unidos e na França são vivamente apreciados pelos discípulos de Jean Piaget. Eles são também muito queridos tanto pelas crianças como pelos apreciadores de arte. Através de fotos de cenas ou de objetos comuns, as crianças fazem a descoberta entusiástica de conceitos que ela propõe. Para todos, é um verdadeiro prazer descobrir juntos seus livros de fotos sem textos. Como um jogo,

---

[15] Numa interessante iniciativa mexicana, graças à internet, as crianças escritoras podem estabelecer um diálogo com adultos, eles mesmos escritores que as aconselham em seus experimentos literários.

[16] A saber, a experiência de oficina de escrita e de ilustração conduzida por Marie Farré e Teryl Euvremer; a relação é feita em *La Revue des Livres pour Enfants*, nº 109, Paris: 1986.

que vai além da desordem da vida, é saber quem vai encontrar, segundo o princípio dessas obras, aquilo que não aparece com evidência: formas geométricas, cores, posições no espaço, volumes.

Como verdadeira artista, Tana Hoban lança um olhar novo e sensível sobre o que a cerca, aquilo que, por efeito do hábito, não sabemos ver ou que desaprendemos a ver, coisas modestas, simples cenas de rua. Tudo isso, ela diz, pode ser aprendido e essa aprendizagem é muito mais necessária num ambiente considerado banal. É preciso sem dúvida contar com a ajuda de uma artista como ela para ensinar a descobrir com interesse, graças a procedimentos muito simples, aquilo que às vezes parece tão pouco digno de ser fotografado.

Quando Tana veio coordenar uma oficina, explicou às crianças, com o apoio de livros e fotos, porque ela havia escolhido esse assunto ou aquele ângulo de visão. Ela as fez descobrir a reflexão que dá vida a todo trabalho de artista. As crianças, com ela, aprenderam enquadrar, a isolar um detalhe ou a admirar as coisas "sem importância", olhando através de um tubo de papelão ou por certa posição das mãos. Em seguida, ela propôs que se pusessem a trabalhar. Deu algumas diretivas para ajudá-las em suas escolhas e, com polaroides colocadas à disposição, as crianças saíram à caça, em pequenos grupos: na biblioteca, do lado de fora, no centro comercial ou em casa. Tana e alguns adultos as acompanharam. Na volta, com a participação dela, houve exames atentos, conselhos, comentários, elogios para algumas descobertas em que "ela mesma não teria nunca pensado". E tudo terminou com dois pequenos livros de imagens realizados pelas crianças.

Em Clamart, Christophe Gaess, um professor do maternal de um departamento vizinho, o de La Seine Saint-Denis, veio inúmeras vezes à biblioteca animar oficinas. E porque tomou gosto, ele voltou ainda uma vez para fazer as crianças descobrirem os artistas que o haviam marcado, como Dubuffet ou Komagata. Ou ainda livros, como os do Museu Dapper, especializado em arte da África.[17] Como artista, ele levou as crianças que manifestaram interesse a experiências que as fizeram descobrir o interior de certos mundos dos criadores, como o de Dubuffet. Com meios limitados, papel *Kraft* e canetas feltro negras, e uma estrita regra de jogo, eles construíram juntos uma grota, à maneira

---

[17] Coleção Kitadi.

de Dubuffet. Lembro como essa "obra" imponente, apresentada na entrada, causava a admiração dos pais e o orgulho das crianças. Do mesmo modo, antes de fazer as crianças conhecerem os livros sobre arte africana que a biblioteca possui, ele contava histórias de máscaras, explicando o seu sentido e as regras, de acordo com as etnias. Ele as estimulava em seguida a criá-las por si mesmas, antes de fazê-las descobri-las nos livros de máscaras *vouvi* e *boa*. Assim, o olhar das crianças sobre as imagens desses livros foi particularmente atento.

Dentro do mesmo espírito, convidamos a escritora Marie Saint-Dizier, autora do livro para jovens *J'écris mon premier roman policier* [Eu escrevo meu primeiro romance policial].[18] Foi com entusiasmo que ela aceitou animar uma oficina. Assim, a biblioteca iria ter o primeiro romance policial. Ele seria escrito por aqueles mesmos que a frequentavam e conheciam todos os seus cantos. Marie Saint-Dizier gosta particularmente do lugar que ela acha romanesco. A intriga policial iria explorar todos os recursos do lugar, como deve ser nesse gênero literário. Ela pediu aos bibliotecários que se associassem àquela criação coletiva por completo. Porque, na biblioteca, essa é a maneira justa para os adultos de estar com as crianças. Eles não mandam fazer. Começam fazendo e em seguida se engajam na tarefa em comum. Tana Hoban e Remi Charlip tinham feito as mesmas exigências; Kosumi Komagata também começa as oficinas trazendo para as atividades, primeiramente, os adultos.

Para que a biblioteca se abra largamente a todos os ventos, aos ventos da curiosidade, das interrogações e das paixões, e para que ela possa promover encontros sobre os mais diversos temas, é preciso que o bibliotecário seja um mediador de leitura sempre vigilante, capaz de captar tudo que for suscetível de interessar às crianças. Eu já evoquei algumas vezes neste livro o exemplo daquela bibliotecária especialmente encarregada de acolher os adolescentes em uma biblioteca pública do Bronx, em Nova York. Ela dedicava uma parte importante de seu tempo a conversar com eles, reconhecendo-os como visitantes que constituíam o público da sua biblioteca, e, além disso, se mantinha atenta às coisas que se passavam no bairro. Dessa maneira, ela pôde descobrir as personalidades da área que ocupavam lugar privilegiado

---

[18] SAINT-DIZIER, Marie. *J'écris mon premier roman policier*. Paris: Vuibert, 1999.

nas discussões e na vida dos adolescentes. Ela contou como certa vez teve a ideia de convidar para a biblioteca um barbeiro muito popular entre os jovens do bairro. Tratava-se, sem dúvida, de alguém que dominava a arte e o ofício da barbearia, mas, além disso, como todos os barbeiros, era um homem de comunicação. Afinal, fala-se muito em um salão de barbearia! De resto, a simples escolha de um barbeiro para palestrar em uma biblioteca já era motivo suficiente para atrair a atenção dos jovens em geral!

Qualquer pergunta, quando é pessoal e encontra alguém para escutar e tentar responder, pode estimular a curiosidade, ajudando a passar de uma pergunta a uma resposta que se abre, em seguida, a uma nova pergunta, livremente, sem a preocupação de fazer a cada vez uma "recapitulação".

Por todas essas razões, ela, a bibliotecária, havia percebido que seria interessante organizar um encontro com ele. Um panfleto foi rapidamente preparado e distribuído, anunciando o seguinte tema: "O penteado, símbolo da situação social". O palestrante era o barbeiro do salão: The Eletric Hair Company. O encontro foi um grande sucesso, sem dúvida porque os jovens descobriram, no debate, que suas questões, aparentemente fúteis, estavam longe de ser desinteressantes e poderiam, de fato, estimular reflexões de que eles nem sequer suspeitavam. O barbeiro, instalado em um salão em plena Nova York, pudera facilmente observar como, em alguns anos, os estilos de penteado haviam evoluído: do alisamento ao corte afro, era toda uma concepção de identidade negra que se exprimia. O assunto daquele debate girava, portanto, em torno do que significava "pertencer a um grupo", "ser admitido", e tratava, assim, de ritos atuais de iniciação em uma sociedade ocidental. De ponto em ponto, a partir de uma pequena discussão, entrava-se no campo da etnologia. Para aqueles jovens adolescentes, a ideia de "pertencer a um grupo" ganhava todo sentido sob um enfoque universal. E por que não se poderia indicar, aos mais velhos, o nome de alguns grandes etnólogos suscetíveis de despertar interesse?

Abrir as portas e as janelas de nossas instituições para que cada um possa entrar ali e sair quando e como tiver vontade! Aceitar ir lá onde sopra o vento, mesmo se as curiosidades das crianças desconcertam os adultos! Fazer cair as barreiras entre a cultura reconhecida, a que é ensinada e aquela na qual vivem os jovens! Admitir caminhos que não são os nossos, admitir que caminhos transversos possam ser tomados, todas essas atitudes são difíceis de adotar. Mas são indispensáveis se quisermos que as crianças construam, elas mesmas, a própria cultura.

Também indispensável a toda leitura pessoal, e por isso interessante, é a emergência de curiosidades e interrogações, tanto para a leitura romanesca como para a informativa.

A curiosidade, fundamento da cultura e fonte do desejo de ler, não pode se fechar em um roteiro. Nem pode ser programada de acordo com planos especificamente definidos. Tudo é ocasião para se fazer perguntas, perguntar a si mesmo e se maravilhar. As perguntas nascem em toda parte, não importa onde nem como, sob as formas mais variadas.

Penso numa experiência que vivi no Brasil, onde existe, como em tantas metrópoles dessa região do mundo, o grave problema de crianças das ruas, essas crianças insociáveis que rejeitam toda forma de escola. A única aprendizagem capaz de mobilizá-las é a artística. Lembro assim de um dia passado em Salvador, na Bahia, com um antigo menino da rua, muito dotado para a música, a dança e, particularmente, a capoeira. Mais velho, já saído da rua e da infância, ele teve a generosidade de ajudar outros meninos que viviam como ele. Tive oportunidade de fazê-lo descobrir belos livros ilustrados para crianças. Ele imediatamente desejou levá-los até as crianças de rua. Pude assistir a uma tarde de encontro que ele organizou num subúrbio muito abandonado. A tarde toda tinha sido consagrada a aprender como construir, com a carcaça de velhos pneus, instrumentos de música para acompanhar a capoeira. Poucas vezes assisti a uma "classe" tão concentrada e tão preocupada em aprender, aplicada, com crianças em tão grande número. Assim, aqueles jovens que viviam totalmente à margem da sociedade estavam, graças a ele e à confiança que os unia, prontos para aceitar uma disciplina pelo prazer da arte. Nessas condições, esses mesmos jovens poderiam estar prontos para descobrir textos literários de qualidade real.

Uma casa calorosa

Como uma casa, a biblioteca pode ter o caráter caloroso e pessoal, e pulsar com o ritmo da vida coletiva. Cada um está tomado pelas suas ocupações, faz o que tem que fazer, mas conhece também o prazer de se encontrar, em certas ocasiões como as festas, com a mistura de idades e mesmo de gerações que elas suscitam.

O escritor russo Lev Kassil, em seu livro *A viagem imaginária*,[19] põe em cena uma biblioteca para crianças e reconstitui de maneira notável a vida rica e ativa dessa coletividade em que cada um participa com entusiasmo. Uma criança conta: "Fui completamente tomado pela vida barulhenta e atarefada, engraçada e séria da biblioteca. Ali, eu trabalhava dias inteiros. Estava sempre lambuzado de cores e tintas. Uns ajudavam a fazer as fichas, outros colavam livros rasgados e outros, em escadas, arrumavam livros nas estantes. Todos trabalhavam com uma diligência alegre e concentrada. Organizávamos relatórios, discussões sobre livros, encontros literários de dia e à noite. Atores e espectadores eram todos apaixonados. No melhor do trabalho, organizamos uma festa à noite e convidamos os pais. Na biblioteca, fizemos uma limpeza geral, tiramos as teias de aranha e trocamos os cartazes. Só as mães vieram. Elas ajustavam as travessas na nuca e escondiam as grandes mãos sobre o ventre, embaixo dos xales. Os melhores lugares estavam reservados para elas. Dino e Zorra lhes ofereceram chá, sem açúcar, mas com geleia."

Essa passagem de *A viagem imaginária* lembra os melhores momentos que conheci, quando as crianças se tomavam de entusiasmo pela vida na biblioteca, pondo a seu serviço todos os recursos de sua imaginação e toda a força da sua vitalidade.

Lugar privilegiado da "informação", a biblioteca pode ser o lugar onde se transmitem as tradições e se renova o seu sentido: Carnaval, Natal, Páscoa etc. Celebram-se também as festas dos países de onde vêm as crianças de origem estrangeira que frequentam a biblioteca ou os adultos de passagem, os estagiários que momentaneamente a animam.

Na França, o apelo a essas tradições têm grande importância, considerando-se que elas estão desaparecendo, como o Carnaval da Terça-feira Gorda. Essas festas estreitam laços comunitários que, numa biblioteca onde se acentua a frequência livre e individual, tendem a se desfazer, com o risco de transformar as crianças em simples consumidoras. Esse sentido de comunidade é sem dúvida necessário. Corresponde

---

[19] Publicado em 1934 na antiga União Soviética.

ao sentimento de pertencimento, sem o qual dificilmente existem abertura, gosto de descoberta ou estrutura para assimilar e integrar o que é oferecido. A comunidade, facilitando a comunicação, permite que se concretize aquilo que se descobre e se compartilha com os outros.

Uma biblioteca tem sempre necessidade de reforçar os laços de uma vida coletiva porque eles não são tão naturais como na escola, onde os grupos são estáveis durante a maior parte do dia. Essa vida coletiva muito flexível atrai as crianças à biblioteca.

É interessante constatar mais uma vez a lucidez e a inteligência daqueles que estão na origem das bibliotecas para crianças, numa época em que a problemática da informação se apresentava em termos bastante diferentes. As mulheres pioneiras de *L'Heure Joyeuse*, por exemplo, propuseram, logo no começo, um modo de vida que hoje é mais necessário que nunca na nossa sociedade tão tentada a dar prioridade ao individualismo. Dentro do mesmo princípio, vivemos todos os dias a experiência: a biblioteca concilia a iniciativa pessoal, a necessidade de autonomia e uma vida comunitária que privilegia os laços sociais. Atualmente os teóricos da comunicação e os sociólogos enfatizam a necessidade desses espaços. "Hoje, numa sociedade aberta", lembra Dominique Wolton, "o problema da identidade precisa ser repensado com acuidade, porque quanto mais houver comunicação, mais será necessário reforçar a identidade individual e coletiva."[20] Também Jean-Claude Guillebaud, autor de *Le goût de l'avenir* [O gosto do futuro], não cessa de apontar essa necessidade: "É preciso, a cada homem, o distanciamento (a autonomia) e o elo (...). A ruptura do elo rompe a existência."[21]

As regras indispensáveis de uma vida em comum

Muitas crianças vão à biblioteca porque estão assustadoramente sós, precisam ocupar-se de algo. Sabe-se como as crianças insatisfeitas podem se transformar em criaturas turbulentas, fazer barulho por prazer, destruir coisas simplesmente para chamar atenção dos adultos. É então que se coloca o problema das regras de uma vida em comum.

---

[20] WOLTON, Dominique. Op. cit.
[21] GUILLEBAUD, Jean-Claude. *Le goût de l'avenir*. Paris: Seuil, 2003.

Pode alguém impor essa perturbação a todos? Muitas vezes as crianças são as primeiras a reclamar do barulho. Mas pode-se simplesmente aceitar a ideia de excluir aqueles que são sempre e em toda parte excluídos? E, se não o fazemos, é possível promover uma real inserção dessas crianças num grupo, se elas seguem insistindo no papel de perturbadores?

A maioria das bibliotecas enfrenta esses problemas e, em particular, as que se encontram nos "grandes conjuntos habitacionais" de subúrbio, lá onde a biblioteca é o único equipamento de acesso fácil e gratuito. Nós todos tentamos diversas soluções. Como, por exemplo, fazer uma entrevista individual com a criança perturbadora para tentar compreender suas necessidades e expectativas, e também para que ela tente entender quais são as necessidades e expectativas das outras crianças. Em seguida, procuramos decidir eventualmente se a biblioteca pode corresponder ao que ela espera dela ou se é preciso, de comum acordo, operar uma separação. Essa fórmula parece eficiente, mas, de fato, ela não é sempre praticada nem sempre se revela eficaz. Muitas vezes, o bibliotecário exasperado se contenta em mandar a criança embora, sem explicação.

Pode-se tentar dar a esses jovens adolescentes uma responsabilidade que lhes permita inserir-se de maneira positiva. Algumas bibliotecas confiam às vezes aos mais velhos a tarefa de contar histórias às crianças menores, para o grande prazer de uns e de outros. Foi o que fizemos algumas vezes. As experiências desse tipo permitem aos maiores reforçar as possibilidades de leitura, mostrar-se responsáveis e se dar, sem sentir vergonha, o prazer de ler histórias de que ainda são capazes de gostar.

Nossa pequena experiência empreendida fora da biblioteca, nas ruas de uma cidade-dormitório, nos permitiu descobrir um outro tipo de relação entre os pequenos e os adolescentes. Estes se mostram espontaneamente responsáveis e afetuosos com os menores. Têm com eles uma atitude de irmãos mais velhos. As relações são para eles mais fáceis do que no interior da instituição. Mas o fato é que essa não é a solução para todos os problemas de inserção dos maiores, ou seja, não basta apenas empurrá-los para que tomem conta dos menores. Eles também precisam que suas questões sejam levadas a sério. Ora, certos bibliotecários, como muitos adultos, se sentem mais à vontade com os pequenos e temem enfrentar uma idade mais difícil.

A dificuldade de integração de adolescentes revela o grave problema de sua posição na nossa sociedade, cuja tendência é sempre a de isolá-los, privando-os de responsabilidades. A escolaridade obrigatória até os 16 anos é, para retomar a expressão de Philippe Ariès, "quarentena" escolar que isola, de maneira muito infantilizante, os jovens, numa idade em que, pelo contrário, se tem uma necessidade enorme de se inserir, como adulto, no mundo. Seria uma ilusão imaginar que a biblioteca, sozinha, poderia resolver um problema que a ultrapassa largamente e que é nada menos que um fato social. Ela pode, somente, e na medida de seus modestos meios, tentar, no interior de seus muros, não privar os adolescentes do mundo adulto e não os tratar como crianças. Numa biblioteca como a de Clamart, a questão é particularmente delicada, porque não há seção para adultos no mesmo ambiente.

13. Encontrar suas referências.
A ajuda ao leitor

O que caracteriza a vida na biblioteca é a disponibilidade dos bibliotecários em relação às crianças. Isso é indispensável: ajudar pessoalmente as crianças a se orientarem nesse espaço e apoiar as suas iniciativas. Essa é a nossa tarefa prioritária. Entretanto, trata-se de uma tarefa difícil de se fazer reconhecida hoje: os serviços para crianças estão cada vez mais submetidos às regras restritivas da gestão, regras aplicadas indiferentemente, tanto nas seções gerais quanto nas seções para crianças. As preocupações estatísticas obrigam a avançar com rapidez e a não dedicar tempo demais à ajuda individual. As exigências burocráticas envolvem programas elaborados com grande antecedência e previsões orçamentárias fechadas. As "atividades", para serem reconhecidas pelas altas esferas como válidas, devem ser midiáticas e mensuráveis no plano estatístico. Chega-se a privilegiar as animações-espetáculos e as atividades de grupo. Para obter os créditos necessários a cada mínima atividade, é preciso redigir relatório sobre relatório. Qual é o espaço deixado por essas programações excessivas às iniciativas das crianças e à manifestação das suas curiosidades? A singularidade desse lugar de leitura não é precisamente a sua flexibilidade e o seu caráter informal?

A criança tem necessidade de tempo para encontrar o que lhe convém. Ela precisa conversar com os outros, ler algumas páginas e muitas vezes pedir ajuda. Com o desenvolvimento da comunicação, a multiplicação das redes e o acesso fácil e imediato a uma informação pletórica, ao alcance da mão, a ajuda levada ao leitor é, sem dúvida, hoje, mais do que nunca necessária.

O adulto deve poder dispor de tempo para se aproximar das crianças, ajudá-las a se orientar na biblioteca e a experimentar a alegria das descobertas: com as menores, sentar-se para ler junto e contar histórias; com as maiores, ajudá-las a encontrar o "seu" livro, evocar com elas experiências de leitura que são como experiências de vida. O bibliotecário fica ao lado das crianças.

"As competências e o saber de cada um são limitados e, quanto mais as comunicações são facilitadas, mais nos damos conta de que, tendo acesso a 'tudo', precisamos de intermediários, de *barqueiros* para nos ajudar a circular nos imensos continentes de saberes e dados do conhecimento. A ideia de uma informação e de um conhecimento 'direto' é um fantasma perigoso."[1]

É uma relação particular, de pessoa a pessoa, que naturalmente se estabelece entre a criança e o adulto: o livro é a origem. A criança entusiasmada pergunta ao bibliotecário: "Você não tem outro livro como esse aqui?", ou seja, tão interessante e forte quanto o que ela acabou de ler. É um pedido difícil de satisfazer porque há sempre algum receio de oferecer uma leitura que ela pode deixar de lado...

Ajudar as crianças a encontrar suas referências é bem a tarefa essencial do bibliotecário. Com discrição, ele as ajuda a buscar o que corresponde às suas curiosidades, seus interesses, suas demandas ou expectativas apenas conscientes. Trata-se então de lhes revelar assuntos suscetíveis de interessar a elas. Isso, com frequência, só emerge ao contato com a oferta. É assim que o livro pode encontrar seu lugar na vida da criança. Ele pode se tornar, ao mesmo tempo, um prazer, um instrumento de referência, uma expansão e um aprofundamento de sua experiência pessoal. Graças à confrontação com outros livros, outros documentos e outros leitores, desperta e se aperfeiçoa o espírito crítico da criança em relação ao que um documento novo oferece. Ela aprende também a se conhecer.

Esse contato pessoal, a dois, é um tipo de relação característica da biblioteca. A maior parte das crianças não vive, em seus outros ambientes, esse tipo de encontro. Ali, a troca é, de fato, consideravelmente enriquecida pela mediação do livro. Trata-se de procurar, para a criança, o que convém ao seu nível e à sua experiência. O livro pode se tornar então uma fonte em que cada um pode matar a sua sede, na medida de suas necessidades, e encontrar assim o gosto da água fresca. Ele é para a criança a oportunidade de crescer: revela não apenas um novo mundo como possibilidades íntimas desconhecidas. O contato com a criança a quem é preciso satisfazer ou suscitar a demanda permite ao adulto que apresenta o livro descobrir nele, e na própria criança, outras riquezas.

---

[1] WOLTON, Dominique. Op. cit.

Na verdade, cada um, à sua maneira, pode se sentir tocado: o adulto, porque assiste ao despertar da sensibilidade e da inteligência da criança, e esta, porque se sente objeto da atenção simpática de alguém próximo que a compreende. Essa ajuda pessoal, assim levada a efeito, oferece para a criança, nas suas pesquisas e leituras, uma ocasião única de trocas e encontros.

"Jamais alguém havia me demonstrado tanta atenção. Jamais alguém havia se interessado por mim daquela maneira. Graças a essas trocas, eu me sentia existir, me sentia importante", nos confia um antigo leitor, evocando seus anos passados na biblioteca. É verdade que ajudar uma criança a encontrar uma leitura que lhe "fale" provoca conversas que, mesmo sendo discretas, permitem uma relação rara. A criança sente-se tocada com o fato de que um adulto tenha tempo para essas trocas, tenha o cuidado de lhe apresentar obras de real qualidade. Ela aprecia essa confiança. Sendo tratada assim, percebe que a julgamos capaz de apreciar o que é belo, o que "vale a pena".

Sempre desejando ajudar as crianças a fazer as próprias escolhas e a encontrar referências na diversidade de documentos propostos, o bibliotecário não hesita, de fato, em propor livros que granjearam sua adesão pessoal e, mesmo, seu entusiasmo. Não tenhamos medo de transmitir nossas paixões, nossos entusiasmos de adultos.

Criam-se hábitos entre a criança e o bibliotecário. Esses hábitos permitem intuir com mais acuidade os gostos dos leitores numa relação mais íntima e rica, mas pode ter um efeito restritivo sobre as crianças que se dirigem sempre ao mesmo adulto, naturalmente limitado aos próprios gostos e conhecimentos. A biblioteca é, por sorte, um lugar onde se encontram adultos disponíveis, bibliotecários ou não, convidados ou de passagem, com personalidades diversas. É certo que as crianças podem participar da apresentação dos livros. Seus conselhos são particularmente ouvidos.

Escolher um romance é coisa difícil. Sua leitura, para o leitor aprendiz, representa uma aventura: às vezes, ele precisa ser ajudado, efetiva e intelectualmente, para ousar a empreitada. Intelectualmente, são as indicações que o adulto utiliza para apresentar o livro e, afetivamente, é a relação com o adulto que aconselha o livro. Conta ainda a relação com as crianças que dão as opiniões. Elas sabem ser muito convincentes: "Olha, pega esse aqui, é genial", "Esse aí, não gostei." A contribuição das crianças é preciosa e eficiente. Elas não podem ser suspeitas de querer, por qualquer razão pedagógica, "fazer ler" certas obras. O seu entusiasmo é comunicativo. Uma criança, a quem foi perguntado na escola "O que é um clássico?", deu a seguinte resposta: "É um livro que os adultos querem fazer a gente ler." Pode-se medir assim o peso da obrigação e do tédio.

O aconselhamento individual é, para o bibliotecário, a ocasião para convidar a criança a falar dos livros que já leu e de que gostou e daqueles que acabou de ler.

Pode-se propor às crianças um bloquinho de notas de leitura. A criança às vezes tem prazer em se lembrar das leituras que ficaram um pouco esquecidas. Encontrei mais de um antigo leitor que havia guardado preciosamente as antigas anotações de leitura porque elas lhe permitiam rememorar os livros de que tinha gostado, na infância, e lembrar, assim, momentos felizes. O bloquinho de leitura é, sem dúvida, muito esclarecedor, sobretudo quando a criança anota ali suas impressões, com toda liberdade e, se quiser, confidencialmente.

Ousar a aventura da leitura! Na idade da aprendizagem técnica da leitura, a envergadura da escolha parece, em muitos casos, encolher. Crianças que tinham gostado muito dos livros ilustrados de uma grande variedade só querem saber, de repente, de romances de coleções mais ou menos repetitivas. É como se quisessem se defender. Toda a energia parece mobilizada pela dificuldade técnica da leitura, como se o bom desempenho na tarefa de ler sozinha um livro sobrepujasse o prazer do conteúdo. É então indispensável ajudá-las a ultrapassar essa fronteira. Mas não é fácil, e são necessárias algumas etapas. Em muitos países, lamenta-se a ausência de obras que proponham as "primeiras leituras" de qualidade, que as ajudariam a passar à leitura de romances. Há editores que procuram preencher essa lacuna e se esforçam em publicar romances curtos, de formato agradável, tipografia grande e diagramação arejada. Esses elementos têm um papel importante nas escolhas. Mais importantes ainda são o começo estimulante do relato, os diálogos, o ritmo da ação, o desenrolar fino e sutil da história, sem complexidades inúteis e pesadas.

Ao leitor hesitante, apresentam-se livros vigorosos, mas não difíceis. Assim, ele chega a sair das séries onde tem a tendência de se fechar. Trata-se de lhe dar autoconfiança, em seus gostos e na biblioteca, e de levá-lo assim a outras leituras, a novas terras. Ao apresentar esses livros, é importante mostrar o que eles têm em comum com as séries: mistério, humor, sucessão rápida de acontecimentos etc.

Um começo lento e complicado desvia muitas crianças das obras fortes que, no entanto, poderiam agradar-lhes muito, uma vez vencido o desafio dos primeiros capítulos. Penso no livro insubstituível *A longa jornada*,[2] uma epopeia de coelhos em que o mundo se faz presente em todos os níveis – animal, humano, político e social –, desprovida de qualquer didatismo, contada com essa liberdade de abertura que geralmente encontramos nas grandes obras. A leitura dá à criança essa alegria de ser cocriadora, abrindo sua imaginação a um mundo novo que não lhe é totalmente explicado nem poderia sê-lo, porque tem a riqueza da realidade. Felizmente, os adultos, gostando pessoalmente desse livro, estão lá para ajudar a dominar a dificuldade das primeiras páginas.

O aconselhamento de leitura é um caso de compartilhamento. "O que faz a comunicação não é a técnica, mas os homens e as sociedades, por meio de duas outras dimensões, cultural e social. De fato, quanto mais a comunicação técnica é performante, mais se vê o que a distingue da comunicação humana. É possível passar horas em comunicação com as máquinas sem ser capaz de manter relações humanas e sociais satisfatórias. E ainda menos de coabitar com indivíduos ou grupos diferentes de si mesmo. (...) É possível ser multiantenado e desesperadamente só."[3] Essas observações gerais, emanando de um dos melhores especialistas em comunicação, podem bem nos lembrar o papel único que pode ter a biblioteca para crianças, em especial pela palavra viva e profunda que ela encoraja e que é habitualmente muito mais difícil de compartilhar na vida do dia a dia.

Para realizar eficientemente essa tarefa de aconselhamento, é lógico que o bibliotecário deve conhecer bem os livros da biblioteca. Esse conhecimento necessário o protege da tentação de acumular de maneira intempestiva coleções cujo caráter extenuante é desencorajador para o leitor que nelas se perde e que o bibliotecário não tem condições de controlar. Note-se que os romances são levados de empréstimo na medida em que os bibliotecários os escolheram com convicção, e podem

---

[2] ADAMS, Richard. *A longa jornada*. Rio de Janeiro: Nova Fronteira, 1976.

[3] WOLTON, Dominique. Op. cit.

até mesmo apresentá-los aos leitores suscetíveis de gostar deles. Se um livro não faz nenhum sucesso junto às crianças, é possível que o bibliotecário não o conhecesse bem e que jamais houvesse pensado em recomendá-lo. Certos livros ficam assim desesperadamente presos nas estantes. Os livros conhecem destinos muito diversos, de acordo com as bibliotecas... e, sem dúvida, de acordo com os bibliotecários também. Assim, *Alice no País das Maravilhas* é muito apreciado aqui, mas nem um pouco acolá. O mesmo acontece com *Mumin*, *Winnie Puff* e muitas outras obras-primas.[4]

Perguntas e respostas

Uma caixa de perguntas e ideias colocada à disposição das crianças informa o bibliotecário sobre os seus interesses. Isso permite oferecer títulos ou temas que elas não puderam encontrar na biblioteca, seja porque não souberam procurar (e nenhum bibliotecário estava disponível no momento), seja porque o livro já estava emprestado, ou ainda porque a biblioteca não o possuía e assim talvez devesse adquiri-lo. Essas perguntas escritas dão aos bibliotecários o tempo de uma reflexão, porque às vezes há uma pesquisa longa a ser feita para responder à demanda. A resposta, no entanto, é logo fixada no quadro de avisos, e de maneira tão completa e pessoal quanto possível. Essa é uma forma de diálogo que tem sua importância. A fixação da resposta no quadro estimula outros leitores a formular suas demandas e a talvez se interessar por um assunto que já interessa a alguns outros. Tudo isso lhes dá o sentimento legítimo de que suas demandas são consideradas seriamente, que suas opiniões contam no processo de aquisição das obras e que a biblioteca é a sua biblioteca. Quanto mais as respostas dadas são rápidas e satisfatórias, mais as perguntas se multiplicam. A curiosidade é contagiante. A abundância de perguntas que circulam na biblioteca é a prova da boa saúde desta, de sua eficiência. Isso não significa, entretanto, que a biblioteca possa satisfazer a todas as demandas.

---

[4] Obras importantes como *Winnie Puff* ou as aventuras de *Mumin*, para serem verdadeiramente apreciadas, necessitam da voz do adulto. Ver capítulo 6, sobre leitura em voz alta.

Aprender a pesquisar

A demanda da criança leva com frequência a publicações informativas. O papel do bibliotecário não é propor rapidamente o documento correspondente, e sim acompanhá-la na pesquisa, explicando-lhe a razão de ser de todas as etapas necessárias. É assim que a criança poderá ter acesso a certa autonomia e tornar-se uma pesquisadora, à sua maneira. A abundância da informação é tal que é preciso aprender a formular as perguntas de maneira exata. Essas condições são necessárias a toda leitura e, em princípio, tais preparativos deveriam ser feitos já em sala de aula, no espírito daquilo que a pedagogia Freinet sempre valorizou.

Nem sempre é fácil entender as perguntas das crianças.

O bibliotecário ou o professor deve dar tempo à criança para que ela possa fazer a aprendizagem da pesquisa a partir de questões que lhe sejam pessoais ou que possam vir a ser.

"O acesso a toda forma de informação não substituiu a competência prévia para saber que informação perguntar e que uso se pode fazer dela. (...) Existe certa arrogância em se acreditar que cada um pode se informar sozinho, por pouco que tenha acesso às redes de informação."[5]

Contrariamente ao que se tem pensado, no que concerne à aprendizagem da criança na pesquisa, na informática e, mais precisamente, na internet, as tarefas do bibliotecário não ficam reduzidas: trata-se, por certo, de um trabalho novo, um novo procedimento pedagógico que necessita de uma reflexão aprofundada e compartilhada entre bibliotecários, em estreita relação com os professores.

Com a internet, a verificação das fontes é absolutamente necessária. Ela é também indispensável com os livros, no entanto, sem dúvida, mais difícil de ser efetuada. Na internet, a informação vem de todos os lados. Trata-se de uma nova aprendizagem sobre a qual é preciso refletir. Como ajudar a criança a julgar a confiabilidade de um dado? Como aconselhá-la para que não se precipite sobre a primeira informação dada? A ajuda do adulto, num primeiro momento, é indispensável, porque a criança se sente por vezes um pouco frustrada por ter que dedicar algum tempo a pesquisar uma simples informação correta. O acompanhamento do bibliotecário deve ajudá-la a controlar essa frustração.

---

[5] WOLTON, Dominique. Op. cit.

A diversidade da mídia

A criança, com a ajuda do adulto, descobre pouco a pouco a importância de definir qual é exatamente o aspecto do assunto que a interessa. O ponto de vista de onde ela parte para formular a pergunta determina de fato onde, na organização das estantes, pode ser procurado o livro que vai conter a resposta: o livro sobre trens pode se encontrar no número 300 (ciências sociais), se se trata da história dos transportes, ou no 600, se se trata de técnicas ou, ainda, no 700, se se trata de fotos ou reproduções de obras artísticas. Assim, a criança adquire consciência da existência de uma rede de conhecimentos organizada, lá onde ela via talvez uma simples justaposição de assuntos.

A pesquisa informativa necessita hoje recorrer a outros meios, além do livro. Então, é interessante confrontar a demanda das crianças com os documentos existentes nos diversos suportes para tirar de cada um aquilo que ele tem a contribuir na sua especificidade. Não existe qualquer hierarquia objetiva entre os tipos de documentos, a não ser a das demandas e os tipos de procedimentos. Assim, a propósito dos pássaros, a criança é levada a precisar sua demanda e a ampliá-la: trata-se de cuidar do passarinho, de identificar um ovo, ou de reconhecer um pássaro pelo seu canto, de olhar um filme sobre a migração das cegonhas, ou, ainda, de escutar um ornitólogo em seus procedimentos de pesquisa e de observação? Conforme o caso, será mais apropriado oferecer-lhe o livro, um suporte eletrônico ou audiovisual ou um artigo de enciclopédia.

Hoje, em algumas mediatecas, é fácil para uma criança consultar tanto um "audiovisual" quanto uma obra impressa. Ela pode querer olhar o documento de sua escolha de maneira individual ou com mais três ou quatro crianças. Pode também se beneficiar de uma projeção coletiva. Pode ainda ter acesso à mediateca geral. O uso que as crianças fazem desses documentos deveria esclarecer os realizadores, produtores e todos os que se interessam pelo acesso dos mais jovens à informação científica e técnica.

Não nos deixemos, entretanto, impressionar pela aparente facilidade de acesso aos documentos. Sua profusão é tamanha que podemos nos perder neles. As informações chegam antes mesmo que a pergunta possa emergir de maneira mais pessoal e precisa, antes que nasça o desejo de conhecer. Alguns chegam a denunciar a "ditadura dos dados" que causa estragos hoje em dia.

"Acabei de usar o computador", diz a criança que opera a máquina com prazer e competência. As informações se precipitam como uma onda. Elas podem escorrer sobre o seu espírito como a água sobre as penas de um pato. Elas podem também suscitar autênticas curiosidades. É algo parecido com o folhear de um livro ou uma caminhada pelas estantes da biblioteca. Mas a atração pela máquina faz às vezes passar para um segundo plano o interesse pela informação encontrada.

"O que vale para as novas técnicas é socializá-las, fazer a comunicação sair de uma problemática de performance", diz ainda Wolton. E acrescento: livrá-la da aparência enganadora de informação. Sabe-se como a tentação é grande em se confundir o dever de entregar um trabalho escolar e uma pesquisa capaz de interessar aquele que a empreende. As aparências são salvas. É a cópia de um artigo de enciclopédia, a fotocópia, o cortado/colado. Isso é uma pesquisa? O que isso significou para o espírito da criança? Qual foi o seu avanço, na sua visão inteligente do mundo? Sabe-se que para muitas crianças essa pseudopesquisa não se baseia numa leitura efetiva e eficiente dos textos assim selecionados. Além disso, a abundância e a extensão desses textos com facilidade reproduzidos são desanimadoras tanto para a criança quanto para o mestre que deve tomar conhecimento e julgar a qualidade de um trabalho que praticamente não tem nada de pessoal!

Provocar a curiosidade

Na biblioteca, não se pode contentar em esperar as perguntas e tentar respondê-las. Cabe ao bibliotecário saber provocar a curiosidade e a vontade de conhecer. Limitar-se às demandas das crianças seria como fechá-las em seu mundo: só perguntamos sobre o que conhecemos ou o que pressentimos. Por outro lado, um interesse momentâneo despertado pela escola, um programa de televisão ou um acontecimento dão a oportunidade de buscar junto às crianças quais as perguntas que podem ser feitas sobre o assunto e que documentos informam a respeito. A televisão desperta reações muito diferentes: as crianças às vezes têm o sentimento do *"déjà-vu"* e nenhuma vontade de ir mais longe; outras vezes, ao contrário, são incitadas a aprofundar uma questão.

A biblioteca propõe, de tempos em tempos, apresentações coletivas de documentos sobre um assunto ou outro. Procura-se, dessa maneira, provocar no leitor o apetite e a vontade de mergulhar em novas leituras. São apresentados assim os livros que a biblioteca acaba de adquirir, antes que eles se percam na massa. É também uma ocasião para se redescobrir um livro mais antigo sobre o mesmo assunto ou na mesma linha, propondo diferentes pontos de vista. Assim, a partir de *Mes amis les loups* pode-se passar a Konrad Lorenz, James Oliver Curwood ou Jack London. O autor Farley Mowait,[6] encarregado de uma pesquisa no Canadá sobre o desaparecimento dos caribus, foi levado a viver no meio dos lobos, o que lhe permitiu rever a questão dos preconceitos correntes sobre a crueldade deles e suas atitudes em relação ao homem. Ele narra a evolução de sua relação com os lobos, como ele chegou a reconhecê-los e a se fazer aceitar no meio deles, a tal ponto que uma vez, quando um lobo o surpreendeu urinando, ele se sentiu incomodado no seu pudor, como se tivesse sido flagrado por um homem numa postura indecente.

Pode-se assim dar vida nova a belas obras que dormem nas estantes devido a uma apresentação fora de moda ou a uma tipografia sem graça,[7] como certos excelentes livros de coleções desaparecidas. Dá-se vida nova a obras quase nunca tomadas em empréstimo.

Essas apresentações coletivas de livros podem ser uma prática comum nas bibliotecas, como a "Hora do Conto". Podem também acontecer na escola, onde bibliotecários e professores os propõem em alternância com a narração de contos e relatos. Essas apresentações coletivas às vezes são chamadas de Ronda de Livros.

Assim como o aconselhamento individual de leitura, a Ronda de Livros é uma arte que, como toda arte, se torna mais refinada à medida que é praticada. Trata-se de se lançar uma história, ajudar a identificar os personagens e suas relações, dar o tom, fazer captar a ideia suben-

---

[6] MOWAIT, Farley. Op. cit.
[7] Certas bibliotecas, judiciosamente, desenvolvem um "fundo nostalgia" que agrupa certas obras esgotadas, mas sempre capazes de interessar os leitores de hoje, quando são objeto de uma apresentação oral, individual ou coletiva.

tendida na história e encontrar o ponto de toque na sensibilidade e nos interesses das crianças com quem se dialoga.

É toda uma preparação para uma leitura curiosa que é a chave da leitura pelo prazer. Desperta-se assim o desejo de descobrir o livro, ajuda-se a criança a ir além do episódico, a se apropriar do livro e assim, com a inteligência enriquecida, ir adiante em outras leituras. Uma introdução oral permite dominar o livro mais facilmente, apreender melhor a arquitetura para poder avançar e voltar, escolhendo o ritmo que às vezes pode ser lento, pelo prazer de saborear cada instante.

Os bibliotecários em geral se encarregam da Ronda de Livros. Em certas ocasiões, são pessoas vindas de fora, particularmente interessadas em certos temas, que assumem essa posição. As crianças às vezes participam com discrição da apresentação de livros, mas nem sempre é fácil. Elas muitas vezes têm dificuldade de serem breves, se perdem nos detalhes e cansam a atenção das outras crianças. Os mais velhos, entretanto, podem aprender a apresentar um livro.

Clubes de leitura

Muitas vezes as crianças desejam se reunir para falar dos livros que as entusiasmaram como *Harry Potter* ou *Tobias Lolness*. A apresentação desses livros é feita pelas crianças que os leram ou pelo adulto que anima o debate. O adulto não impõe a voz, mas ajuda a ampliar o debate e, com a sua atenção, o valoriza. As crianças, pouco a pouco, aprendem a exprimir e a comunicar aquilo que têm a dizer, e, o que em todas as idades é o mais difícil, a se escutarem.

O debate fica assim enriquecido com experiências pessoais que permitem uma confrontação do livro com a realidade.

A dificuldade está em levar as crianças a tomarem consciência de que aquele livro em particular propõe uma experiência única que ele transmite de maneira única. Assim, o livro se torna, no espírito das crianças, uma voz a mais. Caso contrário, a discussão corre o risco de ficar à deriva e se reduzir a uma simples troca sobre o tema do livro, o que é certamente interessante, mas nesse caso o livro é apenas um pretexto e, sendo assim, não haveria razão para propor a sua leitura. Bastaria anunciar um tema de discussão.

O fato de ter de exprimir um julgamento ajuda muitas vezes a dar certa precisão ao discurso, a tomar consciência de uma opinião. No interesse encontrado e reconhecido pelo próprio julgamento, a criança descobre o gosto de julgar. Aprende pouco a pouco a se abrir à diversidade de apreciações diferentes e pode sentir a necessidade de buscar outras leituras. Lembro os debates apaixonantes e apaixonados em torno do livro de Januz Korczak, *Le roi Mathias 1er*[8] [O rei Mathias I], espontaneamente comparado pelos jovens leitores com a obra de Mark Twain, *O príncipe e o mendigo*. Essa leitura despertava neles profundas reflexões políticas e metafísicas, além do imenso prazer em serem escutados e se sentirem inteligentes e responsáveis.

Basta pouca coisa para dar calor e intimidade a esse tipo de reunião: uma sala pequena reservada, talvez um buquê de flores, uma jarra de laranjada e a discrição dos adultos que vêm se inserir na discussão sem perturbá-la. Não é preciso mais do que isso para que as crianças se sintam levadas a sério e adotem uma gravidade que não tem nada de formal nem pesada e que as ajuda a encontrar em si mesmas riquezas que talvez nem acreditassem possuir.

A biblioteca favorece modos variados de encontros. Seja o diálogo a dois entre a criança e o adulto, sejam os pequenos grupos que se formam espontaneamente em torno da leitura de um livro ou de uma discussão.

Nesses encontros, as crianças vivem um verdadeiro compartilhamento: comunicam umas com as outras, de maneira perfeitamente espontânea, suas perguntas, seus entusiasmos, conhecimentos e experiências. Essas relações, livres de qualquer constrangimento, entre crianças de idades diversas, são o começo da aprendizagem de uma verdadeira vida em comum. Num mundo onde tudo acontece numa escala grande demais, fonte de isolamento e uniformização, a vida espontânea desses pequenos grupos tem valor ainda maior.

---

[8] KORCZAK, Janusz. *Le roi Mathias 1er*. Paris: Gallimard/ Folio Junior, 2004.

14. A biblioteca da família

Sabe-se o quanto é importante que as primeiras descobertas do livro possam acontecer na intimidade da família. Num bairro de forte imigração em Paris, os bibliotecários da biblioteca pública decidiram, em comum acordo com os professores, convidar a cada manhã de sábado e em rodízio toda uma classe de pequenos, acompanhados dos pais. Muitas dessas famílias são vítimas de certa forma de exclusão. Parece então particularmente importante que os pais tenham a ocasião de assistir ao interesse espontâneo dos filhos pelos livros ilustrados. Todos conhecem a escola. Junto com os filhos e na companhia da professora, eles são convidados a passar um momento descontraído com os livros. Para dar um caráter íntimo e festivo, a sessão se organiza de modo bem natural, em torno de um café da manhã ou um chá. As crianças pequenas que ainda não sabem ler se aproximam dos adultos para olhar os livros com eles. Outros se isolam para ler ou reler um livro encontrado. Os pais também mergulham com gosto em certos livros. Tudo se faz no prazer e na gratuidade, nada de perguntas nem de aprendizagem disfarçada. Assim são abertas as condições de acolhida que permitem a cada um receber e ser ouvido. E, com naturalidade, os bibliotecários se empenham em tornar conhecidas as melhores obras, os livros mais apreciados. Desse modo, os adultos, pais e professores, são testemunhas do entusiasmo das crianças em conhecer os livros e, da mesma forma, encontram prazer em descobrir os livros ilustrados. Os menores ficam espantados e felizes em ver os pais tomarem tanto gosto pelos seus livros. É uma maneira de fazer concretamente com que uns e outros conheçam o que podem esperar da biblioteca.

 Quando as crianças são pequenas, o encontro com os pais é muito natural, necessário e fecundo. Para elas, é um período muito sensível em que a atitude dos familiares é determinante. Os pais são em geral testemunhas atentas daquilo que a criança vive e descobre na biblioteca: ela vai viver, graças aos livros, experiências fortes, vai se familiarizar com o universo das histórias e com a linguagem do relato, que vai amar, saborear e manipular de mil formas.

Todos os estudos sobre a leitura provam, se isso ainda é necessário, que "o ponto de vista da criança sobre a aprendizagem da leitura depende da experiência pré-escolar que ela tem de acesso aos textos, e que não se trata, como alguns queriam acreditar, de uma preocupação burguesa".[1]

Durante esses momentos, adultos e crianças têm prazer em se descobrir mutuamente. O adulto assiste com emoção e interesse aos progressos do filho e este avança sem ansiedade porque descobre aspectos inesperados de sua personalidade e porque tudo acontece fora de um programa de aquisição de habilidades. Subestimamos, em geral, a capacidade de compreensão das crianças menores. Elas apreciam a atenção que demonstramos e o interesse que damos às suas proezas.

O livro e a história desempenham um papel que poucos "objetos" propõem. O mundo oculto de um livro é de uma infinita variedade. A qualidade de alguns desses primeiros livros ilustrados é tal que o adulto encontra também um grande prazer em lê-los: o grafismo, o humor e a graça o interessam. Tudo isso pode influenciar o tipo de relação que pais e filhos vão ter. Existe também o jogo das referências familiares. Quando uma família descobriu junta *Ranelot et Bufolet*[2] ou, mais tarde, *Mumin*,[3] esses personagens intervêm frequentemente na vida familiar. São lembrados com prazer, a maravilhosa bolsa de Mamãe Mumin, o detestável Carabou e a triste Filigonde ou a famosa lista de Bufolet.[4]

A vida em família fica maravilhosamente enriquecida. Margaret Clark, em um notável estudo, *Young Fluent Readers*[5] [Jovens leitores fluentes], evoca o caso de crianças que aprenderam a ler sozinhas, antes da idade da aprendizagem escolar. Ela revela fatores que podem favorecer esse desejo ardente de saber ler tão presente nos pequeninos.

---

[1] MEEK, Margaret. Op. cit.
[2] *Ranelot et Bufolet* é a tradução francesa de Arnold Lobel, *Frog and Toad*.
[3] JANSSON, Tove. Op. cit.
[4] Ler sobre o assunto o livro clássico de Dorothy Butler: *Babies need Books*. Londres, Bodley Head, 1980.
[5] CLARK, Margaret. *Young Fluent Readers*. Londres: Heineman, 1976.

O amor pela leitura, ou a sua rejeição, como apontam estudos, não estão sistematicamente ligados ao nível econômico da família. "Os leitores precoces", diz Clark, "(...) sugerem que aprender a ler não é uma atividade totalmente ligada ao pertencimento a uma classe." Segundo ela, o que é determinante no despertar da criança em seu gosto de conhecer e ler é, em família, o lugar dado à palavra, às verdadeiras conversas, ao relato. É a atitude dos pais, a atenção sincera que eles dão ao universo dos filhos, uma atenção que é a verdadeira antítese da atitude forçada e da preocupação ansiosa de empurrar a criança para que ela "dê certo" segundo um esquema preestabelecido e que muitas vezes só faz complicar o seu desenvolvimento.

A escolha dos livros é importante, evidentemente. Quando são bem escolhidos e escapam a uma simples preocupação didática, o adulto sente prazer em lê-los por si mesmo e se comunica com o filho por meio de registros muito variados, como o do humor, da ternura, da simpatia e da afeição – e também da emoção estética. É compreensível que os bibliotecários desejem revelar aos pais jovens o que os livros podem oferecer como possibilidades frequentemente desconhecidas.

Lanches literários em família

As primeiras descobertas de livros são vividas na intimidade da família, com os pais.

Voltadas para os pais e professores, gostamos de organizar pequenas reuniões informais em torno de alguns livros prontos para serem descobertos. Falamos de tudo um pouco e as línguas se soltam: a professora do maternal conta como as "suas" crianças de 5 anos ficaram muito comovidas com um livro ilustrado de Tomi Ungerer: *Otto: autobiographie d'un ours en peluche*[6] [Otto: autobiografia de um urso de pelúcia]. Surpreendente. O que elas poderiam ter entendido dessa história sem nada saber dos acontecimentos trágicos da Segunda Guerra Mundial? São evocados outros livros que interessam a todas as idades porque eles são tão ricos que ressoam em cada um de nós. Mostramos também

---

[6] UNGERER, Tomi. *Otto: autobiographie d'un ours en peluche*. Paris: L'École des Loisirs, 1999.

livros de informação que nos agradam por sua beleza e inteligência: *Gouttes d'eau*[7] [Gotas d'água]. São fotos de clareza magnífica que convidam a experimentar e observar. Passamos a outras histórias sobre a água como esse livro ilustrado que nos diz: *Ou vont-ils quand il pleut?*[8] [Onde eles vão quando chove?]. Sim, aonde vão os animais? Os que gostam da água e os que não gostam. Essa é uma verdadeira pergunta de criança. E os livros filosóficos ilustrados que as fazem pensar: *La Grande Question*[9] [A grande questão], *Les réflexions d'une grenouille*[10] [Reflexões de uma rã]. Graças à descoberta desses livros, surgem inúmeros questionamentos e espantos que nos revelam os interesses das crianças e nos fornecem um meio de nos aproximarmos delas.

Numa cidade-dormitório como a nossa, a solidão é grande, durante o dia, para aqueles que tomam conta de crianças pequenas e são obrigados a ficar em casa. É bom poder encontrar os outros. A biblioteca propõe então aos pais de crianças pequenas e às assistentes maternais um encontro, em certos dias, na biblioteca, acompanhados das crianças. É uma ocasião perfeita para lhes fazer descobrir certos livros. Essas "sessões" são totalmente informais. Não há programa nem cursos, nem formação. É como se estivéssemos uns nas casas dos outros, ou num jardim público. Mas o livro está bem presente. O bibliotecário está lá para apresentar os melhores títulos. Descobrir os livros em família ou com a assistente maternal de quem se gosta dá outro valor à leitura.

Guardo a lembrança de experiências muito interessantes vividas num espaço para crianças pequenas em bibliotecas públicas. A primeira, *Early childhood centers* [Centros para a primeira infância], em Nova York, se desenvolveu, há 30 anos, por iniciativa da responsável pelos serviços para crianças da New York Public Library. Fiquei impressionada pela qualidade da acolhida. Tudo era feito sem dificuldades. Uma só pessoa ficava lá, discreta e disponível. Ela punha em contato pais que conheciam, com seus filhos, dificuldades semelhantes. Organizava,

---

[7] WICK, Walter. *Gouttes d'eau*. Paris: Millepages, 1999.

[8] MULLER, Gerda. Op. cit.

[9] ERLBRUCH, Wolf. *La Grande Question*. Paris: Éditions Être, 2003.

[10] IWAMURA, Kazuo; PALUDIS, Paul. *Les réflexions d'une grenouille*. Paris: Autrement Jeuneusse, 2008.

quando solicitada, encontros com pediatras, psicólogos ou especialistas em tal ou tal assunto, ou um pai ou mãe que tivesse uma experiência interessante para comunicar e sucetível de ajudar outros. Evidentemente, ela os fazia conhecer os livros da biblioteca. Propunha coleções de livros de pedagogia e psicologia da criança. E não havia apenas livros, havia jogos, um canto de cozinha e uma casa de bonecas. As crianças se sentiam em casa, e os adultos também. Hoje, chega-se cada vez mais ao reconhecimento da importância dessas soluções "de convívio", seja em países em desenvolvimento, seja em países muito industrializados.

Encontrar e informar os pais

Para sensibilizar os pais sobre a riqueza dos livros e da leitura, o melhor é ir ao encontro deles nos lugares que frequentam. Há então uma informação a ser levada às maternidades, lugar privilegiado onde as jovens mães estão disponíveis e, igualmente, a locais que elas precisam frequentar, como sala de espera de pediatras, dispensários, postos de saúde ou centros sociais e familiares.

O público que frequenta esses centros e postos em geral desconhece os recursos da biblioteca que tem interesse em sensibilizar os diversos profissionais desses lugares para a riqueza e a diversidade dos livros para crianças. Em troca, ela recebe informações sobre o público que conhece mal e que, entretanto, mais do que qualquer outro, tem necessidade de seus serviços. As jovens mães que frequentam os postos de saúde dispõem de pouco dinheiro para comprar livros, pouco tempo para se informar e, sobretudo, para ler e contar histórias aos filhos.

Muitas vezes os pais hesitam em fazer uma despesa, que lhes parece supérflua, em livros que, eles pensam, não vão interessar os filhos por muito tempo, subestimando assim o prazer da releitura que é tão forte nas crianças menores. Nesse sentido, a biblioteca oferece uma ajuda preciosa: graças a ela, a mãe indecisa pode, sem gastos, ser testemunha das reações do filho diante de um livro que ela teria talvez hesitado em comprar e que a criança vai saudar com gritos de prazer ou que, ao contrário, rejeitará deliberadamente. Assim se dissipam alguns mal-entendidos sobre leituras chamadas fáceis ou difíceis ou sobre o que se julga assustador ou feio. Um livro medíocre não é necessariamente mais fácil de ler. Pelo contrário, inconsistente e tedioso, pode afastar a leitura.

Esses preconceitos se desfazem se o livro é apresentado de maneira convincente.

Os diversos modos de colaboração e as variadas formas de encontro permitem multiplicar os efeitos da ação dos bibliotecários. Professores e pais são convidados a tomar parte em suas experiências de leituras compartilhadas na sala de aula ou em família. Isso permite aperfeiçoar os critérios de seleção e guardar um senso de proporção na apreciação das obras. Não se trata de renunciar a suas escolhas ou negar suas competências, mas é fácil ser dogmático quando se vive fechado. A escolha de livros corresponde muitas vezes a uma escolha educativa e é sempre difícil para uma criança defrontar pedagogias contraditórias.

Hoje, a biblioteca e os livros para crianças estão abertos a todas as gerações. Muitos adultos vêm passar longos momentos nesses espaços que foram por muito tempo reservados às crianças. Primeiro, eles vêm para acompanhar os pequeninos. Mas também porque se sentem bem ali. O lugar não é intimidante. Muitos desses adultos conheceram a biblioteca de seus tempos de criança e têm prazer em frequentá-la de novo dessa maneira. Eles mergulham tanto nos livros ilustrados quanto em obras de documentação. Nos livros ilustrados oferecidos às crianças de hoje, eles encontram com o que se divertir e se emocionar diante de tanta imaginação e beleza. Vejo-os, assim, ficarem deslumbrados diante da obra de artistas magnificamente valorizada pelas editoras. Admirados, viram as páginas e descobrem esses surpreendentes livros-escultura ilustrados, que têm aparecido em grande número hoje em dia, assim como o belo livro que se abre sobre *600 pastilles noires*[11] [600 pastilhas negras] ou *ABC3D*.[12]

Muitos livros informativos podem interessar profundamente a leitores de qualquer idade. Isso acontece com dois magníficos livros ilustrados autobiográficos que oferecem dois olhares autênticos de crianças sobre um período dramático da história do mundo. Eles relatam, com força e sensibilidade, a infância de seus autores em plena Revolução Cultural na China. Não existe nada igual na edição geral destinada aos adultos. Em *Terre Rouge, Fleuve Jaune* [Terra vermelha, rio amarelo], Ange Zhang conta sua adolescência durante as tristes horas da

---
[11] CRATER, David. *600 pastilles noires*. Paris: Gallimard Jeunesse, 2010.
[12] BATAILLE, Marion. *ABC3D*. Paris: L'École des Loisirs, 2010.

história chinesa. Em outra obra-prima, admiravelmente ilustrada, *Mao et moi: le petit garde rouge*[13] [Mao e eu: o pequena guarda vermelho], o autor e ilustrador conta-nos sobre seu cotidiano de criança pequena durante o último decênio do Grande Timoneiro. Trata-se de obras raras que não podem deixar os adultos indiferentes e que permitem a uns e outros reunir-se em família em torno de experiências de leitura em comum.

A presença interessada de adultos que vêm passar longos momentos na biblioteca confere uma atmosfera calma a esse lugar aberto às crianças. Não sendo mais a biblioteca o terreno exclusivamente reservado aos pequenos, eles são induzidos a assumir comportamentos mais equilibrados e mais responsáveis. Existe como que uma maneira de conviver em harmonia.

A biblioteca das crianças torna-se assim a biblioteca das famílias. É por isso que ela fica aberta aos domingos. E prevê ainda coleções de obras suscetíveis de interessar os pais, em particular livros que tratam de educação e pedagogia, mas não unicamente. A biblioteca propõe também seleções de obras de ficção e de informação que todos lerão com prazer e que são como um convite a frequentar também a biblioteca geral.

Abrir o mundo da infância

A vocação essencial da biblioteca é ser um lugar de troca, de comunicação e de abertura para o mundo. O essencial nessa "informação" oferecida é convidar sempre a uma abertura e à evolução. Ela deve dar vontade de ir mais longe, crescer, avançar na descoberta do mundo real e do imaginário. A criança constrói, pouco a pouco: toma consciência de si e adquire confiança em si. Mais segura de suas forças, sente desejo, e não medo, de enfrentar o mundo que se abre para ela, cheio de vida.

A biblioteca se propõe facilitar essa evolução. Precisa assegurar que ela própria é esse mundo bem vivo e que abre largamente as portas

---

[13] CHEN, Jian Hong. *Mao et moi: le petit garde rouge*. Paris: L'École des Loisirs, 2008.

e janelas para favorecer o encontro de personalidades e gerações diferentes em toda a sua riqueza.

Para tornar conhecidas as necessidades específicas das crianças, os bibliotecários tiveram que insistir sobre a importância de reservar locais de leitura a essa fatia do público, de oferecer uma formação especializada para os funcionários, de analisar cuidadosamente as obras selecionadas e de promover uma dinâmica que leve em conta a psicologia das crianças. Essa persistência sem dúvida permitiu-lhes sair de uma situação de penúria e indiferença. Mas isso levou também a alguns excessos, em particular o de fazer as crianças viverem num mundo à parte. Ora, durante o período escolar, o que quer dizer a maior parte dos dias das crianças, essas já são "classificadas" por faixa etária, o que também acontece no seu tempo de lazer. As trocas ficam, assim, empobrecidas.

A biblioteca pública é um dos raros lugares culturais que se dirigem a todas as gerações ao mesmo tempo, grandes e pequenos, jovens e velhos, pais e filhos. Já dentro da seção das crianças, pequenos e grandes se encontram. Às vezes as coisas se complicam: os grandes podem ser rudes com os pequenos e esses podem ser tão numerosos que os grandes prefiram ir embora. Mas essas dificuldades menores não nos devem fazer renunciar às vantagens consideráveis que essa aproximação pode suscitar, principalmente no momento da aprendizagem técnica da leitura. Os pequenos, sempre preocupados em imitar os grandes, se sentem estimulados a fazer como eles e aprender a ler mais depressa. De maneira inversa, para os que ainda estão penando no temor da primeira aprendizagem, os pequenos estão lá para lembrá-los do tempo feliz quando, na maior despreocupação, eles descobriam os primeiros livros. E a vizinhança com os grandes, que já ficam totalmente absorvidos pela leitura, lhes dá o desejo de aceder a uma leitura autônoma.

Adultos e crianças frequentam a biblioteca pública, cada um de um modo particular. Os adultos vão ali, muitas vezes, para rapidamente escolher um livro e, em seguida, ir embora. As crianças, sobretudo as que moram nos grandes conjuntos dos subúrbios, gostam de passar muito tempo e muitos vivem ali uma parte importante do seu tempo não escolar. Ainda muito dependentes dos adultos, elas pedem uma atenção muito especial: exteriorizam, fazem barulho e até mesmo bagunça. Às vezes, perturbam os adultos. Os adultos, cansados e irritados, poucas vezes suportam ser perturbados quando procuram se concentrar numa leitura. Sem falar nas pessoas idosas que, mais que todas, precisam se sentir em segurança num lugar público. O seu ritmo mais lento e hesitante deve ser respeitado.

As dificuldades de convivência entre adultos e crianças num mesmo espaço são, sem dúvida, reais. Mas são reforçadas por um longo hábito de segregação que não ensina aos adultos nem às crianças a considerar-se com respeito uns aos outros. Temos todos lembranças desagradáveis de viagens de trem em compartimentos cheios em que as crianças se mostram simplesmente insuportáveis, incomodando os adultos o tempo todo e se comportando de maneira muito infantil. Em outras civilizações, as crianças têm uma atitude diferente porque estão habituadas, talvez até demais, a compartilhar constantemente a vida dos adultos e, de certa maneira, suas responsabilidades; assim, sua convivência se faz com mais naturalidade.

É certo que a biblioteca para crianças não pretende solucionar todos os problemas de civilização, menos ainda quando não conquistou o verdadeiro lugar no bairro. Mas, pelo menos, ela não deveria consagrar qualquer desconsideração e, em sua modesta medida, deveria favorecer um descondicionamento que permitisse a cada um ver a verdade do seu próprio ser e sua originalidade.

A convivência entre adultos e crianças é difícil, porém vital. Não significa compartilhar tudo, em todos os momentos e todos juntos. Numa casa, as crianças têm, em princípio, um quarto para si, onde ficam felizes em poder isolar-se, fazer o que lhes agrada ao abrigo do olhar dos adultos, mas a família se encontra naturalmente em torno da mesa numa peça comum. Deveria ser assim na biblioteca.

A cada um o seu território

Cada um, na verdade, tem necessidade do seu território. É normal que as crianças ali encontrem com facilidade as obras que lhes concernem mais diretamente, se não correm o risco de se perder numa abundância desencorajadora. É preciso que possam encontrar os livros que levam em conta sua experiência, ainda breve, da vida, pontos de referência diferentes e mais limitados que os dos adultos. E mais, há livros que não são "para se pôr em todas as mãos": as obras que insistem com leniência em cenas de violência ou tortura, marcadas por um contato demasiado brutal e um realismo dificilmente suportável, podem, mesmo que pareçam fascinar o adulto, ferir a sensibilidade da criança.

Um dos atrativos da biblioteca, para as crianças, é sem dúvida o fato de ali elas se sentirem plenamente respeitadas como pessoas. É também um lugar onde as iniciativas e a tomada de responsabilidade são possíveis e encorajadas. Por todas essas razões, as crianças precisam ter um espaço para elas.

Mas uma organização pensada exclusivamente para elas implica ainda, com frequência, uma superproteção que complica o desenvolvimento. Numa época recente, mas por sorte passada, as seções para crianças eram interditadas aos adultos. É verdade que alguns deles podiam ser invasivos, desejando de forma sistemática escolher os livros no lugar das crianças, impondo seu próprio gosto, ou fiscalizá-las para que não lessem certas categorias de obras: "Deixo meu filho aqui, mas tome conta dele, não quero que leia histórias em quadrinhos."

Para permitir que a mente respire, é preciso arejar os lugares onde vivem as crianças; do contrário, corre-se o risco de criar lugares confinados onde todo crescimento se torna difícil e a infância fenece.

Biblioteca de crianças, biblioteca familiar

A biblioteca para crianças se torna pouco a pouco uma biblioteca para toda a família, biblioteca familiar, e isso é muito bom. Vemos muitas vezes adultos no meio das crianças, mergulhados com vivo interesse em obras escritas expressamente para um público muito jovem. É verdade que essas obras podem constituir uma verdadeira iniciação a um assunto ou tocar profundamente o leitor de qualquer idade.

Certas categorias de livros interessam naturalmente a diferentes gerações. É o caso de velhas coleções, passadas a limpo e sempre espantosamente vivas, de relatos e romances com animais, como *Mes ours et moi*[14] [Meus ursos e eu], *Mon écureuil et moi*[15] [Meu esquilo

---

[14] LESLIE, R. F. *Mes ours et moi*. Paris: Ed. Stock, 1976.
[15] FAIRBANKS, Douglas. *Mon écureuil et moi*. Paris: Ed. Stock, 1977.

e eu], sem falar da obra-prima, muitas vezes evocada, *Mes amis les loups*,[16] de Farley Mowat. Esses livros não foram escritos especialmente para um público de crianças. Seus autores são apenas pessoas apaixonadas por uma questão. Eles oferecem, com força, sensibilidade e verdade, uma experiência real.

Romances profundamente infantis, como o de Colette Vivier, *La Maison des petits bonheurs* [A casa das pequenas alegrias], ou, em outro gênero, *Chassy s'en va-t-en guerre* [Chassy vai para a guerra], de Robert Westall, podem sem dúvida tocar os adultos pela imagem muito justa e sutil que dão da infância. Quanto aos livros para crianças com uma dimensão filosófica, como *Dominic*, de William Steig,[17] ou *As histórias de Mumin*, de Tove Jansson,[18] eles podem ser, também para os adultos, livros essenciais. E não temos o prazer de ler da mesma forma, em todas as idades, os romances burlescos de Leo Garfield, como *L'étrange affaire d'Adelaide Harris*[19] [O estranho caso de Adelaide Harris]?

Cada vez mais, os adultos são tocados por obras explicitamente escritas para públicos jovens, como *A longa jornada*, *Harry Potter* e, ultimamente, *Tobias Lolness*, cujo herói principal não mede mais que um milímetro e meio! E sem falar de obras como as de Julio Verne, de Lewis Carrol, de C. S. Lewis, de Tolkien ou de Jack London que, na idade adulta, são objeto de novas leituras.

Por que privar os adultos de descobertas e fruições estéticas tão fortes quanto as que propõem, por exemplo, as imagens de Arnold Lobel no livro ilustrado *Hildilid's night*[20] [A noite de Hildilid], que conta a história de uma mulher que vive só na montanha em companhia do cachorro? A cada anoitecer, ela luta contra a noite porque tem medo. De mil maneiras, procura desfazer-se da noite, tentando amarrá-la, escondê-la, enfiá-la num saco, ora ameaçando e insultando, ora tentando agradá-la. De madrugada, quando o sol se levanta, ela adormece,

---

[16] MOWAT, Farley. Op. cit.
[17] STEIG, W. Op. cit.
[18] JANSSON, Tove. Op. cit.
[19] GARFIELD, Leo. *L'étrange affaire d'Adelaide Harris*. Paris: Arc-en-poche, 1983.
[20] RYAN, Cheli Duran; LOBEL, Arnold. *Hildilid's night*. Londres: Collin Picture Books, 1986.

cansada. A obra de arte em preto e branco que acompanha o texto, também admirável, não deixa os adultos indiferentes.

Por que iríamos nos privar de livros de artistas, como os que propõem, para nosso grande deleite, Remy Charlip, Bruno Munari, Kosumi Komagata e editoras como MeMo e Les Trois Ourses? É também uma grande felicidade ler e reler os poemas de nossa infância, como os de Madeleine Ley, de charme um tanto fora de uso.

E que experiência perturbadora é ler, em qualquer idade, *Ce changement-là* [Aquela mudança], uma corajosa meditação sobre a vida e a morte que Philippe Dumas[21] escreveu para os filhos por ocasião da morte de seu pai! Ou o admirável livro ilustrado *Au revoir Blaireau*[22] sobre a morte, a separação e a lembrança.

Todos esses livros têm um lugar também na seção adulta. É bom que cada seção da biblioteca possa de certa maneira revelar o que é possível encontrar em outra e dar assim vontade de ir além do que é habitualmente apresentado. É preciso ainda dar a todos a possibilidade de frequentar o conjunto da biblioteca. E isso nem sempre é um fato confirmado. Há adultos que se sentem às vezes pouco à vontade, intimidados por ousar frequentar uma seção infantil por sua própria conta. E há casos, cada vez mais raros, por sorte, de crianças que foram levadas a se retirar da seção para adultos. Elas precisam, às vezes, de uma autorização especial para tomar livros emprestados do lado adulto.

Também os bibliotecários temem franquear aos jovens o conjunto do acervo e se deixar invadir por um público, é verdade, muitas vezes complicado. Entretanto, é talvez nos livros para adultos que os mais jovens encontram uma resposta na medida de suas perguntas. Felizmente, essa situação está mudando. Se crianças e adultos têm cada qual o seu domínio, cada vez com mais frequência uns e outros podem frequentar a biblioteca em seu conjunto.

Na verdade, o importante é nada sistematizar e sim aproveitar naturalmente as ocasiões que se apresentam, como certos assuntos, para organizar animações em comum. Para os pais, é a oportunidade de compartilhar experiências novas com os filhos. Os pais descobrem assim a variedade e a riqueza de interesses dos filhos. A descoberta e a utilização

---

[21] DUMAS, Philippe. *Ce changement-là*. Paris: L'École de Loisirs, 1981.

[22] VARLEY, Susan. Op. cit.

de espaços comuns fazem nascer discussões entre eles, e assim suscitam um desejo de compartilhar um conhecimento ou uma habilidade. Os adultos, convidados a dividir com as crianças um interesse ou um entusiasmo, se sentem reconhecidos e compreendidos pelos filhos: "Eu não sabia que você sabia tudo isso" ou então "Eu não sabia que isso lhe interessava".

De modo geral, esse tipo de relação – compartilhamento com adultos – faz falta às crianças de hoje: muitos pais não têm tempo nem mesmo gosto em realmente compartilhar uma atividade com os filhos. Quais são aqueles cujo ofício é suficientemente concreto e o local de trabalho próximo o suficiente e aberto para que os filhos conheçam a atividade que os ocupa o dia todo? As crianças muitas vezes ficam embaraçadas para dizer com precisão qual é a atividade profissional dos pais. Elas apenas têm uma vaga ideia: "Ele é funcionário, trabalha no escritório." Isso mostra o quanto um pedaço importante da vida dos pais lhes é estranho e abstrato.

Esses encontros naturais no compartilhar de uma experiência propõem uma relação diferente das estritas relações professor-aluno e pai-filho. Essas relações, de uma forma ou de outra, se inscrevem num quadro mais ou menos preciso de um projeto educativo e limitado a uma só função. Foi assim o caso do professor de ensino fundamental, apaixonado por apicultura, que nunca tinha pensado em falar aos alunos sobre sua paixão pelas abelhas enquanto ficava "quebrando a cabeça" para ocupar o tempo deles com "atividades motivadoras".

Muitas crianças sofrem com a falta de disponibilidade que testemunham nos adultos: apressados, preocupados, abatidos pelas responsabilidades. E, muitas vezes, ausentes. Essa maravilhosa disponibilidade, tão preciosa porque insubstituível, de adultos prontos para escutar, as crianças devem poder encontrá-la na biblioteca.

É essa experiência feliz que vivemos, inúmeras vezes, na biblioteca de Clamart. Ela acontece em outros lugares também, quando avós, acompanhando os netos, sentam-se à mesa, nos meio dos livros, começam a contar uma história e se veem rapidamente cercadas de crianças. As pessoas idosas encontram com facilidade tempo para escutar e falar, simplesmente pelo prazer. Elas têm tempo para isso. Muitas são sós e ficam contentes com essa oportunidade de se encontrar no meio dos livros e das crianças, cuja vitalidade e dinamismo lhes oferecem um elo a mais com a vida. Vida que segue e da qual elas são afastadas, com excessiva boa vontade...

As questões das crianças, tão ansiosas por explorar e compreender os problemas essenciais da vida, encontram eco nas preocupações das pessoas idosas que, elas também, buscam o essencial. Escutando-as contar suas vidas, ficamos às vezes surpreendidos em ver como lançam uma luz sobre o que é de real importância, deixando na sombra o que é irrisório e fútil.

Em contato com as crianças, é também a vida delas que renasce, é a alegria em descobrir que ainda são pessoas interessantes, que têm um papel insubstituível e, logo, um futuro. Liberadas de uma vida profissional invasora, elas encontram o vigor de uma curiosidade de criança. Em Clamart, medimos a riqueza que traz às crianças da biblioteca a presença tranquilizadora e regular dessas pessoas mais velhas que vivem realmente o papel de avós sem se impor a elas. Sempre disponíveis para suas perguntas e seus relatos, abertas aos seus interesses, prontas para se lançar com as crianças numa pesquisa ou numa leitura, sabem também, de modo natural, contar suas experiências e seus interesses. Foi um prazer para as crianças, certa vez, escutar uma dessas pessoas evocar o tempo em que passeava nos campos, lá onde agora só se viam as torres dos prédios! Tudo aquilo lhes pareceu um grande exotismo.

Não se poderia, entretanto, precipitadamente concluir que todas as pessoas idosas desejam encontrar as crianças nem, ao contrário, aceitar que as seções infantis sejam invadidas por adultos, jovens e velhos. Trata-se apenas de favorecer encontros fecundos com os que sentem necessidade, sem nada forçar ou sistematizar. As crianças muitas vezes precisam de um contato com adultos ricos em experiência do mundo passado, aparentemente muito distante e, no entanto, ainda vivo. As pessoas idosas, para todos nós, constituem a última muralha diante da morte. Sabemos o que é o sentimento de fragilidade que nos toca quando os últimos parentes ou familiares da geração precedente desaparecem.

As crianças não escapam a esse sentimento e a presença viva dos antigos é uma garantia. Elas não querem se deixar ficar presas na infância. Os adolescentes também não. Entretanto, sem renunciar à sua necessidade de se afirmar, de ser independentes e de estar juntos com o próprio grupo, eles nos fazem saber que, imperiosamente, têm necessidade dos adultos. Deploram o isolamento agressivo no qual o mundo dos adultos, por medo, muitas vezes os encerra. Sentem-se frustrados de não ter acesso nem ao que é dado às crianças nem ao que é oferecido aos adultos, e exprimem essa decepção de modo muito brutal. As crianças também procuram a companhia dos adolescentes, os "grandes". Que alegria para os pequenos na biblioteca quando os antigos leitores voltam! Eles gostam de conversar sobre uma experiência comum: a biblioteca, o que eles faziam ali e o que está acontecendo no momento.

Nas bibliotecas públicas, ao lado da seção para crianças e da seção para adultos, existe muitas vezes uma seção para adolescentes. Os países que fizeram essa experiência pensam que é preferível ter na sua equipe bibliotecários especialmente interessados nessa categoria de público, que tem sem dúvida suas demandas particulares, mas que não é desejável fechá-lo naquilo que é uma fase passageira, a adolescência. O que importa é a forma com que os adolescentes descobrem a seção adulta. Os bibliotecários "especializados em adolescentes" cuidam para que, na animação e na escolha de documentos, eles não sejam esquecidos.

É evidente que nunca é demais dar atenção a todos os públicos da biblioteca, sejam adultos, crianças, adolescentes, deficientes etc. Uma especialização bem compreendida favorece a percepção do conjunto da comunidade e permite a busca de soluções melhor adaptadas. Mas seria errado interpretar que a expectativa desses diferentes grupos e pessoas seria a de transformar a biblioteca numa justaposição de seções, de compartimentos estanques. Isso seria o oposto mesmo da biblioteca, lugar por excelência de "informação" que se enriquece sempre nos encontros e na diversidade de documentos e de pessoas.

15. A palavra viva na biblioteca

Contam-se muitas histórias nas bibliotecas e isso é bem normal. "Contar é uma ação natural do espírito. Existe simplesmente como a vida em si mesma, é um ato intencional, transistórico e transcultural. É um hábito que nunca vamos abandonar porque, diz Ursula Le Guin, antropóloga, escritora de ficção científica para adultos e de histórias mitológicas para crianças, 'nós contamos histórias para evitar que nos dissolvamos naquilo que nos cerca. Enquanto aprendem a abordar um universo aparentemente sem limites, as crianças, desde que começam a falar, representam o mundo em histórias. As histórias orais estão igualmente no centro da cultura da infância. Graças às histórias que elas escutam ou contam, as crianças, muito antes de ir para a escola, entram na posse de dados etnográficos, do sentido do que é ocasional e do ritual, dos níveis de linguagem, e tomam consciência de registros linguísticos, de mitologias e do poder do conhecimento no contexto cultural de suas famílias e de seus pares. Pelas histórias, elas aprendem o que conta no plano do bom senso corrente e dos sistemas de valores.'"[1]

Relatos e contos

No mundo imenso e confuso que as crianças descobrem, as histórias as ajudam a encontrar suas referências. E mais, dão forma às suas experiências desse mundo, como lembra Jérôme Bruner. "Perguntamos como os relatos nascidos da imaginação conseguem criar realidades tão convincentes que terminam por dar forma à experiência, não so-

---
[1] Essa longa citação é tirada do artigo importante de Margaret Meek, "Les histoires, des petites usines à faire comprendre", publicado na *Revue des Livres pour Enfants*, nº 95, fevereiro-março 1984.

mente àquela que temos dos universos descritos por essa ficção como também à do mundo em que vivemos."

O contador e poeta russo Kornei Chukovsky escreveu que a meta dos contadores "é encorajar a todo preço na criança a compaixão e a humanidade, essa aptidão miraculosa que tem o homem de ficar perturbado com os infortúnios dos outros, de se alegrar com a felicidade dos outros e vivenciar o destino dos outros como o seu próprio. Os contadores se esforçam em ensinar as crianças a se sentir tocadas pela vida da gente e dos bichos imaginários, com a certeza de que, de alguma maneira, elas vão transcender o quadro estreito de seus interesses e sentimentos egocêntricos. Porque é natural para a criança que escuta estar do lado do bom, do corajoso, daquele que foi injustamente ofendido, quer seja o príncipe Ivan, Pierre Lapin ou a Aranha sem Medo, e nosso único objetivo é despertar, alimentar e fortalecer na sensibilidade da criança a aptidão inestimável de sentir compaixão pela infelicidade dos outros e participar da felicidade dos outros – sem o que o homem é desumano."[2]

Que magnífica prova de confiança fazemos à sensibilidade das crianças quando reconhecemos sua capacidade de se emocionar com o destino do outro, de se maravilhar com os atos de humanidade, de experimentar, ainda na tenra idade, o sentido do trágico, e de, ao mesmo tempo, desfrutar a felicidade de rir às gargalhadas.

É extraordinário ver como as coisas podem enraizar-se tão cedo, tão modestamente, nos pequeninos, no húmus fundador do pensamento irrigado pela palavra. Estamos no domínio da experiência íntima. Temos realmente de ler e contar histórias nas ruas, ao pé dos prédios, nas salas de espera dos hospitais – ou mesmo na biblioteca. Não importa: a criança pode viver essa experiência íntima, se soubermos, de uma forma silenciosa, captar sua atenção e dividir com ela a beleza de uma história.

No momento em que, graças à internet, é possível dispor on-line de toda literatura, a presença física do contador de histórias, aqui e agora, reveste-se de uma importância singular. Ele propõe algo diferente: valoriza o tempo do encontro. Decide dirigir-se a um público de sua escolha. Ele se engaja plenamente nessa ação. Seu olhar, sua voz, suas

---

[2] CHUKOVSKY, Kornei. *From two to five*. Berkeley: University of California Press,1963.

mãos e gestos se oferecem pessoalmente ao auditório que ele tem diante de si. Ele se dedica a essa tarefa, entrega-se a ela com confiança. O contador de histórias pode ser o bibliotecário. Se ele consagra seu tempo a preparar uma história ou uma leitura em voz alta, é porque, convencido da qualidade de uma obra, tem vontade de compartilhá-la. Elos de confiança e cumplicidade se costuram assim no interior da biblioteca, e esta, em vez de ser um simples ponto de empréstimo de livros e de passagem, torna-se o lugar de transmissão de uma grande riqueza. A palavra viva, compartilhada, ajuda-nos a viver melhor juntos.

Uma longa tradição

Contar histórias, na bilioteca, é uma longa tradição. Desde sua criação, as bibliotecas públicas para crianças deram largo espaço à oralidade. Num lugar de leitura e de escrita, propor um tempo para contar histórias: como não admirar a justeza dessa intuição, uma intuição hoje reconhecida, vivamente sustentada e encorajada por linguistas, psicólogos, pedagogos, psiquiatras e outros especialistas da infância. Um olhar, hoje, sobre a história dessa prática nos Estados Unidos é uma fonte de reflexão para o nosso tempo.

Entre 1890 e 1910, os Estados Unidos conheceram uma onda de imigração diferente, na sua composição, das precedentes. Não se tratava mais, majoritariamente, de anglo-saxões, alemães ou escandinavos que se estabeciam nas zonas rurais, mas de famílias vindas da Europa Central, Oriental e Meridional, que se instalavam nas cidades para trabalhar nas fábricas. As tradições culturais e religiosas e a diversidade das línguas tornaram a integração desses recém-chegados muito mais difícil numa sociedade de predominância anglo-saxã. As dificuldades em aprender a língua levaram os imigrantes a viver entre eles, de acordo com seu idioma de origem. Os americanos instalados há muito tempo aceitaram mal a presença desses recém-chegados que falavam línguas estranhas e não se comportavam como eles.

E também é fato que as diferentes comunidades tendiam a viver voltadas para si mesmas. As tensões familiares são fortes e dolorosas. Os pais haviam deixado o país de origem e se encontravam, de algum modo, privados de seu passado. Seu futuro estava nos filhos. Ora, esses adotaram rapidamente os usos e costumes de seu novo país e se tornaram estrangeiros para os pais. Filhos e pais sofriam a tensão gerada pela diferença entre o modo de vida da família patriarcal própria a seus países de origem e a educação liberal estadunidense que dava aos filhos outro status, mais sedutor para eles, que viviam, por isso, divididos entre duas culturas. Eram então mal recebidos pelos novos compatriotas, que muitas vezes os tratavam com desprezo, e em casa eram criticados porque ficavam "americanos" demais.

Quando a grande biblioteca pública de Boston, o orgulho dos Estados Unidos, a luz de todas as nações, decidiu fazer uma seção para as crianças, ela se preocupou especialmente com aquelas que eram oriundas da imigração. Para que as numerosas crianças que perambulavam nas ruas ousassem franquear o umbral daquele monumento impressionante, era preciso tornar a biblioteca, cujo porte austero evocaria a fachada de uma catedral, um lugar mais acolhedor. O diretor da biblioteca de Boston imaginou então que o conto poderia atraí-los, e convidou, para tanto, duas contadoras de histórias, Mary Shedlock,[3] vinda da Inglaterra, e a americana Sarah Cone Bryant. De fato, desde a virada do século, as crianças imigrantes ganharam de assalto as seções infantis da biblioteca. À violência do desenraizamento de suas famílias, transplantadas e fragmentadas, e à solidão que a experiência da migração trazia, as primeiras bibliotecas públicas para crianças reagiram oferecendo uma cultura criadora de laços.

Foi assim que o conto contado encontrou seu lugar nas bibliotecas públicas. Se elas, no fim do século XIX, conheceram um rápido desenvolvimento, a atenção reservada às vítimas da imigração suscitará daí por diante, para benefício de todos, muitas ideias para atrair visitantes, independentemente de sua origem.

O conto é, por definição, uma arte popular que se transmite de geração a geração. Animado pela voz e iluminado pela sensibilidade do contador, ele se dirige a todos e pode fazer ressoar um eco em cada um, provocando a participação espontânea e silenciosa do auditório. Cria um elo pessoal entre o contador e o público. Ruth Sawyer,[4] a famosa contadora e autora para crianças, que, desde pequena, tanta cultura havia recebido da sua babá irlandesa, conta como ela encorajava as

---

[3] SHEDLOCK, Mary. *The art of storytelling*. Nova York: Dover, 1952.
[4] SAWYER, Ruth. Op. cit.

crianças recém-chegadas aos Estados Unidos a contar histórias de suas terras. Enriquecia assim, contava ela, seu repertório. A responsabilidade de transmissão, confiada à criança, ajudava-a a apreciar certos elementos muitas vezes depreciados de sua cultura familiar e torná-la reconhecida entre seus pares. Ideia magnífica, a do contador e do bibliotecário de compartilharem com a criança o papel de barqueiro, transmissor! Foi o caso de um menino de origem russa que, regularmente, aos sábados, pedia ao pai para lhe contar um conto que ele transmitia em seguida à biblioteca de seu clube. Os jovens ouvintes o transcreviam com fidelidade para fazer uma compilação que logo encontrava seu lugar ao lado dos livros de contos.

A Hora do Conto reserva lugar especial aos contos populares. Trata-se de fazer as crianças apreciarem as riquezas do patrimônio universal. Assim, aos menores, contamos as histórias tradicionais, em versões bem simples, como a história de Cachinhos Dourados e os Três Ursos ou a da Galinha Ruiva, ou mesmo certos contos de Grimm. Aos maiores, assim como ocorria nas primeiras bibliotecas para crianças, não temos medo de dar a conhecer os grandes clássicos da humanidade, os mitos, as narrativas bíblicas, a *Ilíada* e a *Odisseia*, as belas sagas nórdicas, assim como alguns trechos narrativos tirados de Shakespeare.

Por vezes, a escolha recai sobre obras-primas desconhecidas ou esquecidas, assim como sobre livros que podem parecer de difícil entrada aos leitores mais hesitantes. Nesse caso, contamos, por exemplo, histórias tiradas de livros como *O vento nos salgueiros* ou *A maravilhosa viagem de Nils Holgersson*.[5] Trata-se também de manter vivas obras que não estão mais disponíveis, grandes livros que perdemos ou belos contos antigos que não foram mais editados.

A escolha desses textos é inspirada em parte pela preocupação de enriquecer a cultura das crianças, que, em geral, têm uma frágil bagagem escolar. Essa estratégia é semelhante à proposta trabalhada hoje por Serge Boimare, que oferece as mais belas obras literárias da humanidade a crianças e jovens com grande dificuldade de leitura.

Graças ao talento generoso dos contadores, as crianças são convidadas a se deixar levar por essas vastas correntes imemoriais, esses

---

[5] LAGERLOF, Selma. *A maravilhosa viagem de Nils Holgersson*. Belo Horizonte: Itatiaia, 2005.

rios universais de uma cultura comum que nos reúne através do tempo e do espaço. Assim, em Boston, uma pequena ouvinte confiou ao contador: "Cada vez que desço no metrô, penso em Proserpine que desceu até o rei Plutão." Ou aquele menino jornaleiro que parou na rua esse mesmo contador para lhe perguntar, preocupado, se "Leônidas e todos aqueles gregos corajosos tinham sido destruídos".

Enquanto isso, a partir dos anos 1930, elas contaram com alguns aliados importantes: Paul Hazard, titular no Collège de France da cátedra de literatura comparada, foi um fervoroso admirador de *L'Heure Joyeuse*. Ele admirava as escolhas literárias propostas às crianças e apreciava os contos, "belos espelhos d'água, tão límpidos e profundos". "Nesses contos que tanta gente achava simplórios, encontra-se (...) toda uma mitologia poética, e os reflexos da primeira aurora da imaginação humana."[6] Ele gostava de ver "cada criança repetir, pelos contos, a história de nossa espécie, e retomar, em seu começo, o curso de nosso espírito".

Compartilhar histórias. Cada um, não importa o seu tamanho ou idade, pode satisfazer o seu gosto pela leitura, tanto os grandes quanto os pequenos, tanto os pais quanto os filhos. No momento em que as bibliotecas para crianças percebe a importância de se abrir a todas as gerações, a tradição oral reúne muito naturalmente todas as pessoas ao redor das histórias. A biblioteca pode tornar-se o lugar onde se contam histórias: de acordo com a programação que ela oferece, cada um pode trazer a sua bagagem de histórias, contadores profissionais ou amadores. Os bibliotecários devem, certamente, estar atentos à qualidade das narrativas e da arte de contador, mas é preciso que se dediquem a isso de coração alegre. As tradições culturais, as farsas burlescas, as boas histórias se correspondem e se misturam entre si. Mesmo quando a história é esquecida, a emoção suscitada pelo prazer de escutá-la permanece na imaginação em festa.

Esses sentimentos se seguem do próprio despertar da sensibilidade e, para as crianças, do reconforto de se sentirem capazes de se interessar e de se emocionar. É assim que saímos da passividade do ser, segundo a bela expressão de Gaston Bachelard: recebemos imagens que nos fazem pensar, que nos fazem conceber outras imagens. Mary Shedlock gosta de citar uma frase de Charles Hermite, grande matemático fran-

---

[6] HAZARD, Paul. Op. cit.

cês, que, dirigindo-se aos membros da Academia de Ciências, disse: "Cultivai a imaginação, senhores, tudo está lá. Se quereis formar matemáticos, dai a vossos filhos contos de fada."

A oralidade em todas as suas formas

Na biblioteca, contamos histórias em bons ou maus momentos, *urbi et orbi*, de mil maneiras. A. C. Moore, figura tutelar das bibliotecas americanas para crianças, instituiu, desde 1896, em sua biblioteca, a Hora do Conto. Para ele, essa Hora, que talvez fosse mais justo chamar "O tempo das histórias", era um acontecimento sociocultural de maiores proporções. Hoje, trata-se de uma verdadeira instituição: a Hora do Conto, por gerações, foi adotada no mundo inteiro. Ela é praticada ao longo de todo o ano, mas costuma acompanhar mais particularmente a celebração das festas tradicionais, próprias às culturas populares ou religiosas de cada bairro ou região. Quando trabalhei na Biblioteca Pública de Nova York, vi como as festas americanas de São Nicolau ou do Dia de Ação de Graças marcavam a vida da biblioteca, assim como Hannukah[7] ou certas festas porto-riquenhas ou haitianas. Ao criar uma atmosfera festiva, a prática do conto oferece a ocasião para que as pessoas se alegrem com a companhia umas das outras, permitindo ao mesmo tempo a cada um viver no mais íntimo de si mesmo uma emoção de ordem espiritual, como gostam de dizer alguns contadores de história. Reencontramos assim os objetivos da biblioteca: revelar, tornar manifesta a dupla natureza da leitura, na sua dimensão ao mesmo tempo íntima e relacional.

Nos Estados Unidos, todo um ritual envolvia a Hora do Conto. Em Clamart, uma bibliotecária às vezes percorria a biblioteca tocando uma flauta. As crianças a seguiam assim como o tocador de flauta de Hamelin.[8] Juntas, elas se dirigiam até a sala do conto e se instalavam aí em silêncio. O ritual tem o poder de reunir as pessoas e de preparar a escuta. De variadas maneiras, ele sempre acompanhou a narrativa, ainda que sob a fórmula reduzida do "era uma vez" ou das frases feitas

---

[7] Festa judaica, conhecida como Consagração ou Festa das Luzes.

[8] "O flautista de Hamelin" é um conto folclórico, reescrito pelos Irmãos Grimm.

de encerramento dos contos. Ele prepara o auditório para receber algo que é ao mesmo tempo excepcional e íntimo.

Da mesma forma, o silêncio que segue a história que acabou de ser contada ajuda a impregná-la na memória. Os contadores, com efeito, quase sempre preferem não colocar questões às crianças imediatamente após a narrativa para assim deixar que o conto irradie toda a sua magia. Também está fora de questão, para os contadores, interromper o conto para mostrar ilustrações. Mary Shedlock, por exemplo, se opõe obstinadamente à tentadora ideia de pedir às crianças que desenhem algo depois do conto. Ela cita a história de uma criança que, encantada com uma história, quis desenhar um cavalo que a havia feito sonhar. Diante do resultado medíocre, ela confessava tristemente sua decepção: "Em mim, era tão bonito!"

Os contadores se comprazem por vezes de dar uma feição bastante pessoal ao conto. Eles seguem a tradição dos contadores populares. Assim, à guisa de introdução, eles evocam, por exemplo, um encontro ou um sonho: "Uma vez eu vi", "Eu encontrei certa vez". Eles jogam com a feliz ambiguidade dessa fórmula. "Isso é verdade?", "Você estava lá?", perguntam as crianças, sob o encanto de uma narrativa fabulosa de ponta a ponta.

Com esse tom de confidência pessoal, cria-se na biblioteca uma atmosfera particular e se estabelecem laços de confiança entre as crianças e os adultos que habitam esse lugar. É como se o bibliotecário contasse histórias em sua própria "casa". Isso não exclui a felicidade de acolher, em certas circunstâncias, o contador de passagem, o convidado. Cada um tem seu estilo de repertório. Cada um conta à sua maneira, segundo sua personalidade. Alguns escolhem uma simplicidade toda natural; outros se exprimem em tom mais moderado. E, na verdade, não é necessário adotar jamais um tom enfático ou grandiloquente: a biblioteca é uma casa.

Em muitas bibliotecas, há um espaço dedicado ao conto. Alguns bibliotecários, como Janet Hill, rejeitam com veemência a ideia da sala do conto, essa maneira tradicional de reunir as crianças em uma espécie de intimidade silenciosa para uma escuta atenta. Por que isolar o conto do resto da biblioteca? Por que fechá-lo em uma sala reservada às crianças? Isso não seria trair a tradição imemorial do conto, que é a de ser contado sempre lá onde as pessoas vivem e se encontram naturalmente? Em Lambeth, na Grã-Bretanha, os bibliotecários contam histórias em vários lugares diferentes, sobretudo nos parques públicos. Janet Hill defende que não deve haver lugar fixo para esse encontro: "Vê-se por acaso o vendedor de sorvete esperar os clientes fechado na sua loja?", pergunta. "Não, ele vai com o carrinho de um lugar ao outro, onde é mais provável atrair a atenção das crianças. Os bibliotecários que contam histórias devem fazer o mesmo."

No interior de uma biblioteca, as coisas começam a caminhar por si mesmas quando os bibliotecários aproveitam múltiplas ocasiões para contar histórias. Isso faz parte de seu ofício.

Alguns bibliotecários, que têm muitas histórias em sua bagagem, não perdem uma só oportunidade para contá-las. Em Clamart, uma bibliotecária cujo repertório era particularmente vasto, contava histórias o tempo todo, em especial os contos de Grimm e da tradição judia, disseminados por Isaac Bashevis Singer e pelo narrador francês Bem Zimet. O conto não ficava mais confinado a uma hora e a um local determinados. Ela contava histórias sempre que a ocasião se prestava a isso ou simplesmente porque ela acabara de descobrir uma nova e tinha vontade de contá-la. Ela podia narrar uma história de pé ou sentada ao redor de uma mesa. Essa feliz iniciativa revelou-se sobretudo rica em seus efeitos com adolescentes, às vezes refratários à leitura e que descobriam assim o gosto pela narrativa. Essa maneira informal de narrar era semelhante àquelas que usamos, em geral, com as crianças menores em torno dos livros ilustrados: apresentá-los não é uma tarefa que poderia ser chamada de algo como "A hora das imagens". Não importa em que momento, e de acordo com suas possibilidades, os bibliotecários se dispõem a sentar-se e ler um desses álbuns a um ou dois pequeninos. Por que, com os maiores, não é possível usar da mesma liberdade? Como ocorre com as crianças menores, começa-se a ler com um ou dois jovens e os outros, tímidos e curiosos, vão se aproximando, empurrados pelo desejo de escutar; em uma situação diversa, eles rejeitariam uma abordagem tradicional como Hora do Conto, que, segundo pensam, não é mais para a idade deles. É assim que eles aprendem livremente a escutar e a ter prazer nisso.

Ler em voz alta

Na era digital, a oralidade na biblioteca se torna necessária. Nada substitui a emoção de escutar um adulto amigo que saiba compartilhar com finura os textos que aprecia. Para todos, é a felicidade de estarem juntos, unidos numa emoção comum. O leitor sabe modular a leitura. Ele tem, é verdade, em torno de si, os rostos das crianças que o escutam. Elas deixam adivinhar a sua emoção ou indiferença. Em nosso mundo saturado de imagens e sons impostos, temos necessidade de descobrir belos textos, ao mesmo tempo fortes e sutis. É assim que nos deixamos invadir pela beleza da palavra. Pode-se assim apreciar a textura da voz, a musicalidade do texto e o ritmo. A leitura em voz alta, com a sensibilidade do adulto, ajuda a criança a penetrar nessas obras.

Que prazer é se deixar embalar e acariciar pela voz! Leio *Rasmus et le vagabond,* de Astrid Lindgren, para um pequeno grupo de crianças entusiasmadas. Elas têm entre 8 e 10 anos. Uma pequenina de 4 anos se instalou confortavelmente no meu colo. Ela parece escutar com gosto. O que pode entender dessa história para "grandes"? Pergunto: "Isso te interessa?" Sua resposta veio clara: "Gosto da voz de gente grande."

Guardo a lembrança de uma leitura excelente, oferecida às crianças e aos pais por um bibliotecário, hábil leitor, particularmente seduzido pela obra de Tove Jansson. Eram histórias tiradas de *As histórias de Mumin*, textos de rara poesia, colorida de humor, muito bem traduzidos por Kersti e Pierre Chaplet. O bibliotecário revelava, com delicada sobriedade, como Renaclerican, tão musical, ia compor sua melodia da primavera. Ele nos fazia atravessar, como que solitários, as paisagens desabitadas. Com ele, adivinhávamos os gritos dos pássaros migratórios e a canção do córrego que canta num modo menor, como o mosquito. "Esse córrego vai entrar na minha canção, talvez no refrão." "Este é o anoitecer para eu fazer uma canção, pensou Renacleran. Uma canção toda nova, onde porei um pouco da espera e da melancolia da primavera, mas principalmente um pouco da felicidade sem igual de caminhar, de estar sozinho e, logo, em boa companhia."

Há obras que são bem apreciadas em certas etapas da vida, mas a criança não está em condição de lê-las, porque os textos são longos e o vocabulário elaborado. A leitura em voz alta torna acessíveis esses textos insubstituíveis. Penso em certos clássicos da literatura infantil, como *Winnie Puff* e, mais particularmente, *La Maison d'un ours comme ça*[9] [A casa de um urso como este], textos que se podem descobrir na bela edição traduzida para o francês pelo poeta Jacques Papy e ilustrada

---

[9] MILNE, A. A. *La Maison d'un ours comme ça*. Paris: Presse de la cité, 1946.

por Ernest Shepard. Aos 5 anos, a criança já é capaz de entrar totalmente no mundo imaginário de Christopher Robin, mas para isso tem necessidade da voz afetuosa e sensível do adulto, seu cúmplice.

Des animaux pour toute famille[10] [Animais para toda a família] se destina a crianças maiores. Quando ele lhes é lido por um adulto tocado pela obra do poeta Randall Jarrell, elas têm a possibilidade de apreciar plenamente esse texto de rara poesia. As ilustrações de Maurice Sendak que o acompanham são um convite discreto para se entrar no mistério da natureza, onde são vividos momentos extraordinários. Trata-se, ao longo do livro, do encontro maravilhoso entre um caçador solitário e uma sereia ingênua e muito curiosa em conhecer a linguagem e os sentimentos humanos.

Para ler bem em voz alta, é preciso dispor de tempo para que se possa saborear a beleza sensual e sensível do texto, sua poesia e seu humor. Certos livros podem ser lidos na íntegra. É possível também escolher algumas passagens particularmente evocativas, um episódio emocionante ou as primeiras páginas que nos prendem.

Na biblioteca – à diferença da sala de aula –, as crianças não formam grupos estáveis. As crianças que escutaram os primeiros episódios de uma leitura "novelizada" se tornam em seguida as iniciadoras para as novas crianças que chegam. O entusiasmo delas supera os seus relatos às vezes desajeitados, ainda que mais convincentes, porque ninguém lhes impõe fazê-los.

Há obras que se prestam mais naturalmente à leitura "novelizada". Algumas foram concebidas dessa maneira, como *Le feuilleton d'Hermès*[11] [Hermes em folhetim]. O livro começa assim: "O sol mal despertava, quando Hermes saiu do ventre de sua mãe. Ele espreguiçou, bocejou e pulou de pé. Então, correu até a entrada da gruta onde tinha acabado de nascer, para admirar o mundo. 'Como é lindo!', murmurou. Esse foi um nascimento bem estranho." Mal começo a ler essas poucas palavras e logo, com toda naturalidade, algumas crianças se aproximam. Elas cessam as outras atividades e se juntam a nós, prontas para, ao longo dos dias, ir descobrindo, por episódios, a mitologia

---

[10] JARRELL, Randall. *Des animaux pour toute famille*. Paris: L'École des Loisirs, 1987.

[11] SZAC, Murielle; OLIVIER, Jean-Manuel. *Le feuilleton d'Hermès*. Paris: Bayard Jeuneusse, 2006.

grega. Com ela, descobrem a gravidade e a complexidade das relações humanas, assim como nos narram os mitos. Todas as questões essenciais são aqui tratadas em linguagem simples e cheia de imagens. Cada capítulo termina com uma pergunta do tipo: "Como Hermes poderia roubar as vacas sem ser apanhado?" Irresistível, não? As crianças estão, assim, prontas para seguir Hermes, dia após dia. Como evoca Serge Boimare, num belo prefácio, quando propõe: "seguir Hermes, o esperto; não se pode deixar as crianças em melhor companhia para afrontar com prazer e leveza as interrogações que são o fundamento do espírito humano." É um belo presente que se oferece às crianças. E como gostamos de acompanhá-las nesse caminho! Alguns jovens leitores ficam impacientes para saber a continuação e não esperam o dia seguinte. Tomam o livro emprestado para ler à vontade e acompanhar, em seu caminho, "o divino *aprontador*".

Existe um verdadeiro prazer nesses encontros do dia a dia para seguir um romance. Lembro de um pequeno grupo que acompanhou, durante semanas, *La longue marche des dindes*[12] [A longa marcha dos perus]. Um dia depois do outro, eles vinham escutar a história e acompanhavam, num mapa aberto sobre uma parede, o itinerário de Simon Green. Marcavam as etapas e testemunhavam uma verdadeira simpatia por esse jovem que nunca perde a coragem. Simon Green não é lá muito bom em contas. Mas quando fica sabendo que um criador de aves tem mil perus a mais e que ali, no Mississipi, um peru só vale 25 centavos e que em Denver, a mil quilômetros de distância, as pessoas estariam prontas a comprar um peru por 5 dólares, ou seja, vinte vezes mais, sabe que encontrou o "seu lugar no mundo", como diz a professora que acredita nele. Ele vai comprar a tropa e passar o verão atravessando o deserto, as montanhas rochosas e os territórios dos índios para, em Denver, fazer fortuna. Era isso que fazia nossos jovens ouvintes sonhar!

Como é bom descobrir juntos alguns trechos escolhidos de verdadeiras obras-primas hoje caídas no esquecimento, como *O vento nos salgueiros* que Kenneth Grahame conta ao filho de 9 anos. Leio muitas vezes algumas passagens desse livro grosso. São as aventuras de quatro amigos, Rato, Toupeira, Texugo e Sapo. Assim, num dia de neve, Toupeira e Rato se perdem no bosque selvagem. "Esse bosque parece sem fim, sem entrada, sem nada para a gente se orientar e, o que é pior,

---

[12] KARR, Kathleen. *La longue marche des dindes*. Paris: Éditions de la loupe, 2004.

sem saída." Acompanhamos juntos o alívio dos dois amigos quando, no coração do bosque selvagem, já cansados e perdendo a coragem, encontram refúgio na casa de Texugo. "O chão estava coberto de ladrilhos vermelhos bem cuidados e no vasto salão havia uma lareira acesa (...). Fileiras de pratos imaculados brilhavam no aparador, do outro lado da sala. Nas vigas de madeira pendiam presuntos, buquês de ervas aromáticas, tranças de cebolas e cestos de ovos." Dá vontade de sonhar... E nós tínhamos todo o tempo para experimentar plenamente esses momentos de conforto.

Na viagem de Nils Holgersson pela Suécia, encontramos a bela história de Asa, a guardadora de gansos, e o pequeno Mats. "No ano em que Nils Holgersson viajou com os gansos selvagens, falava-se muito de duas crianças, um menino e uma menina, que atravessavam o país a pé." E aí está uma história dentro da história, nesse longo romance. Uma história particularmente comovente. O pequeno e corajoso Mats morreu, vítima da tuberculose. Sua irmã Asa decide que o pequeno Mats deve, a qualquer preço, ser enterrado "com tanto respeito quanto uma pessoa grande". Ela quer "oferecer a ele o mais grandioso dos enterros." Para isso, ela precisa dos outros, mas como se fazer ouvir quando não se é mais que uma criança? Por fim, depois de muitas tentativas, ela vai conseguir. "Não se podia opor uma recusa a tamanho amor."

Vivemos assim, juntos, encontros ao mesmo tempo simples e profundos, em torno dos grandes textos. É bom ir ao encontro de uma obra, em boa companhia. O adulto muitas vezes escolhe uma obra porque tem vontade de compartilhá-la, porque o seu conhecimento das crianças, graças a um acompanhamento cotidiano, o faz adivinhar que elas podem ser sensíveis àquela obra. Ele aprecia a possível complexidade, a verdadeira profundidade, aquela que permite a cada um ter a sua leitura particular, porque o caminho não é estreitamente balizado, há diferença de certos textos banais, chamados de modo indevido romances e que não se distinguem em nada de uma simples reportagem jornalística. A leitura em voz alta ajuda a julgar a qualidade de uma obra, onde a platitude dos textos não resiste.

"Propomos belos textos porque gostamos deles", me contam mediadores de leitura como Serge Boimare, que se ocupa de crianças em grandes dificuldades. Assim, nada de preocupações estritamente pedagógicas ou moralizantes. Que bonito presente, que confiança dada a essas crianças, mesmo quando elas são etiquetadas como particularmente difíceis, "irrecuperáveis", diriam até mesmo alguns. Ninguém duvida de que há uma corrente que passa, quando nós mesmos somos tocados por esses textos. Todos se interessam e cada um está na medida de apreciá-los de acordo com a sua personalidade. Em nosso mundo invadido de ruídos, sons e imagens, é uma audácia propor às crianças textos com o silêncio e as palavras que os acompanham. É reconfortante ver esses jovens acolher, tomar a palavra e envolver-se com essas obras literárias que os tocam de verdade. A leitura em voz alta os põe em contato com a beleza dos relatos, com as grandes cosmogonias, com os contos populares ou as obras clássicas, indo de Julio Verne a Jack London ou Curwood, passando por autores contemporâneos como Michel Morpurgo, François Place ou Timothée de Fombelle.

A leitura em voz alta dirige-se a todas as idades. Essa leitura familiar pode ser feita em torno de uma mesa, em um canto tranquilo. Ela pode limitar-se ao primeiro capítulo de um livro, dando assim aos ouvintes o gosto de ir mais longe. Pode-se descobrir assim, com um prazer mútuo, livros ricos e simples, diretos e verdadeiros, rápidos e arrebatadores, como *Vie et mort d'un cochon*[13] [Vida e morte de um porco], ou livros mais complexos como *Les Garennes de Watership Down*[14] [O labirinto de Watership Down]. Outros adultos, além dos bibliotecários, podem dar a sua contribuição. Eles compartilham assim o prazer de ler e acrescentam às leituras as ressonâncias de experiências individuais e variadas.

A leitura em companhia não está reservada à ficção. Durante muitos anos, todas as semanas, em Clamart, uma senhora idosa vinha passar o dia com as crianças. Apaixonada pelas ciências, a história e outros assuntos, ela gostava de fazer as crianças descobrirem os livros ilustrados informativos. Tinha os seus ouvintes fiéis, que a cercavam logo quando chegava. Ela lia para eles, interrompendo-se a todo o momento para ouvir os comentários e as perguntas. Contava também seus espantos e suas experiências de leitura. Eram conversas sem fim.

---

[13] PECK, Robert Newton; REVELLAT, Marie-Alyx. *Vie et mort d'un cochon*. Paris: Flammarion, 1999.

[14] ADAMS, Richard. *Les Garennes de Watership Down*. Paris: Flammarion, 2004.

16. Oficinas na biblioteca

Tudo aquilo que estimula o interesse, afina a sensibilidade e abre a inteligência é uma preparação para o caminho da leitura. Como retorno, o livro enriquece toda forma de expressão. A criança se apropria mais intimamente de uma descoberta quando ela pode reconstituí-la à sua maneira, dizê-la do seu jeito e vivê-la do modo que lhe convém: ação, palavras, cores, sons, movimentos e experiências. Sobre esses princípios se fundamentam as propostas de animação desenvolvidas na biblioteca de Clamart, como em muitas outras bibliotecas. Cada vez mais, as bibliotecas querem oferecer às crianças a possibilidade de participar plenamente de todas as formas de ação da própria biblioteca. Nesse sentido, as oficinas são muito importantes.

As oficinas de escrita

Contrariamente a uma ideia corrente, a leitura de poemas não fica reservada a uma categoria de crianças "superleitoras". Os "maus leitores" podem ler poemas com grande prazer. Sem dúvida, para eles, trata-se de textos que se oferecem à sua sensibilidade, sem a dificuldade de serem "muito compridos".

A leitura de poemas é, com frequência, um ato solitário. Por uma forma de pudor muito legítimo, alguns leitores preferem guardar para si essa emoção íntima. Outros preferem se encontrar para lerem poemas e compartilhá-los. Devem dispor de um lugar calmo onde se reúnam para dizer poemas, trazer novos e descobri-los juntos. Se quiserem, as crianças podem gravar essas leituras. Escutando-as de novo e trabalhando o poema, elas entram numa compreensão mais sensível, melhoram sua escuta e sua maneira de dizer. O poema ganha corpo. Escutando-se e escutando os outros, elas se tornam mais exigentes. Assim, a partir de uma experiência íntima, aprendem a fazer a diferença entre uma dicção artificial, pesada e estereotipada, e uma dicção natural e justa. Por essa razão é muito interessante associar as crianças da biblioteca à seleção de registros de poemas. Antes de escutá-los, elas primeiro tomam conhecimento dos poemas, dizem-nos do seu próprio jeito e comparam em seguida a sua maneira de dizer – muitas vezes simples e próxima de sua voz interior – com as que estão gravadas, que podem ser declamatórias, cheias de floreios inúteis e infantilizantes.

Por vezes, as crianças também experimentam valorizar um poema por meio de uma caligrafia adequada – o que é difícil, porque a aprendizagem é longa –, ou, ainda, com uma ilustração, pela escolha de uma tipografia e pelo jogo da diagramação. Toma-se assim consciência das correspondências entre as diversas formas artísticas, como pintura e música. Trata-se da aprendizagem de uma escuta, de um olhar e de uma precisão de sentimentos.

Myra Cohn[1] evoca as oficinas de poesia que, em Nova York, funcionam, a pedido dos adolescentes, não nas escolas que eles acham muito rígidas, mas nas bibliotecas. Cada um chega com um poema para discutir e trabalhar com o poeta responsável pela oficina. Não se trata de uma criação coletiva, mas de um esforço comum de criação.

Existe também, às vezes, a criação coletiva. É estimulante estar em grupo, reagir às ideias dos outros e brincar com as palavras. Assim, as crianças criam poemas coletivos em que a primeira ideia meio bizarra libera a imaginação da lógica convencional e suscita associações inéditas, jogos de sonoridades, de *nonsense* e absurdo, como os *"cadáveres exquis"* dos surrealistas franceses. São jogos, claro. Mas a ideia é "desintimidar", fazer pensar que cada um pode chegar a uma escrita pessoal, se tiver vontade. A proposta é estimular a imaginação, brincar com as palavras. Trata-se de "truques" para desamarrar a imaginação prisioneira de convenções da linguagem e de banalidades: Se eu fosse... Se eu pudesse... Antigamente... Agora... Esses truques têm o valor de abrir as portas do jogo verbal além do uso estritamente utilitário da linguagem.

São simples meios oferecidos à criança para que ela descubra o prazer familiar das palavras, dos sons e dos ritmos, mas não se pode ficar

---

[1] LIVINGSTON, Myra Cohn. *The child as a poet: myth or reality?* Pennsylvania: Horn Book, 1984.

só nisso. É necessária toda uma aprendizagem para saber o que se deve dizer e como se quer dizer.

Trata-se então de favorecer a aprendizagem que vai permitir à criança saber o que ela tem necessidade de dizer e como o dirá. O poeta que anima uma oficina desse tipo precisa ter uma sensibilidade que lhe permita discernir o que, na criança que escreve, é uma criação verdadeira, e não apenas simples imitação. Porque é fácil, quando se trata de escritas infantis, confundir criação com o que é simplesmente expressão.

A experiência apresentada por Jacques Charpentreau, professor primário e poeta, em *Le Mystère en fleur, les enfants et l'aprentissage de la poésie*[2] [O mistério em flor, as crianças e o aprendizado da poesia] é muito interessante. Ela pode também ser vivida na biblioteca. Na sua sala de aula, seus alunos não se contentam em brincar com as palavras. Seus experimentos de escrita poética estão estreitamente ligados à descoberta da obra de poetas. O trabalho de criação lhes permite penetrar de maneira íntima e pessoal no mundo poético proposto pelos mais antigos. Isso exige do adulto que anima essas oficinas de poesia um conhecimento aprofundado desse gênero literário, para que possa propor aos aprendizes verdadeiras ferramentas poéticas.

Logo se confirma, no esforço da invenção, a necessidade de se recorrer a algo que enriqueça a imaginação e os meios de expressão. Assim, seria uma pena que, pelo respeito da sacrossanta "criatividade" da criança, ela fosse privada desses meios e da riqueza de todo o universo poético existente.

Lembro de um "clube de inventores de histórias" cuja atividade não teria ido além do estágio de simples jogo social se não houvesse a presença de uma menina que descobrira com paixão o universo dos contos, lendo do começo ao fim muitas obras de uma coleção "científica" de contos populares. O que ela inventava e contava oralmente não reproduzia os contos tradicionais e sim aqueles que sua imaginação havia fecundado. Eles lhe haviam revelado também técnicas de criação e expressão libertadoras. Ela dizia que precisava daquilo.

---

[2] CHARPENTREAU, Jacques. *Le Mystère en fleur, les enfants et l'aprentissage de la poésie*. Paris: Éditions Ouvrières, 1979.

Hoje, a ideia de oficina de escrita ocupa grande espaço nas bibliotecas e nas escolas. Ela se fundamenta na convicção de que ler e escrever são dois aspectos da mesma realidade. Mas um trabalho de escrita e de poesia não se improvisa. É preciso que a pessoa que anime essa oficina tenha, ela própria, uma prática de escrita e que conheça por si mesma o que significa trabalhar com as palavras. É preciso também dar flexibilidade e tempo ao funcionamento dessa oficina. Um único encontro não basta. O adulto, então, tem um papel preponderante nessas oficinas. É bom que, nelas, a animação (em particular para a poesia, porque ela toca a sensibilidade da criança) não repouse sobre uma só pessoa. O encontro com formas diferentes de sensibilidade pode ser necessário para não restringir a escrita a um estilo único.

Pintar e desenhar depois dos contos

Entre as técnicas de expressão, algumas parecem mais acessíveis do que outras, e mesmo mais econômicas e mais aptas a serem utilizadas ao mesmo tempo por um grande número de crianças. Explica-se assim, talvez, o frequente sucesso da pintura, seguidamente proposta nas Horas do Conto. Sucesso junto a bibliotecários e crianças, sucesso talvez ambíguo porque o prazer natural de pintar não tem relação obrigatória com o prazer da história que se revive no desenho. A criança, aliás, pode ficar frustrada pela sua realização, se não é ajudada a se expressar: "Estava tão bonito dentro de mim", suspira a criança citada por Mary Shedlock.[3]

A questão não é deixar de propor às crianças a pintura depois da escuta de um conto, mas, antes, não se limitar à utilização sistemática e exclusiva desse modo de expressão. Algumas crianças, aliás, não têm, no momento, nenhuma vontade de expressar o que quer que seja, do mesmo modo que nem sempre temos vontade de falar do espetáculo a que acabamos de assistir. Respeitemos esse direito ao silêncio.

Outros procedimentos plásticos dão o prazer da iniciação a uma técnica e oferecem possibilidades de expressão diferentes. A utilização de um ou outro desses procedimentos demanda sempre a presença e a

---

[3] SHEDLOCK, Mary. Op. cit.

intervenção de um adulto competente, artista e capaz de transmitir um *savoir-faire*; caso contrário, o resultado pode ser frustrante e desvalorizar o esforço da criança. Se ela não domina suficientemente a técnica, não pode fazer dela um meio de expressão. A diferença de qualidade dos trabalhos de crianças de uma biblioteca para outra ou de uma classe para outra assinala o papel indispensável do adulto.

Abrir o mundo de uma nova técnica pode ser também abrir as portas de um novo imaginário. Técnicas a priori difíceis revelam-se também as que mais atraem a atenção e a capacidade de esforço das crianças, e as ajudam, afinal, a tirar o máximo de si mesmas. Assim, as montagens audiovisuais realizadas por grupos de crianças da biblioteca se revestiram de uma qualidade excepcional quando lhes foi proposto raspar e pintar dispositivos cujo formato, muito pequeno, exigia um esforço de concentração e uma grande precisão de gestos.

O teatro e a mímica

Teatro e mímica são modos de expressão bem naturais para as crianças, com uma característica tão direta e total quanto o "se eu fosse e se você fosse" com que começam as suas brincadeiras espontâneas. O distanciamento encorajado pela brincadeira ajuda a aprofundar a compreensão do outro e de si mesmo, compreensão essencial à leitura.

O teatro apela simultaneamente para as ressonâncias do corpo e do espírito. Toda riqueza desse trabalho se faz no prazer, de modo quase inconsciente e, por assim dizer, pudico, porque a expressão é indireta, como o ato da leitura. No teatro interior, os personagens da história tomam corpo no sentido literal. Lá também, sem um mínimo de qualidade, ou seja, sem um animador competente para iniciar, guiar, coordenar e fazer evoluir, os resultados podem ser decepcionantes. As crianças, deixadas a sós, recaem nos estereótipos propostos pela televisão. Por outro lado, com um amador competente, as crianças chegam a se escutar com atenção, umas às outras, a se criticar e a se corrigir mutuamente para chegar a uma verdade maior, aprofundar o jogo e realizar um espetáculo que lhes interesse de verdade. Senão, tudo fica no plano de uma recreação irrelevante.

Se desejamos alcançar determinado nível de qualidade, ficamos quase que obrigados a fazer do teatro uma atividade regular que pode com rapidez se tornar invasiva. Pela nossa experiência, recomendamos que seja chamado um comediante de fora. É bom que esses animadores ocasionais participem, de um modo ou de outro, do trabalho de equipe dos bibliotecários. Senão, haveria um corte entre a animação proposta que se desenvolve de maneira autônoma "em oficina" e o resto da biblioteca. A leitura, de fato, está intimamente ligada a essa forma de expressão. Um incentivo à expressão deveria ser sempre possível na biblioteca: uma sequência de criação poderia ser realizada no exterior e retornar, em seguida, para uma apresentação nesse espaço, do mesmo modo que uma maquete, realizada num ateliê exterior sob inspiração de uma história, graças a um livro emprestado, poderia, depois, ser exposta na biblioteca.

Oficina de apoio à leitura

A biblioteca, por toda a sua ação, busca sempre provocar o encontro entre as crianças e os livros. Como, então, ela reage diante de crianças crescidas que manifestam uma imensa dificuldade de dominar a leitura? Deve deixar essa preocupação àqueles que são mais especialmente encarregados da aprendizagem? Ela não pode resolver sozinha os problemas de fracasso em leitura nem tampouco negligenciá-los, porque se defronta com eles todos os dias. Às vezes as crianças vão lá e pedem ajuda para superar a sua deficiência: "Me ensina a ler!"

Foi assim, com a ajuda de uma professora primária aposentada e de alguns pais voluntários, que a biblioteca de Clamart organizou pequenos grupos de apoio à leitura, adotando certos princípios. As sessões aconteciam na biblioteca em grupos muito pequenos, quase dois a dois. Para começar, a criança assumia a consciência de que não sabia ler e o desejo de superar esse fracasso, ou seja, uma vontade pessoal de se sair bem. Nada de dar aula: não era o nosso papel e não tínhamos as competências adequadas. Escolhíamos livros de textos interessantes, engraçados, comoventes e com numerosos diálogos. O adulto, primeiro, lia a história inteira e depois as crianças repartiam os papéis. A leitura era gravada para que se pudesse escutar, corrigir e orientar uma leitura mais inteligente e inteligível. Se certas palavras ou grupos de palavras eram demasiado difíceis, inventávamos jogos que permitissem dominar essas dificuldades. Tudo isso pôde ser feito graças à ajuda de adultos conscientes do sofrimento das crianças diante de uma situação de fracasso de leitura. Os resultados dessa curta experiência foram muito positivos. Livros como os "romances em que você é o herói" se prestam muito a essa forma de treino de leitura. Eles têm o mérito de tornar o objeto "livro" menos intimidante. Cada vez mais os pais acolhem as crianças depois da escola para um trabalho que busca os mesmos objetivos. Se o local permitir, é interessante que esses grupos pequenos encontrem seu lugar na biblioteca, o lugar da leitura por excelência, com condição, entretanto, de não transformá-la em anexo da escola. Para assumir seu papel de forma completa, cada instituição deve guardar sua especificidade.

A animação, riqueza e limitações

Não é fácil salvaguardar o equilíbrio entre a leitura propriamente dita e os meios de expressão relacionados à leitura propostos pela biblioteca. Estes são sedutores porque são mais acessíveis de imediato às crianças, tratando-se, em geral, de um trabalho coletivo. Os leitores se engajam e neles investem os recursos de suas personalidades. Mas a biblioteca, cuja meta principal é suscitar o gosto de ler e fazer viver o livro, dispõe dos meios, em termos de local e pessoal competente, para levar a cabo, e bem, cada atividade de expressão, sem jamais esquecer o objetivo, que é: favorecer o acesso à leitura em sua espontaneidade e flexibilidade, de acordo com a realidade imprevisível das demandas, a diversidade das reações das crianças e suas necessidades de expressão, respeitando o direito ao silêncio.

Leitores assíduos da biblioteca nos disseram como haviam cessado de ler quando o teatro na biblioteca tinha tomado para eles tamanha importância que não encontravam mais tempo para leitura! A questão não é que os leitores sejam envolvidos com o teatro, porque é bem normal que eles encontrem um modo de expressão que lhes convenha. Mas, se algumas formas de animação ocupam um espaço demasiado, elas podem se tornar uma barreira entre a criança e o livro. As atividades de grupo, ainda que necessárias, são às vezes excessivamente privilegiadas, sem que se deixe tempo suficiente para o encontro com o livro, a história, o documento e também as pessoas.

Com a multiplicação das atividades de grupo, chega-se rapidamente a institucionalizá-las, transformando a biblioteca numa justaposição de oficinas gratuitas onde os pais são incitados a inscrever os filhos, esquecendo que toda animação na biblioteca é ligada à leitura de maneira íntima. A animação, para ser real, precisa ter grande flexibilidade. Cada um deve poder inscrever-se de acordo com seus desejos e seu próprio ritmo, com a possibilidade de escolher entre diversas formas. Seria uma pena se os bibliotecários e os animadores, por natureza livres das limitações e dos programas escolares, se transformassem em barreiras, por ansiedade, medo do vazio ou inconsciente preocupação de controle, para as que eles desejariam ajudar e cuja estagnação inquietante pode num instante se tornar turbulenta.

A preocupação em propor um programa de atividades de animação bem preenchido pode retirar das crianças a possibilidade de serem reconhecidas em suas demandas e sugestões. Nada deve comprometer a atenção que se deve dar à criança presente, viva e atual. A flexibilidade da vida na biblioteca não exclui, entretanto, a necessidade de uma organização séria.

A diversidade é necessária para que cada um possa encontrar o seu lugar. Tendemos a nos apegar mais a um assunto ou a uma forma de animação sob o pretexto de que em certo momento eles vão interessar profundamente as crianças. Formas de animação essenciais, como a oficina de escrita, o clube de poesia ou até mesmo o clube de leitura, podem, em determinado momento, não serem convenientes às crianças que frequentam a biblioteca. É preciso saber que isso é passageiro, não desencorajar nem querer manter essa atividade a qualquer preço, de modo artificial.

A superabundância de atividades vem, algumas vezes, da falta de confiança no interesse do próprio livro e da leitura. Entretanto, escolher o ofício de bibliotecário é acreditar na riqueza insubstituível dos livros e da leitura em todas as suas dimensões e suportes. É também querer ajudar o maior número de pessoas a encontrar as chaves para chegar lá.

Quaisquer que sejam os meios de que a biblioteca disponha, ela é sempre, felizmente, levada a estabelecer contatos com outros lugares e organismos, a buscar lá fora os apoios que não encontra em si mesma. Ela não deve, de fato, monopolizar tudo. As necessidades das crianças não se limitam à leitura, é evidente, mesmo se a leitura é e permanece sendo uma necessidade essencial à qual convém responder do melhor modo possível.

Se a biblioteca quisesse se apropriar de todas as formas de lazer, estaria correndo o grande risco de fazer as crianças viverem numa atmosfera tão confinada quanto a de uma creche. Na verdade, ela é um lugar familiar onde as crianças se encontram e podem realizar uma ligação entre formas variadas de experiências que conhecem em diferentes ambientes.

❖

O conhecimento de tudo o que se faz e acontece no bairro é indispensável para coordenar a ação da biblioteca com a de outros equipamentos. Graças a essa colaboração e à diversidade de informações que ela suscita, a criança pode escolher o lugar e a atividade que quer privilegiar.

Se todas as formas de conhecimento e de expressão se beneficiam ao entrar em contato umas com as outras, por que não fazê-las coabitar num mesmo equipamento? Foram tentadas algumas experiências: elas vão do simples anexo de biblioteca municipal integrada a uma "casa da criança" ou a uma escola elementar, até ao equipamento pesado, ou mesmo monumental e intimidante, que agrupa num mesmo prédio todas as atividades de lazer. À parte as dificuldades de gestão, pode-se considerar que o tamanho mesmo desse gênero de instituição seja um obstáculo à sua vitalidade. Querer agrupar em um só espaço tudo o que se destina às crianças é arriscar-se a fazê-las viver em um circuito fechado.

17. Na era digital, a biblioteca

Temos ainda necessidade de bibliotecas na era digital? Porque iríamos até elas para consultar, pegar livros emprestados, revistas e vídeos, quando em casa, com internet, temos tudo à nossa disposição? As bibliotecas não estariam destinadas a desaparecer?

As crianças nascidas na era digital

No que diz respeito à criança, a questão é ainda mais importante. Dizse que ela é *digital native*,[1] nascida com a internet. Ela navega, é verdade, com felicidade, nesse mundo da informação e da distração permanentes e vive, assim, cercada de sons e imagens. A riqueza do digital a fascina. É um mundo completo, como um ovo. Ali, ela pode brincar com todo tipo de jogos e se instruir livremente, segundo suas curiosidades. Encontra ali, também, tudo de que precisa para fazer seus deveres. Noite e dia, ela pode entrar em contato com seus amigos graças às mensagens instantâneas. O uso da internet corresponderia então, plenamente, ao seu desejo de conhecer, à sua necessidade de se maravilhar e se divertir. Então, por que ir até os livros? Por que sair de casa para ir à biblioteca?

A criança aprende o mundo sem medo de ser julgada sobre a pertinência de seus questionamentos e mensagens, e tampouco sem temor de se enganar. Se ela erra, começa de novo sem se desencorajar. Não é como na escola. A máquina exerce sobre ela uma atração muito forte. Ler e escrever, diante da tela, não é mais para ela um problema. O jovem

---

[1] Esse termo foi criado por Mark Prensky, autor e consultor americano em TIC, especialista do e-learning, num ensaio: "Digital Natives, Digital Immigrants". In: *On the Horizon*. MCB University Press. Vol. 9, nº 5, outubro 2001.

internauta supera, de fato, as dificuldades que poderia conhecer em outras circunstâncias. O aspecto lúdico do manejo da internet a seduz e torna a pesquisa informativa fácil, rápida e particularmente atraente. Ela encontra tudo e qualquer coisa sem sair de casa. Tudo isso é para ela um brinquedo de criança...

Sim, tudo é como um brinquedo. Um simples clique e encontra-se, quase sempre, uma resposta. Ela convém? Nem sempre. Mas isso dá como que um sentimento de grande poder porque, ali, no espaço virtual, tudo se encontra, evidentemente, disponível. Pula-se de um lado para o outro, pegando-se informações aqui e ali. E tudo isso bem depressa, não há tempo para se cansar nem para se aborrecer.

Essas são, naturalmente, generalidades que devem ser graduadas. A utilização da internet varia com a idade: a criança pequena e o pré-adolescente apreendem esse universo de modos bem diferentes. Os comentários que se seguem consideram essencialmente crianças entre 7 e 12 anos. Mas, ainda assim, há diferenças, de acordo com os contextos sociais e culturais, as idades e as habilidades de cada um.

As crianças não dispõem, de modo igual, da internet. O bom uso desses equipamentos depende muito da vitalidade do ambiente familiar, das aptidões desenvolvidas na escola e das curiosidades que se exprimem aqui e ali. Nos meios modestos, uma proporção bastante significativa de famílias não dispõe de computador e só conhece usos limitados da internet. A diferença digital existe, então. Ela corresponde, aproximadamente, à diferença social. E no interior da família pode haver diferenças também. As crianças se beneficiam de uma formação na escola, treinam entre amigos e o uso do computador lhes é facilmente familiar. E os pais? Muitos se sentem incompetentes ou ignorantes e isso não facilita a comunicação e o partilhar de conhecimentos e ideias em casa. Isso até os leva à desconfiança diante desses novos instrumentos que desconhecem. O que fascina os filhos tanto assim? Não é como uma droga? Não é perigoso?

É verdade que há sites perigosos e violentos. Convém ser prudente. Alguns, de fato, oferecem programas sectários, racistas ou pornográficos. As crianças podem ter encontros ruins, quando viajam na internet. Os pais e os educadores que desejam preveni-las devem ganhar sua confiança para serem ouvidos. Essa confiança se constrói mais solidamente quando os pais não ignoram o mundo digital e o compartilham com os filhos.

Para o digital, um ambiente ideal

"A aceleração exponencial da transformação tecnológica tende a fragilizar a sociedade que não tem mais tempo de fazer dessa inovação tecnológica um aprendizado social, ou seja, um novo modo de viver", destaca Bernard Stieger.[2] Como fazer desses usos tecnológicos que estão em transformação contínua um novo modo de viver? Como socializá-los? Essa é a verdadeira questão. A biblioteca das crianças permite essa nova arte de viver e ajuda a integrar essas inovações.

A biblioteca verdadeiramente viva não se satisfaz com um simples papel de distribuição de obras e documentos. Ela se afirma, antes, como um ambiente capaz de favorecer o estritamento de laços, acolhendo todas as formas de conhecimento, de experiência e de encontro. Ela deita suas raízes no solo em que transcorre a vida do bairro, da região, à altura das crianças e de suas curiosidades.

A participação das crianças na vida da biblioteca, a mediação pessoal, a transmissão de conhecimentos e sua vocação multimidiática fazem da biblioteca um lugar de vida, onde mesmo o digital encontra seu espaço em meio à experiência concreta, onde a criança aprende pouco a pouco a se mover com prazer e discernimento nesse mundo imenso que se abre diante dela.

Na biblioteca, a criança faz, à sua maneira, seu caminho próprio no mundo do conhecimento, do imaginário e do lazer. Às vezes, ela chega com ideias precisas, e mesmo com projetos próprios. Às vezes, ela deseja apenas flanar, passar o tempo e se deixar surpreender por descobertas felizes que lhe dão vontade de ir mais longe. Ela sente grande prazer de encontrar outras crianças tão curiosas como ela. E não é mais ou menos assim que se navega na internet? As práticas típicas da era digital assemelham-se de certo modo às da biblioteca. Mas o que esta oferece de peculiar é a mediação humana e a inserção em um lugar. Essa característica confere à biblioteca uma riqueza insubstituível. Os bibliotecários, atenciosos, estão lá, à disposição. Eles apresentam os livros às crianças e as acompanham nas leituras. Escutam e acolhem cada

---

[2] STIEGER, Bernard; GIFFARD, Alain. *Pour finir avec la mécroissance*. Paris: Flammarion, 2009.

uma delas, se elas assim o quiserem. A criança, afinal, não é uma simples usuária da instituição, uma consumidora de documentos e encontros virtuais; ela participa, na biblioteca, de uma vida comum, que se desenvolve, de maneira singular, na liberdade e na troca.

O mundo digital é denso e imenso. Como se encontrar nele? Na biblioteca, as coleções de livros, CDs e DVDs, escolhidos com cuidado, estão organizadas e permanentemente colocadas à disposição de todos para serem consultadas e emprestadas. Tudo se acha com facilidade. Pode-se usar a referência e retornar à vontade. Mas com o digital, é tudo diferente. O mundo digital está sempre em movimento. Sites, blogs e programas aparecem e desaparecem. Fragmentado, descontínuo, não estruturado, versátil, esse mundo é feito como um bricabraque, sem hierarquia nem classificação. O melhor está lado a lado com o pior. Não há catálogos de editores para ajudar a conhecer as produções. Navegamos, muitas vezes, às cegas. E nos perdemos, também. É difícil reconhecer, nessas navegações, onde na verdade vale a pena parar. Como não tomar como certa a informação dada quando essa pode ser uma publicidade disfarçada ou uma mensagem de propaganda? De onde vem a informação? É confiável? É conhecido o cartum do *New Yorker* em que um cachorro confortavelmente instalado diante do computador explica a um jovem cão deslumbrado: "O bom da internet é que ninguém sabe que eu sou um cachorro."

Então, como encontrar suas referências nessa floresta virgem? Tem de tudo, ou quase, no mundo digital. Como julgar a qualidade das informações? Como encontrar o videogame verdadeiramente interessante? E nesses encontros feitos nas redes sociais, pode-se ter confiança? Se não fazemos essas perguntas e se não dedicamos um tempo para pensar e escolher, não ficamos apenas escravos da máquina? Passamos a aceitar de boa-fé o que dela vem e adotamos às cegas aquilo que os produtores mais poderosos propõem.

O bom uso da internet supõe, de fato, discernimento e senso crítico. Para as crianças, essa atitude é particularmente difícil de ser tomada a sós. Uma das atrações da internet é, na verdade, a rapidez. As crianças fazem perguntas e, com frequência, mal leem os primeiros elementos das respostas. "Leio o primeiro parágrafo, para mim chega", diz o jovem internauta. Na maior parte do tempo ele se contenta com essa visita relâmpago. Ele "surfa", como se bastasse somente se assegurar de que a informação está bem ali, disponível, dentro da máquina. Assim, obtém a informação, mas não vai mais longe. E o que ele retém de tudo isso? A pessoa não é tocada. Os professores se preocupam, como um diretor do ensino fundamental, evocado por Mark Bauerlein:[3] "Quando damos aos alunos um tema de pesquisa, eles vão ao Google, digitam as palavras-chave, escolhem três sites pertinentes, selecionam e colam as passagens num novo documento, acrescentam algumas transições deles mesmos, imprimem e entregam ao professor. (...) O modelo cognitivo é a busca da informação e não a constituição do saber: a matéria passa diretamente da Web ao dever escolar sem se fixar no cérebro do aluno."

As práticas das crianças nos esclarecem

Suas buscas e as curiosidades muitas vezes nos surpreendem. É o caso de um menino, na biblioteca, que, escolhendo Youtube, olha um combate de *catch*.[4] "Ele tem 12 anos. Como pode conhecer esse esporte?" Esse tipo de utilização deve ter o papel de uma pedrinha branca que permite encontrar o caminho digital dessas crianças a que chamamos de *digital natives*. Consultando o histórico de navegações feitas pelos internautas, o bibliotecário pode acompanhar na internet as interrogações e a frequência. São indicações preciosas que levam a enriquecer o acervo da biblioteca e a pensar em atividades. Convida-se, assim, a criança a saber mais, consultando, como no caso presente, uma história ou uma enciclopédia de esportes. O livro, de fato, mantém sua importância. É uma referência. A consulta da internet torna particularmente exigente a qualidade e o interesse dos documentos e programas propostos pela biblioteca. Eles devem ser entusiasmantes e de valor indiscutível. "As bibliotecas inglesas que investiram a fundo em novas tecnologias, dando-se ares de cybercafé e propondo múltiplos serviços e animações, se viram convidadas pelos públicos a desenvolver um acervo de livros de qualidade. Foi assim com o primeiro centro Discovery, aberto em 2003 em Gosport. Uma pesquisa de opinião havia revelado

---

[3] Citado em *Books*, nº 7, Londres, julho-agosto 2009.

[4] QUEYRAND, Frank. "Vers des médiathèques?" *La revue des livres pour enfants*. Paris: setembro 2009.

o descontentamento dos usuários, em razão, principalmente, da pobreza dos acervos de livros."⁵

A utilização da internet permite a essas crianças explorar uma infinidade de assuntos que vão muito além dos que são abordados habitualmente nas obras para crianças ou na escola. Isso nos esclarece sobre a extensão das suas curiosidades, o desejo de se surpreender e a necessidade de se distrair. Essa é uma boa ocasião para o bibliotecário estabelecer ligações com o que a biblioteca possui, organizar encontros com pessoas que possibilitem avançar no conhecimento de algum assunto que lhes interessa.⁶ O jovem internauta descobre, assim, a diversidade e a complementaridade de vozes e abordagens. Ele aprende pouco a pouco a praticar diferentes formas de leituras, as do audiovisual, do digital e do impresso. É assim que escapa à necessidade compulsiva de zapear e surfar.

Com o comando a distância e o *mouse* na mão, o jovem *homo zappiens*⁷ fica, de fato, tomado de uma espécie de frenesi. Como, nessas condições, ter acesso ao conhecimento e à reflexão? É uma pergunta que os educadores devem estar se fazendo agora.

As crianças usam muito a internet para brincar. Algumas passam assim todo o tempo. Isso lhes permite acompanhar intrigas policiais, ou outras, e entrar em tramas que as fazem pensar e adivinhar enigmas.⁸ Em torno de centros de interesse muito variados, os jogos lhes dão a possibilidade de se familiarizar, brincando, com várias noções e informações, como os planetas, os ecossistemas ou a nutrição, por exemplo. São temas que, se fossem apresentados de maneira mais clássica, não as interessariam, sem dúvida. Essa é uma proposta original que

---

[5] Cf. "Livres de France", Paris: julho-agosto 2009. *Bibliothèques britaniques. Le retour du livre.*

[6] O lugar dos computadores no espaço da biblioteca é importante. Se, em lugar de ficarem agrupados num espaço à parte, eles estiverem acessíveis na sala de empréstimo, perto dos livros, ninguém duvida de que os laços com estes se fazem mais naturalmente. A mesma reflexão se impõe para os funcionários: se o animador multimídia for também bibliotecário, isso facilita as mesmas ligações.

[7] VREKKING, Wim e Ben. *Homo zappiens, educando na era digital.* Porto Alegre: Artmed, 2008.

[8] A notar, na França, histórias-jogos como as do tio Ernest que podem ser encontradas em CD-Roms e na internet.

a internet é praticamente a única a poder fazer dessa maneira. Mas, como tudo na internet, o melhor fica lado a lado com o pior. Felizmente, há sites especializados que nos informam e revistas que também fazem preciosas análises de videogames.[9] Há bibliotecas que também os destacam em seus sites.

A criança muitas vezes tende a utilizar as mesmas fontes e a não sair delas. Os bibliotecários e animadores de multimídia sabem fazer novas propostas. Muitos desses profissionais adquirem uma verdadeira competência na matéria. Estão de fato em condições de acompanhar o que é vivido nas bibliotecas. Entre colegas, eles se encontram no centro de comitês virtuais e trocam experiências e ideias. Eles se formam mutuamente e oferecem suas descobertas. O campo é vasto. Como para o acervo de livros, os bibliotecários fazem um trabalho de vigília, interrogando, graças ao fluxo de RSS, blogs e sites que coletam, classificam e analisam o que é de qualidade e suscetível de angariar a adesão das crianças. Há sites que propõem, da mesma forma, documentações temáticas sobre as práticas digitais das crianças.[10]

Desse modo, a biblioteca dispõe de meios para oferecer às crianças e suas famílias, no portal digital, sites e blogs particularmente interessantes e jogos irresistíveis. Assinala tópicos de pesquisa particularmente bem pensados para elas, ao mesmo tempo organizados e confiáveis. E, além do mais, úteis para as tarefas escolares. Propõe ainda novas aberturas.

As crianças prestam atenção a esses anúncios? Sentem necessidade deles? Aceitam deixar de lado os hábitos adquiridos? Sim, se o site é bem pensado[11] e se elas são leitoras ativas, de espírito sempre alerta. É preciso, de fato, para isso, que as crianças tenham vontade de descobrir outra coisa além dos caminhos já conhecidos. O que supõe uma biblioteca cheia de vida que desperte a curiosidade de mil maneiras, uma biblioteca animada que dê o gosto da troca, do outro, do diferente. É toda a pedagogia da biblioteca que entra em jogo. É também uma

---

[9] Ver a *Revue des Livres pour Enfants*, que propõe igualmente críticas de CD-Roms muito úteis.

[10] Consultar, em particular, o excelente site Territoires21. www.territoires21.org

[11] Consultar o irresistível site concebido por Bibliothèque et Archives Nationales du Quèbec: www.banq.qc.ca/portail_jeunes/livre.jsp

questão de confiança: quando se sabe propor-lhes novos jogos de que elas gostem muito, as crianças estão prontas para considerar novas sugestões. "Sabemos que vocês sempre querem o melhor para nós", diz uma jovem leitora. Ela sabe que a biblioteca presta atenção à escolha dos documentos. E que há sempre alguém para ajudá-la a escolher. Isso se chama "ajuda ao leitor". A presença do adulto é, então, nesse sentido, essencial nesse lugar. Ela é capital no mundo do virtual. Esse é tão grande! Encontrar suas referências, identificar seus desejos e curiosidades, tudo isso se reflete muitas vezes numa conversa a dois, tal como para a escolha de um romance, de um livro ilustrado ou de um informativo, e somente se a criança o quiser, porque ela é respeitada e encorajada em seu desejo de autonomia.

Uma infraestrutura de contribuição

"Um modelo novo de inovação é inventado. Estamos passando de um processo hierárquico à inovação ascendente. As tecnologias digitais permitiram essa reviravolta. Na verdadeira infraestrutura da contribuição que se desenvolve via internet há 20 anos, não há mais produtores de um lado e consumidores do outro, e sim todos os tipos de contribuintes." Sobre internet, B. Stiegler evoca essas "comunidades de apaixonados (que) se formam, trocam saberes e reconstituem uma faculdade de julgar". Mas não é isso mesmo o que a biblioteca, em seus primórdios, propõe?

Na biblioteca, as afinidades entre crianças se desenham. Pequenos grupos efêmeros se formam espontaneamente em torno de interesses e prazeres compartilhados. Isso acontece naturalmente, mas a internet amplia essas possibilidades. Comunidades on-line, comunidades intramuros, umas e outras se enriquecem juntas, cada uma trazendo o que é seu, a distância ou na proximidade, no espaço virtual ou no real. Essas trocas repercutem na vida da biblioteca em seu conjunto.

Cada vez mais as bibliotecas publicam blogs sobre livros para crianças, dando às vezes a palavra aos jovens. São comparações, escolhas, destaques de comentários que apuram o espírito crítico das crianças. Porque essas apreciações vão figurar no blog da biblioteca, elas trabalham os textos com os bibliotecários e afinam assim seus pensamentos. Algumas crianças se apaixonam por autores e ilustradores, que têm seus fãs. Harry Potter ou Tobias Lolness reúnem apaixonados em torno de si. Círculos são organizados à volta de mangás e de romances góticos. As crianças mais crescidas podem tornar-se verdadeiros especialistas nesses temas. Elas ajudam a selecionar os títulos incontornáveis, assinalam aquilo que deveria, segundo elas, ser valorizado na biblioteca, identificam sites interessantes e se inscrevem em fluxos de informação sobre o assunto. Comparam e discutem com entusiasmo. Assim nascem verdadeiros debates e se aperfeiçoa sua capacidade de julgamento. A biblioteca realiza então oficinas de expressão e de criação e encontros em torno de autores e ilustradores.

Para as crianças, não há melhor iniciação à leitura do que o conhecimento das apreciações de seus pares sobre as obras da biblioteca. É interessante, para elas, quando hesitam entre vários livros, consultar internet para saber o que outras crianças iguais pensam e ver como elas falam. Seu ponto de vista interessa igualmente aos bibliotecários. E por que reservar isso à produção impressa? Nada impede as crianças de tornar conhecidas, na biblioteca e em seu blog, suas impressões sobre filmes, músicas, sites, programas e outros blogs. Tudo isso é trabalhado com os bibliotecários e é muito interessante. Ninguém duvida de que essas trocas vividas na tela interessem também às crianças do bairro e enriqueçam, do mesmo modo, a qualidade da vida na biblioteca.

As redes sociais desenvolvidas com ajuda do digital constituem sólidos instrumentos para incentivar as trocas de experiência entre as crianças no bairro. A internet encoraja, assim, novas formas de solidariedade que podem ser vividas, em seguida, no cotidiano da biblioteca.

O princípio da biblioteca é considerar a cultura das crianças para acompanhá-las nos caminhos do conhecimento em todas as suas formas. Trata-se de encontrar as crianças onde estiverem, em torno daquilo que constitui o seu mundo, e ajudá-las a avançar, a não se fechar, a ir mais longe. Antigamente, os primeiros bibliotecários, nos Estados Unidos, iam encontrar as crianças nas quadras de esportes para lhes contar histórias e fazê-las, assim, descobrir o mundo dos relatos, da leitura e da biblioteca. Agora, temos as bibliotecas fora dos muros, quando saímos para nos instalar embaixo dos prédios com nossos cestos de livros. Hoje, com a internet, podemos ir ao seu encontro da mesma forma, cruzando o caminho dos internautas. Podemos ir ao encontro de crianças que não frequentariam a biblioteca de modo espontâneo. O site da biblioteca mostra todos os seus serviços e eventos. Evoca as preferências dos leitores. Mais do que isso, permite a cada um participar a distância de alguns de seus programas. O catálogo on-line os informa também do que é possível encontrar aqui. Assim, se a biblioteca lhes parecer um lugar sobretudo vivo e próximo aos seus interesses, eles provavelmente sentirão, cedo ou tarde, vontade de ir lá. "A oferta nova e diversificada de recursos e serviços surge, em si mesma, para aproximar os adolescentes das instituições."[12]

Tudo depende da vitalidade da biblioteca, do que se vive no interior de suas paredes e no site. Por sua dimensão de convívio, ela só pode seduzir. Essa é a experiência vivida nas bibliotecas mais dinâmicas. Foi o que ocorreu, por exemplo, com uma biblioteca pública americana, de uma cidade do Norte. Houve ali, uma noite, como conta a bibliotecária, eventos eleitorais importantes que foram objeto de programas televisivos. Sem dúvida, a biblioteca ficaria vazia naquela noite porque todo mundo estaria em casa vendo os resultados diante da televisão. Surpresa: biblioteca ficou cheia. Os leitores quiseram viver juntos os acontecimentos. Por que não seria assim com as crianças e os jovens? Muitos acorreriam para lá, desde que houvesse uma festa ou um encontro na biblioteca.

As oficinas multimídia, uma necessidade

O que distingue a biblioteca de um simples cybercafé, então, é o seu ambiente acolhedor e, particularmente, a mediação humana. Essa é fundamental, tanto na biblioteca quanto na oficina, onde se aprende a utilizar melhor o instrumento internet, assim como a comunicar e criar. Ali se aprendem os segredos do ofício.

É difícil, de fato, pensar na presença de computadores na biblioteca sem uma oficina desse tipo. O mundo digital está em permanente evolução. O internauta não para de correr atrás de uma tecnologia que muda cada vez mais depressa. É preciso manter-se informado e a biblioteca oferece formação.

---

[12] CHAIMBAULT, Thomas. *La revue des livres pour enfants*, nº 247. Paris: junho 2009.

Mas não serão as crianças naturalmente experts na matéria? É verdadeiramente necessário lhes propor uma formação? Porque vão à biblioteca "usar o computador", muitas delas acreditam, de fato, dominar o uso. É uma ilusão. "A criança se precipita sobre o computador, mas ainda tem dificuldade em reunir a informação, o que renova o papel do bibliotecário como mediador digital, nem que seja para oferecer informações sobre os perigos da internet ou a utilização de novos recursos."[13]

É necessário, na verdade, graduar essa ideia, largamente aceita, de que as crianças e os jovens estão à vontade com esse instrumento e teriam tudo a nos ensinar porque nasceram com os computadores. Eles não têm referências e o seu conhecimento do instrumento é superficial. Adquirem hábitos e às vezes têm dificuldade em abandoná-los. O que podem ensinar aos adultos é não ter medo dessas novas utilizações digitais que evoluem de maneira fulgurante. A verdade é que elas não têm a priori nenhuma apreensão em relação à internet e aos instrumentos tecnológicos, o que não quer dizer que saibam utilizá-los de maneira correta. Ao contrário, elas pedem ajuda e conselhos para se situar em toda essa informação. Pedem para aprender a utilizar um endereço de e-mail ou uma webcam, a fazer um blog ou um *wiki*. Os mais velhos querem saber interagir com o conteúdo das páginas: trabalhar as fotos, criar a seleção de sites, formular uma pesquisa e localizá-la nos arquivos, modificar e salvar uma informação. Na oficina, eles podem também tomar consciência de seus deveres e responsabilidades em relação à vida privada e os direitos à imagem. Podem ainda conhecer igualmente quais são suas responsabilidades como criadores de conteúdos.

Às vezes, a biblioteca organiza, para as famílias, sessões consagradas ao digital em relação à criança. Trata-se de favorecer trocas no interior da família. "Hoje em dia, o mau conhecimento pelos pais das técnicas da internet ou ainda a falta de referências em comum com os jovens internautas pesam nas chances de diálogo no seio da maior parte das famílias e, dando livre curso aos excessos do mundo virtual, pouco ou nada controlado, contribuem para alimentar, de volta, um sentimento de desconfiança em relação ao instrumento que se torna in-

---

[13] CHAIMBAULT, Thomas. Op. cit.

dispensável."¹⁴ Isso vai da proibição pura e simples de usar a internet ao total *laisser-faire*. Então, a criança se tranca por longas horas no seu quarto sem que os pais ousem interferir. Aí está a grande diferença em relação às propostas da biblioteca onde, para o jovem internauta, o tempo do computador é limitado. O que lhe permite ter outras ocupações.

Como em toda oficina, acontecem relações agradáveis entre as pessoas, entre bibliotecários, animadores multimídia, jovens e crianças. Existe uma confiança mútua, um desejo de qualidade. Tudo isso é vivido com a oportunidade de projetos em comum, como o de alimentar o site da biblioteca. É normal que este seja fruto da colaboração entre crianças e adultos. A biblioteca é mesmo uma casa de crianças. O site é seu reflexo e expressão. É uma forma de afirmar o aspecto comunitário da instituição.

Os jovens leitores, em princípio, têm naturalmente o desejo de tornar conhecidas as suas descobertas. Os internautas se transformam, então, em repórteres dos acontecimentos que se desenvolvem na biblioteca, como, por exemplo, o clube de teatro, o círculo de poesia, uma oficina de escrita. Por ocasião da visita de um cientista, um artista ou um vizinho, disposto a transmitir às crianças as coisas que lhes interessam na vida, elas mesmas elaboram uma reportagem a que acrescentam, depois, todo tipo de informações, reunidas eventualmente com o aconselhamento do visitante. As crianças, assim, dão a conhecer no site tudo aquilo que faz a vida da biblioteca. É a ocasião, para elas, de retornarem, de forma interessante, a algo que as tocou. Isso exige um bom trabalho de comunicação sobre o que se quer tornar conhecido, como e por quê.

Tudo isso se parece com o que era feito no passado na biblioteca de Clamart, graças à impressora Freinet. As crianças imprimiam essencialmente suas criações literárias e seus pequenos relatos de vida. Com internet e toda a mídia disponível agora nas bibliotecas, as possibilidades são imensas. Filma-se, fotografa-se, grava-se música em CD ou em DVD, selecionam-se vídeos, jogos. Os recursos são imensos.

Tudo aquilo que a biblioteca vai tornar conhecido em seu site é trabalhado. Bibliotecários e animadores acompanham os jovens in-

---

¹⁴ THORVAL, Joël. *Protection de l'enfant et usages de l'internet. Rapport preparatoire à la conference de la famille.* Paris: La Documentation Française, 2005.

ternautas. Juntos, sobre os assuntos que interessam às crianças, dedicam seu tempo à elaboração de dossiês em que se comparam livros, sites, vídeos, músicas e jogos.

As oficinas funcionam com grupos muito pequenos de crianças voluntárias. Trata-se, de fato, de um trabalho em equipe que repousa na participação efetiva de cada um. Juntos, porque se sentem apoiados em suas iniciativas, os jovens se empenham em verificar a exatidão e o fundamento das informações e a qualidade dos jogos. Propõem contatos com blogs e sites e também com os documentos da biblioteca. Por que essa proposta deveria ser considerada? Por que recomendar esse jogo? Guarda-se este porque é bom, inovador e original. Rejeita-se aquele porque promove uma violência gratuita.

Quanto às informações selecionadas, olha-se bem de perto. De onde emana essa aqui? A fonte é fidedigna? Como julgar? Sobre esse determinado assunto, observam-se os livros da biblioteca. Apoiando-se neles, tenta-se controlar a validade das informações. O jovem internauta toma, assim, consciência da complementaridade da utilização do livro e do digital, da diferença entre a leitura e a consulta de um livro que permite uma leitura aprofundada à qual se pode voltar com facilidade, e, assim, relativiza a atração de informações múltiplas encontradas na internet e rapidamente consultadas. Salvo em casos excepcionais, a criança não cumpriria sozinha as etapas de verificação e comparação. Ela tem necessidade de ser acompanhada, encorajada. E, como todo esse conteúdo vai figurar no blog, ficando acessível às crianças e suas famílias, perto ou a distância, existe um projeto em comum e, daí, uma verdadeira responsabilidade. Quando temos vontade de comunicar, os medos desaparecem.

Um lugar especial é dado à literatura infantil. Com as crianças, descobrimos sites consagrados a *Pinóquio*, *Beatrix Potter*, *Cachinhos de Ouro* e *Os três ursinhos* ou *O mundo de Narnia*. Sobre esses livros, elaboramos juntos bibliografias e filmografias. As webografias propõem sites e blogs redigidos por ou com crianças. Abrem-se fóruns. Fazem-se conhecer preferências. Nada mais eficaz do que as recomendações feitas pelas próprias crianças.

Tanto no fundo como na forma, tudo isso é trabalhado com o bibliotecário e o animador multimídia. Com eles, o jovem internauta tem tempo para discernir e superar o desagradável sentimento de frustração, porque é preciso que ele resista à tentação de ir depressa demais. É assim que ele aprende a utilizar o instrumento digital sem se tornar um escravo. Este fica então a serviço da informação e da criação. Tudo aquilo que pode idealmente ser vivido em torno da internet exige meios reais correspondentes ao uso de um novo instrumento que, para ser bem utilizado, mobiliza a ação conjunta de animadores multimídia e bibliotecários. Além disso, o digital torna mais necessário do que nunca o desenvolvimento harmonioso da biblioteca, naquilo que ela oferece de vivo e insubstituível. A biblioteca deve fazer viver plenamente.

❖

"É preciso, de toda maneira, sair da técnica para reencontrar a realidade. Sair da neorrealidade das telas para ir ao encontro da experiência da realidade. Aliás, a experiência é a primeira condição da comunicação, a que permite colocar o dedo na questão da alteridade. A informação, apenas, não é suficiente para criar a comunicação: quanto maior o número de receptores – primeira figura da alteridade –, mais necessário será ampliar as experiências para reduzir o risco da não comunicação."[15] Essa advertência denota a importância do que é vivido na biblioteca no seu cotidiano concreto.

É com a emoção suscitada por uma verdadeira experiência que tudo começa e com ela é possível alcançar o universal que a tudo confere um sentido comunicável. É a emoção do conhecimento de repente acessível que nos traz admiração. A verdade, a beleza e o desejo de informar tornam-se então uma necessidade. Estamos longe do internauta que digita as teclas do computador apenas por se tratar de um computador. Para fazer bom uso da internet, as experiências de encontros verdadeiros são absolutamente necessárias. Elas podem ocorrer no meio do universo digital, mas nada substitui os encontros que a biblioteca organiza. Quando um jogador de rúgbi, um artista, um sábio ou um modesto artesão se dispõem a ir ao encontro das crianças porque têm vontade de compartilhar com elas sua paixão, que belo presente! "Olha, ele veio só para nos encontrar!" Que maravilha ficar num grupo pequeno, formado em torno dele para conversar, escutar e ser escutado.

---

[15] WOLTON, Dominique. Op. cit.

É uma experiência insubstituível. E assim se forma uma comunidade, em torno de interesses compartilhados e do desejo de conhecer.

"Haverá ainda muito a fazer e experimentar antes que esse meio de comunicação, que é agora o nosso, adquira a solidez, a seriedade e a gravidade que pertencem àquilo que produzimos simplesmente com a mão ou com a boca. Não vamos encontrar ainda, e por muito tempo, um meio de comunicação mais perfeito, universal e democrático, no grande sentido do termo, do que a palavra direta do homem ao homem. Isso é tão evidente que chega a ser, muitas vezes, esquecido. Não seria necessário que uma invenção, por mais revolucionária que fosse, nos ocultasse, em lugar de no-la apresentar, a necessidade imperiosa e determinante de nos aproximarmos uns dos outros pela palavra."[16]

Temos necessidade de nos encontrar, de nos emocionarmos juntos, de construir um projeto com os outros, de compartilhar interesses comuns, de nos admirar diante de novos caminhos abertos, ou seja, de ter tempo para viver e crescer. Essas são as propostas da biblioteca que, na era digital, são mais necessárias do que nunca. Assim, não nos tornamos escravos da máquina e a internet passa a fazer todo o sentido. É uma ferramenta.

---

[16] Palavras de Brune de La Salle, contador.

18. A biblioteca e a escola

Mediadores sensíveis

Jérôme Bruner[1] conta: "Lembro-me de uma professora cujo nome era senhorita Orcutt. Ela havia dito na sala: 'É uma coisa perturbadora, não só que a água se transforme em gelo a 0°C, mas que ela passe, nesse momento, de estado líquido a estado sólido...' Ela decidiu então nos apresentar de maneira intuitiva o movimento browniano e as moléculas. E o fez manifestando tal admiração que aquilo ultrapassava todos os objetos de minha curiosidade (...). Eu tinha, na época, uns 10 anos. Na verdade ela me convidava a alargar o meu mundo de espanto para nele incluir o seu. Não se contentava em me informar, negociava conosco um mundo cheio de maravilhas e de possibilidades. As moléculas, os sólidos, os líquidos e o movimento não se reduziam a fatos: podíamos utilizá-los para refletir e para imaginar. Senhorita Orcutt era uma pérola rara. Não era apenas um instrumento de transmissão: era um acontecimento humano. Meus outros professores marcaram também suas atitudes, mas ela era profunda e improdutivamente informativa."

Não se pode dizer nada melhor sobre a importância do adulto na transmissão do saber, quando uma relação de verdade se cria com a criança, quando o mestre se dá dessa maneira tão pessoal. Será que concretamente, na sala de aula, a leitura pode suscitar tal relação? Acredito que sim. Nós testemunhamos mais de uma vez essa atitude rara, em todos os sentidos da palavra. Ela se deve, muitas vezes, a momentos de leitura em que mestres e alunos se engajam de maneira tão pessoal e, por diversas razões, se sentem em particular tocados pela descoberta de uma mesma obra. É preciso que essa seja de qualidade para concernir

---

[1] BRUNER, Jérôme. *Culture et modes de penser. L'esprit humain dans ses oeuvres.* Paris: Ed. Retz, 2000.

tanto aos adultos quanto às crianças. É preciso que um professor de personalidade generosa aceite entrar nesse modo pouco habitual de relação com os alunos e promova as felizes consequências que isso pode levar à leitura do mundo, esse mundo em que as crianças são chamadas a crescer.

Para que a leitura possa ser vivida em toda parte de maneira mais autêntica, ela precisa como que de um "terceiro momento", uma brecha no tempo escolar que se passa entre as paredes de uma instituição com suas obrigações e, às vezes, a rigidez: um momento que permita fazer nascer qualquer coisa de livre, aberta e informal, em movimento; uma pausa como a que, no melhor dos casos, se vive em família no momento de se deitar; uma experiência particular que seja suscetível de irrigar a vida de todos os dias na classe. É preciso guardar esses momentos de troca, livres de toda veleidade pedagógica, de objetivos utilitários e de controles de qualquer tipo. É preciso que esses momentos se distinguam dos tempos de aprendizagem estritamente escolar e dos necessários exercícios. Para que o adulto possa ser na verdade um provocador positivo, ele deve abster-se de transformar toda leitura em exercício ou lição de moral. É sob essa condição que a criança pode saborear plenamente as experiências literárias.

Feliz colaboração entre professores e bibliotecários

Como efetuar uma autêntica colaboração entre a escola e a biblioteca? Trata-se de uma demanda permanente de reflexão comum entre professores e bibliotecários em torno de livros e de uma vontade de criar e manter condições que permitem que a leitura seja plenamente vivida. Caso contrário, nada se faz além de responder, sem convicção e mesmo com alguma lassidão, a diretivas vindas de cima, que, às vezes, constituem grandes obstáculos às verdadeiras relações.

As visitas de grupo à biblioteca têm suas limitações. Elas são certamente úteis para oferecer às crianças uma primeira descoberta da biblioteca. Preferimos, no entanto, fazer visitas às salas de aula de vez em quando. Sabemos o quanto as crianças se alegram com esses momentos que marcam uma pausa divertida no desenrolar da jornada escolar.

Elas se sentem felizes por acolher um hóspede de passagem. Os bibliotecários, animados por uma forte convicção, apresentam-lhes livros de qualidade, contam histórias, falam sobre os acontecimentos que têm lugar na biblioteca e, assim, desvelam toda a sua riqueza. Eis como nasce o desejo de descobrir. As crianças virão à biblioteca assim como chegam até a leitura: porque têm uma vontade pessoal. Trata-se exatamente disto – de uma atitude livre e pessoal. O gosto pela leitura não se decreta por uma ordem superior, e nós já conhecemos o quanto a obrigação de ler, que pesa sobre a criança, pode atrapalhar o acesso à leitura.

As preocupações excessivamente estatísticas (número de visitas de turmas, número de empréstimos) satisfazem por um momento as autoridades, mas levam, por outro lado, a uma sobrecarga de visitas de grupos em detrimento da vida da biblioteca naquilo que ela pode oferecer de único. Quanto às pesquisas pedidas aos alunos, elas se limitam, com frequência, a estéreis coletas de informações e de fatos. Onde estão os debates, na sala de aula, que deveriam precedê-las? Onde ficam as discussões que elas deveriam suscitar? Trata-se apenas de ocupar o tempo escolar e justificar uma saída?

A realização de ações comuns supõe, primeiramente, uma forte convicção, de uma parte e de outra, e um forte engajamento dos adultos envolvidos. É assim, de fato, que as crianças encontrarão, na sala de aula e na biblioteca, um terreno favorável à eclosão do que dá um sentido vital à leitura. Mas a questão é como descobrir quais livros vão mobilizar adultos e crianças.

O mundo do livro para crianças é vasto. Nossos países sofrem até de excesso nesse campo. Como se encontrar em meio a tantas alternativas? Nosso papel é oferecer referências para retirar do todo aquilo que, para a criança, seria uma pena não conhecer.

Tenho lembrança de entusiasmantes jornadas de formação para professores, organizadas em Medellín, na Colômbia. Um escritor argentino bem conhecido das crianças foi convidado a fazer uma conferência sobre a literatura para jovens, em particular sobre os romances, um gênero mais difícil de descobrir do que o dos livros ilustrados, o que explica por que ele é como o primo pobre das bibliotecas, ao contrário destes e dos informativos.

Luis Maria Pescetti, nessa sessão, não fez uma dissertação genérica sobre a ficção ou sobre "o aproveitamento pedagógico dos romances" nem sobre a importância do literário e a obrigação de se ler romances. Falou simplesmente dos romances de que gosta, contou-os um pouco e leu algumas páginas escolhidas. Ele declarava sua admiração por algumas obras e entusiasmou o público. Seus comentários eram pessoais. O auditório ficou apaixonado. Todos ficaram tocados. Estávamos bem longe de listas de livros a serem lidos por obrigação.

Gostamos dessas trocas de pessoa a pessoa, desse compartilhar de experiências de leitura. Com as crianças como com os adultos, essa é a abordagem que a biblioteca privilegia. A leitura é uma coisa pessoal, não se decreta de cima para baixo nem se impõe como dever. Cada um tem necessidade de encontrar a porta que vai ajudar a entrar nesse universo vasto e entusiasmante.

Na biblioteca da Clamart, organizávamos regularmente simples e pequenas reuniões literárias com os professores e os pais. Tínhamos prazer nisso porque cada um se sentia à vontade para falar sem ser julgado e aprendíamos muito uns com os outros.

"Desempacotando minha biblioteca"[2]

Sim, vamos desencaixotar nossas bibliotecas pessoais. Mestres e bibliotecários, vamos abrir uns aos outros nossas felizes experiências de leitura, aquelas que vivemos com as crianças, que compartilhamos com elas. É assim que são feitos os verdadeiros encontros com crianças, em classe ou na biblioteca. As crianças são sensíveis a isso e gostamos de estar com elas desse jeito. É assim que se vive a transmissão.

O ensino da literatura infantil permanece muito útil, certamente. Mas ele ganha um sentido maior quando acompanhado ou precedido de encontros sensíveis com os diferentes gêneros literários. Descobrindo dessa maneira a riqueza do livro para crianças, passamos a sentir a necessidade de um aprofundamento e de uma formação. Infelizmente, essa é, hoje, muitas vezes insuficiente. Limita-se, em muitos casos,

---

[2] Expressão tomada de empréstimo ao título de um texto de Walter Benjamin, "Je déballe ma bibliothèque". Paris: Ed. Payot et Rivages, 2000. Publicado no Brasil com o título "Desempacotando minha biblioteca". In: BENJAMIN, Walter. *Rua de mão única*. São Paulo: Brasiliense, 1993.

ao estudo de livros ilustrados, dá-se pouco espaço aos romances, negligenciando-se a literatura informativa. Quanto ao estudo de uma pedagogia adequada à biblioteca, ela está quase ausente dessa formação. Não se pode contentar com generalidades sobre os benefícios da leitura e se limitar às listas de leituras obrigatórias. Essas, com frequência, mais afugentam do que estimulam. E dão um status à leitura que muitos não se sentem capazes de alcançá-la, pessoalmente.

Não hesitemos em convidar à biblioteca pessoas informadas que desejem suscitar a curiosidade das crianças. Esses convites dão sentido às visitas das classes. Por princípio, a biblioteca pública está aberta às pessoas que desejam partilhar o seu saber e é sem dúvida assim que se podem fundamentar verdadeiras parcerias entre a escola e a biblioteca.

Diferentes modos de viver a leitura na sala de aula

O que se passa na escola em torno da leitura determina fortemente se a criança vai poder viver livremente a biblioteca, lugar onde estão lado a lado crianças de todas as idades.

Na sala de aula, é tudo diferente. Na escola maternal e na fundamental, é o mesmo grupo de crianças da mesma idade que vive junto durante várias horas do dia, dia após dia. Essas são as condições ideais para uma imersão, ao longo de semanas, em algumas obras literárias capazes de agradá-las plenamente quando as crianças têm tempo para habitá-las e percorrer seus universos fascinantes, tão complexos como a vida. É quando os personagens parecem tão presentes que até se tornam companheiros preciosos. As crianças se referem a eles com espontaneidade. Os personagens existem de verdade no seu imaginário porque, de certa maneira, eles se assemelham. E, assim, ganham vida, naturalmente e com alegria, na familiaridade com a obra literária. As crianças se encontram transfiguradas em suas próprias emoções, mostrando-se sensíveis à beleza, à força e à sutileza da língua.

Para o adulto que acompanha esses momentos, essa é também uma experiência. Lendo para as crianças, ele mesmo fica tocado e descobre que essas obras podem representar algo de insubstituível. Não teria a ideia de "explorar" esses textos em aulas de gramática, de vocabulário ou de moral, com questões de verificação, pedidos de resenhas ou outras formas de exercícios. O adulto sensível se proíbe esses procedimentos, espontaneamente e consciente da qualidade desses instantes que não se devem estragar. O mestre encontra, assim, um lugar verdadeiramente original. É um momento singular, tanto para as crianças como para ele. É preciso dar tempo para certas viagens de longo curso, assim como *L'Histoire d'un Ours comme çà, As histórias de Mumin, A maravilhosa viagem de Nils Holgersson*, ou, um pouco mais tarde, *A longa jornada* ou *Tobias Lolness*, só para citar algumas obrasprimas irresistíveis, verdadeiros clássicos que são, eles próprios, todo um universo.

É difícil embarcar sozinho. Sem um adulto para emprestar a voz, as crianças não podem suspeitar dessa riqueza. Esses textos são, na verdade, muito longos para serem lidos na idade em que se pode saboreá-los plenamente. Mas a duração maior do relato é um dos prazeres, assim como a indispensável cumplicidade do adulto que, dia após dia, aceita, com seriedade, sensibilidade e discrição, entrar também no jogo. Cria-se então na sala de aula uma espécie de comunidade particular: cada criança habita à sua maneira a obra literária e sente prazer em se movimentar nela com as outras. Então, pela graça das referências que esses livros suscitam de forma espontânea, a vida na classe se transforma e se anima. O humor encontra seu lugar. É como às vezes acontece quando uma família descobre, em conjunto, esses clássicos. Mas é preciso que, para essas viagens,[3] a obra valha a pena. Os bibliotecários têm um papel importante nessas descobertas porque, pela profissão, têm o conhecimento e a experiência do patrimônio vivo do livro para crianças.

Em muitas bibliotecas e escolas, as aquisições se referem essencialmente à rubrica "Livros para Crianças" da imprensa, geral ou especializada. Essas aquisições se limitam, assim, às novidades editoriais. Ignorando o rico patrimônio do livro para crianças, privam-se os leitores de verdadeira obras-primas para ficar apenas na superfície efêmera do imediato.

Certas pedagogias, em seus princípios básicos, dão a devida importância à imaginação, à afetividade e aos ritmos naturais. Assim, as es-

---

[3] Há outros livros que permitem essas viagens ou iniciações. Aqui, na desordem, algumas obras: *La longue marche des dindes* (KARR, Kathleen. Paris: Éditions de la loupe, 2004), *Pinóquio* etc.

colas Steiner fazem com que as crianças vivam, durante um ano, no universo da Bíblia, outro ano no das *Mil e uma Noites*, ou ainda no dos *Contos* de Grimm ou na *Odisseia*. Essas escolhas supõem uma prévia reflexão sobre obras capazes de enriquecer a experiência coletiva durante um ano. E que sejam bastante ricas para captar os interesses pessoais de crianças tão diferentes, durante um período tão longo. O mundo dos contos, dos mitos e das lendas é suficientemente vasto e universal para que a criança possa se movimentar nele sem se cansar.[4] A ideia subjacente a essa impregnação da inteligência e da sensibilidade infantil não é tanto a da instrução, e sim a do enriquecimento e da ampliação das experiências.

Certos livros, muito naturalmente, suscitam debates. Em classes do ensino fundamental, assisti a algumas discussões memoráveis, em torno de uma das obras maiores de Janusz Korczak: *Le roi Mathias 1er*. Com a morte do pai, Mathias, um menino-rei que não sabia ler nem escrever, foge do palácio e se envolve em inúmeras aventuras. Quer se tornar um rei reformador. Nada é fácil, sobretudo quando se trata de levar a democracia às crianças. O menino-rei conhece o sucesso e o fracasso, a guerra e a paz, a amizade e a traição. Mantém-se fiel até o fim ao seu engajamento. Ele tem dez anos de idade.

Em torno dessa obra, crianças e professores se preparam para os debates, respeitando escrupulosamente as regras do jogo. Uma organização da sala de aula também ajuda. Desde a nossa chegada à sala, para marcar o estilo do encontro, nós nos instalamos todos em círculo. Nada de bons ou maus alunos, todos têm direito à palavra e à escuta. Os adultos, com discrição, têm o papel de moderadores, e isso aumenta a seriedade da discussão. Essas reuniões despertam nas crianças o gosto pelo debate: debate de uma grande riqueza e de uma espantosa maturidade que marcou tanto os alunos como a nós, adultos. As crianças diziam: "É interessante porque nos faz entender coisas complicadas de maneira simples, porque ele (J. Korczak) coloca problemas complicados com um estilo simples que lemos muito bem. Gostamos de Mathias e isso muda as coisas, nada de romancezinhos." Referindo-se ao livro, os alunos discutiam problemas sérios, como a noção de responsa-

---

[4] Ver capítulo 2 e a experiência de Serge Boimare.

bilidade, tão importante a seus olhos, ou a difícil compreensão entre pais e filhos, a fragilidade da democracia, o tremendo papel da imprensa etc. Privadas dessas discussões livres, essas leituras seriam incompletas. Elas estavam no próprio espírito do autor, o pediatra polonês Janusz Korczak. Tudo correspondia perfeitamente à sua ideia de república de crianças, encarnada nos orfanatos.

O que fica desses momentos? O momento da leitura e da discussão termina. Os alunos vão deixando o círculo para voltar às carteiras, e o professor à mesa de trabalho. As crianças se sentiram ouvidas, escutadas, inteligentes e sensíveis. Alguma coisa mudou na maneira de conviver. Nós nos sentimos capazes de nos interessar e felizes em participar.

A pesquisa como pedagogia

É também na sala de aula que se preparam as pesquisas informativas, aquelas que as crianças são convidadas a fazer nas bibliotecas. Trata-se, para elas, de aprender a aprender, aprender a pesquisar.

Essas pesquisas são, desde sempre, como que uma prática instituída, obrigatória. Elas parecem pertencer, com as visitas de classes, aos programas básicos de colaboração entre a escola e a biblioteca. Entretanto, vamos reconhecer, essa prática, tão interessante no princípio, é raramente satisfatória. Com o uso muitas vezes desmesurado da internet, a situação se agravou ainda mais. O rápido cortar colar e o lado impecável da apresentação nada mais fazem que acentuar a aparência enganosa da tarefa demandada às crianças. Sem uma motivação pessoal, como a pesquisa poderia ter um sentido? Além disso, a extensão dos textos assim coletados é tal que desencoraja às vezes aqueles que deveriam lê-lo, tanto o aluno quanto o professor! Para que servem, então, esses exercícios?

Por vezes, ao que parece, busca-se, com certa pressa, transferir certas atividades, mais adequadas à idade da universidade ou ao fim dos estudos do ensino médio, às crianças menores, sem que elas tenham as capacidades correspondentes. Primeiro, para que elas possam adotar um verdadeiro comportamento de pesquisa, é preciso que tenham tido previamente, com o mestre, discussões que permitam fazer emergir as suas interrogações. O verdadeiro debate anterior à pesquisa propriamente dita permite colher a diversidade de perguntas das crianças e despertar a sua curiosidade. Como bons pesquisadores, elas não vão descansar até encontrar respostas para as questões. É o que praticam normalmente as classes Freinet.[5]

Uma vez que a criança tenha adotado como sua uma pergunta, ela é capaz, de fato, de superar muitas dificuldades. Aprende depressa a se servir de catálogos, da internet e dos outros instrumentos postos à sua disposição. Sabe rapidamente localizar documentos capazes de esclarecê-la. Aprende a se servir de índices e tabelas e, com a ajuda de um adulto, chega mesmo a encontrar na página o elemento que a interessa. Mas, em todo caso, ainda que compreenda as informações colhidas aqui e ali, ela não é capaz de fazer uma síntese. De volta à classe, o mestre deve ajudar na organização e na comparação das pesquisas feitas por uns e outros.

Alguns editores dão aos professores judiciosos conselhos para que os alunos possam abordar, de maneira pessoal, a leitura de livros informativos ilustrados. Em um livro, por exemplo, que conta a chegada ao México, em 1702, do vice-rei Albuquerque, é sugerido ao professor que peça às crianças para imaginar o que acontece em casa quando se espera a chegada de um parente que vem de longe e que proponha perguntas que demandem uma leitura minuciosa dos documentos históricos que ilustram o texto. É assim que falam texto e imagens. Esse livro ilustrado mexicano se apoia exclusivamente sobre crônicas que datam da época colonial do século XVII.[6] Não é entusiasmante para a criança ser assim iniciada num autêntico procedimento de historiador? Deve-se levar em conta que é preciso propor livros que, em sua maneira de expor um assunto, considerem a inteligência e a curiosidade da criança.

Como as crianças se aproximam de um assunto, consultam obras informativas e discutem? Tudo isso deve interessar aos professores e dar vida nova à classe. Pensemos na atmosfera de liberdade e inteligência e nas palavras em discussão, quando os livros são objeto de trocas reais dentro da sala de aula, entre o mestre e os alunos. Ser testemunha

---

[5] Cf. Os notáveis registros sonoros do Institut Cooperative de l'École Moderne (ICEM).

[6] BURR, Claudia; LIBURA, Krystyna; URRUTIA, Cristina. *La llegada del virrey*. Coleção "Ya veras". México: Ed. Tecolote, 1993.

da caminhada da criança em sua busca do saber, em suas descobertas e interrogações só pode entusiasmar os professores atentos, abertos e sempre dispostos a aprender. Quanto aos alunos, como é encorajadora a escuta do mestre que os convida a se expressar e a formular um pensamento que se organiza! Ninguém duvida que essa escuta suscite em muitos o desejo de ir mais longe e aproveitar os recursos da biblioteca, tanto a da escola quanto a do bairro.

As visitas de classes e os encontros na biblioteca

O que são as visitas de classes à biblioteca? Se elas escapam a uma rotina pesada e invasiva e se inscrevem numa pedagogia viva, estão plenamente justificadas. Cabe aos mestres e aos bibliotecários se organizarem para pensar a natureza dessas visitas, de acordo com os objetivos do mestre, os interesses dos alunos e as especificidades da biblioteca.

A biblioteca está normalmente aberta aos adultos que podem e gostam de compartilhar experiências. O bibliotecário, de fato, não tem por missão responder ele mesmo a todas as interrogações, e sim ser o elo entre aquele que busca e aquele que pode propor uma resposta. É ele quem liga as coisas entre si e as pessoas entre elas. Por ocasião de um assunto muito mobilizador estudado na escola, pode ser estimulante encontrar na biblioteca uma pessoa que, tendo uma experiência pessoal na questão, ajude a conhecê-la de maneira ao mesmo tempo viva e equilibrada. Esses encontros fazem parte da vida da biblioteca. É desejável, para os alunos, que os encontros aconteçam num lugar com esse ambiente, onde livros e outros documentos têm um espaço privilegiado.

Quando alunos e professores se interessam por um assunto, é bom que descubram a diversidade de abordagens e de interpretações. Essa diversidade de grupos de descobertas e de enquadramentos de aprendizagens, longe de excluir, só favorece o avanço no conhecimento.

Nada disso pode ser medido a golpes de estatística. Não há nada de automático tampouco. É tudo infinitamente mais amplo e mais profundo. Entretanto, é impossível para professores e bibliotecários manter um trabalho com essas qualidades no isolamento e na solidão. A comparação de experiências se impõe. Tudo deve ser refletido em permanência. É assim que palavras como parceria, colaboração e trabalho de equipe ganham força e sentido.

Para bibliotecários e professores, essa é uma forma nova de constituir relações no interior da sala de aula. "No começo é a relação" diz Bachelard. É ela que determina a confiança no outro e em si mesmo. É ela que permite a cada um encontrar o seu espaço. A criança conhece assim a vontade de conhecer. O adulto, a felicidade de transmitir. Não é isso o essencial à vida da classe?

19. Um lugar acolhedor e uma equipe determinada

Fazer da biblioteca um lugar familiar, um lugar de vida onde cada um esteja à vontade para dar, receber e trocar é favorecer sua abertura e preparar o caminho para a leitura, uma leitura rica e individual. O espaço da biblioteca não pode ser estranho a esses propósitos.

Uma zona de calma

As crianças têm necessidade de se mexer e de se expressar de mil maneiras, e de um modo às vezes bastante barulhento, o que não deixa de trazer problemas aos adultos que frequentam a biblioteca. Elas também têm necessidade de calma e são conscientes disso. Dizem-no e nos pedem às vezes para ajudá-las a encontrar isso. De fato, nas condições da vida atual, elas têm poucas ocasiões de encontrar o silêncio: os apartamentos são pequenos demais, desertos durante o dia e superocupados à noite; as áreas de recreação cimentadas e as construções escolares de baixo custo são barulhentas.

Ora, a leitura é um ato solitário que exige calma, mas ler sozinha em casa pode assustar a criança já solitária, desviá-la do livro pela angústia da solidão. Muitas vezes, ela prefere ler em companhia, na biblioteca, lugar onde a calma e a concentração dos outros ajudam a calma e a concentração individual.[1]

Um "espaço de silêncio" deixa às crianças, nas outras salas, a possibilidade de exprimir normalmente, sem reprimendas, a necessidade bem legítima de falar e se exteriorizar, sobretudo depois de uma longa jornada escolar. Não se pode exigir silêncio no conjunto da casa. Mas

---

[1] Sobre as diferentes maneiras de ler, ver a compilação de Georges Perec, *Penser/classer*. Paris: Hachette, 1985.

uma leitura, uma discussão e uma história demandam concentração e supõem a existência de um espaço reservado e ao abrigo do burburinho do mundo exterior, do vaivém habitual e dos perturbadores eventuais.

Dispor de uma sala de empréstimo, de um ambiente silencioso, de uma oficina e de repente de um lugar fechado para receber reuniões de grupos pequenos, como a Hora do Conto ou o Clube de Leitura, tudo isso permite a coabitação no espaço da biblioteca de atividades muito diversas. Certos arranjos na biblioteca podem também, infelizmente, transformá-la numa justaposição de oficinas e clubes que se desenvolvem sem ter nada a ver com a própria vida da biblioteca e da leitura. É o caso das salas mais ou menos destinadas apenas ao uso dos computadores. Até há pouco tempo, acreditava-se que seria bom reservar, nas novas construções, uma sala para receber as classes escolares. Não se estaria com isso criando um espaço escolar num lugar que deve ter outro regime de funcionamento?

Uma arquitetura flexível e de convivência

A arquitetura deve ser flexível. A sociedade evolui, as necessidades mudam e a animação varia. A implantação da gráfica, no passado, e agora a da oficina multimídia, determina enormemente o destino desses suportes de informação e de expressão.

A atmosfera acolhedora tem muito a ver com o mobiliário e sua disposição. Se este deve ser adaptado ao tamanho das crianças, deve permitir também que os adultos e os maiores se sintam à vontade. A beleza não é supérflua, todos são sensíveis a ela. Não se trata de criar um ambiente "bonitinho", e sim harmonioso, que ajude a cada um se sentir em casa. As crianças encontram, para ler ou discutir, a posição que lhes convém: no chão, num banquinho etc., exatamente como nos seus quartos. Elas têm hábitos, num ambiente que lhes permite isso.

Não faz muito tempo, dava-se uma importância, sem dúvida excessiva, à questão da vigilância. Todo leitor deveria estar no campo de visão do bibliotecário. Atualmente, os sistemas de segurança evoluíram bastante, mas, sobretudo, tomou-se consciência de que o leitor criança, para ler com conforto, tem necessidade de se enroscar. "Escondidos, deitados, pendurados", como diz uma feliz expressão. A leitura é uma atividade demasiado absorvente e íntima para que o leitor se encontre como que exposto no meio de uma sala. Mergulhado nela, tragado por ela, ele se torna quase que vulnerável.

Outro espaço desejável, fora dos serviços públicos e dos escritórios, é o que permite estocar em reserva os melhores títulos. Adquiridos em muitos exemplares, fica assegurado assim que eles estarão sempre disponíveis nas estantes. São aqueles livros "*too good to miss*", bons demais para serem ignorados. Esse é um meio de nunca deixar faltar esses títulos e de prever a tempo as reposições necessárias. Quando essas obras estão, na edição, esgotadas, é bom poder propô-las mais uma vez.

Uma equipe competente e engajada

No esquema de uma biblioteca para criança, livre e rica em documentos, o adulto não tem o papel de detentor do conhecimento, ele deve apenas transmitir a chave e o gosto desse saber. Mas como suscitar a curiosidade da criança quando não se é curioso e não se tem o gosto e o dom de compartilhar? Como provocar a vontade de descobrir quando não se está interessado ou se é secretamente indiferente?

Para muitos, trabalhar com as crianças significa antes de tudo "ter vocação"! Sob essa expressão aviltada se esconde às vezes qualquer coisa de sentimental, uma especial ternura ou um medo do mundo e suas realidades, uma recusa inconsciente das contradições, sem dúvida estimulantes, contidas no encontro e no trabalho com os outros adultos ou com adolescentes. Isso é, na verdade, desconhecer a realidade da criança: quem já viu os "duros" de 10 ou 12 anos, ou mesmo de 6 e 7 anos, não pode ter ilusões. Na verdade, para suportar o barulho e as disputas, é necessária certa saúde, com certeza, e paciência também.

Maturidade afetiva e intelectual e curiosidade aberta sobre o mundo são indispensáveis para se exercer o ofício de educador. Se os bibliotecários não parecem interessados pela vida adulta, como podem dar às crianças o gosto de crescer?

Mais do que de vocação, melhor seria falar de convicções e aptidões: curiosidade, humor, gosto pela comunicação e interesse pelo que é despertar, começar e aprender.

Como em todo trabalho a serviço de uma coletividade, a aptidão para um trabalho em equipe é primordial, seja com todo o pessoal permanente da biblioteca, seja com as pessoas externas que se integram por algum tempo à vida da biblioteca, ou com os responsáveis pelos equipamentos comunitários – sem falar, é claro, das autoridades e dos órgãos públicos. O trabalho de equipe e a reflexão devem colocar todos os membros do quadro em contato com o público, para que haja uma coerência nas atitudes em relação às crianças.

As aptidões não bastam. É preciso ainda adquirir uma competência de bibliotecário. A gestão da biblioteca para crianças requer uma verdadeira formação e um salário legítimo. Confunde-se às vezes o trabalho com crianças com uma competência menor. Para trabalhar com crianças, deve-se aliar à formação de bibliotecário, comum a todos, uma formação em pedagogia, um conhecimento aprofundado da literatura infantil e da criança, que vem se acrescentar à necessária cultura geral.

Seção infantil, seção adulta. A necessária colaboração

Minimizar a função dos bibliotecários para crianças leva tanto a consequências desagradáveis quanto ao lugar da seção infantil no conjunto da biblioteca. A seção para crianças só encontra seu verdadeiro lugar quando os bibliotecários são associados inteiramente à responsabilidade do conjunto. Ainda hoje, muitas seções para crianças são enclaves autônomos num conjunto maior que não parece lhes dizer respeito.

Ora, a biblioteca para crianças não está mais no tempo do "berçário", mundo morno e protegido, mas às vezes voltado para si mesmo e terrivelmente fechado. Não seria um contrassenso que, pela preocupação de um trabalho competente e reconhecido, os bibliotecários venham a encerrar o público e a si mesmos em um universo fechado por completo ao gosto e às possibilidades de se tornar adulto, quer seja às crianças ou aos educadores, eles próprios?

Há um equilíbrio a ser encontrado entre o justo reconhecimento da especificidade do papel e da formação dos bibliotecários para os jovens e a participação no conjunto da biblioteca pública. O conhecimento das possibilidades da seção adulta é indispensável aos bibliotecários para crianças, para que os jovens leitores saibam aproveitá-la quando chegar a hora de utilizá-la, e não se prendam demasiado à própria infância. Também os bibliotecários para adultos têm necessidade de saber e entender o que se passa nas seções para crianças. Esse conhecimento recíproco se enriquece quando os bibliotecários para adultos se beneficiam de um mínimo de iniciação à literatura infantil e quando os bibliotecários para crianças conhecem melhor o acervo de livros para adultos. A fronteira entre livro para crianças e livro para adultos, aliás, é cada vez mais indistinta.

Por ocasião de reuniões comuns aos bibliotecários para adultos e bibliotecários para crianças, cada um pode descobrir os livros que escapam ao seu setor e que, entretanto, podem interessar ao público. Os melhores romances para crianças são, em geral, livros cujos limites de idade o público desconhece.

Os adultos de todas as idades sentem prazer em ler Grimm ou Andersen. Quanto a certas coleções, ditas para adolescentes, os bibliotecários notam que elas interessam mais às pessoas idosas, atraídas pelos temas propostos. Esse trabalho em comum a todas as seções é mesmo necessário para ultrapassar os limites factícios das coleções editoriais.

Como bibliotecária, muito apreciei em Nova York, por exemplo, a flexibilidade de organização: no decorrer das horas, o pessoal passava da seção de crianças para a seção de adultos e reciprocamente, de acordo com a urgência das necessidades. Aproveitei bastante, porque o contato com os adultos me parecia vital, os interesses dos outros adultos estimulavam os meus. Tive também a oportunidade de estar em contato permanente com o acervo geral. Eu voltava para as crianças com uma perspectiva enriquecida. Um conhecimento melhor dos recursos dos diferentes departamentos da biblioteca me permitiu melhor orientar as crianças.

Sem dúvida, essa solução responde a problemas práticos, mas é certo também que a equipe tira plena satisfação dessa dinâmica e, sem dúvida, se torna capaz de estabelecer um melhor equilíbrio no trabalhar com crianças.

Inversamente, os bibliotecários para adultos, tendo a possibilidade de trabalhar de vez em quando com as crianças, aprendem a conhecê-las melhor: escapam assim às reações de desconfiança e medo que certos adultos às vezes têm face às crianças e que os leva a adotar uma atitude inutilmente repressiva. Eles descobrem o prazer de ler os melhores livros para crianças, livros que poucas vezes deixam os adultos indiferentes. Descobrem também o prazer de responder a perguntas muitas vezes ingênuas, mas essenciais. Eles recebem melhor os novatos que chegam à seção para adultos.

Esse vaivém existe normalmente nas pequenas bibliotecas, nos anexos de bairros onde o local e os efetivos não autorizam uma separação entre o público infantil e o público adulto. É sobretudo nas bibliotecas de maior tamanho, as das grandes cidades, que há essa separação.

Essa flexibilidade de organização que autoriza o pessoal a desempenhar um trabalho tanto com adultos quanto com crianças é fonte de harmonia para o conjunto da casa. As seções juvenis são ainda, de modo geral, administradas quase que unicamente por mulheres. Os homens, por outro lado, estão mais presentes nas seções adultas. A colaboração das duas seções dá à biblioteca para crianças uma cara mais equilibrada e menos protegida, preparando-as melhor para a vida real.

Uma equipe em reflexão permanente

Os bibliotecários, cada vez mais solicitados, devem se beneficiar de uma sólida competência. Esta se enraíza, com já dissemos, no conhecimento aprofundado da literatura e de outros documentos suscetíveis de interessar aos jovens. Ela se fundamenta igualmente na observação atenta das crianças em aprendizado de leitura ou "em dificuldade".

A base de um verdadeiro conhecimento da literatura infantil é antes de tudo a leitura direta de um grande número de obras e a observação atenta das crianças diante das proposições da biblioteca. A isso se acrescentam as possibilidades de encontros e de reflexão com especialistas de diversos horizontes: psiquiatras, psicanalistas, historiadores, antropólogos e ilustradores. Essas confrontações alimentam a reflexão teórica dos bibliotecários e dos profissionais do livro para crianças. E mais: as questões que concernem às crianças e aos jovens ganham importância ao serem examinadas numa perspectiva ampla, com aqueles que têm outro conhecimento da realidade do bairro.

Não se trata apenas de conhecer bem os livros e os outros documentos capazes de interessar às crianças. É preciso se dar os meios de conhecer o público. Um trabalho contínuo de pesquisa de campo nos permite garantir que, nas tarefas de aquisição, animação e no funcionamento em geral, não esqueçamos uma categoria de leitores cujo modo de vida e cultura conhecemos. É também o melhor meio de saber se não estamos medrosamente atados a fórmulas que não correspondem mais às necessidades das crianças de hoje. Tantos elementos de suas vidas mudaram nesses últimos anos! Foram os meios de se informar, as relações com os pais, a presença da informática, a maneira de viver a escola, a multiplicação de possibilidades de lazer e a emergência de novos interesses. A biblioteca considerou tudo isso para ir ao encontro do seu público e lhe oferecer aquilo de que precisa e que nenhuma outra instituição lhe pode propor da mesma maneira. Nesses momentos é preciso dispor de tempo para parar e pensar.

Em algumas bibliotecas, todos os dias, depois da saída das crianças, o conjunto do pessoal em contato com elas (ou seja, bibliotecários, funcionários da biblioteca e dos serviços gerais) se reúne. Examinam o que se passou no dia, o trabalho em andamento com as crianças, as perguntas que elas fizeram, o que pode ser feito para dar uma resposta, a melhor possível. Os projetos elaborados são assim corrigidos a cada dia, a partir das lições da experiência. Esse real trabalho de equipe ajuda a acompanhar, de maneira mais precisa, a evolução das crianças e a apoiar o natural questionamento sobre o trabalho, e não sobre as pessoas. É sobre esse tipo de escuta que se baseia a ação do movimento *Aide à toute détresse* (Ajuda a todo abandono), que trabalha com os meios sociais de grande pobreza das cidades e do campo.

Para conhecer realmente o meio que quer servir, esse movimento se apoia em técnicas de pesquisa e conhecimento ativo do meio social.

Inúmeras experiências em meios de grande pobreza revelam o irresistível desejo de ler e a sede de conhecer de aqueles que nada têm e para quem o livro e a leitura abrem perspectivas "miraculosas" de emancipação. Observa-se que, entre as formas diversas de atividades propostas nos lugares onde a vida é muito difícil, é amiúde o livro que espontaneamente ocupa o primeiro lugar, para surpresa daqueles mesmos que o propõem.[2] Se esses públicos marginalizados exigem muitas vezes, numa primeira etapa, uma abordagem particular, é essencial não deixá-los isolados nem tratá-los à parte, e sim, bem ao contrário, reconhecer o lugar deles, em igualdade, nas instituições.

---

[2] Mouvement ATD Quart Monde. "Un Combat pour la culture: expérience d'un pivot culturel à Stains." *La revue Quart Monde*, 1975.

Nos esforços da biblioteca para servir os diferentes públicos existem a escuta das demandas mais ou menos explícitas de cada público, a busca de respostas às vezes específicas e sempre a preocupação de não limitar as crianças no isolamento de suas diferenças. Quando, na biblioteca, se conta um conto tirado da tradição árabe, como um dos *Contes de l'ogresse* ou um *Conto das Mil e uma Noites,* por exemplo, as crianças do Maghreb exprimem a alegria de serem elas e de possuir a chave de certas alusões, ficando felizes em explicá-las aos outros. E, também, quando propomos a escuta de música árabe, elas manifestam a satisfação de serem reconhecidas em sua cultura. Mas não se deve concluir, de modo precipitado, que elas têm única e constantemente necessidade de uma atividade que seja destinada somente a elas. Se gostam de ver sua cultura reconhecida, podem também ficar irritadas em se sentirem sempre catalogadas como pertencentes a uma minoria e ver sua cultura reduzida a aspectos folclóricos.

Em geral, as crianças sentem um forte desejo de se integrar ao grupo de outras crianças com quem são levadas a viver. De modo mais geral, elas precisam também encontrar adultos e não se sentir "fechadas" nas instituições criadas exclusivamente para elas.

Conclusão

No mundo da informação de hoje, não existem mais barreiras segundo idades e lugares. As separações em planos diferentes desapareceram. A internet, em seu princípio, está aberta a tudo e a todos, sem distinção. Cabe à biblioteca encontrar o seu lugar e considerar essas novas realidades, adaptando-se a esses novos usos e adotando novas práticas. As bibliotecas para crianças abrem um caminho, quando se definem como uma comunidade humana, plena e inteira. Lugar de encontros de uma grande riqueza, elas se abrem largamente às diferentes gerações e aos diferentes modos de informação, saber e lazer. Em seus diferentes suportes, todas as artes, como a literatura, a música e o cinema, se oferecem então às crianças.

Uma comunidade humana que se enraíza em toda parte

Com a preocupação de chegar àqueles que estão nas margens, a biblioteca para crianças, assim como nós a desejamos, deve se tornar cada dia mais inventiva, reservando um espaço central à mediação. Ela reconhece as propostas de leitura que se desenvolvem aqui e ali. A leitura toma, assim, faces de infinita variedade. Com a internet, ela alcança redes que lhe permitem trocar experiências e reflexões, fazendo avançar, sem descanso, a causa da leitura para todos.

As iniciativas que conhecemos e que florescem pelo mundo afora são portadoras de esperança. A dinâmica sempre viva me parece hoje mais necessária do que nunca, nos países pobres como nos países ricos, porque privilegia a dimensão humana, a intimidade e a confiança.

Essas novas estruturas, sustentadas por uma reflexão largamente compartilhada, nos ajudam a manter uma consciência clara das vantagens da leitura em seu aspecto propriamente cultural e social, a inventar com liberdade novas práticas e a nos abrir a novas colaborações.

Reconhecendo, com respeito e atenção, aqueles que estão às margens, aqueles que nossas sociedades deixam de lado, a biblioteca de que precisamos está perpetuamente condicionada ao movimento, a sair de seus hábitos e de suas paredes para se aproximar de todos, sem exclusividade. No momento em que os encargos administrativos e as máquinas ameaçam, em todos os lugares do mundo, os espaços das instituições públicas, eles nos fazem lembrar o essencial de nossa tarefa de mediadores, que é pôr a pessoa em primeiro lugar.

A biblioteca propõe, de fato, um ambiente cultural único e profundamente humano. Ao encorajar cada um a seguir o próprio caminho, ela favorece a emergência das identidades, em sua singularidade. Oferece um espaço onde a expressão das diferenças é possível, desejável e encorajada. É um lugar onde se pode aprender a construir relações com o outro. Ela privilegia tudo que liga e religa por meio da acolhida, dos encontros, do "estar junto", não para se diluir, mas para tentar compreender-se.

Num mundo que se torna cada vez mais tecnológico, a biblioteca acentua a comunicação humana, os laços e as relações interpessoais em torno da necessidade de se conhecer, encontrar e pensar. Ela pode, nesse sentido, ter um papel fundamental. Dominique Wolton gosta de lembrar: "Não é possível pensar um sistema de comunicação sem relacioná-lo a duas outras características, culturais e sociais. É nesse sentido, (...) que a vantagem para essas novas técnicas de comunicação é a de socializá-las, e não a de fazer do homem um tecnocrata ou da sociedade uma tecnocracia."

Encontro, reconhecimento da diversidade e da complementaridade, comunicação, relações interpessoais: são diversas as palavras que caracterizam a cultura da biblioteca e da leitura, que é o elemento central. É isso que permite que ela se renove permanentemente, em função do mundo dentro do qual evolui, de suas riquezas, carências e derivações. Por essa razão, precisamos pensar e repensar continuamente a biblioteca, naquilo que é o seu fundamento humano, cultural e social.

Bibliografia

ACCES, *les Cahiers*, ACCES (28, rue Godefroy-Cavaignac, 75011, Paris).
Adret, *Résister. Contre une société inégalitaire. Les inventions du quotidien*, Minuit, 1997.
AFL (Associação francesa para a leitura), *Lire, c'est vraiment simple quand c'est l'affaire de tous*, OCDL, 1982.
————, *Aux petits enfants, les grands livres*, AFL, 2007.
Arendt (Hannah), *La Crise de la culture*, Gallimard, 1972.
Aubinais (Marie), *Les Bibliothèques de rue. Quand est-ce que vous ouvrez dehors?*, Bayard-ATD Quart monde, 2010.
Ballanger (Françoise) e Lorant-Jolly (Annick), *À la découverte des documentaires pour la jeunesse, cycle III, 6ᵉ, 5ᵉ*, CRDP de l'académie de Créteil, col. La Joie par les livres, 1999.
Blake (Quentin), *La Vie de la page*, Gallimard Jeunesse, 1995.
Boimare (Serge), *L'Enfant et la peur d'apprendre*, Dunod, 2ᵉ édition, 2004.
————, *Ces enfants empêchés de penser*, Dunod, 2008.
Bonnafé (Marie), *Les Livres, c'est bon pour les bébés*, Hachette Littératures, col. Pluriel, 2011.
Boumard (Patrick), *Célestin Freinet*, PUF, col. Pédagogues, pédagogies, 1996.
Bruley (Marie-Claire) e Painset (Marie-France), *Au bonheur des comptines*, Didier Jeunesse, col. Passeurs d'histoires, 2007.
————, *Culture et modes de pensée. L'esprit humain dans ses oeuvres*, Éditions Retz, 2008.
Bruner (Jérôme), *Comment les enfants apprennent à parler*, Éditions Retz, 1987.
————, *Car la culture donne forme à l'esprit. De la révolution cognitive à la psychologie culturelle*, Eshel, 1997.
————, *L'Éducation, entrée dans la culture (Les problèmes de l'école à la lumière de la psychologie culturelle)*, Éditions Retz, col. Psychologie, 2008.
————, *Pourquoi nous racontons-nous des histoires?*, Éditions Retz, 2010.
Calvino (Italo), *Pourquoi les classiques*, Seuil, 1995.
Cerisier (Alban) et Desse (Jacques), *De la jeunesse chez Gallimard, 90 ans de livres pour enfants*, un catalogue NRF, 2008.

Cevin (Évelyne), dir., *Conte en bibliothèque*, Éditions du Cercle de la librairie, 2005.

Chukovsky (Kornei), *From Two to Five*, University of California Press, 1963.

Chartier (Anne-Marie) e Hébrard (Jean), *Discours sur la lecture (1880-2000)*, BPI Centre Pompidou, Fayard, 2000.

Citrouille (revue de l'Association des librairies spécialisées jeunesse), Libr'enfant, 48 rue Colbert, 37000 Tours.

Clark (Margaret), *Young Fluent Readers*, Heineman, 1976.

Cousinet (Roger), *La Vie sociale des enfants. Essai de sociologie enfantine*, prefácio de Maurice Debesse, Éditions du Scarabée, 1950.

Defourny (Michel), *De quelques albums qui ont aidé les enfants à découvrir le monde et à réfléchir*, L'École des Loisirs, col. *Archimède*, 2003.

Eco (Umberto), *De biblioteca*, Éditions de l'Échoppe, 1986.

Elzbieta, *L'Enfance de l'art*, Éditions du Rouergue, 2005.

Enfants (Les) de Barbiana, *Lettre à une maîtresse d'école*, Mercure de France, 1968.

Ezratty (Viviane), *L'Heure joyeuse, 70 ans de jeunesse, 1924-1994*, Mairie de Paris, 1994.

Ferney (Alice), *Grâce et dénuement: roman*, Actes Sud, 2000.

Foucambert (Jean), *La Manière d'être lecteur*, OCDL, 1980.

Freinet (Célestin), *Les Dits de Mathieu*, Delachaux et Niestlé, 1959.

Freire (Paulo), *Pédagogie des opprimés*, La Découverte, 1980.

Fromont (Marie-Françoise), *L'Enfant mimeur. L'anthropologie de Marcel Jousse et la pédagogie*, Éditions Épi, 1978.

Fuglesang (Andreas), *About Understanding Ideas and Observations on Cross Cultural Communication*, Dag Hammarskjöld Foundation, 1982.

Gast (Marceau), *Pierre Guérin sur les pas de Freinet*, Ibis Press, 2008.

Guillebaud (Jean-Claude), *Le Goût de l'avenir*, Seuil, 2003.

Gruny (Marguerite), *ABC de l'apprenti conteur*, 2e éd. revue et complétée, Paris bibliothèques, 1995.

Hassenforder (Jean), *Développement comparé des bibliothèques publiques en France, en Grande-Bretagne et aux États-Unis dans la seconde moitié du XIXe siècle (1850-1914)*, Éditions du Cercle de la Librairie, 1966.

Hazard (Paul), *Les Livres, les enfants et les hommes*, Hatier, 1967.

Hill (Janet), *Children are People, The Librarian in the Community*. Hamish Hamilton, 1973.

Hirschman (Sarah), *People and Stories/Gente y cuentos. Communities Find their Voice through Short Stories*, Bloomington, Universe, 2009.

Hoggart (Richard), *La Culture du pauvre*, Minuit, 1971.

Illich (Ivan), *Une société sans école*, Seuil, 1971.

Jan (Isabelle), *La Littérature enfantine*, 5e édition, Les Éditions de l'Atelier.

Jean (Georges), *La Lecture à haute voix, histoire, fonctions et pratiques de la lecture oralisée*, Éditions ouvrières, 1985.

Joie (La) par les livres. Escales en littérature de jeunesse, Éditions du Cercle de la librairie, 2007.

Kaës (René), *Vivre dans les grands ensembles*, Éditions ouvrières, 1963.

Korczak (Janusz), *Comment aimer un enfant*, préfacio de Bruno Bettelheim, Robert Laffont, col. *Réponses*, 1978.

Lapierre (Nicole), *Pensons ailleurs*, Stock, 2004.

Larosa (Jorge), *Apprendre et être. Langage, littérature et expérience de formation*, ESF éditeur, 1998.

La Salle (Bruno de), *Le Conteur amoureux*, Éditions du Rocher, 2007.

———, *Pourquoi faut-il raconter des histoires?*, Autrement, 2005.

Le Goff (Jean-Pierre), *La Barbarie douce. La modernisation aveugle des entreprises et de l'école*, La Découverte, 2003.

Lentin (Laurence), *Du parler au lire. Interaction entre l'adulte et l'enfant*, ESF éditeur, 1994.

———, *Apprendre à parler à l'enfant de moins de 6 ans. Où? Quand? Comment?* 11e édition, ESF, 1994.

———, *Lire est le propre de l'homme. Témoignages et réflexions de cinquante auteurs de livres pour l'enfance et la jeunesse*, L'École des Loisirs, 2011.

Livingston (Myra Cohn), *The Child as Poet: Myth or Reality*, The Horn Book, 1884.

Lodi (Mario), *L'Enfance en liberté. Journal d'une expérience pédagogique*, Gallimard, 1972.

Long (Harriet G.), *Public Library Service to Children: Foundation and Development*, The Scarecrow Press, 1969.

Lurie (Alison), *Il était une fois et pour toujours*, Rivages, 2008.

———, *Ne le dites pas aux grands*, Rivages, 1991.

Manguel (Alberto), *Pinocchio et Robinson. Pour une éthique de la lecture*, L'Escampette, 2005.

———, *Une histoire de la lecture*, Actes Sud, 1998.

Maalouf (Amin), *Les Identités meurtrières*, Le Livre de Poche, 2001.

Marrey (Baptiste), *Éloge des bibliothèques*, CFD/Hélikon, 2000.

Montessori (Maria), *L'Enfant*, Desclée de Brouwer, 1936.

Nières Chevrel (Isabelle), *Introduction à la littérature de jeunesse*, Didier Jeunesse, 2009.

Ouaknin (Marc-Alain), *Bibliothérapie. Lire, c'est guérir*, Paris, Seuil, 2008.

Patte (Geneviève) e Hannesdottir (Sigrun Klara), *Les Enfants, les jeunes et les bibliothèques dans les pays en développement*, KG Saur, 1984 (à lire pour les expériences au Sénégal, en Thaïlande, au Venezuela et au Zimbabwe).

Pellowski (Anne), *The World of Storytelling*, Bowker, 1977.

Pennac (Daniel), *Comme un roman*, Gallimard, 1992.

Peroni (Michel), *Histoire de lire. Lecture et parcours biographique*, BPI, Centre Georges Pompidou, 1995.

Perrot (Jean), *Jeux et enjeux du livre d'enfance et de jeunesse*, Éditions du Cercle de la librairie, 1989.

Petit (Michèle), Balley (Chantal), Lafredoux (Raymonde), *De la bibliothèque au droit de cité. Parcours de jeunes*, Bibliothèque publique d'information, Centre Georges Pompidou, 1997.

———, *Éloge de la lecture. La construction de soi*, Belin, 2002.

———, *Une enfance au pays des livres*, Didier Jeunesse, 2007.

Quartier-Frings (Florence), *René Diatkine*, PUF, 1997.

Quinones (Viviana), dir., *Faire vivre une bibliothèque jeunesse. Guide de l'animateur*, La Joie par les livres, 2005.

Rayna (Sylvie) et Baudelot (Olga), dir., *On ne lit pas tout seul! Lectures et petite enfance*, Érès et Lire à Paris, 2011.

Revault d'Allones (Myriam), *Fragile Humanité*, Aubier, 2002.

Revue (La) des livres pour enfants, Bibliothèque Nationale de France.

Rodari (Gianni), *Grammaire de l'imagination*, Rue du monde, 2010.

Saint-Dizier (Marie), *Le Pouvoir fascinant des histoires. Ce que disent les livres pour enfants*, Autrement, 2009.

Sawyer (Ruth), *The Way of the Story-Teller*, Penguin Books, 1990.

Sayad (Abdelmalek), *L'Immigration ou les paradoxes de l'altérité. Les enfants illégitimes*. Raisons d'agir, 2006.

Sayers (Frances Clarke), *Summoned by Books*, Viking, 1965.

Schnitzer (Luda), *Ce que disent les contes*, Le Sorbier, 1981.

Shedlock (Mary L.), *The Art of Story-Telling*, Publications INC., Dover, 1952.

Soriano (Marc), *Guide de littérature pour la jeunesse*, prefácio de Michel Defourny, Delagrave, 2002.

Stevenson (Robert Louis), Essais sur l'art de la fiction, Payot, col. *Petite Bibliothèque Payot*, 2007.

Stiegler (Bernard) e Giffard (Alain), *Pour en finir avec la mécroissance*, Flammarion, 2009.

Tévoédjré (Albert), *La Pauvreté richesse des peuples*, prefácio de Jean Tinbergen (prêmio Nobel) e de Dom Helder Camara, Éditions ouvrières, 1977.

Thurnauer (Gérard), Patte (Geneviève), Blain (Catherine), *Espace à lire. La bibliothèque des enfants à Clamart*, Gallimard, 2006.

Todorov (Tzvetan), *La Littérature en péril*, Flammarion, 2007.

———, *La Vie commune*, Points Seuil, 2003.

Turin (Joëlle), *Ces livres qui font grandir les enfants*, Didier Jeunesse, 2008.

Van Waeyenberghe (Madeleine), *Langages et activités psychiques de l'enfant avec René Diatkine*, Éditions du papyrus, 2004.

Weis (Hélène), *Les Bibliothèques pour enfants entre 1945 et 1975, Modèles et modélisation d'une culture pour l'enfance*, Éditions du Cercle de la librairie, 2005.

Wolton (Dominique), *Penser la communication*, Flammarion, col. *Champs*, 1997.

——, *Internet, et après?*, Flammarion, 2002.

——, *Informer n'est pas communiquer*, CNRS éditions, 2009.

Impressão e Acabamento:
GRÁFICA STAMPPA LTDA.
Rua João Santana, 44 - Ramos - RJ